Heino R. Möller

# Innenräume/ Außenwelten

Studien zur Darstellung
bürgerlicher Privatheit
in Kunst und Warenwerbung

Anabas-Verlag, Gießen

Entwurf der Titelseite: Peter Berger, Waldsolms

CIP-Kurztitelaufnahme der Deutschen Bibliothek

**Möller, Heino R.:**
Innenräume, Außenwelten: Studien zur Darst. bürgerl. Privatheit in Kunst u. Warenwerbung / Heino R. Möller. – 1. Aufl. – Gießen: Anabas-Verlag, 1981.
ISBN 3-87038-074-8

1. Auflage Juni 1981



Satz: Anabas-Verlag, Druck und Bindung: Offset-Köhler KG, Gießen. Printed in W.-Germany.

**ISBN 3-87038-074-8**

# INHALT

# EINFÜHRUNG: ÜBER DIE PRIVATSPHÄRE DES BÜRGERS

## 1. Alltagserfahrung: öffentlich und privat

Jedermann bewegt sich täglich in Zonen gesellschaftlichen Lebens, die als private oder öffentliche bezeichnet, ihm in dieser Klassifizierung selbstverständlich sind. Privat meint das persönliche, häusliche, nicht berufliche Leben – öffentlich dagegen ist das Leben außer Hause, die Arbeitswelt, die staatlichen, behördlichen und gemeindlichen Bereiche. Selbstverständlich scheint heute, daß die öffentliche Sphäre vor allem durch die Arbeit in Produktion und Distribution bestimmt ist sowie durch unterschiedliche Möglichkeiten politischer oder sonstwie gemeinnütziger Betätigung. In dieser Sphäre begibt sich der einzelne in einen offenen Kommunikationsraum, der ihm vielfach subjektiv als unbegrenzt, diffus, in seiner Struktur kaum durchschaubar, ja feindlich erscheint. Demgegenüber ist die private Sphäre der Bereich, in den sich der einzelne vorwiegend in seiner von Arbeit freien Zeit zurückzieht, im engsten Kreise von Familie, Freunden oder Bekannten seine persönlichen Bedürfnisse stillt und partikulare Interessen verfolgt. Wiederum selbstverständlich scheint heute, daß die private Sphäre vor allem durch Freizeit und Konsum bestimmt ist und dazu dient, in einem selbstbestimmten Leben körperliche, geistige und seelische Kräfte für die als fremdbestimmt erfahrene öffentliche Zone immer neu zu reaktivieren. Das private Leben erscheint als das eigentliche, wo man sich erst als Mensch entfalten kann. Hierzu bedarf es eines besonderen Ortes – der Wohnung: ihre Unverletzlichkeit ist ebenso wie die Privatsphäre insgesamt verfassungsrechtlich geschützt. Viele sind bereit, jedes Jahr erhebliche Summen aufzuwenden, um in der eigenen Wohnung und umgeben von privatem Eigentum ein angenehmes Privatleben zu führen. Eine riesige Industrie ist darauf abgestellt, dem Bürger je nach Zahlungsfähigkeit sein privates Leben zu gestalten. Entsprechend wird er mit einer Fülle diesbezüglicher Werbeinformationen überschüttet, die gleichsam eine öffentliche Meinung darüber darstellen, was zu privatem Leben angenehm, nützlich oder unabdingbar sei. Diese Erfahrung schränkt allerdings die Vorstellung weitgehender Selbstbestimmung des Privaten ein.

An der Privatsphäre und dem Ort ihrer Entfaltung werden Widersprüche manifest, die der einzelne ebenfalls täglich erfahren kann. Umfang und Qualität privaten Eigentums formen die Privatsphäre der Bürger und machen deren Zugehörigkeit zu unterschiedlichen gesellschaftlichen Schichten und Klassen schon äußerlich sichtbar. Die Verweigerung menschenwürdiger Wohnräume macht nicht nur die Entfaltung einer privaten Sphäre, sondern mithin bürgerliches Leben unmöglich; die Unfähigkeit hierzu legitimiert umgekehrt die Verbannung in die Asozialität. Um leerstehende oder von Obdachlosen und Studenten besetzte Wohnhäuser kommt es zu erbitterten Auseinandersetzungen mit der staatlichen Gewalt; Bürgerinitiativen kämpfen gegen die systematische Zerstörung von Wohngebieten, um gegen privatwirtschaftliche Interessen bürgerliche Lebensqualität zu erhalten und zu erweitern. In der staatlichem Schutz unterstellten Privatsphäre entwickeln sich Formen des Zusammenlebens, die außerhalb üblicher Normen Mißtrauen erregen. Die Privatsphäre wird sogar Zentrum der Organisation subversiver Gegengewalt: die „konspirative Wohnung" ist ein aufschreckender Bruch in bürgerlichen Ordnungsvorstellungen.

Auch die Aushöhlung der Familie durch Funktionsverluste widerspricht dem Bild einer problemlosen und beglückenden Privatsphäre, wie es die Massenmedien immer wieder vorstellen; oftmals ist die Privatsphäre ein Bereich völliger Vereinsamung und Isolation. Trotzdem fungiert sie als *der* Gegenbereich zu öffentlichen Sphären. „In unserem heutigen Lebensbereich ist nun einmal das Wohn-Reich die einzige Alternative zur Massengesellschaft, zu Beruf und Lärm. Individuelles strebt deshalb jeder Mensch an. Lösungen müssen deshalb geboten werden, die das Persönliche befriedigen. Unser Haus arbeitet, wählt, disponiert nach diesen Gesichtspunkten"[1].

## 2. Ein Bildvergleich

Im Alltag bestimmen vor allem Werbebilder unsere Vorstellungen von privatem Leben. Die Möbel-, Wohnbedarfs- und Konsumgüterindustrien zeigen in aufwendigen und vielfach faszinierend schönen Bildern nicht nur wie man zu Hause wohnt, sondern auch wie man lebt, fühlt, genießt – die Privatsphäre erscheint immer als ein verwirklichtes Paradies. Ein beliebiges Beispiel soll dies deutlich machen. Die Anzeige aus der Werbeserie „Astor mild" (Zeit 1971-1973) zeigt in ihrer oberen Hälfte ein Interieur. Das Bild hat quadratisches Format und steht innerhalb eines einfassenden Rahmens über den Werbetexten und dem Abbild zweier Zigarettenschachteln. Das Interieur ist, obwohl es nicht den Konsum des speziellen Produktes zeigt, inhaltlich fest an dieses Produkt gebunden: Der vorgestellte Raum ist der durch eine bestimmte Lebensart beschriebene Ort, wo man diese über dem Durchschnitt liegende Zigarette würdigen kann. Das Bild zeigt in leichter Aufsicht einen eng begrenzten Raumausschnitt. Vor einem alten Kamin mit kostbarem Kunsthandwerk sitzen zwanglos drei junge Menschen, ein Mann, zwei Frauen. Im Gespräch sind sie einander zugeneigt, so daß sie eine geschlossene Gruppe bilden. Die Atmosphäre ist offensichtlich entspannt, herzlich, von intimen Beziehungen bestimmt. Es ist die Situation einer Musizierpause, die Instrumente sind beiseite gestellt oder werden neu gestimmt. Die leichte perspektivische Verzerrung, bedingt durch Standort des Photographen und gewünschten Blickwinkel, konzentriert durch fallende Linien die Darstellung auf die Gruppe. Das Ambiente mit seiner Vielzahl kostbarer, ausnahmslos alter Dinge; die Harmonie der Farbigkeit mit dominant warmen Rot-Braun-Akkorden, akzentuiert durch das Violett und Grün des Flieders, den synästhetisch man zu riechen meint; das Motiv der Hausmusik, zudem mit weich tönenden Streichinstrumenten und verbunden mit dem einer engen kommunikativen Beziehung aufeinander „eingestimmter" Menschen – all das ergibt ein Bild erlesener bürgerlicher Kultur und Bildung. Die dargestellten Menschen haben, wie der Begleittext verdeutlicht, einen „Sinn für Echtes und Erlesenes. Sie verbinden Liebenswertes von früher mit dem Geschmackvollen von heute und erleben so eine neue Qualität des Genies-

WALDORF ASTORIA INTERNATIONAL
Das große Comeback des guten Geschmacks: Die neue Astor mild.
Immer mehr Menschen entdecken ihren Sinn für Echtes und Erlesenes. Sie verbinden Liebenswertes von früher mit dem Geschmackvollen von heute und erleben so eine neue Qualität des Genießens.
ASTOR
WALDORF ASTORIA INTERNATIONAL
ASTOR
MILD
ASTOR
MILD
ASTOR
Die neue Astor mild. Mit einem fein abgestimmten Geschmacks-Bouquet. Eine moderne Filtercigarette mit Naturkork-Mundstück. Nikotinarm im Rauch. 20 Astor mild. DM 2,50.
Erleben, was Genießen heißt.


Abb. 1

Abb.2 L.v.Monkiewitsch, „Licht und Schatten"

sens." Die voll entfaltete Harmonie der im Bild vorgestellten Privatheit ist die qualitative Entsprechung für das „fein abgestimmte Geschmacks-Bouquet" der Zigarette, für die geworben wird. Man kann dieses Werbebild auch als ein „Interieur" bezeichnen und stellt es damit in die Tradition einer Bildgattung, die in der Malerei seit Jahrhunderten vor allem das bürgerlich-private Leben in seinem Umraum thematisierte.

In der Kunst der Gegenwart allerdings sind Darstellungen des Privaten weniger häufig und oftmals auffallend „negativ" oder unzugänglich. Auch dies mag an einem Bildbeispiel deutlich werden: Ein Interieur mit dem Titel „Licht und Schatten" des Braunschweiger Malers Lienhard von Monkiewitsch. Das Bild ist von bizarrer Eigentümlichkeit und scheint zunächst alles andere als ein Interieur. Im rechten unteren Viertel der sonst unbehandelten weißen Bildfläche sitzt eine dominant graue Positivform, leicht ins Grünliche changierend und helligkeitsmäßig in sich differenziert; die Form ist oben unregelmäßig, sonst streng linear begrenzt. So wenig wie es möglich scheint, hier einen größeren ästhetischen Genuß zu erfahren, so wenig kommt das Bild Wünschen und Bedürfnissen entgegen, sich in seinen Vorstellungen aufgehoben zu sehen; das Bild wirkt abweisend und im Nichterfüllen herangetragener Erwartungen exemplarisch für viele Darstellungen des „Privaten" in der Malerei heute. Wir wollen uns mit diesem Eindruck vom Bilde von Monkiewitschs vorläufig begnügen – die Betrachtung soll am Schluß der Arbeit nochmals aufgegriffen werden. Hier soll der auffällige Widerspruch in der Darstellung eines zentralen Bereichs unseres Lebens in Bildmedien, die mit unterschiedlichem Anspruch uns begegnen – das eine täglich, das andere nur noch in besonderen Situationen –, festgehalten werden.

Wenn nun frühzeitig vor allem das bürgerliche Subjekt seine Privatsphäre in einer eigens entwickelten Bildgattung – dem Interieur – in vielfältiger Weise sich gegenständlich machte, dürfte sie die Entwicklung der Klasse und ihres Selbstverständnisses spiegeln. Die künstlerischen Darstellungen bürgerlicher Lebenspraxis in Malerei und Grafik sind jedoch nicht bloße Abbilder, sondern wesentlich auch Stellungnahmen zur abgebildeten Wirklichkeit, in Konsequenz „Praxis-Formation“ (Metscher). Über den speziellen Bereich des Interieurs hinaus vermittelt sich bürgerliche Privatheit auch in anderen Bildgattungen – in Portrait, Stilleben, Landschaft – in einer Fülle von Themen und Motiven. Die Zahl der Interieurs in der Geschichte der bürgerlichen Kunst ist nicht zu überblicken. Dabei fällt spontan auf, daß in der Kunst des 20. Jahrhunderts, insbesondere in den vergangenen 30 Jahren, Interieurs und damit Darstellungen des Privaten wesentlich seltener sind als zuvor. Zweifellos hat alleine schon die Abwendung der „modernen“ Malerei von gegenständlichen Bindungen die Möglichkeit der Darstellung menschlicher Lebensbereiche entscheidend verringert; aber auch der gesellschaftliche Stellenwert bürgerlicher Privatheit könnte sich – wie unser einführender Vergleich gezeigt hat – verändert haben, möglicherweise deshalb, weil sie nicht mehr wie früher ein zentrales und inhaltlich erfülltes Moment gesellschaftlichen Lebens ist. Vielleicht deshalb erscheint Privatheit in der Bildenden Kunst heute so oft als bedrohte, ausgehöhlte oder zerstörte Gegebenheit.

## 3. Exkurs: Zur geschichtlichen Entwicklung bürgerlicher Privatheit

„Privatheit“ ist konstituierendes Element in der Entwicklung der bürgerlichen Gesellschaft[2]. Die in der Mitte des 16. Jh. in Deutschland aufkommende Bezeichnung „privat“ bedeutet: ohne öffentliches Amt sein, ausgeschlossen sein von der Sphäre öffentlicher, das ist: staatlicher Gewalt. Die Bürgerlichen sind Privatleute, und als solche herrschen sie nicht. In ihrer Privatheit stehen sie der obrigkeitlichen, dem öffentlichen Wohle verpflichteten Gewalt gegenüber als Untertanen, die ihren *privaten* Nutzen verfolgen. Dementsprechend gehört der Bereich, der dem unmittelbaren Nutzen des Bürgers dient, zu seiner Privatsphäre: der Bereich der Warenproduktion und des Marktes. Grundsätzlich privatisiert, ist die Sphäre des Warenverkehrs von öffentlicher Bedeutung. Die geschichtliche Expansion dieser Sphäre erzwingt die Auseinandersetzung der Privatleute – die zunächst Eigentümer sind – mit der obrigkeitlichen Gewalt; Ziel der Privatleute ist die Kontrolle öffentlicher Gewalt und deren Unterwerfung unter Vernunft und Gesetz zur Regelung des Warenverkehrs im Sinne eines optimalen privaten Nutzens. Die Privatleute „beanspruchen die obrigkeitlich reglementierte Öffentlichkeit alsbald gegen die öffentliche Gewalt selbst, um sich mit dieser über die allgemeinen Regeln des Verkehrs in der grundsätzlich privatisierten, aber öffentlich relevanten Sphäre des Warenverkehrs und der gesellschaftlichen Arbeit auseinanderzusetzen. Eigentümlich und geschichtlich ohne Vorbild ist das Medium dieser politischen Auseinandersetzung: das öffentliche Räsonnement“[3]. Dieses faßt die Privatleute zum Publikum zusammen und konstituiert „bürgerliche Öffentlichkeit“. In den früheren Phasen seiner Entwicklung ist mit der Trennung von Staat und Gesellschaft der private Bereich von der öffentlichen Sphäre, die sich auf die öffentliche Gewalt beschränkt und auch den Hof einschließt, getrennt. Im privaten Bereich ist aber die eigentliche „Öffentlichkeit“ einbegriffen; „denn sie ist eine Öffentlichkeit von Privatleuten. Innerhalb des den Privatleuten vorbehaltenen Bereichs unterscheiden wir deshalb Privatsphäre und Öffentlichkeit. Die Privatsphäre umfaßt die bürgerliche Gesellschaft im engeren Sinne, also den Bereich des Warenverkehrs und der gesellschaftlichen Arbeit; die Familie mit ihrer Intimsphäre ist darin eingebettet. Die politische Öffentlichkeit geht aus der literarischen hervor; sie vermittelt durch öffentliche Meinung den Staat mit Bedürfnissen der Gesellschaft"[4].

Die politische Öffentlichkeit der zum Publikum versammelten Privatleute hat ihre Basis in der bürgerlichen Familie. Die Familie ist als intime Sphäre Kern der privaten. In der Phase geschichtlicher Entwicklung, in der der Warenverkehr die Grenzen der Hauswirtschaft sprengt, schließt sich innerhalb der privaten Sphäre die bürgerliche Kleinfamilie in ihrer Intimität gegen den Sektor der gesellschaftlichen Reproduktion ab, bleibt aber in eigentümlicher Weise mit ihm verbunden. Der Privatmann vereint in seiner Person die Rolle des Warenbesitzers mit der des Familienvaters; er fungiert gleichermaßen im Sektor des Warenverkehrs wie im Sektor engster zwischenmenschlicher Beziehungen. Seiner im Warenverkehr angestrebten Autonomie entspricht seine Selbstdarstellung im Intimbereich der Kleinfamilie, diese wiederum bestätigt den Schein von Autonomie und Menschlichkeit im Warenverkehr. Die Familie selbst möchte sich ungeachtet ihrer tatsächlichen Verflechtung mit der Sphäre des Marktes als Bereich reiner Menschlichkeit verstehen; Humanität entfaltet sich in der „intimen Beziehung der Menschen als bloßer Menschen im Schutz der Familie"[5].

Diese Idee „reiner Menschlichkeit" bestimmt auch die literarische Vorform einer politisch fungierenden bürgerlichen Öffentlichkeit. Im kulturräsonnierenden Publikum treten Menschen zu Menschen; Basis ihrer Kommunikation ist nicht ihre gesellschaftliche Stellung, sondern das Argument. Doch dieses nur zum Schein: denn die sich vorgeblich als bloße Menschen im Räsonnieren zum Publikum versammelnden Privatleute sind zunächst Eigentümer und schließen Nichteigentümer von ihrer Öffentlichkeit aus – versagen ihnen solchermaßen faktisch den Status des Menschen. Dessenungeachtet kann sich aus einer politisch entfaltenden bürgerlichen Öffentlichkeit das Bürgertum nicht nur als Klasse, sondern im Anspruch als Nation etablieren in der fiktiven Identifikation der beiden Rollen der Privatleute als Eigentümer und Menschen. Hierbei gibt sich das Bürgertum zunächst noch den Schein der Offenheit: in seiner liberalen Phase soll jeder der nur will Eigentümer, als solcher Mensch und damit Teilnehmer an politischer Öffentlichkeit werden können.

Zuvor erschließen sich die Privatleute im Räsonnement bislang auratische, kirchlicher und höfischer Selbstdarstellung vorbehaltene Bereiche: Philosophie, Literatur, Bildende Kunst. In der permanenten Frage nach deren Sinn, Funktion und Wert überführen sie Kultur in Warenform und machen sie in der Diskussion „allgemein", ihrer Menschlichkeit dienstbar, obgleich sie „eine gewisse Kontinuität zu der repräsentativen Öffentlichkeit des fürstlichen Hofes" wahren (Habermas). „Die Kunst des öffentlichen Räsonnements erlernt die bürgerliche Avantgare des gebildeten Mittelstandes in Kommunikation mit der ‚eleganten Welt', einer höfisch-adeligen Gesellschaft, die freilich, im Maße der Verselbständigung des modernen Staatsapparates gegenüber der persönlichen Sphäre des Monarchen, nun ihrerseits vom Hof sich immer mehr löste und in der Stadt ein Gegengewicht bildete"[6]. Den Privatleuten sichern Philosophie und Kunst den Anspruch auf politische Öffentlichkeit ab, bestimmen, was eigentlich von Natur aus und nach der Vernunft menschlich und rechtlich sei; sie definieren die Privatsphäre gegen die der öffentlichen Gewalt. – Die Dialektik einer „mit fortschreitender Verstaatlichung der Gesellschaft sich gleichzeitig durchsetzende(n) Vergesellschaftung des Staates zerstört allmählich die Basis der bürgerlichen Öffentlichkeit – die Trennung von Staat und Gesellschaft."[7] Damit verändert sich entscheidend die private Sphäre. Der Staat weitet seine traditionellen

Funktionen aus bis hin zur Kontrolle und Balancierung des privatwirtschaftlichen Verkehrs; die Familie tritt eine Reihe wesentlicher Aufgaben an den Staat ab, sie wird zunehmend aus dem Funktionszusammenhang der gesellschaftlichen Arbeit ausgegliedert. Die Familie zieht sich auf sich selbst zurück; ursprünglich intimer Kern der bürgerlichen Privatsphäre wird dieser mit jener identisch. Ihr gegenüber verselbständigt sich die Berufssphäre als ein quasi-öffentlicher Bereich[8]. Die Privatsphäre wird Freizeit- und Konsumbereich. „Die Einschrumpfung der privaten Sphäre auf die inneren Bezirke einer weitgehend funktionsentlasteten und autoritätsgeschwächten Kleinfamilie – das Glück im Winkel – ist nur dem Scheine nach eine Perfektion der Intimität; denn in dem Maße, in dem sich die Privatleute aus ihren verbindlichen Rollen als Eigentümer in die rein ‚persönlichen' ihres unverbindlichen Freizeitspielraumes zurückziehen, geraten sie hier, ohne Abschirmung durch einen institutionell gesicherten Familieninnenraum, unter den Einfluß halböffentlicher Instanzen unmittelbar. Das Freizeitverhalten gibt den Schlüssel für die Scheinprivatheit der neuen Sphäre, für die Entinnerlichung deklarierter Innerlichkeit. Was sich heute gegenüber einer verselbständigten Sphäre des Berufs als Freizeitbereich abgrenzt, nimmt tendenziell den Raum jener literarischen Öffentlichkeit ein, auf die einst eine in der Intimsphäre der bürgerlichen Familie ausgebildete Subjektivität bezogen war"[9].

## 4. Zielsetzung

Die Untersuchung gliedert sich in drei Abschnitte. Im ersten Abschnitt wird versucht, an Beispielen frühbürgerlicher Kunst der Niederlande aus dem 16. und 17. Jahrhundert die ursprüngliche Verbundenheit und anschließende Trennung der intimen und der öffentlich relevanten Sphären bürgerlicher Privatheit darzustellen; dieser Teil hat die Funktion einer geschichtlichen Exposition der Problematik. Im zweiten Abschnitt wird in der Analyse umfangreicher Werbematerialien das normative Bild bürgerlicher Privatheit heute erarbeitet; hier geht es darum, die „Technokratie der Sinnlichkeit" in einem zum System entfalteten Wohnen deutlich zu machen. Im dritten Abschnitt werden Aspekte der Privatheit in der bürgerlichen Kunst des 19. und 20. Jahrhunderts aufgezeigt; die Aufgabe besteht darin, einmal die Veränderung bürgerlicher Privatheit als Krise bürgerlicher Kultur zu fassen und dennoch die Vermittlung dieser Krise im Kunstwerk als potentiell aufklärerisches Insistieren auf Wahrheit gegenüber den Strategien der Warenästhetik zu begreifen. Der oben an zwei Bildbeispielen angedeutete Widerspruch veranlaßt zur Frage, in welcher Weise in unserer Gesellschaft Kunst einen kritischen Freiheitsraum bewahrt oder herstellt, unterdrückte Sinnlichkeit nicht nur bewußt machen, sondern auch aufheben kann. Dabei ist – ausgehend von der Habermas'schen Untersuchung zum Strukturwandel der Öffentlichkeit – nach der Geschichte zu fragen, welche die Kunst verständlich macht. In Bildern, die einen „Strukturwandel bürgerlicher Privatheit" als geschichtlichen Prozeß in unterschiedlichen Phasen und Situationen vermitteln, ist die sie bedingende Geschichte nur indirekt und in spezifisch ästhetischer Gestalt erfahrbar. Geschichte ist in der Analyse von Kunst so zu verstehen, „daß die Kunst als Kunst Auskunft über wirkliche Geschichte gibt, die ohne sie nicht zu gewinnen ist und ohne die wesentliche Momente der wirklichen Geschichte unentdeckt bleiben"[10]. Die Aufgabe besteht demnach darin, das Kunstwerk durchdringend auf die Intentionen geschichtlich sozialen Handelns und Leidens zu stoßen, die in vielfältiger Weise bedingend in das Kunstwerk eingehen, um es so in seiner komplex sinnlichen Gestalt, als Einheit mannigfaltiger Erfahrung und als Besonderheit begreifen zu können.

Die vorliegende Arbeit versucht, Kunst als „sinnliche Erkenntnis“ [11] zu verstehen, in Einzelanalysen die Erkenntnisqualität von Kunstwerken zu erarbeiten. Die sinnliche Unmittelbarkeit des Kunstwerkes ist die spezifische Form ästhetischer Erkenntnis [12]; eine nicht nur irgendwie auf Bilder, sondern auf deren Erkenntnisgehalt bezogene Beschäftigung mit Kunst muß notwendig gerade an dieser konkreten Sinnlichkeit ansetzen, die als verdichtetes Bild von Wirklichkeit von deren geschichtlicher Gestalt bestimmt ist. Als „ideologische Bewußtseinsform“ ist Kunst „gesellschaftlich notwendiger Schein, aber zugleich ist sie, was der Begriff des notwendigen Scheins nur ungenügend festhält, eine Gestalt relativer Wahrheit. Es ist primär dieses Moment, das im Akt der Interpretation zu entschlüsseln ist“ [13]. Auch zielt das jeweilige Kunstwerk nicht auf das Erfassen eines gesamtgesellschaftlichen Zustands, sondern bedingt durch die Möglichkeiten des produzierenden Subjekts werden Aspekte konkret, die gerade dadurch, daß sie von einem Subjekt erfahrene Aspekte sind, ihren besonderen Stellenwert als ästhetische Erkenntnis haben. „Zur Darstellung gelangt immer eine ‚relative Totalität von Eigenschaften und Beziehungen‘“ [14].

Die Analysearbeit an Bildern und insbesondere Kunstwerken versteht sich in der Absicht, Bilder für einen lernenden Gebrauch bereitzustellen sowie Interessen zu entwickeln, auch in anderen Problemzusammenhängen sich Kunst verfügbar machen zu wollen. Die thematisch gebundene Auseinandersetzung mit Bildern geschieht in der vorliegenden Arbeit nicht in einer kunstgeschichtlich systematischen Darstellung der Entwicklung des Interieurs. Vielmehr werden in einer Vielzahl von Einzelanalysen inhaltlich exemplarische Aspekte erarbeitet, um Lernerfahrungen zu machen, die auf gesellschaftliches Leben bezogen sind. In einem weiteren Verständnis ist diese Arbeit – selbst wenn sie niemals auf Unterricht zielt – auch eine kunstpädagogische.

# I DIE DARSTELLUNG BÜRGERLICHER PRIVATHEIT IN BILDERN DES 16. UND 17. JAHRHUNDERTS: QUENTIN MASSYS – JAN VERMEER VAN DELFT – PIETER DE HOOCH

In der Analyse dreier Bilder soll exemplarisch deutlich werden, wie mit der Entwicklung frühkapitalistischer Produktionsverhältnisse im entstehenden Bürgertum sich Formen der Privatheit als konkrete Lebensformen herausbilden, welche die Bildende Kunst produktiv spiegelt. Die Aufmerksamkeit gilt in der Analyse dem Stellenwert öffentlich relevanter und intimer Privatheit. Beide Sphären sind im Bilde des Quentin Massys offensichtlich verbunden, während in den späteren Bildern des Jan Vermeer van Delft und des Pieter de Hooch eine deutliche Verlagerung auf die Seite des Intimen stattfindet, womit der öffentlich relevante Bereich des Privaten – Warenproduktion und Warenverkehr – von dieser Kernzone abgetrennt wäre. Die Gestalt bürgerlicher Privatheit in dieser Verlagerung auf ihren intimen Kern ist aber dann wesentlich schon jene, die in der bürgerlichen Kunst der folgenden Jahrhunderte immer wieder als die eigentliche begegnen wird. Wichtig für unseren Zusammenhang ist, daß die in den drei Bildern dargestellten Situationen ihren Ort im Innern des bürgerlichen Hauses haben, so daß damit auch die Beziehung von Innenraum und Außenraum bedeutsam wird. Von besonderem Interesse ist die Beachtung gesellschaftlicher Verkehrsformen, wie sie in zwischenmenschlichen Verhältnissen und intimen Gesten oder Reaktionen bürgerlicher Individuen zum Ausdruck kommen, d.h. in den spezifischen Formen ihrer Kommunikation; dies wird gerade in dem ausgewählten Bild Vermeers sehr deutlich.

Die drei Beispiele vermitteln nur einen kleinen – wenn auch für die weitere Arbeit wesentlichen – Ausschnitt aus der schon zu diesem Zeitpunkt erreichten Vielfalt bürgerlich privaten Lebens. Die Kategorie des Privaten wäre geeignet, bürgerliche Aneignung der Realität ebenso in Bildern der Stadt- und Naturlandschaft zu erarbeiten. Andere bedeutsame Entfaltungsbereiche unterschiedlicher Dimensionen des Privaten im Interieur werden nicht angesprochen: die Tätigkeit des Kaufmanns, des Wissenschaftlers, des Künstlers. Die notwendige Akzentuierung besonderer Formen des Bürgerlichen bei Vermeer und de Hooch in Abgrenzung zu bäuerlichem Leben oder im Rahmen einer fortschreitenden sozialen Differenzierung zwischen klein- und großbürgerlichem Leben ist in diesem Abschnitt ebensowenig geleistet wie die Gegenüberstellung zu den anders strukturierten Formen des Privaten in der flämischen Kunst. Da die Arbeit nicht so angelegt ist, daß im Sinne eines Längsschnittes die Entwicklung der Privatheit durch die Jahrhunderte verfolgt wird, bricht nach Erarbeitung dieser geschichtlichen Position die Betrachtung ab; die Entwicklung des Privaten im 18. Jahrhundert – etwa in der Kunst Chardins oder Chodowieckis – bleibt unberücksichtigt.

**Quentin Massys: Der Geldwechsler und seine Frau** Abb.3
**Holztafel, 71 x 68 cm; Paris, Louvre**

Quentin Massys wurde 1466 in Löwen als Sohn eines Schmiedes geboren; seit 1491 Freimeister der S. Lucas-Gilde in Antwerpen lebte er dort bis zu seinem Tode 1530. Das Bild des Geldwechslers und seiner Frau entstand 1514; das Paar ist als Brustbild aufgefaßt und in einem Innenraum dargestellt; der Wechseltisch vorn und die Rückwand des Raumes mit Regalen und einer schmalen Fensteröffnung rechts schließen die beiden ein. Die Kompositionsform des Bildes ist einfach und streng: die Tischplatte steigt bildflächenparallel vom unteren Bildrand an, wirkt als breiter horizontaler Riegel zwischen Betrachter und Geldwechsler; hinter dem Tisch und auf diesen gestützt sitzen nebeneinander der Mann und die Frau, er mit dem Wägen von Goldmünzen, sie mit einem geistlichen Erbauungsbuch beschäftigt; im Moment des Umblätterns einer Buchseite blickt die Frau zu ihrem Manne hin; beider Oberkörper sind dem Betrachter frontal zugewendet, neigen sich jedoch aus der Vertikalen ein-

Abb.5

Abb.8

Zum interlübke Möbel gibt es jetzt alles, was das Wohnen noch schöner macht. Die interlübke Ausstattung, mit der Sie eine harmonische Wohnatmosphäre schaffen.
interlübke biedt nu bij het meubel alles aan, wat wonen nog fijner maakt.
interlübke vous propose maintenant, en plus de ses meubles, tout ce qui les complète:
In addition to interlübke furniture, we now supply all that makes a home even more beautiful: the interlübke Furnishing with which you may create a harmonious atmosphere.
23

Abb.28

Trend Mills Palm Beach aus Allyn-707 nylon
Verführung durch Farben…
Farbe ist Natur, ist Leben — ist der harmonische Zusammenklang von Farben nicht die Frucht ihrer lebendigen Vielfalt? Oft genug ist es einzig ein farbiger Teppich, der aus einem Raum einen Wohnraum zu machen, ihn mit Leben zu erfüllen vermag — ein Teppichboden aus Allyn-707 nylon — dessen Schönheit die Jahre überdauert, ebenso leicht zu verlegen wie zu pflegen. Der nicht fusselt, der nicht haart, dessen elastisch-federnde Struktur nicht plattgetreten werden kann — weil die technischen Eigenschaften des texturierten Endlosfadens Allyn-707 nylon dies einfach nicht zulassen.
Erbitten Sie weitere Informationen von Allied Chemical S. A. Department T 1, Place Madou Brussel 3 / Belgien
Allied Chemical
Teppichboden von Dura - Reichel - Tellux - Louis de Poortere - Trend Mills
Fragen Sie nach diesem Etikett…
Allyn707nylon
nicht kleinzukriegen
… die Gewähr für einen Qualitätsteppich


Abb.41

Abb.60

Abb.61

Abb.99

ander zu, so daß vom rechten Arm des Mannes über die Köpfe hin zum linken Arm der Frau eine die beiden zusammenschließende Kurvenform entsteht; der Abschluß der Rückenlehne der Sitzbank und die Regalböden nehmen die Horizontale des Tisches wieder auf und schließen mit diesem vom Vorder- und Hintergrund des Bildes das Paar in ein ruhendes Kompositionsgefüge ein, in dem diese selbst vertikale Gegenmomente bilden, die von der schmalen Fensteröffnung betont werden; die Strenge der Horizontalen wird durch Gegenstände auf Tisch und Regalen rhythmisch gegliedert. Dieser ausgewogenen Kompositionsordnung entspricht die Farbigkeit des Bildes: das Grün des Tischtuches führt hin zum komplementären Rot des Frauengewandes wie auch zum blaugrauen Rock des Mannes und wiederholt sich abgedunkelt in dessen Barett; das warme Braun der holzvertäfelten Rückwand schließt das Bild ab, betont als neutraler Grund die Farbigkeit der Gewandungen und wiederholt sich entsprechend dem Grün des Vordergrundes im Braun der Frauenkappe. Kern der Farbgestaltung im Rahmen der Farbwerte Grün und Braun sind die nebeneinandergesetzten Primärwerte Blau und Rot, die in jeweils verschiedenem Reinheitsgrad auf Mann und Frau lokalisiert sind. Diese Einordnung der Primärwerte in das farbige Gesamtgefüge entspricht derjenigen der formalen Ordnung und vermittelt als inhaltliches Moment die Einordnung der Personen in ihren Raum. Das Bild ist auf das Paar hin mit einfachen, aber bewußt eingesetzten Mitteln angelegt; in der richtungsneutralen, annähernd quadratischen Bildfläche entwickelt sich ein formal in sich ruhendes, ausgewogenes Bildgefüge aus verschieden gerichteten Kompositionseinheiten. Die Ausgewogenheit dieses Gefüges vermittelt den erreichten Zustand der Tätigkeit des Wechslers, nämlich durch Wägen Goldmünzen auf ihren Wert zu überprüfen: sein Arbeitsgerät – die Waage – ist im Zustand des Gleichgewichtes beider Schalen. Es ist ein Zustand hoher Angespanntheit und deren Lösung, Spannung und Entspannung halten sich ebenso die Waage; der spannungsreiche Zustand dieses Momentes läßt die Frau hinüberblicken. Das gerade jetzt erfolgende Umblättern einer Seite im Buch macht sie für diesen Moment frei und fungiert im Bild als spannungssteigerndes Mittel. Der erreichte Zustand der Gleichgewichtigkeit der Schalen vereint den Wechsler und seine Frau, was die umschließende Kurvenform unterstreicht.

Die Ausgewogenheit der Waage, in der Kompositionsordnung des Bildes vermittelt, vergegenständlicht eine Dimension des Dargestellten: die Tätigkeit des Mannes, der „Beruf" des Geldwechslers. Dieser entwickelt sich als spezialisierte Arbeitstätigkeit seit dem hohen Mittelalter aus den Bedürfnissen und Anforderungen eines ständig expandierenden Handelsverkehrs mit der Notwendigkeit der Umsetzung von Waren in Geld und Geld in Waren. Besonders an großen Messeplätzen mit internationalem Verkehr hatten Geldwechsler die Aufgabe, Münzen der verschiedensten Herkunft nach Gewicht und Feingehalt einzutauschen; ihre Tätigkeit war Voraussetzung dafür, daß mit dem Umschlag von Waren der produzierte Mehrwert realisiert werden konnte.

Die Tätigkeit, die der Mann im Bilde des Quentin Massys ausübt, ist eine zu dieser Zeit in Antwerpen angesehene und verantwortliche Arbeit und für diese Phase der frühen kapitalistischen Produktionsweise höchst bedeutsame. Dies wird im Bewußtsein des Malers dadurch betont, daß seine Darstellung des wesentlich profanen Themas sich aus traditionell sakralen Vorbildern entwickelt hat (vgl. Petrus Christus: Der heilige Eligius in seiner Werkstatt, 1449). Das, was mit der Waage, die der Wechsler in seiner Hand hält, und ihrem Zustand der Gleichgewichtigkeit der Schalen auf seinen Begriff kommt, ist die für die warenproduzierende und auf Warentausch bezogene Gesellschaft konstituierende Idee des gerechten Tausches, die sich

Abb.4 Petrus Christus, Der heilige Eligius in seiner Werkstatt

gerade hier als moralische Kategorie verpflichtend im Prüfen und Wägen des abstrakten, allgemeinen Äquivalentes vergegenständlicht. Diesem zunächst entspricht die früher auf dem Rahmen des Bildes lesbare Sentenz: statura justa et aequa suit pondere[1]. So gesehen sind Interpretationen des Bildes als Sinnbild des Geizes, der Habgier, des Wuchers, als Satire auf die Schwächen der Menschen[2] falsch. Hiergegen ist ein Mann in seiner Tätigkeit dargestellt, der sich der ökonomischen und gesellschaftlichen Bedeutung seines Berufes bewußt ist, wie auch der moralischen Verpflichtung in der Realisierung einer Idee. Ebenso geht aber auch in das Bild ein Bewußtsein von der Gebrochenheit dieses Ideals ein, von der tatsächlichen Diskrepanz zwischen Idee und Wirklichkeit, die die Benutzung der Waage als Metapher und die Formulierung der kategorischen Sentenz (ob vom Maler, ist fraglich) aus der Gefährdung des gerechten Tausches erst ermöglicht. Die Metapher der Waage wie auch die zitierte Sentenz erschließen noch eine zweite Dimension des Bildes, die selbst gleichgewichtig der ersten die Darstellung des Ökonomischen durchdringt. Der Wechsler und seine Frau sitzen nicht in einer offenen Wechslerbude, sondern in einem geschlossenen Raum; der Betrachter ist in diesen Raum aufgenommen und steht gewissermaßen als Kunde dem Paar vor dem Wechslertisch gegenüber. Der Spiegel auf dem Tisch zeigt die Seite des Raumes im Rücken des „Kunden": im Spiegel wird neben einem weiteren, im Raume anwesenden Manne ein großes Fenster sichtbar, das auf die Straße führt und selbst einem offensichtlich repräsentativen bürgerlichen Hause zugehört, in dem sich der Raum des Wechslers befindet. In diesem geschlossenen Raum ist das Paar in die sichtbare Ausstattung bzw. in die Kompositionselemente eingeordnet wie zwei selbst unterschiedene, sich jedoch aufwiegende Gewichte einer Waage. Hierbei sind – in ihrer Unterschiedenheit mit den Primärfarben Blau und Rot signalisiert – die Geschlechter von Mann und Frau nebeneinandergesetzt und mit diesen die beruflich-materielle, auf irdischen Besitz und Verkehr gerichtete, und die erbaulich-geistige, auf geistlichen Besitz gerichtete Tätigkeit des Menschen.

Die Geschlechterteilung fungiert als Arbeits- und Rollenteilung und schließt sich in der Privatheit des Interieurs zu einem ausgewogenen Ganzen; das so strukturierte Private greift die traditionellen gesellschaftlichen Haltungen der ‚vita activa' und der ‚vita contemplativa' auf und modelt sie für ein bürgerliches Rollenverständnis um. Zwischen beiden Personen im Bild steht der Spiegel, der die Welt scheinhaft wiedergibt und auf ihre Vergänglichkeit verweist.

Solcherart ist das Bild nicht nur das eines seinen Beruf ausübenden Bürgers, sondern es ist ebenso das Bild einer frühbürgerlichen Ehe. Arbeitstätigkeit und Eheverhältnis verbinden und durchdringen sich in der Sphäre des Privaten, innerhalb derer die eine Seite öffentlich relevant und gesellschaftlich, die andere als ihr Kern intim ist. Zusammengeschlossen in der Privatheit sind beide Seiten komplementär und ausgewogen; sie sind hineingenommen in das bürgerliche Haus, sie entfalten sich im Innenraum. Das Bild ist ein Interieur, in dem die Vermitteltheit ökonomischer und intimer Privatheit als Konstituanten frühbürgerlicher Produktions- und Lebensweise Thema ist; untergeordnet sind Möbel und Gerätschaften. Im Bild entsteht eine Innenwelt, die im Anspruch – hier in einem Moment des ausgleichenden Wägens realisiert – in sich ruht. Diese Innenwelt zieht die Umwelt in sich hinein, durch Fensteröffnung, Spiegel, entscheidend jedoch durch das Geld als Konzentrat des Warenverkehrs und schließlich durch das Wort Gottes, zumindest in der Auslegung seiner Offenbarung. Diese Innenwelt bestimmt rückläufig ihre Umwelt, das Geld geht wieder hinaus und die Gedanken sind im Glauben auf das Jenseits gerichtet. Die Wechslerstube des Quentin Massys ist als Bild bürgerlicher Privatheit eine Art „Verkehrszentrale" gesellschaftlichen Verkehrs im Frühkapitalismus, in der sich Wegverbindungen des diesseitigen und eines noch geglaubten jenseitigen Lebens schneiden.

Die intensive Vermittlung des gerechten Auswägens im Bild – das sich nochmals in der kategorischen Formel: „statura justa et aequa suit pondere" artikuliert – bestünde nicht ohne das Bewußtsein einer hierzu anders erfahrbaren Wirklichkeit. Die Implikationen des Bildes sind zweifellos moralisch zu einem Zeitpunkt, zu dem sie keineswegs selbstverständlich sind, vom Auftraggeber möglicherweise selbst schon als Markenprädikate eigener Lauterkeit für seine Geschäfte verstanden. Waage und kompositionelle Durchführung des Themas wären nicht so bedeutsam, würden nicht mit dem Gegenstand, der Metapher und der Vermittlung die Gefährdung der Ausgewogenheit mitgeliefert: die Waage ist Zeichen für die Gerechtigkeit *und* für ihre Gefährdung zugleich. Tatsächlich ist die Gefährdung auch in diesem Bild konkret: sie geht – und dies kennzeichnet das hier wirksame Vor- und Rollenverständnis – von der Frau aus. Hierbei ist kaum bedeutsam, daß sie von ihrer frommen Lektüre weg zum Geld schaut, dies kennzeichnet nicht ihre Habgier, sondern hat – wie dargestellt – seinen Grund in der Zentrierung im Thema. Die Gefährdung liegt darin, daß sie *Frau* ist. In ihr als Frau wirkt die Versuchung ihrer Ahnmutter Eva als Erbsünde, deren Aufhebung durch die Geburt Jesu durch Maria – der „neuen Eva" – möglich wurde. Genau über ihrem Mann liegt im Regal ein roter Apfel, der die Möglichkeit seiner Versuchung und damit die Möglichkeit der Aufhebung des gerechten Tausches in der Sünde konkret macht. Nicht zufällig und wie zur Erinnerung schlägt die Frau des Wechslers in ihrem Erbauungsbuch gerade eine Seite mit dem Bild der Maria und dem Jesusknaben auf. Den Zusammenhang unterstreicht die Farbe rot: das rote Gewand der Frau korrespondiert mit dem Rot des Mariengewandes und dem Rot des Apfels und ist als aktiver Farbwert gegen das passive Blau(-grau) im Mantel des Mannes und potentiellen Adams gesetzt. Jedoch scheint die angelegte Gefährdung nur momentan; schlägt die Frau das Blatt im Buch ganz um und blickt dann wieder hinein, so begegnet sie dem Marienbild und wird es in ihre Betrachtung einbeziehen.

**Veränderungen im 17. Jahrhundert**

1609 schlossen die sieben vereinigten Provinzen der nördlichen Niederlande und Spanien einen zwölfjährigen Waffenstillstand, dem 1648 die Anerkennung der Unabhängigkeit dieses Staates folgte. Zur Ablösung der sieben Provinzen war es 1581 aus wirtschaftlichen und – hiermit verquickt – aus konfessionellen Gründen gekommen, als Philipp II versucht hatte, die Niederlande als Provinz in seine absolutistische spanische Monarchie einzugliedern. Der Waffenstillstand von 1609 dynamisierte die schon während des Krieges begonnene Entwicklung der Niederlande zu einer der großen Wirtschaftsmächte des 17. Jahrhunderts; diese Entwicklung wurde entscheidend von den westlichen Küstenprovinzen Holland und Seeland getragen.

Die wirtschaftliche Macht der Niederländer gründete zunächst auf der Überlegenheit ihrer Handelsflotte. Die Verarbeitung eingeführter Rohstoffe und die Ausfuhr hergestellter und veredelter Güter verweisen jedoch auf eine weitere Basis der wirtschaftlichen Macht Hollands, die Manufakturen. Diese waren hier in der ersten Hälfte des 17. Jahrhunderts in einem schon entwickelten Stadium und wurden getragen von einem Manufakturbürgertum, das sich als eigentlichen Erzeuger des gesellschaftlichen Reichtums verstand und mit seinem Bedürfnis nach Herrschaft spezifische politische und ethische Ideen mit demokratischen Intentionen entwickelte. Alles dies begünstigt im Manufakturbürgertum die Ausbildung einer Privatsphäre, die im Hinblick auf die Bereiche des Warenverkehrs und der gesellschaftlichen Arbeit zu einer auffälligen Betonung der intimen gegenüber der öffentlich relevanten Sphäre führt und ein Bewußtsein von der möglichen Unabhängigkeit der einen von der anderen herstellt. Die Situation spiegelt eine Malerei, wie sie im 17. Jahrhundert beispielhaft von Malern wie Ter Borch, Metsu, de Hooch und Jan Vermeer getragen wird, in einer Darstellungsweise, die – wie Hauser schreibt – „nicht nur alles Seelische sichtbar zu machen, sondern auch alles Sichtbare zu beseelen und zu verinnerlichen sucht“[3]. Die Intimität des bürgerlichen Wohnraumes mit seinem sich hier entfaltenden Leben wird zum Bild vernünftig geformter gesellschaftlicher Verhältnisse im Sinne eines bestätigenden, Bewußtsein strukturierenden und „maßgebenden“ Modells. Der so vergegenständlichte konstitutive Begriff von Humanität verbreitet „im Bürgertum eine Auffassung vom Bestehenden, das ganz vom Zwang des Bestehenden Erlösung verspricht, ohne in ein Jenseits auszubrechen“[4].

Kennzeichnend für die Situation, in der Vermeers und de Hoochs Bilder entstehen, sind konkrete ökonomische Gegebenheiten, die das Leben der Stadt Delft bestimmen. Bis 1584 Residenz Wilhelms von Oranien war Delft noch im 17. Jahrhundert neben Amsterdam wichtiger Handelsplatz, veränderte aber seinen Charakter in der 2. Hälfte des Jahrhunderts zu einer vornehmen, im Gegensatz zu Amsterdam – das immer mehr Zentrum des europäischen Geldhandels wurde – ruhigen Bürgerstadt. Der Reichtum der bürgerlichen Oberschicht beruhte auf Produktion und Handel von bzw. mit Luxusgütern, insbesondere mit den in den Manufakturen der Stadt hergestellten Fayencen. In der Blütezeit der Delfter Manufakturindustrie – etwa in der 2. Hälfte des 17. Jahrhunderts – arbeiteten in Delft mehr als 30 Manufakturen. Gerade in Delft bildete sich so auf dieser ökonomischen Basis ein reiches und gebildetes Manufakturbürgertum, auf der Gegenseite jedoch im Zuge rationalisierter Arbeitsprozesse eine verarmte, der kunstgewerblichen Produktion entfremdete Lohnarbeiterschaft. Offensichtlich auf die Interessen des Bürgertums ausgerichtet arbeiteten seit etwa 1650 eine Reihe von Künstlern in Delft: zunächst Paulus Potter (1646-49), dann vor allem Carel Fabritius, Jan Vermeer und Pieter de Hooch.

**Jan Vermeer van Delft: Brieflesendes Mädchen**
**Leinwand, 83 x 64,5 cm; Gemäldegalerie Dresden**

Jan Vermeer van Delft wurde 1632 in Delft geboren und starb dort 1675. Der Vater war Seidenwirker, Kunsthändler und später Gastwirt in Delft. Biographische Hinweise auf Jan Vermeer sind sehr spärlich; einiges spricht für ein gewisses Ansehen zu Lebzeiten, so die wiederholte Wahl in den Vorstand der St. Lucas-Gilde, der Besuch des kunstreisenden Malers de Monconys in seinem Atelier, oder die Erwähnung als eines bedeutenden Delfter Malers in einer Beschreibung der Stadt Delft von Bleiswijk und in einem Gedicht von Bon; mit materiellem Reichtum war Vermeer zeitlebens nicht gesegnet. Schon zu Beginn des 18. Jahrhunderts ist Jan Vermeer vergessen, um erst nach der Mitte des 19. Jahrhunderts sehr emphatisch wiederentdeckt zu werden.

Das Bild des „Brieflesenden Mädchens" ist wahrscheinlich Ende der fünfziger Jahre entstanden. Der Betrachter trifft auf eine Situation, die ihm sein Gegenüber in einem subtilen, in sich beschlossenen Kommunikationsprozeß zeigt; er trifft auf diese Situation wie jemand, der ohne anzuklopfen in einen zufällig offenen Privatraum tritt. Ein nach rechts aufgezogener, die ganze Höhe der Bildfläche einnehmender Vorhang gibt den Blick in den Innenraum frei. Der Vorhang befindet sich in der vordersten Ebene eines mehrschichtigen, bildflächenparallel gegliederten Raumes. Der zusammengeraffte Vorhang assoziiert die Vorstellung, daß er jederzeit zugezogen werden könnte; dann wäre der Raum – und damit die Privatsphäre – dem Blick von Außen ebenso verschlossen wie Wohnräume bei geschlossenen Vorhängen dem Einblick von Straßenpassanten. Das Motiv des aufgezogenen Vorhanges im Bild gibt mit dem Blick in den Raum gleichzeitig die Problematik des Einblicks an und kennzeichnet die Labilität des im Einblick „hergestellten" Bildes; ein Zuziehen des Vorhanges würde mit dem Einblick das Bild selbst aufheben, indem es die Situation völlig in die Intimität des Privaten zurücknimmt. Daß Intimität überhaupt sichtbar wird zeigt aber, daß der Betrachter des Bildes vorweg als „Verstehender" begriffen ist, als Privatmann, der als Mensch zu einem Menschen tritt. Dieses und die Beschlossenheit der Frau in einer durch den Brief hergestellten Kommunikation lassen es zu, daß der Betrachter des Bildes als Zuschauer geduldet wird; selbst Privatmann dringt er in eine Intimszene ein und wird doch das Recht dieses Menschen, sein „Briefgeheimnis", wahren. Näher hinzutreten kann der Betrachter ohnehin nicht. Der Weg in den Raum ist durch einen Tisch versperrt, von dem der Betrachter durch große Nähe nur einen Teil der Oberfläche mit Teppich, Delfter Schale und Obst sieht. Dieser Tisch gibt die zweite Bildebene an. In der dritten steht in Seitenansicht und zum geöffneten Fenster links gewendet die junge Frau; dahinter folgen links Sessel und Fensterflügel und schließlich, als bildflächenparalleler Abschluß von Bild und Raum, die Zimmerwand. Während von der Mitte und von rechts der Raum in planen Ebenen und ohne meßbare Dimensionierung in verkürzten Kontrasten sich darstellt, ist er links in überlaufenden Schrägen entwickelt: die jähe Schräge des Fensterrahmens geht in die des Fensterflügels über, diese wiederum über die seines Schattens zur Wand. Die so gebildete Raumkurve, welche die Frau von vorn umfaßt und hinter dem Vorhang im Raum ausläuft, wird von dem roten Fenstervorhang aufgenommen und betont; gleichzeitig wiederholt dieser Vorhang Motiv und Funktion des anderen an der zweiten, den Raum öffenden Stelle, dem Fenster. Mit der Raumbeschreibung ist auch der Prozeß der dargestellten Kommunikation benannt: dieser verläuft mit dem Licht unter Ausschluß des Betrachters „bildflächenparallel" hinter den Raumriegeln. Der Brief als Botschaft an eine Privatperson kommt von außen in den Privatraum, mit dem Brief erlangt der enge Raum eine weitere Dimension. Im Raum rezipiert die Frau die Botschaft und wendet sich mit ihren Gedanken und Gefühlen antwortend gleichsam nach außen zu ihrem Briefpartner; das Fenster ist mehr als nur Lichtquelle, es ist Metapher für die dialektische Beziehung zwischen Außen- und Innenwelt, die sich im bürgerlichen Individuum hergestellt und durch das Medium Brief vermittelt wird. Da sich darüberhinaus das Gesicht der Frau in der Fensterscheibe spiegelt, richtet sich die im Bild hergestellte Kommunikationsachse über einen „Seitenweg" auch zum Betrachter. Aber diese zweite Verbindung ist nur Spiegelung, Derivat der ersten, flüchtig, vergänglich, Schein; sie macht den Einbruch in die Intimität nur deutlicher. Im Raum ist die Frau von allen Seiten eingefaßt, sie selbst ist in der Mittelachse des Bildes „eingerichtet"; die Verteilung der differenzierten Farbwerte und der Helligkeiten nehmen die junge Frau auf und setzen sie zurecht. Die Enge des Raumes und die Einordnung der Frau in diese Enge wird allein durch eine Sphäre des Geistig-Seelischen aufgehoben, die sich – provoziert durch das Medium Brief – um sie entwickelt und sie so selbst zum Medium werden läßt. Gerade dadurch kann sich der zunächst im Bild immanent verlaufende Kommunikationsakt zu einem mit dem Betrachter ausweiten, unterstützt von der durch die Spiegelung möglichen bedingten Teilnahme.

Bedeutsam ist, daß die Aura konzentrierter Innerlichkeit im Bilde Vermeers die Aura der Frau ist und – vermittelt in vergleichbaren Tätigkeiten wie Briefeschreiben, Musizieren, Klöppeln und ähnliches – das Hauptthema seiner Bilder ausmacht; dies gilt ebenso für eine Reihe zeitgenössischer niederländischer Interieurmaler. Bisweilen betont Vermeer in seinen Bildern mit einem Gemälde oder einer Landkarte seine jeweilige Intention – so im Bild der Briefleserin im Rijksmuseum Amsterdam, wo eine Landkarte die metaphorische Funktion des Fensters übernimmt und auf eine Ferne verweist, die durch Briefe überbrückt werden kann. Männer sind in diesen Bildern ruhiger Privatheit entweder abwesend oder nur gastweise im Raum als Offiziere, Verehrer, Briefboten oder Musiklehrer. So hat sich innerhalb bürgerlicher Privatheit deren Kern, die Sphäre des Intimen, als Bereich der Frau verselbständigt gegenüber dem Bereich des Mannes – der privaten, aber öffentlich relevanten Sphäre des Warenverkehrs und der gesellschaftlichen Arbeit. Bürgerliches Leben wird als Leben von Rollen verstanden, und die Verteilung dieser gesellschaftlichen Rollen strukturiert den privaten Haushalt. Die Familie gilt als Zone reiner Menschlichkeit, ablösbar von der ökonomischen Seite des Privaten. Entsprechend seinem Autonomieanspruch ist zwar der Mann als Eigentümer „Hausherr", aber das „Haus-wesen" ist in seiner Stellvertretung in der Frau zentriert; ihr Denken und Fühlen wird tendenziell synonym mit intimer Privatheit. Die vermeintliche Lösbarkeit des Intimen vom Ökonomischen und seine Stilisierung zum Rein-menschlichen spiegeln gerade die Bilder Vermeers, de Hoochs u.a. und wirken auf das gesellschaftliche Leben zurück. Hier kommt zum Bewußtsein, was Habermas über die bürgerliche Familie schreibt: „Private Autonomie, die ihren ökonomischen Ursprung verleugnet, eine *außerhalb* des Bereiches der durch den autonom sich dünkenden Marktteilnehmer einzig praktizierten, verleiht denn auch der bürgerlichen Familie das Bewußtsein ihrer selbst. Sie scheint freiwillig und von freien Einzelnen begründet und ohne Zwang aufrechterhalten zu werden; sie scheint auf der dauerhaften Liebesgemeinschaft der beiden Gatten zu beruhen; sie scheint jene zweckfreie Entfaltung aller Fähigkeiten zu gewähren, die die gebildete Persönlichkeit auszeichnet. Die drei Momente der Freiwilligkeit, der Liebesgemeinschaft und der Bildung schließen sich zu einem Begriff der Humanität zusammen, die der

Abb.5

Menschheit als solcher innewohnen soll und wahrhaftig ihre absolute Stellung erst ausmacht..."[5]. Das bürgerliche Individuum versucht gerade dort Humanität zu verwirklichen, wo Verdinglichung ausgeschlossen scheint: im Musizieren, im zweckfreien Sammeln schöner und kostbarer Dinge und – beispielhaft – im Briefeschreiben. „Briefeschreibend entfaltet sich das Individuum in seiner Subjektivität"[6].

Abb.6 Pieter de Hooch, An der Kellertür

**Pieter de Hooch: Mutter an der Wiege**
**Leinwand, 92 x 100 cm; Berlin, Gemäldegalerie Staatliche Museen, Stiftung Preußischer Kulturbesitz**

Pieter de Hooch wurde 1629 in Rotterdam als Sohn eines Schlächters geboren und war 1683 in Amsterdam noch nachweisbar. 1653 (oder 1655) trat er in Delft als „Fremder" in die St. Lucas-Gilde ein; er heiratete 1654. Wahrscheinlich nach dem Tode seiner Frau ging Pieter de Hooch 1667 nach Amsterdam. Waren in den Delfter Jahren das bürgerliche Haus und bürgerliches Leben Gegenstand seiner Malerei, so veränderte sich dies auffallend in Amsterdam; hier wurde, bedingt durch eine andere Käuferschicht, das elegante und aufwendige Leben des Patriziats in palastähnlichen Räumen thematisiert. Seine späten Bilder sind ein Reflex auch auf die immer stärkeren fremden Einflüsse – besonders aus Frankreich – auf die holländische Kunst nach den französisch-holländischen Kriegen.

Die Bilder Pieter de Hoochs aus den Delfter Jahren wirken – im Gegensatz zu den mehr kühl-distanzierten Vermeers – wärmer in der Geborgenheit dargestellter Häuslichkeit und zwischenmenschlicher Beziehungen; „wärmer" bedeutet hier, daß der Betrachter eine engere emotionale Beziehung zu dem jeweils Thematisierten finden kann. Liebevolle Zuneigung konkretisiert sich besonders in den Bildern, die eine Mutter mit ihrem Kind – zumeist einem Mädchen – bei einer häuslichen Tätigkeit zeigen. Der Rahmen solcher Tätigkeiten ist allemal das Haus: Innenhof und Innenraum. In diese Räume sind die Personen anders als bei Vermeer eingeordnet; es sind keine geschlossenen Einzelräume, sondern visuell und vorstellungsmäßig nachvollziehbare Raumfolgen, die dem Betrachter nicht nur ein Zimmer, sondern die Wohnung, das Haus öffnen. Die strenge perspektivische Konstruktion der Raumfolgen wird durch einfallendes Licht in fließenden Übergängen überspielt. Die dargestellten Raumkombinationen mit ihren Wegen begründen die Haltungen und Bewegungen der in ihnen wirkenden Personen, diese wieder erschließen durch ihre Tätigkeiten die Räume – es ergibt sich so ein unauflösbarer wechselseitiger Begründungs- und Integrationszusammenhang von Haus und menschlichem Leben. Dies ist im Bild „An der Kellertür" exemplarisch vermittelt: In einem Vorraum begegnen sich am Schnittpunkt zweier Wege aus dem Keller und aus dem Wohnraum kommend Mutter und Tochter; die Mutter gibt dem Kind eine Kanne und wird sich zur Kellertür zurückwenden, das Kind wird seinen Weg zurück in den Wohnraum nehmen; der Betrachter ist selbst im Vorraum, blickt zum Keller und zum Innenraum, kann in der Vorstellung dem Kind folgen und durch geöffnete Fenster auf die Straße schauen; die Unteransicht der Treppe erschließt seiner Vorstellung den weiteren Weg aus dem ebenerdigen Wohnraum in die nächste Etage des Hauses.

Im Bild der „Mutter an der Wiege" wird eine solche „Besuchersituation" des Betrachters thematisiert und mit ihr die spezifische Intimität des Dargestellten. Der Betrachter steht als Besucher im Schlafraum eines bürgerlichen Hauses, in der Bildkomposition etwa in der Mittelachse, die durch die perspektivische Zeichnung der Fliesen und durch den roten Mantel an der Wand des Bettkastens genau gegeben ist. Nach links sieht er sich der sitzenden Mutter und einem Weidenkorbbettchen mit ihrem Kind gegenüber, nach rechts öffnet sich der Raum in einen Vorraum und von dort nach außen. Will man von einer Besuchersituation sprechen, so ist die junge Mutter mit ihrem neugeborenen Kind Anlaß des Besuches. Nun ist die dargestellte Situation der Frau, die vor dem halbgeöffneten Bett sitzt und sich ihrem Kinde zuwendet – mit dem Töchterchen im Nebenraum, dem Hund, den häuslichen Accessoirs wie Bettpfanne, Hausmantel, Krug und Nachtleuchte – keineswegs die einer geruhsam beobachtbaren familiären Szene, die in warmen Farben, sanften Licht- und Schattenzonen realisiert ist. Sondern das Bild ist von einem eigentümlichen Spannungsmoment erfüllt, das zunächst von der Situation ausgeht, dann jedoch in der oben geschilderten Weise im Ineinanderwirken von Raumverhältnissen und menschlichen Handlungsformen zu einer spezifischen Form familiärer Intimität verdichtet ist. Einen Bezugsrahmen für die Personen bildet die in sich formal und räumlich differenzierte bildflächenparallele Hauptwand des Schlafraumes mit Bettkasten und Türöffnung; die perspektivisch verkürzte rechte Seitenwand wird im Nebenraum weitergeführt, der selbst bildflächenparallel abgeschlossen ist; desgleichen führt der Fußboden in abgesetzter Plattenordnung und -farbe in den Vorraum weiter. Neben der Schräge der rechten Seitenwand gibt es eine bedeutsame zweite: sie wird ausgehend von der linken unteren Bildecke vom Weidenkorb – dessen Öffnung der Frau zugekehrt ist – über die Schnüre zwischen ihren Händen hin zum Kind im Vorraum und der halbgeöffneten Türlade gebildet und führt aus dem Haus nach draußen. Der durch diese Raumschräge und durch die der rechten Seitenwand entstehende spitze Raumwinkel ist ein Bewegungsrahmen für das Mädchen, den Hund und für den Betrachter in der Rolle des Besuchers. Die eben benannte Raumschräge von links hin zur Außentür ist handlungsmäßig geteilt. Einmal entsteht ein geschlossener Zusammenhang zwischen der Mutter und ihrem Kind im Bettchen, das für den Betrachter nicht sichtbar ist; zum anderen geht das Mädchen im Nebenraum zur Tür hinaus, gefolgt von dem Hund, der durch Laufrichtung nach außen und Zurückwenden nach drinnen eine Mittlerstellung einnimmt auch zum Betrachter, auf dessen Standort im Raum der Tierkörper bezogen ist. Der Betrachter wird durch die Zuwendung der Mutter zu ihrem Säugling, die keine Einbeziehung des Besuchers mehr zuläßt, sowie durch den Hund und das Mädchen, die beide den Raum verlassen, gleichfalls aufgefordert, ihnen zu folgen. Die spezifische Spannung liegt demnach darin begründet, daß der scheinbar so fest in den Raum eingeordnete Betrachter die Szene jetzt verlassen muß, weil das, was folgt, nicht mehr für ihn bestimmt ist. Hierbei droht nicht das Zuziehen eines Vorhanges wie bei Vermeer sondern der Betrachter in der Rolle des Besuchers wird durch Raumzonen gewiesen, das Vorderste im Bild ist das Innerste und Privateste im Haus. Aus der Spannung des Aufbruchs, der eine Begegnung von Privatmenschen beendet, bereitet sich eine Situation vor, in der Spannung gelöst sein wird in der Harmonie der liebenden Begegnung von Menschen als „bloßer" Menschen, den ein gesteigerter Grad intimer Privatheit kennzeichnet. Die junge Frau selbst zwingt mit ihrem vorgestellten rechten Fuß nachgerade den Betrachter, in Richtung des Hundes aus der Bildmittelachse nach rechts auszuweichen.

Dies alles wird notwendig durch die Absicht der Mutter, ihr Kind stillen zu wollen. Nicht eine Situation nach dem Stillen, wie oftmals angegeben wird, sondern die *davor* ist dargestellt; dies wird aus der Art des Hantierens mit den Miederschnüren deutlich, ein Aufschnüren von unten nach oben. Während sie ihr Mieder öffnet, spielt sie mit den Schnüren vor den Augen des Kindes und ist so voll mit dem Kind beschäftigt. Durch Blicke, Bewegungen und Gesten ist innerhalb des Bildes eine Schlüsselszene entstanden, deren Intimität sich noch steigern wird und an der der Besucher schon nicht mehr teilhat. Es beginnt offensichtlich eine Handlung, die ausschließlich die beiden Betroffenen angeht und für niemanden sonst bestimmt ist. Mit solcher Intimität im Kernbereich bürgerlicher Privatheit bildet sich eine Form sublimierter und tendenziell tabuisierter Sinnlichkeit, die nicht nur radikal entfernt ist von der johlenden, deftigen Sinnlichkeit früherer holländischer oder flandrischer Genrebilder, sondern die auch das Erlebnis zwischenmenschlicher Intimität zum

Abb.7

emotionalen Privatbesitz des Bürgers macht. „Offenkundige" Intimität in der zwischenmenschlichen Beziehung ist tendenziell kein Signet mehr für bürgerliche Privatheit, sondern „nur noch" für bäuerliches und proletarisches Leben. Die Bilder zeigen nicht nur mit dem Haus und seinem Inventar, sondern auch mit den im Hause lebenden Menschen und den sich zwischen ihnen spezifisch entfaltenden Beziehungen den privaten Besitzstand des Bürgers.

Hinzuweisen ist auf den Stellenwert von Gerätschaften und Einrichtungsgegenständen in den Bildern von Vermeer und de Hooch: Mobiliar ist zumeist spärlich aber gediegen. Eine besondere Bedeutung kommt in den Interieurs Vermeers Musikinstrumenten zu, Spinetten, Gitarren und Lauten. Verdinglichen Stoffe, Mobiliare, Geräte im Raum allgemein das Selbstverständnis des vermögenden Privatmannes als Eigentümer, so signalisieren die Musikinstrumente einen veränderten, privatisierten Funktionswert von Kunst im bürgerlichen Haus. Sie sind Gegenstand individueller musischer Tätigkeit und Anlaß besonderer Geselligkeitsformen in der Hausmusik. Musizieren ist im holländischen Besitzbürgertum aus der Sphäre feudaler und klerikaler Repräsentation gelöst und den Interessen individuell menschlicher Selbstverwirklichung scheinbar zweckfrei neben der Zweckgebundenheit der Geschäfte unterstellt. Musizieren wird gleichfalls zum Bildungselement und Rollensignet der bürgerlichen Frau, die als Hausfrau, Mutter und gesellige Partnerin eine Rolle neben dem Mann zu spielen hat. Die bürgerliche Frau kann sich musischer Betätigungen um so mehr widmen, da sie dem Hauswesen vorsteht und durch Dienstboten von unmittelbarer körperlicher Arbeit entlastet ist. Bevor sich die Privatleute voll zu einem kulturräsonnierenden Publikum entfalten, sind sie schon als Mitglieder der Familie kulturkonsumierende Lebensgemeinschaft. Auffällig sind auch vielfältige Bilder an den Wänden der Interieurs. Sie sind Schmuck, Objekte des Sammelns von Liebhabern, und sie sind Kapitalanlagen. Kunst ist in dieser bürgerlichen Gesellschaft Ware und ihre Produktion nach Marktgesetzlichkeiten ausgerichtet, die u.a. zu einer Standardisierung der Themen führen. Die Interieurs, angesehen auf den herrschenden Geschmack der in ihnen als Wandschmuck dargestellten Bilder, zeigen die immer wiederkehrenden Motive niederländischer Malerei: Interieurs, Stilleben, Landschaften, Seestücke[7]. Die in den Interieurs gespiegelte bürgerliche Welt verdoppelt sich, indem die in Privatbesitz eingefügte Ware Kunst den Besitzbereich des bürgerlichen Menschen – Haus, Stadt, Land, Meer – permanent im Innenraum vergegenwärtigt; der Privatmann ist so nicht nur von seinem eigenen, sondern vom gesellschaftlichen Besitz seiner Klasse umgeben. Jedoch der „private bürgerliche Kunstgeschmack ist keineswegs ganz einheitlich; das Bürgertum gehört verschiedenen Bildungsschichten an und stellt an die Kunst verschiedene Ansprüche. Die Gebildeten, die an der klassischen Literatur erzogen worden sind und die Tradition des Humanismus fortführen, begünstigen die italianisierenden, oft an den Manierismus anknüpfenden Richtungen. Sie bevorzugen, im Gegensatz zum volkstümlichen Geschmack, Darstellungen aus der antiken Geschichte und Mythologie, Allegorien und Hirtenstücke, gefällige biblische Illustrationen und vornehme Interieurs ...“[8]. Aber dadurch, daß Kunst selbst als Ware in den Warenverkehr und damit in den bürgerlichen Privatbereich eingegangen ist, kann sie erst repräsentativ bürgerliches Bewußtsein produktiv spiegeln; weil Kunst diese gesellschaftliche Funktion erfüllt, wird sie selbst Gegenstand der Darstellung: im Produktionsprozeß des Künstlers in seinem Atelier und als Ware im Geschäft des Kunsthändlers.

Die oben angedeuteten Veränderungen der thematischen Auffassung wie der malerischen Behandlung in den Bildern des Pieter de Hooch während seiner Tätigkeit in Amsterdam geben auch einen Hinweis auf Veränderungen in den eben dargestellten Zusammenhängen: Der Geschmack des städtischen Großbürgertums in den Kapitalzentren nähert sich vornehmeren, d.h. besonders höfisch-französischen Kunstauffassungen an. „Der Kaufmann wird Rentier, der Großbürger wird Aristokrat. Er verliert die Berührungen mit der bürgerlichen Gesellschaft, über welche er als Ratsherr regiert, statt mit ihr als tätiger Kaufmann zu verkehren. Er hat Titel und Wappen. Die Republik hat das Patriziertum nicht offiziell geadelt – für Grafentitel blieb man auf Wien angewiesen – das hat aber die Herren nicht gehindert, sich adlige Allüren und Ideen der Ebenbürtigkeit anzugewöhnen, alles in bescheidenen Maßen“[9] – aber es siegt nun auch in Holland, wie Hauser[10] schreibt, der „klassizistische Akademismus mit seinen Professoren und Epigonen“.

# II DIE DARSTELLUNG BÜRGERLICHER PRIVATHEIT HEUTE IN DER PRODUKTWERBUNG

Werbung, insbesondere Bildwerbung, gehört zu den Selbstverständlichkeiten unseres Alltags; jeden umgibt dieses „Kommunikationsmaterial" in großer Vielfalt und oft faszinierender Schönheit. Werbung zielt in erster Linie auf den Bereich, den wir als Privatsphäre bezeichnen. Die Funktionen der Werbung in unserem wirtschaftlichen und gesellschaftlichen System sollen hier nicht dargestellt werden, dazu liegt ausreichend Literatur vor[1]. Nachfolgend werden vielmehr in Analysen von Bildern und Materialkomplexen die ästhetischen Dimensionen von Bildwerbung untersucht. Dabei leitet uns die Fragestellung, ob und wie über Werbebilder die Sinnlichkeit des seine Privatsphäre gestaltenden Individuums produktiv freigesetzt oder verwaltet wird, um so letztlich gewünschte Verhaltensformen ästhetisch durchzusetzen und abzusichern.

Bei unseren Überlegungen gehen wir von einer Feststellung von J. Habermas aus, mit der er auf entscheidende Funktionsveränderungen der Familie in der Entwicklung der bürgerlichen Gesellschaft seit dem 19. Jahrhundert verweist, die ökonomisch in der Ablösung des kapitalistisch fungierenden Familieneigentums durch individuelle Lohneinkommen begründet sind. „Mit den Funktionen der Kapitalbildung verliert ... die Familie zunehmend auch Funktionen der Aufzucht und der Erziehung, des Schutzes, der Betreuung und Anleitung, ja elementarer Tradition und Orientierung; sie verliert verhaltensprägende Kraft überhaupt in Bereichen, die in der bürgerlichen Familie als die innersten Höfe des Privaten galten ... Andererseits entfaltet sich die Familie nun erst recht zum Verbraucher von Einkommen und Freizeit, zum Abnehmer der öffentlich gesicherten Entschädigungen und Lebenshilfen; private Autonomie erhält sich nicht so sehr in den dispositionellen als in den konsumtiven Funktionen; sie besteht heute weniger in der Verfügungsgewalt von Warenbesitzern als in der Genußfähigkeit der Leistungsberechtigten. Dadurch entsteht der Schein intensivierter Privatheit in einer auf den Bereich der kleinfamilialen Konsumentengemeinschaft zusammengeschrumpften Intimsphäre"[2]. Ursprünglich nur deren Kern, wird die Familie nunmehr identisch mit bürgerlicher Privatheit und darüberhinaus weitgehend auch mit „Freizeit". Bürgerliche Öffentlichkeit jedoch als Versammlung „räsonnierender Privatleute" wird intentional in Konsumentengrüppchen zergliedert oder bei Versuchen einer Neuformierung zumindest mit großem Mißtrauen beobachtet. Auf den Privat- und Freizeitbereich des einzelnen nun zielt vehement Produktwerbung mit allen Mitteln bürgerlich-traditioneller – nur selten aktueller oder gar avantgardistischer – Kunst. Es entsteht der Eindruck, als fungiere Bildwerbung in der Nachfolge von Kunst als eines Mediums zur Herstellung repräsentativen bürgerlichen Selbstverständnisses. In der Schönheit und Vollkommenheit ihrer besseren Produktionen erscheint Bildwerbung als eine Form von Kunst heute, die von der ganzen Gesellschaft angenommen und „verstanden“ wird, weniger in der Singularität einzelner Bildschöpfungen, sondern in der vermeintlichen Permanenz ästhetischer Innovationen. Verstärkt sich der Verdacht verwalteter Sinnlichkeit, so ist allerdings zu fragen, ob in der allgemein verständlichen ästhetischen Gestalt der Bildwerbung mit sinnlicher Unfreiheit nicht auch die gesellschaftliche mitgeliefert wird.

Rahmen einer zu entfaltenden Privatsphäre ist die Wohnung. Sie ist in der Normalsituation des Arbeitnehmers neben dem „Privatwagen“ und der Ferienreise die aufwendigste und gleichzeitig letzte Darstellung des Privatmannes als Eigentümer und verleiht ihm in vorgestellter Abgeschlossenheit noch einen Hauch von Autonomie gegenüber ihm längst undurchschaubaren und unbeeinflußbaren ökonomischen und politischen Verhältnissen. Man kann vermuten, daß in einer Werbung, welche die Wohnung im Interesse einer produzierenden Industrie als Entfaltungsbereich bürgerlicher Privatheit vorzustellen hat, ästhetische Entfaltungsnormen in repräsentativer Weise öffentlich werden. Dieser Vermutung wollen wir an Beispielen der Möbelwerbung nachgehen. Sehr schnell wird man beobachten, daß in Werbebildern der Konsum einer Vielzahl von Produkten in Interieurs angesiedelt ist; dieses Material soll in fortschreitender Analyse ebenfalls in Beispielen untersucht werden. In den Analysen folge ich der Hypothese, daß ein zentraler Aspekt all dieser Darstellungen privaten Lebens ein mit „sanfter Gewalt“ propagierter Rückzug aus der geschichtlich-gesellschaftlichen Realität auf eine vorgeblich abgesicherte und unantastbare Insel ist, wo im Glanze ästhetischer Vollkommenheit Vergänglichkeit aufgehoben und Glück garantiert scheint. Bei den Untersuchungen stütze ich mich weitgehend auf Werbematerial aus den Jahren 1968-1972. In dieser Zeit wurde ich nachhaltig auf die geschilderte Problematik aufmerksam, was zunächst zu umfänglichem Sammeln Anlaß bot; bezogen auf gesellschaftliche Entwicklungen dieser Jahre könnte das Material eine entsprechend politische Brisanz haben.

## 1. interlübke: Angebote – Werbung

In den Werbekampagnen der Einrichtungsindustrie mit Anzeigen in Tageszeitungen und Zeitschriften, mit Broschüren und Prospekten fällt das Werbematerial auf, das in aufwendiger Aufmachung versucht, die besondere – mit einem Markennamen verbundene – Exklusivität eines Produktes augenfällig zu machen. Ein in der Präsentation besonderes Angebot war in den Jahren 1970-72 das der Möbelfabrik interlübke (Gebr. Lübke KG, Wiedenbrück). Ihre Auffälligkeit schien in der „Schönheit“ der Werbebilder und der „Wohlgefälligkeit“ des Vorgestellten begründet; die relative Häufigkeit von interlübke-Anzeigen in der Presse stellte zudem eine gewisse Vertrautheit her, wenn man zum Leserkreis bestimmter Wochenzeitschriften wie Stern oder Spiegel gehörte. Der Eindruck von dem Angebotenen ist noch heute der einer besonderen, dennoch rundum soliden, abgewogenen und wohltuenden Modernität. Diese erscheint zwar exklusiv, aber nicht in dem Maße, daß sie ausschließlich als Geheimtip für Kenner in aufwendigem Prospektmaterial exklusiver Häuser verschlossen bleibt, sondern gerade so, daß sie sich selbst als Hürde nimmt hinein in die Massenmedien. Schon die Einzelanzeigen der Jahre 1970-72 stellen die Besonderheit des interlübke-Angebots heraus: interlübke bietet nicht allein Möbel als Kernbestand einer Wohnungseinrichtung an, sondern interlübke offeriert ein ästhetisch voll organisiertes Einrichtungssystem. Darin begründet sich ein Totalitätsanspruch der interlübke-Werbung: „interlübke macht Wohnen zum Erlebnis“; im französischen

Text von Anzeigen und Prospekt ist interlübke „un evenement", im englischen Text „a completely new experience in home-making". Das Möbelprogramm ist eingeordnet in die interlübke-Ausstattung; zu dieser gehören Dekostoffe, Jacquardstoffe, Möbelstoffe, Teppichböden, Bettausrüstungen u.a.m.. „Durch unzählige Variationsmöglichkeiten wird mit interlübke-Möbeln plus passender Ausstattung Raumharmonie geschaffen"; „Phantasievolle Akzente nach Ihren Wünschen setzen Sie mit der interlübke Ausstattung. . . Alles ist so angelegt, daß Sie beliebig variieren können. Mit interlübke wird es Ihnen leichtfallen, eine harmonische Wohnumgebung zu schaffen. Ohne langes Suchen finden Sie jetzt alles zueinander passend exklusiv in Ihrem interlübke Einrichtungshaus" (Katalog). Betont wird, daß sich durch die Variabilität des Programms, „durch klare, großzügige Linienführung und praktische Details . . . jeder Raum individuell gestalten" läßt. „Ihrer Phantasie sind keine Grenzen gesetzt, denn das zeitlose Design paßt sich jeder Architektur und allen räumlichen Gegebenheiten an" (Katalog). Der Anspruch ist umfassend: das geschlossene System des Programms garantiert unbegrenzte ästhetische Entfaltungsmöglichkeiten individueller Phantasie bei gleichbleibender Harmonie und Wertbeständigkeit. Die Entwicklung dieses Systems aber schafft die Voraussetzung für eine feste Marktposition. Der Rechtsschutz, den das System genießt, ist ästhetisch begründet und notwendig in einer Situation verschärfter Konkurrenz in einer Branche, in der „Ideen schamlos untereinander geklaut werden" (Sack in: Die Zeit), in der Produktionen kaum mehr unterscheidbar sind – es sei denn als Erscheinungsbilder oder in der Konsequenz ihrer Entfaltung als System. So hat das Landgericht Frankfurt in seinem Urteil vom 14.11.1970 (AZ 2/60-270/70) in der Plagiatsklage der Möbelfabrik interlübke gegen die Bernhard Pflug GmbH Wiedenbrück dieser bei Meidung von Geldstrafen in unbeschränkter Höhe oder an ihrem Geschäftsführer zu vollstreckender Haftstrafe bis zu 6 Monaten in jedem Falle einer Zuwiderhandlung untersagt, einen Kernkomplex des interlübke Systems – die „Umgebung 121" – weiterhin mit nur unwesentlicher Veränderung „herzustellen, anzukündigen, feilzuhalten oder in den Verkehr zu bringen"; außerdem mußte der der Firma interlübke entstandene Schaden ersetzt werden. Zu diesem Prozeß war es gekommen, nachdem Pflug mit seinem Wohn-Schlafraum-Modell „Comfort 6000" in allzu enger Anlehnung an das interlübke Modell eine Geschmacksmusterverletzung beging. Den Geschmacksmusterschutz für „Umgebung 121" hatte interlübke im Oktober 1969 beim Amtsgericht Wiedenbrück angemeldet. „Wie das Amtsgericht Frankfurt in dem Urteil festhält, war dieses Programm geeignet, für einen Geschmacksmusterschutz in Betracht zu kommen, weil die aus den hinterlegten Abbildungen erkennbaren Gestaltungsmerkmale bestimmt und geeignet seien, auf das ästhetische Empfinden des Beschauers, insbesondere auf seinen Formsinn, einzuwirken. Neu im Sinne des Geschmacksmustergesetzes sei ein Erzeugnis dann, wenn es in diesem Sinne nicht ‚vorbekannt' sei" (Die Welt, 24.1.1972). Das Urteil führt weiter aus, das Programm „zeige eine eigenpersönliche Leistung des Urhebers, die über das schlichte Durchschnittskönnen eines Muster- oder Modellgestalters hinausgehe" (Die Welt) und an Kompositionen von Mondrian erinnere. Die bürgerlichen Vorstellungen von künstlerischer Produktion sind bruchlos zur Stilisierung eines Markenartikels verwertbar. „Die besondere Beschaffenheit des Markenartikels beruht zwingend einzig in seinem Erscheinungsbild, das wiederum zur Grundlage von Monopolpreisbildung wird"[3].

Das Möbelprogramm von interlübke besteht aus beweglichen Elementen, die „beliebig" aneinandergereiht werden können. Das Programm enthält zunächst Wandschrankelemente, dann – als eigentliches Kernangebot – „Umgebung 121", ergänzt durch Sitzelemente und einen sogenannten Ideenschreibtisch; alle Bestandteile des Programms sind miteinander kombinierbar. „Umgebung 121“ enthält als „Mikrosystem“ Wandelemente, Kleinschränke, Regale, Sitzelemente und Betten; kombiniert mit Wandschrankelementen schafft „Umgebung 121“ Möglichkeiten zur Einrichtung jeder vorstellbaren Wohn- und Schlaf-Situation bei optimaler räumlicher Organisation. Die Elemente von „Umgebung 121“ sind mit Kunststofflack einheitlich weiß-grau überzogen; die Schrankelemente gibt es in folgenden Ausführungen: in Kunststofflack weiß-grau, grün, sand, schwarz – in Furnier Lärche, Nußbaum, Rio-Palisander, Teak (entsprechend die Schlafzimmerelemente, Ausnahme schwarz); eine mögliche Ausführung der Schrankelemente hat Rahmentüren aus Glas.

Charakteristisch für die Ausstattung von Räumen mit „Umgebung 121“ in Kombination mit Schrank- und Sitzelementen ist, daß alle Wände eines Raumes gleichmäßig, jedoch in sich sehr differenziert, mit einer „Möbelfolie“ überzogen bzw. verkleidet werden können. In dieser künstlichen Wand vor der gebauten kann jedes Lebens- und Bedürfnisutensil einschließlich Bett verschwinden. Die künstliche Wand gestattet es, daß mit ihren Elementen in den Raum hinein Zwischenwände unterschiedlicher Höhe gebaut werden, so daß Wohnzellen entstehen, die als Funktionszellen genutzt werden können. Die Bezeichnung „Umgebung 121“ für das Kernprogramm ist gewählt, weil Möbelelemente in der Höhe von 121 cm – in der halben Höhe eines idealhohen Raumes von 242 cm – den in einem solch idealen Raum lebenden Menschen eine maßvolle und maßgebende Umgebung sein sollen. Damit kündigt sich mit dem Programm ein Anspruch an, der auf die Herstellung eines letztgültig gestalteten ästhetischen Raumzustandes einer idealen Wohnsphäre zielt, die den in ihr lebenden Menschen in ihre Gestaltetheit einbezieht.

Für das interlübke System mit seinem Kern „Umgebung 121“ warben im genannten Zeitraum neben ein- und zweiseitigen Einzelanzeigen in Zeitschriften mindestens fünf sich ergänzende Broschüren mit separaten Maß- und Preisheften. Die Wirkung des gesamten Werbematerials geht vorwiegend von großformatigen, ausnahmslos farbigen Bildern aus, denen knappe Texte zugeordnet sind. Die Werbebroschüren im DIN-A 4-Format wurden im Westermann-Verlag, Braunschweig, im Mehrfarbendruck auf Kunstdruckpapier gedruckt. Für die in mehreren Auflagen (hier diejenigen von 1971 und 1972) vorliegende Hauptbroschüre zeichneten verantwortlich: Architektur: P. Maly, Hamburg; Fotografie: R. Stradtmann, Hamburg; Dekoration: Karin v. Hassel, Hamburg; Konzeption: Bossin + Jahn, Berlin. Die Hauptbroschüre umfaßt in den zwei vorliegenden Auflagen jeweils 47 Seiten. Davon sind in der Auflage 1/71 34 großformatige Abbildungen (3/72 = 32 S.), 4 Textseiten (3/72 = 4 S.), 8 Seiten Kleinfotos mit Informationstexten (3/72 = 10 S.). Alle Texte sind in deutscher, holländischer, französischer und englischer Sprache verfaßt. In der Aufmachung sind die Hefte der verschiedenen Auflagen weitgehend gleich, sie weichen in der Auswahl der Abbildungen und im Text geringfügig voneinander ab; ausgetauscht sind z.B. in den Auflagen die Modelle S. 17 und S. 20/21; die Großabbildungen der Auflage 1/71 sind an der rechten unteren Bildecke winklig angeschnitten, in der Auflage 3/72 ist darauf verzichtet. Die Auflage 1/71 enthält 22 großformatige farbige Abbildungen, die teilweise von Kleinstbildern und Kurztexten begleitet werden. Von diesen 22 Abbildungen sind 12 doppelseitig, 10 einseitig. 10 Abbildungen zeigen keine Personen, 12 zeigen Personen – davon zeigen 4 Abbildungen Paare, 4 Abbildungen jeweils einen Mann, 1 Abbildung eine Frau, 1 Abbildung nur Kinder (2 Jungen), 1 Abbildung eine Mutter mit Tochter, 1 Abbildung eine Gruppe aus 2 Paaren. In der Auflage 3/72 ist das Zahlenverhältnis entsprechend mit der Ausnahme, daß hier zweimal ein Bild mit einer Frau auftaucht. Nachfolgend soll nicht das

Möbelprogramm selbst, sondern die Werbung für dieses Programm Gegenstand der Analyse sein.

## 2. Einzelanalysen zur interlübke-Werbung

### interlübke-Broschüre (1/71) – Abbildung Seite 2/3

Die Abbildung ist doppelseitig. Der vorgestellte Wohnraum öffnet sich dem Betrachter achsialsymmetrisch; die auf das Doppelfenster in der bildflächenparallelen Raumrückwand zulaufende Mittelachse des Raumes ist gleichzeitig die des Bildes. Der relativen Strenge dieser Bildordnung entsprechen entscheidende Kompositionsordnungen des Raumes: die beiden gleichbreiten Fenster der Rückwand öffnen diese in ganzer Höhe, die anschließend nach links und rechts umlaufenden Wände sind in der Höhe halbiert durch Möbelelemente der „Umgebung 121" – der vorgestellte Raum hat also die Idealhöhe von 242 cm. Die kombinierte Möbelwand ist umlaufendes Kompositionselement von Raum und Bild, an der Fensterfront in gleichfarbigen Wandflächen fortgesetzt. Entsprechend umläuft und umschließt das dunkelgrüne Farbband der oberen Wandhälfte über dem Sockel der unteren hellen den Raum, gegliedert nur durch in Format und Komposition hochrechteckige Bilder, die untergeordnet das Motiv der zentralen Fenstervertikalen wiederaufnehmen. Die von den Fenstern ausgehenden gleichbreiten Kompositionsstreifen der Wände bestimmen den Raumeindruck als „lagernd", der „lastende" grüne Streifen unterdrückt aufsteigende Tendenzen; der Zimmerbaum rechts ordnet sich schon durch seine Farbigkeit dem oberen Wandstreifen unter.

Die Fenster sind keine Öffnungen, durch die der Blick des in der Raumachse „eingerichteten" Betrachters aus dem Raum hinaus könnte. Die Fenster sind etwa zur Hälfte verschlossen durch Rouleaus mit einem Gitterdesign. Die freibleibende Öffnung wird durch die Balkonbrüstung verschlossen. Im Fenster entstehende Horizontalen umspielen die Dominanz der Vertikalgliederung: der Wulst des linken Rouleaus führt die Halbierungslinie der Wandordnung fort, der Wulst des rechten Rouleaus ist weiter heruntergezogen und setzt die Linie der Balkonbrüstung im linken Fenster nach rechts fort. Blumenkübel links und Stuhl rechts sind genau in die jeweiligen Zwischenräume eingepaßt.

Von den beiden auf die Fensterwand zulaufenden Seitenwänden ausgehend und an diese architektonisch und kompositorisch gebunden, stoßen von links und rechts Raumkörper in den Wohnraum hinein – in der Bildkomposition verschieden gewichtete Elemente: von links ein Bett bis zur Raummittelachse, von rechts – dem Betrachter näher – richtungsparallel dem Bett ein Sessel. Auf dem Bett lagert, wiederum genau richtungsparallel, halbaufgerichtet und gestützt auf den hochgestellten Kopfteil ein junges Paar, das ein Fernsehprogramm verfolgt. Die obere Begrenzungslinie der Kompositionseinheit „Paar" löst sich wie die des Sessels kurvenförmig abfallend von der Wand zur Raummitte. Die Elemente Sessel, Bett, Paar ergeben im Raum eine versetzte Ordnung; der freibleibende Flur rechts der Mittelachse zum Fenster hin ist durch das tiefer gezogene Rouleau und den Balkonstuhl geschlossen. Linke und rechte Raumseite sind quer durch den Raum über die Sehachse des Paares auf den Fernsehschirm verbunden.

Neben solchen Raum- und Formbeziehungen besteht ein System von Farbbeziehungen, die den Raum teils streng, teils spielerisch in einem begrenzten, differenzierten und abgestimmten Farbakkord aus den Werten Grün-Blau-Violett sowie helles Beige zu einer in sich mannigfaltig verzahnten Komposition zusammenschließen.

Zum interlübke Möbel gibt es jetzt alles, was das Wohnen noch schöner macht: Die interlübke Ausstattung, mit der Sie eine harmonische Wohnatmosphäre schaffen.

interlübke biedt nu bij het meubel alles aan, wat wonen nog fijner maakt: Het interlübke Dekoridee, hiermee wordt een evenwichtige woonsfeer geschapen.

interlübke vous propose maintenant, en plus de ses meubles, tout ce qui les complète: l'Agencement interlübke pour créer une harmonie de couleurs.

In addition to interlübke furniture, we now supply all that makes a home even more beautiful: the interlübke Furnishing with which you may create a harmonious atmosphere.

23

Abb.8

Das Grün der Wand korrespondiert mit Blumentopf und Pullover des Mannes, das Violett verspannt den Raum über Sessel, Bezugsdesign des Bettes und Pullover der Frau und verbindet sich mit den Blautönen der Lampe, des Teppichmusters und der Bilder an den Wänden.

Der im Bild vorgestellte Raum als Umgebung des Paares und mithin das Bild selbst stellen sich also als eine völlig in sich verschlossene Komposition dar, die mit nichts aus sich hinausweist. In der Bildkomposition sind alle Bildelemente miteinander beziehungsvoll verbunden; im Raum als dem Bildinhalt sind die Fenster verschlossen, eine Tür nicht sichtbar – sie ist vorstellbar im Rücken des Betrachters. Weiterhin vorstellbar ist, daß der Raum auf der nicht sichtbaren Seite mit einer Schrankwand – auf die das kleine separate Bild verweist – geschlossen ist; dann ist zweifellos die Zimmertür mit einem Schrankwandelement kaschiert. In die durchdacht gestaltete ästhetische Ordnung des Raumes sind die Bewohner als ebenfalls ästhetische Fakten form- und farbkompositorisch integriert – sie sind „ein-gerichtet" in ein Raumkunstwerk, Bestandteil von dessen ästhetischer Struktur, nicht austauschbar, ablösbar oder veränderbar ohne die subtile Stimmigkeit der Konzeption zu zerstören. Der Betrachter des Bildes scheint zwar in das Bild aufgenommen, hat aber keine sichtbaren Beziehungen zu den im Raum lebenden Menschen; ihm wird Integriertheit in die ästhetische Ordnung einer gestalteten Umgebung vorgeführt im Bewußtsein des Störens, da diese Privatheit (noch) nicht seine eigene ist, in der er sich angstfrei bewegen könnte. Die im Raum Lebenden haben lediglich eine durch das Fernsehen hergestellte Beziehung nach außen; der Apparat ist jedoch Öffnung, durch die nichts nach außen dringt, sondern Angebote nur nach innen. Der lagernde Konsum von Welt in der Privatheit des Wohnraumes ist vermittelt in seiner dominant horizontalen Ordnung und den „beruhigenden" Farben der Ausstattung. Die „ideale" Geschlossenheit des Wohnraumes, der „Innenwelt" ist und mit dem Baum stellvertretend auch Natur integriert, zeigt sich schließlich in der Einheit von Wohn- und Schlafbereich. In seiner konsequenten Gestaltetheit ist der Raum ein Kunstraum, der dem in ihm lebenden Menschen eine wahrhafte, weil durch den Geist gegangene Ordnung als Umgebung verspricht und zu realisieren scheint und ihn in dieser neuen Umgebung von Natur und Arbeit löst. Die bisherige Analyse zeigt weiterhin, daß der im Bild vorgestellte Raum – der ja Kunstraum ist auch in dem Sinne, in einem Atelier künstlich gestellt zu sein – vorweg als *Bild* komponiert ist für bzw. durch die fotografische Kamera; das Bild des Raumes ist nicht zu verstehen als die Reproduktion eines eigentlich im Begehen körperlich-sinnlich zu erfahrenden Modells, sondern als kunstvolles Arrangement von Artefakten zum *Bild*, das die Kamera als diesen Interessen adäquates Medium festhält und weitergibt. Dieser Tatbestand hat offensichtlich einen erheblichen Einfluß auf den Geschmacksmusterprozeß in Frankfurt gehabt, wo ja die in den „hinterlegten Abbildungen" erkennbaren Gestaltungsmerkmale für die Urteilsfindung bestimmend waren.

**interlübke-Broschüre (1/71) – Abbildung Seite 24/25**

Das Bild ist wiederum doppelseitig und zeigt den Wohn- und Ruheraum eines Mannes im „besten Alter". Der Raum ist übereck aufgenommen, die Mittelachse des Bildes ist fast identisch mit dem von der Kamera erfaßten Raumwinkel, so daß sich auch hier eine zentralisierte Grundordnung für das Bild ergibt. Der farbige Grundton ist ein Braun, das von rötlichen dunklen Tönen über Schokoladen- und Cognactönen zu sandigem Beige wechselt bzw. in tiefes glänzendes Schwarz von Möbeln und

Requisiten absinkt; ein schmaler schwarzer Wandstreifen schließt umlaufend über Fenster und Schrankwand den Raum nach oben horizontal ab. Dem Grundton Braun kontrastiert das gebrochene Weiß der Möbelelemente links, des Fensters, eines Schrankwandelementes und des Teppichbodens. Auch in diesem Bild sind die Farbwerte vielfältig differenziert und in der Gesamtkomposition verzahnt.

Die dominierende formale Ordnung in diesem Environment eines Mannes ist die Vertikale; ihr sind horizontale „lagernde" Elemente untergeordnet. Dies wird besonders deutlich an den schmalen aufragenden Elementen der Schrankwand und ihrer betont vertikalen Maserung. Das ebenfalls schmale, vom Boden bis zum umlaufenden Wandstreifen durchgehende Fenster ist in die Reihung der Schrankelemente eingeordnet und hat als heller Streifen eine dem geöffneten Regalelement entsprechende Funktion der ausgleichenden Bildzentrierung. Die hier stärker horizontal wirkende Anordnung der Elemente 121 an der linken Wand wird überspielt durch die Wirkung von Schrankwand und Fenster, insbesondere jedoch durch Format und Komposition des Mavignier-Plakates sowie der Komposition des quadratischen Bildes daneben; dessen diagonallaufende dunkelbraune Balkenmotive stellen eine ausgeklügelte Verbindung her zwischen den Horizontalen der Möbelelemente und des umlaufenden Wandstreifens – derart, als würden sie von der einen aufsteigen, von der anderen herabstoßen und aneinander vorbeigleitend die Horizontalen des Raumes verbinden. Andere horizontale Raumelemente wie Bett oder Sessel sind in ihrer gliedernden Bedeutung entweder durch Bildüberschneidung (beim Bett) gemindert oder durch die Leichtigkeit ihrer Konstruktion (beim Sessel) den Vertikalen untergeordnet.

Zentrale Bedeutung kommt schließlich der Gestalt des Mannes zu, der *stehend* als wiederum vertikales Kompositionselement in das Enviroment „ein-gerichtet" ist. Aus der Bildmittelachse versetzt lehnt er entspannt an der Schrankwand, eingefaßt von den hellen Streifen von Fenster und Regal; mit seiner braunen Kleidung ist er gleichermaßen auch ein Farbelement der Gesamtordnung. Seine Tätigkeit – lesen – signalisiert „geistige" Interessen und Muße und konkretisiert gemeinsam mit der Freizeitkleidung die von der Farbigkeit des Raumes provozierte sympathisch-beruhigende Atmosphäre. Bezeichnend ist, daß die durch das Lesen beim Stehen signalisierte „geistige" Tätigkeit keine anfordernde, sondern eine entspannende und beiläufige ist. Im Bild sind Literatur, Kunst und Musik in Requisiten verdinglicht und in die Ordnung des Environment als selbst gestaltende Elemente integriert; sie verlieren ihren Anspruch und sind als Objekte ebenso für Freizeitkonsum freigegeben wie der Whisky als „geistiges" Getränk auf dem Tisch. Literatur, Kunst und Musik vermitteln in ihrer Verdinglichung in Verbindung mit Edelholz und Leder im Environment als einem System wechselseitig sich ergänzender Zeichen die Vorstellung von Geist, Bildung, Tradition und Kultur; solcherart geben sie persönlichkeitsstrukturierende und stabilisierende Identifikationshilfen. Es ist kennzeichnend, daß diese „noble Aura", die sich aus einem Konglomerat stereotyper Zeichen stillebenhaft entwickelt, die Aura des Mannes ist: „Die Schrankwand in Rio-Palisander, kombiniert mit „Umgebung 121" gibt diesem Raum die männliche Note" (zugehöriger Werbetext); hierbei gilt die Vertikalisierung der kompositionellen Ordnung offensichtlich als Geschlechtsmerkmal. Die Individualisierung des Environment resultiert demnach aus tradierten Vorurteilen, die in Zeichen verdinglicht beliebig einsetzbar sind.

Ähnliche „männliche" Grundmuster wie die im Bild S. 24/25 wiederholen sich in den Arbeitszimmern S. 14/15 und S. 30/31; auch diese Räume wirken wie das „Herrenzimmer" S. 24/25 seriös, sachlich, konzentriert, nüchtern.

Die Schrankwand in Rio-Palisander, kombiniert mit ›Umgebung 121‹ gibt diesem Raum die männliche Note. interlübke Teppichboden Dessin 80011.

Kastenwand in riopalissander, gekombineerd met ›Omgeving 121‹ geeft deze ruimte een mannelijk karakter. interlübke tapijt, dessin 80011.

Atmosphère appréciée par les hommes: armoire en palissandre de Rio, combinée avec ›Environnement 121‹. Moquette interlübke, dessin 80011.

The cabinet-wall in Rio rosewood, combined with ›Environment 121‹, lends this room a masculine note. interlübke carpeting, design 80011.

2425

Abb.9

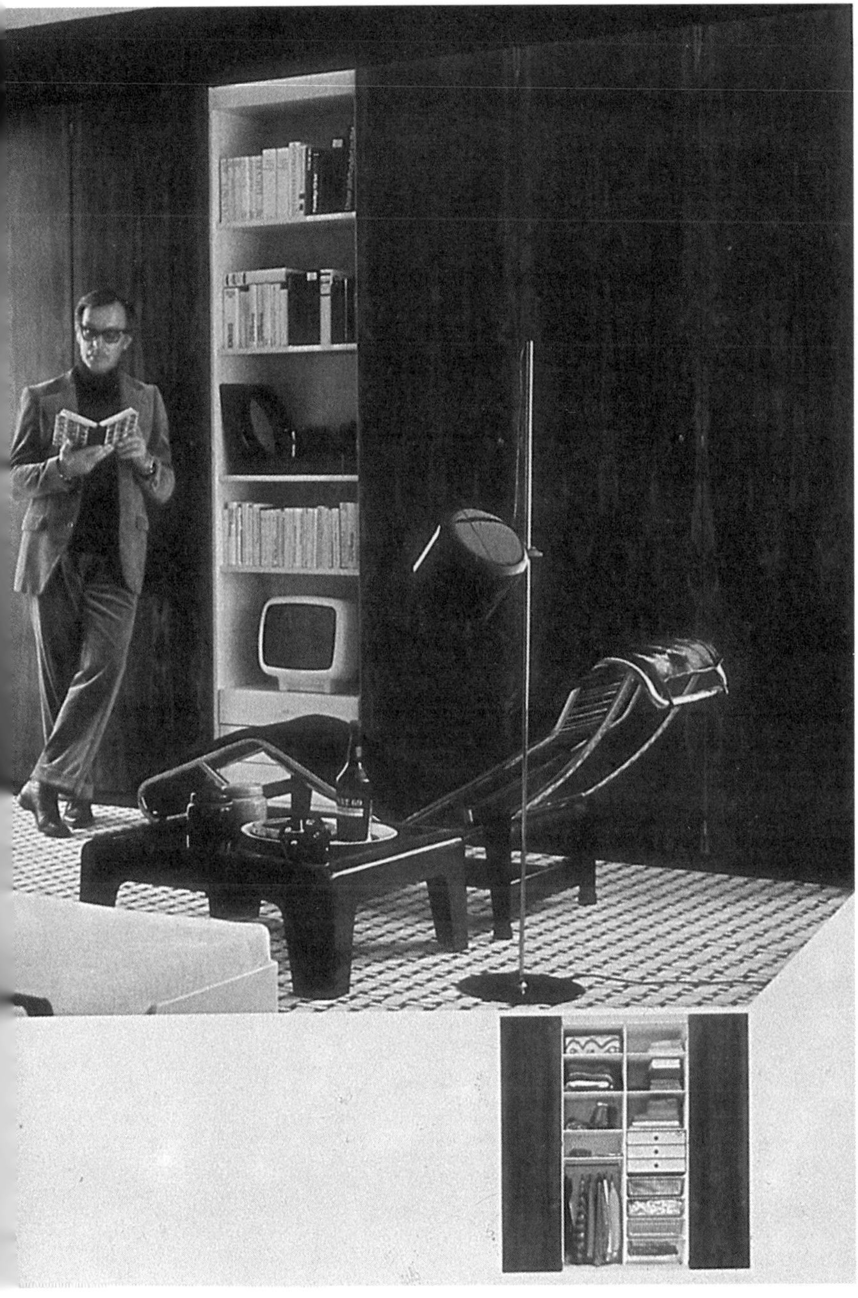

In diesem Herrenzimmer wechseln markante Fronten in Rio-Palisander mit Elementen in Kunststofflack weißgrau.
Markante fronten in riopalissander, afgewisseld met elementen in kunststoflak witgrijs.
Opposition accusée de façades en bois de palissandre et en laque blanche.
Striking cabinet front in Rio rosewood, alternating with units in white-grey plastic lacquer.

Abb.10

Abb.11

Appartement mit praktischem Klapptisch, 54 cm breit. Im Hintergrund ‹Umgebung 12›. Statt Türen: Rollos aus interlübke Dekostoff.
Appartement met praktische klaptafel, 54 cm breed. Op de achtergrond ‹Omgeving 12›. In plaats van deuren: rolgordijnen van interlübke dekogordijnstof.
Table d'appoint dans un appartement; la table pliante en 54 cm de large. Au fond, meubles ‹Environnement 12›. En guise de portes, stores vénitiens en tissu de décoration interlübke.
Apartment with practical fold-away-table, 54 cm wide. In background: ‹Environment 12›. Instead of doors: roller blinds in interlübke decorative fabric.

Abb.12

Die in weiteren Bildern vorgestellten Räume sind durch ihre Struktur, Farbigkeit und ihr Attributensystem als Räume für Frauen ausgewiesen. Dies ist besonders auffällig in der Abbildung S. 20/21: der dominierende Farbakkord ist hier Weiß, Lindgrün und Rosé; eine Fülle von Dosen, Vasen, Tassen, vermischt mit Büchern und sonstigem Schnickschnack überzieht gleichmäßig die Kunstwände und gibt dem Raum ein spielerisch-heiteres Flair. Rosen, Napfkuchen, Salat und Gemüse kennzeichnen das Appartement ebenso wie Korbsessel und Damenschirm; bezeichnend vor allem ist der Einblick in die Küche, der in keinem anderen Bild auftaucht und den Wohnraum eindeutig zum Lebensraum der Frau macht.

## 3. interlübke Angebote als „ästhetisches System"

Die bisherige Analyse der Bilder läßt deutlich werden, daß die in den Bildern der interlübke-Werbung vermittelte, bildhaft komponierte Privatheit der vorgestellten Räume eine ästhetisch geordnete von großer Geschlossenheit ist. Im Waren-Bereich wird die Geschlossenheit durch abgestimmte Zusatzangebote zum Möbelprogramm erreicht, die das interlübke-Angebot zum Waren-System entfalten. Hierzu gehört die schon oben genannte interlübke Ausstattung: Deko-, Jacquard- und Möbelstoffe, Teppichböden, Bettausrüstungen, HiFi-Stereolautsprecher und Klappstühle. Um die spezielle Ausstattung und das Gesamtsystem bieten zu können, kooperiert interlübke mit anderen Firmen oder entwickelt einen Interessenverbund. So zeichnet beispielsweise für Teppichböden und Textiltapeten die Dura Tufting GmbH Fulda mit einem speziellen „dura programm interior". Für Antiquitäten, Graphiken, Lampen, für Kunstgewerbe, Gebrauchswaren wie Geschirr, Gläser, Elektrogeräte usw. sind in der Hauptbroschüre rund 45 Firmen genannt, die „Requisiten" zur stilvollen Entfaltung des interlübke Programm bereitstellen. Darunter ist auch die Firma Cor in Rheda/Westf., die Sitzmöbel produziert. Cor gehört zur Lübke KG und wird von einem Sohn des Firmenchefs Leo Lübke geleitet. Die Lübke KG in Rheda hat sich neben der Produktion von Tischen, Stühlen, Polstermöbeln auf „Objekteinrichtungen" spezialisiert; exklusivstes Angebot war 1972 die „top-line" Gruppe, eine Sitzgruppe aus glasfaserverstärktem Kunststoff (Design Konrad Schäfer), für die in einem entsprechend aufwendigen Prospekt geworben wurde. Die Vielzahl der Firmen garantiert einmal die Realisierung der interlübke-Wohnideen und deren Entfaltung zum Environment und macht andererseits deutlich, daß interlübke bei der mit dem Kauf begonnenen Realisierung einer besonderen Privatheit nichts der Zufälligkeit von Geschmacksstrukturen seiner Käufer überlassen möchte; interlübke zwingt seine Kunden zu einer Konsequenz des Kaufens, die aus der entschiedenen Anerkennung eines Stils resultiert, der normativ einer Idee des Schönen und Vollkommenen verpflichtet ist. Einem pluralistischen Angebot nach dem Motto: „Schön ist, was gefällt" setzt interlübke ein zum System entfaltetes Angebot entgegen; nach der Entscheidung eines Kunden für dieses Angebot, die ein Bekenntnis zu seiner Idee ist und mit der er sich auf die zunächst verengenden und ausschließenden Grenzen dieses Systems einläßt, erhält er innerhalb der Grenzen dieser Ordnung die Freiheit zur Verwirklichung „grenzenloser" Phantasie zurück; das System garantiert ihm Harmonie nach individuellen Wünschen ohne anstrengendes Suchen (so der Katalog). Schönheit und Vollkommenheit des Systems müssen dem Kunden als Wirkungsweisen objektiver, außerhalb seines Zugriffs obwaltender Ideen erscheinen, die der Produzent ihm in seinem Angebot sinnlich-wirklich und verfügbar macht. Die gegliederte Ordnung des Mannigfaltigen im System fungiert als ein Versprechen, das die bloße Nutzbarmachung der Möbel übersteigt, indem es die Ordnung menschlicher Bedürfnisse in seinen Grenzen verheißt. Das Wohnen im System provoziert Katharsis; die angekündigte phantasievolle Selbstverwirklichung des Individuums ist ein Eingehen in die höhere Ebene des Schönen als des Wahren und Guten. Als Ordnungsgefüge macht das Wohnsystem menschliche Umgebung überschaubar und gibt dem Inhaber ein Bewußtsein von Verfügungsgewalt und Besitz, von Sicherheit und Freiheit; das Gebrauchswertversprechen des durch seine ästhetische Organisation Autonomie beanspruchenden Markenartikels ist es schließlich, das seinem Besitzer selbst Autonomie zu garantieren scheint.

Mit den Kategorien bürgerlicher Kunst übernimmt das Wohnsystem notwendig auch die fundamentale des Scheins, obwohl gerade diese ausgeschlossen „scheint" durch die Realisierung des vorgestellten Schönen im Kauf. Die Scheinhaftigkeit wird da konkret, wo das Angebot in seiner Geschlossenheit Glück und Freiheit verheißt und sich gerade mit der Geschlossenheit von den tatsächlichen Lebensbedingungen der Menschen und ihrer gesellschaftlichen Arbeit ablöst. Privatheit als Teilmoment gesellschaftlichen Lebens verselbständigt sich in der ästhetischen Totalität der Wohnwelt und firmiert als Realität schlechthin. Das ästhetisch entfaltete System des Angebots gliedert den Menschen in seinen Versprechungen aus dem gesellschaftlichen Leben aus; *diese Ausgliederung ist die besondere Form bürgerlicher Privatheit in unserer Gesellschaft.* Hierbei sei nochmals auf die Bilder verwiesen, das Faktum ist in ihnen vermittelt. In den Abbildungen S. 2/3, S. 6/7 oder besonders S. 24/25 (Auflage 1/70) scheinen die Personen autonom in ihrer Wohnumwelt; visuell entscheidender ist jedoch ihre Einordnung, besser ihre „Ein-Richtung" in das ästhetische Kompositionsgefüge ihres Environments: sie sind Form-, Farb- und Kompositionselemente der Bilder wie der Räume. Die gestalterische Konsequenz der Räume läßt ihren Personen nur einen begrenzten Spielraum der Wahl von Bewegungen, Betätigungen oder Bekleidungen.

Wie in fast allen entsprechenden Werbebildern sind auch die Menschen in diesen Bildern jung. Dies ist die zwangsläufige Entsprechung zur Neuheit der Einrichtung, die selbst wiederum die verdiente Prämie für besondere Leistung und wirtschaftlichen Erfolg ist, ohne die eine solche Anschaffung unmöglich wäre. Die Jugendlichkeit der Erfolgreichen ist als Topos der Überredungskomplex, wo sich Warenwerbung unmittelbar mit politischer Werbung verbindet in dem Sinne, daß die politisch-öko-

Abb.13

nomische Ordnung dieses Gesellschaftssystems jedem, der dieses System durch seine Leistungsbereitschaft stützt und fördert, alle Möglichkeiten eines glücklichen Lebens bietet.

Ausgliederung als besondere Form bürgerlicher Privatheit heute wird auch in dem Bildstereotyp der geschlossenen und verhängten Fenster deutlich. Ein Blick aus dem Fenster auf die Umwelt des Privatbereichs Wohnung ist unmöglich. Die verschlossenen Fenster sind zunächst technisch erklärbar damit, daß die vorgestellten Räume Atelierräume sind und keine Umwelt im erwarteten Sinne haben. Eine Abbildung wie die auf S. 26/27 (1/70) zeigt jedoch, wie dieses Problem durch den einfachen Trick eines hinterlegten Bildprospektes gelöst werden kann. Als generelle Lösung ist dieser Trick aber unerwünscht, weil man aus dem Verkaufsinteresse an Vorhängen oder Rouleaus entsprechend dekorierte Fenster vorführen möchte. Aber gerade auch dieses Interesse macht die Suggestion deutlich, Fenster grundsätzlich verhängen zu müssen. Der Blick nach draußen widerspricht der Harmonie des Innenraumes, der Aussparung der Arbeit und mithin der Aussparung des geschichtlich-gesellschaftlichen Lebens. Bezeichnenderweise ist der in der Abbildung S. 26/27 (1/70) gestattete freie Ausblick einer auf eine südliche Ferienlandschaft, der auch die Einrichtung entspricht. Einschränkend könnte man sagen, daß diese Geschlossenheit, in der die Scheinhaftigkeit konkret wird, ohnehin nur Resultat einer überzogenen Stilisierung von Angeboten ist und von Werbefachleuten auch so gesehen wird. Dies ist sicherlich richtig, gilt in der Wirkung der Bilder auf Konsumenten aber nur begrenzt. Denn dadurch, daß das vorgestellte Schöne käuflich ist, scheint es real, und von der Scheinhaftigkeit einer solchen vorgestellten Realität kann sich beim Konsumenten kein Bewußtsein bilden; hierzu trägt auch das Medium Fotografie bei, dessen Authenzität kaum bezweifelt ist. Die Totalität der Werbung, die in allen Bereichen mit gleichen oder entsprechenden Stereotypen arbeitet, verschleiert die Scheinhaftigkeit in ihrer Potenzierung dahingehend, daß die in ihren Bildern vorge-

Abb.14

stellte „zweite Realität“ im Bewußtsein der Konsumenten als tatsächliche Realität fungieren kann, die gegen die „falsche“ des alltäglichen Lebens durchzusetzen ist. Die Herstellung und Aufrechterhaltung der scheinhaften, vermeintlich eigentlichen Realität kann nur in permanenten Kaufakten geschehen. Haug bezeichnete diesen Vorgang als „Technokratie der Sinnlichkeit“ und meint damit eine „Herrschaft über Menschen, ausgeübt auf dem Wege ihrer Faszination durch technisch reproduzierte künstliche Erscheinungen“[4]; Faszination heißt hier, daß ästhetische Gebilde die Sinnlichkeit von Menschen gefangen halten. „Auf dem Wege über die Beherrschung des Sinnlichen sind es die eigenen Sinne, die die Faszinierten beherrschen“[5]. Die ästhetische Ordnung also, die sich in den Bildern der Werbung so überzeugend vermittelt, wird repressiv. Die Versprechen des bürgerlichen Kunstwerks – Humanität, Freiheit, Wahrheit und Glück – verkehren sich in ihrer Funktionalisierung im Werbebild und in ihrer unterstellten Realität im Kauf ins Gegenteil.

Scheinhaftigkeit und Repressivität einer Lebenswirklichkeit gewordenen Warenästhetik demonstriert exemplarisch die private Wohnsphäre des interlübke-Chefs Leo Lübke in Wiedenbrück. Die Zeitschrift „Schöner Wohnen“ berichtete im Augustheft 1971 vom repräsentativen neuen Haus des Firmenchefs und seiner Wohnungseinrichtung. Die Farbfotos des Beitrages zeigen eine Einrichtung, die in jedem der vorgestellten Räume aus Möbeln der interlübke Produktionen besteht. Wichtiger noch ist, daß die Bilder ein perfektes Wohnen vorführen, das visuell genau dem der Kataloge entspricht; verantwortlich hierfür zeichnen der Architekt J.G. Hanke und der Innenarchitekt P. Maly. Den gleichen Innenarchitekten nennt die interlübke Hauptbroschüre für den Aufbau der Atelierräume. Der Fabrikant lebt in der Wirklichkeit seiner Bilder; der Werbeprospekt wurde Realität in einem eigens erbauten Gehäuse, das den angemessenen Rahmen für die optimale Entfaltung des produzierten Schönen hergibt. In diesem seinem Environment fungiert Leo Lübke als der leibhaftig gewordene Markenartikel. Laut „Schöner Wohnen“ wurden zur Einrichtung 70 laufende Meter Einbauschränke, Erfolgsmodell interlübke, verbraucht; halbhohe Schränke und Regale „frieden (eine) private Wohnecke mit bequemen, sitzrichtigen Sofas“ ein: „Sie erst macht glaubhaft, daß gewohnt – und zwar mit Vergnügen gewohnt wird. Die Großzügigkeit des Raumes wirkt auch hier, aber das humane Maß ist spürbar, sogar sichtbarer als überall sonst. Kein Wunder, daß Lübkes diese Rauminsel ihren Liebingsplatz nennen“ (Bericht). Wenn der Berichterstatter diese Privaträume vorstellt und hierbei von der Wohnecke als einer Rauminsel in der großzügigen Privatheit spricht, so klingt dies, als würde er dem Glück in diesen durch „klare, großzügige Linienführung und praktische Details“ (Katalog) ausgezeichneten und „individuell gestaltete(n)“ Räumen nicht ganz trauen. So betont der Berichterstatter eigens, daß Lübkes Wohlbefinden in seiner „Rauminsel“ nicht bedeuten darf, „daß sie insgeheim doch anspruchsloser, aber individuell geprägter Wohngemütlichkeit nachtrauern. Leo Lübke stellt selbst ausdrücklich fest: ‚Ich hänge mit Überzeugung an dieser Stilart!‘ Und will damit wohl sagen, daß die distanzierende Unpersönlichkeit der Einrichtung nichts mit persönlicher Selbstentsagung zu tun hat; sie drückt vielmehr das Bekenntnis zu einer Art von moderner Wohnkunst aus, *die das Wohnen im Dienst von Harmonie und Schönheit objektivieren will* ... indem sich der Bewohner der ihm nächsten Umwelt bewußt anpaßt“ (Bericht). Diese Anpassung hat jedoch ihre Grenzen, die Herr Lübke persönlich deutlich macht: die neue Schönheit dieser Privatsphäre eines Erfolgreichen versagt in ihrem Versprechen der Jugendlichkeit. Leo Lübke war 1971 70 Jahre alt; die Realität gewordene, auf Jugend getrimmte Reklameschönheit, ihre versprochene Zeitlosigkeit und Idealität stoßen ihn aus.

## 4. Die Wohnung als Ferienlandschaft und Freizeitparadies

Wie dargestellt bietet interlübke ein Wohnsystem an, mit dessen Einheiten sich ein Käufer in einem vorher akzeptierten Beziehungsrahmen eine Wohn-Umwelt gestalten kann. Diese Wohn-Umwelt verspricht, ihren Benutzer durch eine final erreichbare ästhetische Vollkommenheit und Geschlossenheit zumindest zeitweise aus dem geschichtlich-gesellschaftlichen Leben herauszulösen. In der Anpassung an ihre ästhetische Gestalt – die als Besonderheit im Sinne der gestalteten Ganzheit des bürgerlichen Kunstwerks firmiert – soll der Besitzer Freiheit erlangen können. Die Wohn-Umwelt als Environment will die beanspruchte Aura von Einzigartigkeit und Autonomie dem ihm selbst als ästhetisches Element integrierten Menschen übertragen. Bildhaft komponiert entfaltet das Enviroment im Medium des Bildes Gestalt und Anspruch, in der Vermittlung erscheint es als Mikrokosmos, der Privatheit vorstellt. Diese ist jedoch ganz von außen hergestellt und enthält „freie Entfaltung der Phantasie" als kalkuliertes Gebrauchswertversprechen; die „Entfaltung des Individuums" wird selbst zum Markenartikel.

Die von interlübke und anderen anspruchsvollen Möbel- und Ausstattungsfirmen vorgestellten primären und sekundären Mittel zur Herstellung der gewünschten Geschlossenheit des Environment sind Wandschranksysteme (sog. Endlosschränke), Teppichböden, Tapeten, Spannstoffe, Gardinen, Jalousien; es sind dies Gestaltungsmittel, die man als „wandbildende" Mittel ansprechen möchte. Mit ihnen kann sich ihr Käufer total umgrenzen, in der Innenwelt des Environment aus der umgebenden Umwelt herauslösen und diese demonstrativ negieren bzw. über Massenmedien distanziert konsumieren.

Die gesamte Umwelt außerhalb der Wohn-Umwelt – gesellschaftliches Leben und Arbeitswelt – wird offensichtlich als problematisch und bedrohlich empfunden oder soll so empfunden werden. Spezifische Begriffe wie „Wohnlandschaft" für den Wohnraum oder „Sitzlandschaft" für eine Sitzgruppe – ebenso auch „Rauminsel", auf die man sich zurückzieht – offerieren das Environment als „zweite Natur". Die Wohnlandschaft ist die Landschaft, in der man heute überhaupt noch wohnen kann; als Kunstlandschaft im Innenraum stellt sie genau das dar, was in einer verbrauchten oder privatisierten Natur nicht mehr zu haben ist, es sei denn in den als Ferienlandschaften im gleichen Interesse genutzten Reservaten. Auch das Environment fungiert als Ferienlandschaft, die permanent verfügbar zu einem täglich einlösbaren Ferienglück verhilft.

Richtig eingerichtet gestattet die Kunstlandschaft des Environment das „Picknick" in den Mulden der Sitzlandschaft, das Verstauen störenden Hausrats in den Höhlen der „Schrankgebirge" usf. Eine eigene Industrie produziert Fototapeten, die ganze Wände in Landschaften verwandeln und beispielsweise die Vorstellung vermitteln, auf einer sonnendurchfluteten Waldlichtung zu lagern. Mit dem Versprechen von Sicherheit in der ästhetischen Geschlossenheit des Environments aber wird deren Anfälligkeit mitgeliefert. Die Gefährdung wird konkret in der Produktion immer neuer Zusatzangebote, in vermeintlichen Verbesserungen der Angebote, in den ästhetischen Innovationen der Erscheinungsbilder, im kalkulierten materiellen und ästhetischen Verschleiß. Befreiung, die das Environment im Sinne bürgerlicher Kunst verspricht und im Kauf als Realität hinstellt, sind intentional unsicher; die perfektere Gestaltung ist der immer neue Versuch, das von außen gefährdete Paradies ästhetisch zu stabilisieren. Ein Werbetext der Firma „Mann-Mobilia" macht diese Zusammenhänge deutlich.

Dieser Werbetext war Teil einer ganzseitigen Werbeanzeige, die am 31.12.1970 in

FRANKFURTER RUNDSCHAU 31.12.1970

AUSSCHNITT AUS EINER GANZSEITIGEN ANZEIGE DER FIRMA MANN-MOBILIA

Friedliche Insel für Jedermann

# Freizeitparadies '71: die Wohnung

**Als Zufluchtsort vor Lärm, Hetze, Berufsärger immer wichtiger / MANN-MOBILIA richtungweisend für ein ganzes Jahrzehnt**

**Alarmierende Nachrichten über verschmutzte Luft; durch Verkehrslärm, Hetze und beruflichen Stress bis zum Zerreißen angespannte Nerven — gibt es da noch einen Grund, optimistisch in die Zukunft zu schauen? Ohne irgendein Problem zu verharmlosen: die kommenden Jahre werden bestimmt auch freundliche Seiten bieten. Wenn es um die Wohnung geht, dann macht ein Blick in die Zukunft richtig Spaß.**

## Wohnung wichtiger als Auto

Schon jetzt zeigt sich, daß mit der Sättigung (oder Übersättigung) der Verkehrsdichte das Interesse am Auto nachläßt, oder zumindest auf ein normales Maß zurückgeschraubt wird. Währenddessen gewinnt die Wohnung zunehmend an Bedeutung: als geselliger Treffpunkt, Erholungs- und Freizeit-Zentrum. Und als Schutzwall gegen all das aus der Umwelt, das man lieber draußen vor der Tür wissen will. Dafür bringen Stereoanlage, Fernseher, bald sogar das Kasetten-TV eine ganze Welt an Unterhaltung und Information per Knopfdruck ins Haus.

Zwar hieß es schon früher: Mein Heim ist meine Burg. Aber die finsteren, einsamen, kalten Burgzeiten sind vorbei, heute heißt es: Mein Heim ist meine (bessere) Welt.

Eine Welt, die einzurichten wohl kaum jemand berufener ist als MANN-MOBILIA, mit der für Europa neuen, einmaligen Idee des allumfassenden Einrichtungs-Warenhauses.

Kein Wunder, daß diese „Wunderwelt des Wohnens" von der internationalen Presse, von allen Fachleuten begrüßt und bewundert wird. Kein Wunder, daß in den wenigen Monaten seit der Eröffnung schon Hunderttausende die beiden ersten MANN-MOBILIA's in Karlsruhe und Wiesbaden begeistert gefeiert haben — diese Idee kam genau zum richtigen Zeitpunkt, zum Beginn einer neuen Wohnära.

Daß diese Idee die Menschen wie ein Magnet anzieht, kann man auch sonntags sehen: jeweils von 11 bis 18 Uhr findet das beliebte Probewohnen für die ganze Familie statt; Mittagessen und Kaffee trinken kann man dabei nebenan im Café-Restaurant „snack".

## Mehr als Möbel

In den kommenden Jahren wird also die Wohnung zur bevorzugten Freizeitumgebung. Das „Wie" des Einrichtens wird wichtiger denn je. Es genügt nicht mehr, einfach Möbel zu kaufen — in einer freizeitgerechten Wohnung muß alles funktionell und harmonisch zusammenpassen. Außerdem: Stellungen und Berufe werden häufiger gewechselt — und damit auch der Wohnort. Einrichtungen müssen also diesem neuen, mobilen Leben entsprechen.

Schön und gut, aber heißt das nicht für alle, die sich einrichten wollen: mehr Schwierigkeiten, mehr Überlegungen, mehr Kosten? Nicht mehr, seit es MANN-MOBILIA gibt. Denn hier gibt es — und das erklärt den Erfolg von MANN-MOBILIA — erstmals das totale Wohnangebot zusammen mit dem totalen Service. Weil man hier in einem Haus die Stereoanlage genau passend zur Schrankwand, das Porzellan zur Tischdecke, die Gardinen zur Tapete, die Sessel zum Teppich auswählen kann, aus einer Riesenauswahl genau das, was einem gefällt, zu dem Preis, den man sich leisten kann. Weil man immer von hervorragenden Fachleuten beraten wird und weil einem von der Planung bis zur Lieferung und Montage alle Arbeit abgenommen wird — deshalb entspricht „Die Wunderwelt des Wohnens" genau den Wünschen der Menschen von heute und morgen.

## Sogar Immobilien-Service

**Bei MANN-MOBILIA braucht man wirklich nur den Wunsch nach einer Wohnung mitzubringen, alles andere wird von Spezialisten fachgerecht erledigt, von der Vermittung einer Wohnung bis zur Einrichtung. Gleich am Eingang zur „Wunderwelt des Wohnens" findet man einen Stand mit dem Hinweis: „MANN-MOBILIA-Service: Immobilien". Die renommierte Wiesbadener Firma Hildebrand hat hier die Aufgabe übernommen, den MANN-MOBILIA-Kunden je nach Wunsch Grundstücke, Häuser oder Mietwohnungen zu vermitteln. Dieses Beispiel zeigt, was man bei MANN-MOBILIA unter totalem Service versteht.**

Abb. 15

DIE WELT - 24.1.1972 - NR. 19 - SEITE 9

# Flucht in die eigenen vier Wände

Von WERNER LICHEY

Eine neue Einrichtungswelle rollt auf uns zu, signalisiert der Handel nach den beiden ersten großen Fachmessen dieses Jahres in Frankfurt a.M. und in Köln. Die internationale Möbelschau bestätigte nur, was schon auf der Messe für Heimtextilien zu erkennen war: Behaglicheres Wohnen rangiert in der Bedürfnisskala des deutschen Konsumenten ganz weit vorn — noch vor Urlaub und Auto. Markt- und Meinungsforscher weisen es in harten Zahlen nach.

Diese positive Strukturtendenz überlagert manche Wettbewerbssorgen in beiden Branchen. Der Fachhandel ordert großzügig. Die Hersteller marschieren mit dicken Auftragspolstern in die allgemeine Konjunkturflaute. Zuversichtlich stimmt die Einrichtungsbranchen, daß der Wohnungsbau ein gutes Jahr vor sich hat. 1972 werden mehr als eine halbe Million Neubauwohnungen fertiggestellt. Das gilt als sicher.

Aufmerksam wird aber registriert, daß sich der Schwerpunkt im Wohnungsbau zur Eigentumswohnung und zum Eigenheim verlagert, der soziale Wohnungsbau dagegen nachhinkt. Der Staat hat leere Kassen. Der Auftrieb am Baumarkt trägt Züge einer Massenflucht nach vorn, aus dem Strudel der Mietpreisinflation auf den festen Boden der Wertstabilität. Dafür mobilisieren viele ihre letzten Spargroschen. Kommt aber der soziale Wohnungsbau nicht nach, dann könnte auch die Einrichtungswelle sehr schnell verebben.

Dennoch sind Industrie und Handel optimistisch. Die Messen haben gezeigt, daß der Kreis jener, die behaglicher wohnen wollen, weit gespannt ist. Die Nachfrage nach Möbeln und Heimtextilien steigt auf breiter Front, obwohl doch eigentlich das Gros der von Preiserhöhungen betroffenen Mieter sparsamer wirtschaften müßte.

*

Es wäre jedoch falsch, diese neue Einrichtungswelle dem Zyklus der oft verspotteten Konsumwellen der Nachkriegsjahrzehnte zuzuordnen — jenen Freßwellen oder Urlaubswellen, die im Nachhinein wie massenhysterische Phänomene einer gierigen Konsumgesellschaft wirken und doch im Kern die Etappen des Wiederaufbaus einer kriegszerstörten Wirtschaft spiegeln. Sie sind die Konsumseite einer Produktionsgesellschaft, die allmählich zu bescheidenem Wohlstand gelangte.

Der Weg von der Einrichtung der ersten Zwei-Zimmer-Schlichtwohnung im Reihenblock wiedererstandener Stadtviertel bis zur Raumausstattung des Eigenheims war weit. Er ist markiert durch eine Bipolarität von Seßhaftigkeit und Fernweh der Bürger — jeweils auf einem höheren Konsumniveau. So erlaubte der Kauf des Kleinwagens in den fünfziger Jahren die Flucht aus der Wohnenge zuerst nur zum sonntäglichen Picknick ins Grüne und dann zum Urlaub über die Alpenstraßen an die Adria, bis mit der rasch wachsenden Motorisierung die Straßen überfüllt waren.

Damit begann die erste Rückbesinnung auf zu Haus, durch den Vormarsch des Schwarz-Weiß-Fernsehgerätes erleichtert. Der Bildschirm öffnete scheinbar ein Fenster zur weiten Welt und ließ für eine Weile die häusliche Enge vergessen. Aber eben nur für eine Weile.

Mit dem Blick nach draußen wurde das Fernweh neu geweckt und die Urlaubswelle wiederholte sich. Die Massentouristik formierte sich und lockte preiswert an ferne Strände. Charterflüge ersparten mühevolle Fahrten auf verstopften Autostraßen. Sie trugen viele Tausende nach Mallorca und Tenriffa, bis sich auch dort die Menschen stauten und sich wieder nach Hause sehnten. In ein größeres Zuhause: Millionen Bürger zogen von der Schlichtwohnung in komfortablere Vorstadtsiedlungen. Der Weg zum Arbeitsplatz wie zum Schaufensterbummel in der City ist weiter geworden, das Netz der Verkehrskontrollen enger. Was liegt näher, als es sich im neuen Heim gemütlich zu machen und die Welt diesmal über den farbigen Fernsehschirm heimzuholen? Die neue Einrichtungswelle rollt.

*

Nichts weiter also als eine weitere Runde im Konsumzyklus? Die Parallelität der Entwicklung könnte trügen. Die Motivationen des Konsumverhaltens haben sich geändert, denn die Gesellschaft hat sich verändert. Sie droht in sich bekämpfende Gruppen zu zerfallen. Die Konfrontation ist nicht nur in der Politik härter geworden. Verschreckt erkennt es der Bürger noch abends am Bildschirm. Banküberfälle am hellichten Tag; Rowdytum in der U-Bahn; Sexualverbrechen im nahen Park; Großeinsatz der Polizei gegen schießwütige Anarchisten; Prügelszenen in den Hörsälen der Universitäten — das ist, vermeintlich, der Alltag.

Der Wunsch, diesem Alltag zu entfliehen, sich in den eigenen vier Wänden zu verbarrikadieren, das ist — auch — Motiv und Antrieb der neuen Einrichtungswelle. Es geht dabei um mehr als ein behagliches Wohnen. Es geht um Sicherheit, weit über den wirtschaftlichen Rahmen der Wertstabilität von Grund und Boden hinaus. Der verwirrende Alltag wird abgeschaltet, das Fernsehfenster zugeklappt. Flucht auf eine rettende Insel, die man so wohnlich wie möglich machen möchte, und zu der nur Freunde Zutritt haben.

Die Einrichtungsbranchen haben diese Motive noch nicht erkannt. Das mag einer der Gründe für das enttäuschende Angebot auf den beiden Fachmessen sein. Es schwankte zwischen den Extremen des „Gelsenkirchener Barocks" von gestern und futuristischen Wohnlandschaften von übermorgen. Das Heute fehlte. Der Fachhandel könnte sich bei seinen Orders verkalkuliert haben.

Abb.16

der Frankfurter Rundschau in der Aufmachung einer redaktionellen Seite erschien. Die Wohnung, die mit Einrichtungsgegenständen von Mann-Mobilia erst zu einer solchen werden kann, wird als „friedliche Insel für Jedermann", als „Freizeitparadies 71", als „Zufluchtsort vor Lärm, Hetze, Berufsärger" angeboten. In einer Situation, die gekennzeichnet ist „durch Verkehrslärm, Hetze und beruflichen Streß bis zum Zerreißen angespannte Nerven" verhilft allein die Wohnung dazu, daß „ein Blick in die Zukunft richtig Spaß" macht. Damit das sein kann, bietet sich Mann-Mobilia als „richtungsweisend für ein ganzes Jahrzehnt" an. Mann-Mobilia spricht einmal für einen großen Bereich der Einrichtungsindustrie, der aufgrund einer bestimmten Umweltsituation und der tendenziellen Sättigung anderer Marktbereiche seine Chance erkennt: „Schon jetzt zeigt sich, daß mit der Sättigung (oder Übersättigung) der Verkehrsdichte das Interesse am Auto nachläßt, oder zumindest auf ein normales Maß zurückgeschraubt wird. Währenddessen gewinnt die Wohnung zunehmend an Bedeutung". Andererseits lenkt Mann-Mobilia innerhalb des allgemeinen Interesses am Einrichtungsbereich das besondere Interesse auf sich als ein Unternehmen mit umfassendem Angebot: „mit der für Europa neuen, einmaligen Idee des allumfassenden Einrichtungs-Warenhauses", eine „Wunderwelt des Wohnens", von Fachleuten und der internationalen Presse bewundert, von Hunderttausend „begeistert gefeiert". Zur Erfüllung dieser Aufgabe fühlt sich Mann-Mobilia „berufen", seine „Idee kam genau zum richtigen Zeitpunkt, zum Beginn einer neuen Wohnära". Diese stellt sich mit Notwendigkeit ein als die einzig richtige Reaktion auf gesellschaftliche Isolation des Individuums, auf deformierte Umwelt und Arbeitswelt, die den Menschen zum Krüppel macht. Hiergegen ist die Wohnung „geselliger Treffpunkt, Erholungs- und Freizeitzentrum. Und als Schutzwall gegen all das aus der Umwelt, das man lieber draußen vor den Tür wissen will."

Nun ließe sich auch hier wieder einwenden, solche Darstellungen und Zusammenhänge seien nur Auswüchse einer interessenorientierten, in ihren Aussagen grundsätzlich nicht ernst zu nehmenden Käufermanipulation. Ungeachtet jedoch dessen, daß hier Werbung Formen öffentlicher Meinungsbildung usurpierend öffentliche Meinung darstellt, um selbst Meinung zu bilden, entsprechen Inhalt und Tendenz der Mann-Mobilia-Anzeige denen von Wirtschaftskommentaren. So versucht Werner Lichey in „Die Welt" vom 24.1.1972 in einer „Analyse" eine Interpretation der Möbelkonjunktur zu geben, wie sie auf der Möbelmesse 1972 deutlich wurde. Seinen Bericht überschreibt er: „Flucht in die eigenen vier Wände". In der neuen „Einrichtungswelle" möchte er mehr sehen als eine Konsumwelle, „die im Nachhinein wie massenhysterische Phänomene einer gierigen Konsumgesellschaft wirken". Lichey sieht sie als eine der Etappen des Wiederaufbaus einer kriegszerstörten Wirtschaft, wobei sich ihm die Einrichtungswelle in die quasi-naturgesetzliche „Bipolarität von Seßhaftigkeit und Fernweh der Bürger – jeweils auf einem höheren Konsumniveau" einordnet. Dieses Gesetz sich steigernder Bedürfnisse, dem die Wirtschaft im Dienste des Bürgers folgt, entwickelt sich seit 1945 etwa so: Einrichtung einer Zweizimmer-Schlicht-Wohnung – Kauf eines Kleinwagens zum Picknick im Grünen und Urlaub an der Adria bis hin zu den überfüllten Straßen durch wachsende Motorisierung – Rückbesinnung aufs Heim mit Fernsehgerät als Fenster zur weiten Welt – Erneuerung des Massentourismus mit ferneren und anspruchsvolleren Zielen – größere Wohnungen und Eigenheime in komfortableren Vorstadtsiedlungen.

Feinde der bestehenden Ordnung sind es, die Lichey veranlassen, die Möbelkonjunktur der letzten Konsumniveaustufe nochmals zu hinterfragen. Dabei zeigt sich ihm, daß die Gesellschaft sich verändert hat und in sich bekämpfende Gruppen zu

Abb.17 u. (S.51) Abb.18

zerfallen droht. Harte Konfrontation gibt es nunmehr in Politik und Alltag: Banküberfälle, Rowdytum, Sexualverbrechen, schießwütige Anarchisten und Prügelszenen in den Hörsälen der Universitäten. „Verschreckt erkennt es der Bürger noch abends am Bildschirm". Aus dieser so geschilderten gesellschaftlichen Situation resultiert auch die neue Einrichtungswelle: der Bürger verlangt nach Sicherheit, er möchte diesem Alltag entfliehen und sich in seinen vier Wänden einschließen: „Flucht auf eine rettende Insel, die man so wohnlich wie möglich machen möchte, und zu der nur Freunde Zutritt haben".

Auch der interlübke-Katalog verspricht Wohnen als Erlebnis in einem „Zentrum der Erholung und Entspannung", für jeden geschaffen, „dem es Spaß macht, vom Bett aus fernzusehen, zu lesen, Musik zu hören oder nur dazuliegen und zu faulenzen". Der Freizeitcharakter von Wohnen konstituiert bürgerliche Privatheit, diese wird tendenziell mit Freizeit identisch, Arbeit erscheint als die Form Privatheit negierender Öffentlichkeit.

In der interlübke-Broschüre zeigt die Abbildung S. 26/27 eine ausgesprochene Ferienwohnung, die sich – wie schon oben erwähnt – gerade auch dadurch auszeichnet, daß das Fenster nicht verschlossen ist und den Blick auf eine südliche Landschaft führt. Hinzu kommt das junge Paar im Freizeit- und Feriendress mit Freizeitgerätschaften zum Angeln; die Eßwaren auf dem Tisch sind südlicher Landschaft angepaßt: Weißbrot, Orangensaft, Melone. Der Urlaubslook geht auch in die Abbildung S. 28 ein, die in der Einrichtung des Raumes genau der vorigen entspricht;

Freizeit- und Urlaubsverhalten sind hier das „zwanglos" gesellige Beisammensein von vier jungen Menschen und der Konsum südlicher Getränke, Aperitif und italienischer Rotwein. Ein Bericht in der Zeitschrift „Schöner Wohnen" (September 1971, S. 78 ff) mit dem Titel: „Wohnen wie in den Ferien" empfiehlt die Einrichtung der Alltagswohnung im Ferienlook. Da heißt es: „Das könnte Ihr Feriendomizil sein. So können Sie aber auch das ganze Jahr über auf der Großstadtetage wohnen – zwanglos-lässig, in viel freiem Raum, ohne Repräsentationsmöbel". Das erste Großbild des Berichtes (S. 78/79) ist fast identisch mit dem Titelbild der Zeitschrift, das Titelbild scheint nur Ausschnitt aus dem erweiterten anderen. Während sonst bis in Körperhaltungen alles identisch ist, zeigt sich bei genauerem Hinsehen der Unterschied im Rahmen der Balkontür: im Titelbild sitzt der Ehemann lesend auf einer Veranda vor einer Seelandschaft, im Bild des Berichtes sitzt er „nur" auf einem Balkon. Die Wohnung im Urlaubslook hat sowohl Verlängerungsfunktion von Urlaub wie auch die Funktion eines permanenten Ferienersatzes. Bezeichnend ist, daß der Bericht im September erschien nach dem abgeschlossenen Jahresurlaub. Die regenerative Funktion der Wohnung wird um die suspensive erweitert, indem Ratschläge und Hinweise erteilt werden, wie die Ferien-Welt durch Hobby-Arbeit gefüllt werden kann.

In „subkultureller" Verklärung mobilisieren Appelle an archaische Instinkte Wohngelüste, die entweder von der Urlaubsindustrie befriedigt oder Anlaß zu entsprechend aufbereiteten Reiseabenteuern werden. In einem der letzten Hefte der dann eingestellten Zeitschrift „Twen" (August 1970) fand sich ein Bildbericht – „In Kappadokien sind noch Häuser frei", der „Sehnsüchte" einer noch – oder wieder – romantisch empfindenden Jugend visualisierte. Auf zehn Fotoseiten und einer Textseite enthält der Bericht fünf farbige Großfotos – davon zwei doppelseitig, sowie vier farbige Kleinfotos. Das einführende Großfoto zeigt Wohnhöhlen in einem Gebirgszug Anatoliens von außen, das abschließende doppelseitige Bild ist die Innenaufnahme einer Höhle; dazwischen berichten die anderen Bilder über das Leben junger Leute in einem Höhlenzentrum. Die Höhlen liegen nach Auskunft des Berichtes abseits der Touristenzentren, „obwohl sie so bequem und billig zu erreichen sind". In der Attitüde des Verstehens heißt es weiter: „In aller Stille hat sich hier eine moderne Art von Flüchtlingen angesiedelt: Außenseiter, Romantiker, eingeweihte Urlauber, ein paar wilde Schafe und entflogene Tauben". Der verklärende Jargon von „Twen", die Zeit ihres Bestehens eine konsumfähige Jugend marktgerecht formieren half, wird von den aufwendigen, stark stimmungsbezogenen Bildern weitergeführt. Gerade die Innenaufnahmen zeigen ein idealisiert bedürfnisreduziertes Leben in äußerst bescheidenem Rahmen, das sich wesentlich aus dem Beisammensein halbnackter Menschen bei Kerzenlicht, Tee und Tontöpfen, auf Teppichen und Matratzen im Dämmerlicht der Höhle ergibt, als vorgeblich zeitloser Zustand fern oder außerhalb der Gesellschaft. Das Schlußbild ist ein visuelles Konzentrat dieser Vorstellungen: in der Nische einer Höhle liegt zärtlich umfangen ein nacktes Paar; die Nische ist genau mittelachsial in das doppelseitige Bild eingeordnet. Die sich im Bild ausbreitende Kargheit der Höhle führt das Auge direkt zu der dunkleren Mittelzone der Nische mit dem Paar. Das Bild mit dem Motiv der doppelten Höhle – für den Fotografen künstlich gestellt, wie die Stellung des Frauenbeines

Abb.19

Abb.20

Abb.21

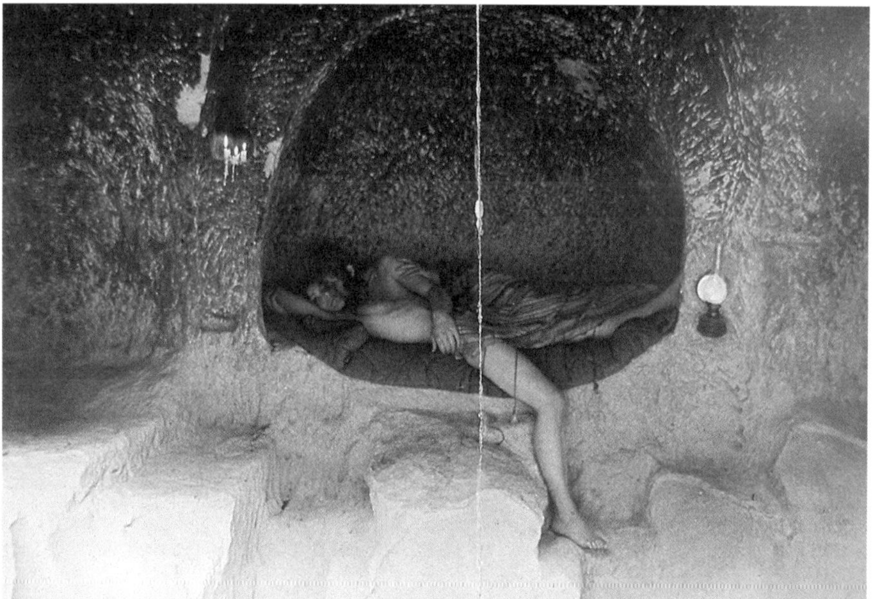

oder die effektvolle Scheinwerferausleuchtung zeigen – führt Leben auf die geschichtslose Befriedigung von „Urbedürfnissen“ – Lieben und Wohnen“ – zurück und assoziiert die Nähe zum Tier. Letzteres wurde schon aus der additiven Nennung potentieller Gäste deutlich – Romantiker, Schafe, Tauben – und wiederholt sich im Kurztext zum letzten Bild: „Die Höhlennester gehören jedem Zugvogel, der sich einnisten will“. Privatheit ist hier eine Freizeit-Regression auf Urbedürfnisse; diese wird zu einem Zeitpunkt offeriert, als sich bei einer großen Zahl Jugendlicher nach dem Scheitern der Schüler- und Studentenrevolte massive Frustrationen, politisches Desengagement und Fluchttendenzen zeigten.

Abb.22

Abb.23

Abb. 24 u. Abb. 25

Abb. 26

## 5. Ausgliederung oder Einbeziehung der Umwelt

Nicht nur die Möbelindustrie, sondern auch die Hersteller von „wandbildendem" Einrichtungszubehör wie Jalousien, Gardinen, Teppichböden, machen in ihrer Werbung den Konsumenten deutlich, wie sehr die jeweiligen Produkte geeignet sind, die schlechten Verhältnisse in der bestehenden Umwelt übersehen und negieren zu können. Die Verhältnisse können selbst nicht verändert, sondern nur – und dies immer wieder neu – „verhängt" oder „verschleiert" werden.

In einer doppelseitigen Anzeige (Stern 22/1969) zeigt die Hunter Douglas GmbH (Düsseldorf-Garath) mit dem Slogan: „Was so ein bißchen Luraflex-Jalousie nicht alles ausmacht" in zwei halbseitigen, nebeneinanderstehenden Farbbildern einen mit Stilmöbeln nobel eingerichteten Wohnraum; der abgebildete Raum ist so auf den Betrachter bezogen, daß dieser zum Fenster blicken muß. In der ersten Abbildung ist das Doppelfenster von einem Vorhang nur teilweise verhüllt und führt den Blick auf eine Industrieanlage; im zweiten ist die gesamte Wand mit einer zugestellten Jalousie verdeckt, so daß der Blick zurück in den Raum geführt wird. Dieser Raum wirkt nun sehr geschlossen; er ist um eine Sitzgruppe auf einem Orientteppich zentriert, dessen vordere Begrenzung mit dem unteren Bildrand zusammenläuft. Die Sitzgruppe wird rechts von einem Aufsatzsekretär ergänzt.

Das, was diese Werbeanzeige im zweiten Bild mit der geschlossenen Jalousie aufheben möchte ist ein Zusammenhang, der irritierend im ersten Bild noch sichtbar ist: die Bezogenheit einer ästhetisch gestalteten Lebensform auf den Bereich der materiellen Produktion als ihrer ökonomischen Basis. Im gestalteten Wohnraum des besitzenden Privatmannes werden Empfindungen, Denkweisen und Lebenshaltungen in einer geschichtlichen Form nun zu einer geschichtslosen Vorstellung von Kul-

Abb. 27

tur stilisiert, die erst in der Ablösung von der Produktionssphäre ihre Eigentlichkeit entfalten kann. Hierbei ist Kultur nicht verstanden als Systemzusammenhang dialektisch sich bewegender materieller und ideologischer Elemente innerhalb einer konkret geschichtlichen Gesellschaftsformation, sondern als ein herausgelöster und verselbständigter Teilbereich, der privatisiert der Absicherung und „Vervollkommnung" dient. Der im Bild gezeigte Kulturraum ist nicht der des Lohnabhängigen, sondern er gehört denen, die über Produktionsmittel verfügen. Die Jalousie wird zum Mittel der Abgrenzung von den materiellen Grundlagen der bürgerlichen Existenz in einem „Überbau-Gehäuse". Die Verhinderung der Aussicht auf die Produktionsmittel erweckt mit dem Versprechen der möglichen Ausgrenzung den Schein der Zeitlosigkeit der bestehenden Verhältnisse; der erlaubte Blick auf die Produktionsmittel vor dem Fenster der bürgerlichen Wohnung würde dagegen die tatsächliche Geschichtlichkeit und damit die Veränderbarkeit der Verhältnisse zeigen – der Blick durchs Fenster wäre ein Blick in die Geschichte. Die Zeitlosigkeit bestehender Verhältnisse soll gerade auch eine Wohnkultur signalisieren, die in den Formen der Einrichtungselemente selbst geschichtlich und traditionsverpflichtet ist, die als Kunstgegenstände aber im bürgerlichen Sinne die Geschichte überdauern. In den Bildern der Anzeige wird der schöne Raum durch die Einbeziehung des Betrachters diesem als seine Kultur vorgestellt; die Bilder formieren sein Bewußtsein und sein Handeln über den Kaufakt hinaus – die Jalousie selbst wird zur Nebensache, zum Instrument der Realisierung eines politischen Interesses. Möglicherweise nur unbeabsichtigter Nebeneffekt, gewinnen doch im zweiten Bild die „geistigen Werte" visuell an Profil: die beiden Bilder über dem Sofa links werden als Stiche Piranesis sichtbar, im verglasten Aufsatz des Sekretärs sieht man nun Bücher. Die Verbundenheit mit der römischen Antike, die in Büchern gefaßte Geisteswelt, die Stilmöbel des 19. Jahrhunderts, machen die Intention deutlich, kulturelle Vergangenheit als Privatbesitz zu begreifen und gleichzeitig als angemessene Dekoration zu verwerten. Daß dieser Besitz gerade dann voll zur Geltung kommt, wenn die „Zerspiegelung" von außen aufgehoben ist, kennzeichnet das Verhältnis zur privatisierten Geschichte.

Die Fußbodenbelagsindustrie demonstriert in ihrer Werbung besonders eindrucksvoll die Funktion, die dem gesamten Bereich der Wohnzubehörindustrie zukommt: die ästhetische Gestalt des Wohnenvironment so zu komplettieren, daß eine optimale Sicherheit in der Zeitlosigkeit des Kunstraumes erreichbar ist. Die Allied Chemical S.A. (Department T-Brüssel; Stern 1968) führt in einer Anzeige für Teppichböden das im Stilleben verselbständigte Problem kompositioneller Ordnung als komprimierte ästhetische Utopie zu einer besonderen bildnerischen Qualität. Die Fotografie läßt den profanen Teppichboden verschwinden, indem sie ihn in eine körnig-plastisch aufgelöste Strukturfläche verwandelt die vorwiegend grüne Struktur verbindet sich formal und farbig mit verschieden großen Fruchtkörpern, die in kontrapunktischer Setzung die Bildkomposition zu einem harmonisierten Spannungsgefüge machen; die farbig konstrastierende Apfelsine ist das quantitativ genau bemessene Gegengewicht. Die ausgewogene Komposition wird gerade in ihrer farbigen Geschlossenheit zum Reizauslöser bei ästhetisch geschulten Kennern. Folgerichtig lautet der Werbeslogan: „Verführung durch Farben...". Das Bild erweist sich aber nicht nur als schöne Verführung, sondern als geschickte Entkräftigung möglicher Vorurteile gegen anorganische Produkte aus der Retorte. Der Teppichboden ist ja nicht aus Naturprodukten wie ein Perserteppich hergestellt, sondern aus chemischen Fasern. Im Bild betonen die Früchte in ihrer natürlichen Farbigkeit die potentielle Harmonie natürlicher und chemischer Produkte; das, was beides zusammenführt, ist die

Abb. 28 u. (S. 59) Abb. 29 u. Abb. 30

Farbe, welche die künstlich hergestellte Harmonie zur „Frucht“ werden läßt und damit wieder zu einem quasi-natürlichen Gebilde; „Farbe ist Natur, ist Leben – ist der harmonische Zusammenklang von Farben nicht die Frucht ihrer lebendigen Vielfalt?“

In die ästhetische Geschlossenheit des Wohnkunstwerks dringt die Außenwelt nur vermittelt durch Massenmedien ein – oder aber, die Produkte der Einrichtungsindustrie vermögen es mit ihrer Qualität, diese Geschlossenheit zu transzendieren. Die Waren verhelfen zu Träumen und Visionen vom ganz Anderen und machen dieses mit zum Möbel. Damit stellt sich eine spezifische Art von „Weltoffenheit“ her, die von der Ware provoziert ganz an sie gebunden bleibt und in ihrer Scheinhaftigkeit Teil des Gebrauchswertversprechens ist. Die Teppich-Werke Vorwerk & Co (Wuppertal-Barmen) haben vor einigen Jahren in einer bildnerisch überzeugenden Anzeigenserie die im Privaten mit Waren herstellbare Weltoffenheit vermittelt. In Fotomontagen wurden europäische, orientalische oder moderne Stilteppiche mit jeweils „passenden“, romantisch verklärten Natur- und Kulturlandschaften verbunden; dabei ging im Bild der Teppich vom Betrachter weg zum Bildhintergrund hin in die jeweilige Landschaft über. Die Bilder suggerieren, daß dieser visuelle Prozeß im realen Raum beim Überschreiten des Teppichs nicht nur träumerisch nachvollziehbar ist, sondern daß der reale Wohnraum für den Konsumenten ganz zwangsläufig in einen exotischen – oder Ferienraum übergeht, daß diese Zwangsläufigkeit selbst die eigentliche Qualität der Ware ausmacht. Die Schönheit der Anzeigenbilder besteht in ihrer farbigen, formalen und inhaltlichen Abstimmung. In der Anzeige für einen „nordischen Teppich“, „Qualität ‚Wasa‘, Design ‚Nordlicht‘“, wirken die Muster wie Unterwasserrosen, die „langflorige, daunenweiche Oberfläche“ wie vom Wasser sanft bewegte Blätter; auf dem Teppich sitzt eine Frau träumend versunken im Anblick eines Wasserfalls. In der Anzeige für einen orientalischen Stilteppich, „Qualität ‚Padischah‘, Design ‚Damaskus‘“, führt die Ornamentik zu einer blumenumflorten Sakralarchitektur; das zentrale Hauptmotiv des Teppichornaments ent-

spricht der Grundrißstruktur des Zentralbaus im Hintergrund, so daß die visuelle Verbindung hier nicht nur stimmungsmäßig ist, sondern einen kulturellen Zusammenhang herstellt. Dem visionären Aufbau der Bilder fügen sich überhöhend die exotisch-aristokratischen Namen (Was; Padischah) und die ebenso exotischen geografischen Bezeichnungen als Qualitätszeichen ein.

## 6. Konsumgüter und Interieur

In das Warensystem, das der Herstellung einer abgeschlossenen Privatheit dient, fügen sich Warenkomplexe ein, die in der Schönheit des Environment ein sinnlich genußreiches und lustvolles Leben vollkommen machen sollen. Es sind dies vorwiegend Konsumgüter, die in „den eigenen vier Wänden" verbraucht werden ohne Lebensmittel in dem zur Erhaltung des Lebens notwendigen Sinne zu sein: Kaffee, Zigaretten, Tabak, Alkohol, Süßigkeiten; hinzu kommen Parfums und Hygiene-Artikel wie Seifen, Deodorants u.ä.m. für den „Intimbereich" in der Privatsphäre. Teilweise sind es Waren, die – wie Kaffee, Tee, Liköre, Tabak, Süßwaren – ihren verbreiteten Konsum der frühen bürgerlichen Gesellschaft selbst verdanken, für die Entwicklung bestimmter Formen bürgerlicher Öffentlichkeit im 17. und 18. Jahrhundert, dem Kaffeehaus, von großer Bedeutung waren. Kennzeichnend ist, daß die Werbung für diese Konsumgüter ihre Glücksversprechen visuell an die Vorstellungen von Geborgenheit in der privaten Wohnwelt bindet; sie unterstellt, daß ein Leben im Environment erst mit ihren Produkten möglich ist: erst sie erfüllen das Leben in der schönen Form mit Inhalt, zeigen die Möglichkeiten des Lebens auf und machen es zum „erfüllten" Leben.

Eine Vielzahl der Werbebilder zeigt die Produkte als zentralen Bestand schönen Wohnens; diese Bilder sind Interieurs und vermitteln die Qualität der Produkte mit einem Lebensstil von ausgesuchtem Geschmack in ästhetisch stilistierten, vorgeblich individuell gestalteten Wohnräumen. Die Bilder zeigen Innenräume in kontrapunktisch komponierten Ausschnitten, die Farbenskala ist zumeist reduziert auf subtil differenzierte Akkorde im Bereich der warmen Farben und provoziert sympathisierende Affekte beim Betrachter. Dessen Situation ist bestimmt durch scheinbare Hereinnahme ins Bild durch öffnende und einführende Kompositionsmotive sowie die Nähe der Hauptmotive; diese Hereinnahme ist jedoch vielfach verbunden mit einem aufgedrängten Gefühl des Störens, da die konsumierenden Privatleute voll „privatisiert“, d.h. innig mit sich beschäftigt sind.

In einer „Jägermeister“-Anzeige (Stern 46/71) verbindet sich der Likörgenuß im Wohnzimmer mit den Accessoirs trauter Gemütlichkeit wie Gebäck, Zigarre, Fernsehen und – etwas abseits – Zeitung und Bücher. Die 35% Alkohol im Likör „bringen Farbe ins Abendprogramm“. Der röhrende Hirsch über dem Paar ist nicht nur Anspielung auf den Markennamen und auf eine kleinbürgerliche Gemütlichkeit im Gegensatz zu dem sonst recht „erlesen“ eingerichteten Raum, sondern wohl auch auf die durch den Alkohol angeregte Brunftfähigkeit des Mannes, die das Abendprogramm endgültig farbig zu machen verspricht. Die bürgerliche Likörgemütlichkeit ist in der „Henkel“-Anzeige (Stern 49/70) gegen kultivierten Genuß in herrschaftlicher Umgebung vertauscht. Nicht mehr Pullover, röhrender Hirsch und Regalmöbel bestimmen die Atmosphäre, sondern Smoking, Kamin und Bücherwände. Der Raum ist „Hausbibliothek“ und „Herrenzimmer“, signalisiert Geist und männliche Kultur; entsprechend lagert die Frau in schöner, hingebungsvoller Gebärde zu Füßen des Mannes. In diesem Raum ist „der Sinn für das Besondere lebendig“, deshalb schätzt man die Noblesse von Henkell-Trocken. In einer „Schlehenfeuer“-Anzeige (Stern 47/72) ist das Glück eines Liebespaares im urgroßmütterlich-antiquierten Raum vom Zauberfeuer des Likörs verklärt. Die jungen Leute sind keine kulturrevolutionären Studenten, sondern Menschen, die noch träumen können, sich ein

Abb.31

Abb.32

Gefühl für das Seelische bewahrt haben. Romantisch heißt in all diesen Bildern: alte Möbel, vielfach aus der 2. Hälfte des 19. Jahrhunderts, viel Kunstgewerbe – die nutzlosen, aber seelenvollen Dinge! –, Blumen und üppige Zimmerpflanzen, gedämpftes warmes Licht, innige Gesten der Zusammengehörigkeit und zärtliche Liebe. Vergleicht man das Bild einer Bisquit-Anzeige mit dem aus einem Möbelprospekt (Mann-Mobilia, ca. 1971), so fällt die Austauschbarkeit der Bilder auf. Der spezifische Informationswert der Bilder ist so gering, die Ausrichtung auf Stimmungsmomente im Privatbereich dagegen so stark, daß im Verbrauch dieser Momente in verschiedenen Produktionsbereichen letztlich nicht mehr zu trennen ist, ob in einem Bild für Cognac, Tabak oder Ledersofas geworben wird. Die Stereotypen und einheitlichen Stimmungsqualitäten rationalisieren und effektivieren die Abschöpfung von Kaufinteressen, formieren Warenkomplexe zu einem homogenen System von sich ergänzenden Einzelprodukten und lassen die Einordnung eines Produktes in ein ästhetisch stilisiertes Warensystem als Qualitätsgarantie erscheinen. Anzeigen wie die von Cognac Hennessy (Stern 12/71), für Pott Rum (Stern 43/70) oder für Jacobi ‚1880' (Stern 45/70) machen schließlichen einen Aspekt deutlich, der eine kaum mehr zu überbietende Konzentration bürgerlicher Privatheit im Warenkonsum vermittelt. Zwischenmenschliche Beziehungen, Glück, Sicherheit und Geborgenheit sind in der Ware selbst, in der 1 der „ersten Klasse" von Cognac Hennessy, in der warm-braunen Flasche von Pott, die die blau-graue Winterkälte draußen läßt, im Cognac-Schwenker von Jacobi Weinbrand. Die Qualitätsaura oder die Waren werden zum Rahmen für die Entfaltung von Privatheit, gewinnen die Gestalt des Environment und beziehen mit ihrem Glücksversprechen die Menschen völlig in sich ein.

Abb.33

Abb.34

CIGARETTEN
RAUCHER
rauchen jetzt abends ruhiger!
Denn jetzt gibt es einen Pfeifentabak, der auch Cigarettenrauchern schmeckt: WESTEND
Sie möchten abends die Hast des Tages vergessen und Rauchgenuß in seiner reinsten Form erleben?
Hier ist der Pfeifentabak, der auch Cigarettenrauchern schmeckt: WESTEND.
Besonders gemischt, würzig aber leicht, glatt auf der Zunge. Ein neuer Pfeifentabak, für Männer, die abends ruhiger rauchen wollen.
WESTEND
Mild Mixture
DM 3,-
UND: Die neuen zungenschonenden GOLDSTAR PIPES.
Brennen leichter, bleiben trocken, absorbieren besser. Weil sie völlig neu konstruiert sind. GOLDSTAR PIPES sind die ideale Ergänzung zum WESTEND-Tabak.

Genießen Sie doch „Erster Klasse"
COGNAC
HENNESSY
Bei Hennessy lagern die wertvollsten Cognac-Bestände der Welt
COGNAC
HENNESSY

Abb.35–37 (S. 62) u. Abb. 38 u. 39 (oben)

## 7. Wohnutopien

Die Deformation bürgerlicher Privatheit heute findet eine konsequente Gestalt in „Wohnutopien“, die der Chemiekonzern Bayer 1970 in einer Anzeigenserie „visiona“ für seine Markenfasern Dralon, Bayer Perlon, Vestan und Dorvivan vorstellte. Die zumeist doppelseitigen Anzeigen bestanden jeweils aus einem großen Farbfoto von Innenräumen, die im Auftrag des Konzerns von renomierten Designern entworfen waren und auf der „Ausstellung zukunftweisender Wohnideen auf der Interzum 1969, Köln“ ausgestellt wurden. Aufgabe dieser wie auch vergleichbarer Aufträge war es, die Bedeutung der Kunststoffe für weite Bereiche der Einrichtungsindustrie aufzuzeigen, um entsprechende Marktpositionen in diesem Sektor erlangen zu können. Die Vorstellung „kühner Raumträume“ von morgen war eng verbunden mit der unmittelbaren Werbung für die genannten Kunstfasern, die zu Vorhangstoffen, Gardinen, Bezugstoffen, Teppichen etc. verarbeitet schon heute zu kaufen sind und vorgeblich eine Garantie für modernes Wohnen sind: „Erst Textilien mit zukunftssicherem Niveau machen moderne Wohnraumgestaltung möglich“. Dementsprechend sind die Entwürfe als „Realutopien“ ausgegeben: „Warum erst morgen so wohnen? Sie können es schon heute. Mit Stoffen aus Bayer-Fasern“. Eine andere Anzeige nennt die wenigen Voraussetzungen für ein hyermodernes Wohnen in einer „Wohnlandschaft“: „Drei Dinge wären dazu nötig: Weicher Schaumstoff für die Bodenmulde. Elastische Bezugsstoffe zum Bespannen. Und drittens Menschen, die den Mut haben, zwischen Tälern und Hügeln zu wohnen“; diese Voraussetzungen sind jedoch faktisch gegeben: „Die federweichen Schaumstoffe haben wir schon. Die elastischen Chemiefasern auch. Und die Menschen, die eine Wohnlandschaft schöner finden als Sofas, Sessel und Stühle, gibt es sicher auch schon". Exemplarisch kann man in diesen Anzeigen die Festlegung der Privatsphäre nach gezielten Interessen der Konzerne feststellen. Die Bilder vermitteln jedoch „Visionen" des Privaten, die nur um einige Grade gestalterischer Konsequenz (– und auch dies nur, weil die Einrichtungen nicht verkauft werden müssen!) über die „Realitäten" von interlübke und anderen hinaus gesteigert sind, in den proklamierten Lebens- und Verhaltensformen dagegen durchaus auf entsprechender Ebene liegen: das Individuums ist ganz aus dem Funktionszusammenhang gesellschaftlicher Prozesse, aus Zeit und Geschichte entlassen und Freizeit konsumierend auf sich selbst verwiesen.

Die „visiona 69" des Mailänders Joe Colombo zeigt trotz einer noch relativ konventionellen Binnenstruktur einen „totalen Innenraum", künstlich beleuchtet und klimatisiert, ohne sichtbare Verbindung zur Außenwelt (Brigitte, 1970). Das Werbebild zentriert in seiner kompositionellen Ordnung den Raum ganz nach innen; während sich von rechts ein riesiger Kugelkörper in den Raum wölbt, öffnet sich der Raum hinten in eine kreisförmige Nische (vgl. das 2. Bild). Der vielfältig variierte und differenzierte farbige Generalton des Bildes – blau-violett – schließt den Raum mit dem Kontrastwert des gebrochenen Orange über der quadratischen Ruhestätte zusammen und integriert alle Partien. Eine entsprechend integrierende Funktion wie Farbe und Licht haben im Bild die deutlich betonten Materialwertigkeiten mit ihren Oberflächenreizen: alles ist aus Kunststoffen, die in subtilen Kontrasten oder Übergängen wie hart zu weich oder starr zu elastisch kombiniert sind und eine raffinierte Skala von taktilen Reizen wie glatt, rauh, samtig, flauschig u.a.m. zulassen. Der natürliche und lebende Kontrapunkt im Kunstraum ist die Frau auf dem Lager,

Abb.40

die aber durch Jugend, Schönheit, Haltung und Tätigkeit als selbst artifizielles Wesen wiederum integriert ist. Das feierlich sakrale Violett macht die Frau zu einer „Vestalin" der Freizeit. In einer anderen Aufnahme des gleichen Enviroment ist die Frau zur „Barbarella" stilisiert, die als moderne Märchenfigur aus Comics für Intellektuelle dem Raum die prickelnde Atmosphäre der science fiction gibt.

„Visiona 2" ist eine Kreation von Verner Panton. Das querformatige Anzeigenbild zeigt einen Innenraum, der konsequent mit nichts anderem mehr gefüllt ist als mit wellenförmig geschnittenen Kunststoffbahnen, die mit farbigem Stoff bezogen hintereinandergestellt den Raum von allen Seiten umschließen; solcherart entsteht ein plastisch modellierter Höhlenraum, in dem junge Menschen in künstlichem Licht ruhen. Die unregelmäßig geschnittenen Bahnen ergeben eine ständig wechselnde Landschaft von Höhen und Tiefen, Spitzen und Mulden. Wie in einem klassischen Bild wird der Betrachter links unten in das Bild eingeführt und in einer ansteigenden Raumdiagonalen über aktiv roten Wellenstreifen zum Bildmittelgrund geleitet, wo halbaufgerichtet zwei Frauen lagern. Ihre Körper sind einander zugewandt, ihre Blicke gehen in die Raumtiefe, wo sich – das Zentrum des Bildes bestimmend – eine große kreisrunde Projektionsfläche befindet. Auf der Projektionsfläche sieht man das Bild einer sitzenden Frau, die aus dem Bild heraus direkt den Betrachter anschaut. Über den Rücken der rechts lagernden Frau und einen aufsteigenden Verbindungssteg wird der Blick weitergeleitet in die „Wellen-Wölbung" des Raumes und mit einem leuchtend gelben Streifen nach links zu einer tief heruntergezogenen „Nase" geführt, die selbst wieder auf einen im blauen Hintergrund sitzenden Mann weist. Dessen gewölbter Rücken schließt die Kreisform über die Körper der beiden Frauen. Der blaue Hintergrund ist dreigliedrig: die mittlere Projektionsfläche wird

Abb.41

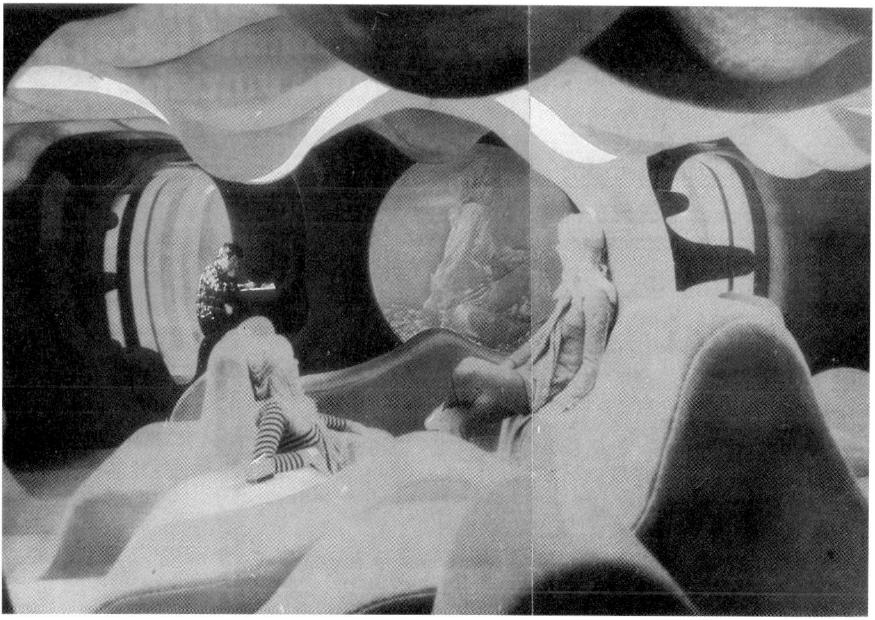

links und rechts von je einer ovalen, rot ausgestrahlten Öffnung begleitet, die einen schlauchartigen Gang hinter der Projektionswand vermuten lassen. Nach Formen, Farbordnungen und Helligkeitswerten ist das Bild ganz zur Mitte hin zentriert: dunkle, kalte, blaue, blau-violette und dunkelrote Werte außen und hinten – helle, warme und leuchtend rote Werte im Zentrum. In der Geschlossenheit der Bildkomposition ist die der Situation im Raum vermittelt; rotierende Kompositionsformen begründen die introvertierte Situation: Die lagernden Frauen sind in einer rezeptiven Kommunikationsgemeinschaft mit dem Bild auf der Kreisfläche verbunden, auf der das Mode-Ideal einer Frau der Modeschönheit der beiden anderen antwortet. Als Zentrum der Bildkomposition erscheint das Bild im Bild als das wirklicher Schönheit auf einer Wand der Höhle; das Bild ist zugleich Vorbild wie auch Spiegel der kaum minder Schönen davor. Das „Dreiecksverhältnis" der drei Frauen bzw. der beiden Frauen mit dem Bild ihrer „Substanz" ist von der Art narzißtischer Befriedigung und negiert eine darüberhinausgehende Kommunikation; der Mann ist an die Peripherie dieses Verhältnisses gerückt und im Hintergrund beschäftigt. Das Bild des Environment ist interessant wegen seiner deutlichen, möglicherweise bewußten Affinität zur Sakralmalerei. Es könnte die Umformulierung von Bildern mit thronender Madonna und Heiligen in einer Paradieseslandschaft sein im Stile einer „sacra conversatione". Beachtenswert ist die Stilisierung der Modeschönheit auf der vollkommenen Kreisfläche zum Idealbild einer Frau in Analogie zur Maria, in deren Abglanz die beiden „Heiligen" stehen, die selbst wieder Mittler sind zwischen der „reinen Schönheit" und dem befangenen Betrachter. Dieser Rangordnung entsprechen die Realitätsstufen, die gleichzeitig den Stufenweg der „Erkenntnis" ausmachen: vom lebenden Betrachter vor dem Bild zu den im Bild als auf einer höheren Stufe Lebenden, dann zu dem Bild einer Lebenden im Bild als der höchsten Stufe und im Prozeß der Steigerung der reinsten Scheinhaftigkeit. Das Bild im Bild ist die Vision eines Konsumideals, das bestimmend in der Privatheit des Environment eintritt.

Abb.42

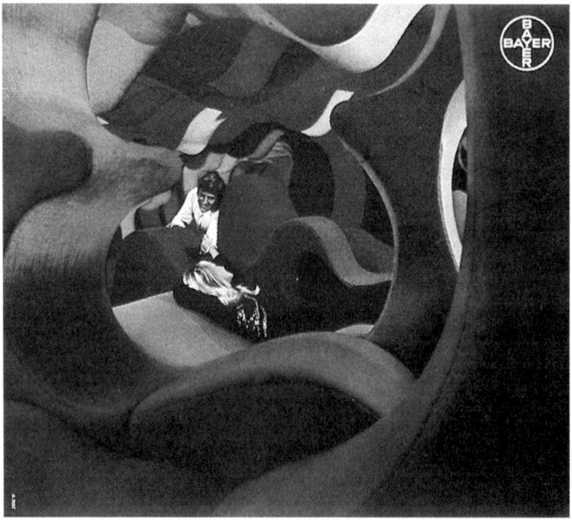

Eine intensivere Konkretion von Privatheit ist mit einer Bildvariante des Environment von Verner Panton gegeben. Das Bild ist quadratisch und signalisiert schon durch seine Form ideale Geschlossenheit, die sich in den rahmenartig ringförmig umlaufenden Streifen der Wohnlandschaft bestätigt. Die Komposition ist in der Mitte zentriert ohne Weg nach außen. Der Betrachter schaut von einer dunklen, kalt-blauen Vordergrundzone durch eine Art Guckloch in die helle, warm-rote Mittelhöhle, in deren „moosweichen" Mulden sich ein junges Paar entspannt. Beide schauen sich an und halten sich die Hände – ein Bild innigster Kommunikation. Die weiche, warme, bergende Höhle assoziiert die Vorstellung vom Mutterbauch, von praenatalem, intra-uterinem Lebensglück. Der Uterus wird hier zum Inbegriff von Wohnen und Privatheit; Uterusfunktion übernimmt ebenso das nach außen hermetisch geschlossene, sich nur nach innen öffnende Wohnkunstwerk. Die Geburt ist das offensichtlich negative Urerlebnis des Ausstoßes aus der Vollkommenheit des Paradieses in die Öffentlichkeit, in Mühsal und Arbeit. Erlösung von der unwirtlichen Außenwelt verspricht die Rückkehr in den Uterus, als der das „Kunstwerk" in Gestalt des Enviroment fungiert, jedoch immer behaftet von der Urangst des neuerlichen Ausstoßes; allein die Privateignerschaft am jeweiligen Uterusersatz verleiht ein Gefühl von Sicherheit, das aber auch wieder von Zerstörungsängsten bedroht wird. Das Bedürfnis des Menschen nach Glück wird als seine anthropogene Schwäche zur aktiven Weltbewältigung und als naturbedingte, unabänderliche Urangst ausgegeben, die Regression und Emanzipationsverzicht legitimieren.

## 8. Schichtenspezifische Bildgestaltung in der Möbelwerbung

Die Bilder der Wohn- und Einrichtungswerbung wie auch die der inhaltlich verwandten Konsumgüterwerbung machen deutlich, wie sehr die Darstellung benutzender und konsumierender Personen typisiert ist. Die Durchgängigkeit der Typen läßt sie als Leitbilder fungieren, zwei sind besonders auffällig: das Leitbild der glücklichen Kleinfamilie und das des erfolgreichen Einzelnen. Das Leitbild der Kleinfamilie wird in der Regel als junges Paar mit einem oder zwei Kindern vorgestellt oder verkürzt nur als „Paar". Die Personen befinden sich immer in einem ungebrochen harmonischen Zustand, der offensichtlich durch die Schönheit der Wohnumgebung oder die Qualität des jeweiligen Konsumproduktes gesichert ist. Hinzuweisen wäre auf die Ästhetisierung und Ritualisierung von „Leben" in dem stabilisierenden „System Wohnen", wodurch die genannte Harmonie als eine von Mensch und Umwelt beschrieben werden kann. Das Leitbildstereotyp des erfolgreichen Einzelnen betrifft zumeist Männer; sie sind jung oder in den „besten Jahren", gutgekleidet und selbstbewußt, seriös und dynamisch. Die Jugendlichkeit assoziiert eine vorbildlich zu verstehende Zielstrebigkeit und Leistungsorientiertheit im Berufsleben mit guten Verdiensten, denn sonst wären ihnen entsprechende Anschaffungen nicht möglich. Es ist müßig, hier die Widersprüche solcher Lebensbilder zur Lebensrealität bzw. ihr Verhältnis zu nach wie vor aktuellen Ideologien von Familie und demokratischer Leistungsgesellschaft darzustellen, sie können heute als hinreichend bekannt vorausgesetzt werden[6].

Leistungsprinzip und Aufstiegsdenken implizieren eine gesellschaftliche Gliederung in Klassen und Schichten[7]. Zu fragen wäre, in welchem Maße trotz der zu beobachtenden Tendenz zu visueller Vereinheitlichung Werbung des Wohnsektors je nach Qualität der Angebote auf unterschiedliche Bildungsvoraussetzungen zielt. Vorläufige Hinweise auf Schulbildung und Berufstätigkeit der interlübke-Kunden zeigen ein relativ hohes Bildungsniveau[8]; man kann annehmen, daß Werbung einerseits in Text und Bild dieses Niveau ansprechen muß, andererseits aber auch Ansprü-

Abb.43 u. (S. 69) Abb.44

che stellen kann. Die Bilder der interlübke-Werbung zeigen immer Ausschnitte von Einrichtungen. Dies kann als Hinweis auf die tendenzielle Unabgeschlossenheit des Kaufaktes verstanden werden. Wichtiger ist aber, daß die Ausschnitte nur selten spezifische Gebrauchsfunktionen einzelner Stücke herausstellen; solche Informationen – z.B. über die ausgeklügelte Organisation von Schrankfächern oder den Mechanismus eines Klappbettes – werden in ergänzenden Kleinbildern im Schlußteil der Hefte gegeben. Die jeweiligen Ausschnitte vermitteln vielmehr einen „reizvollen" Einblick in ein Enviroment, der Raum ist nicht in seiner Totalität als geplanter, von Gebrauchsgegenständen eindeutig bestimmter Funktionsraum erfahrbar. Der gewählte Ausschnitt unterstellt eine Vielfalt entsprechend reizvoller Einblicke, die sich je nach Standort verändern, öffnen, schließen. Dies verweist auf die totale Gestaltetheit der Räume, auf den Reichtum des Schönen, das den Bewohner voll in sich aufnimmt als bewegliches Element der Gestaltung; Wohnen wird in immer neu sich gestaltenden harmonischen Kompositionsphasen erlebbar. So wie die Räume von innen her erlebt werden müssen durch Ein-gehen in ihre Gestaltetheit, so müssen die Bilder mit den Augen erfahren werden, indem diese die kompositionelle Einheit, die Bildharmonien durch Zusammensehen wechselnder kompositioneller Gewichte herstellen. Die Einrichtungsgegenstände sind Elemente der Komposition in wechselnden Integrationszusammenhängen. Entsprechend sind die Bilder kontrapunktisch komponiert, antihierarchisch, so daß sich ein homogenes Gefüge ineinander verwobener Farb- und Formwerte ergibt. Diese Bildform entspricht weitgehend allen Katalogen mit vergleichbar anspruchsvollen Programmen; es bedeutet, daß der sachbezogene Informationswert der Bilder über Einrichtungsgegenstände als einzeln käufliche Waren gering ist. Nicht Möbel und ihr jeweiliger Gebrauchswert werden offeriert, sondern Wohnen schlechthin – Wohnen als Kultur, Wohnen als gestaltete

Ordnung von Raum. Die Kataloge enthalten auch keine Hinweise auf Preise, hierfür gibt es besondere Preislisten.

Das von den Bildern Vermittelte steht in Form und Inhalt in der Tradition bürgerlicher Kunst, insbesondere der Interieurmalerei. Die Vorstellung von der Totalität Wohnen verweist noch auf eine weitere Qualität der Environments: ihren Landschaftscharakter. Der Innenarchitekt komponiert – wie einstmals der Architekt romantischer Landschaftsgärten – in einer „feindlichen" Umwelt die eigentliche, nach Vernunft, Maß und Gesetz gestaltete zweite Natur, in die der Mensch als vernünftiges Wesen integriert ist. In Analogie zum Umgang mit dem ganzen Einrichtungsarsenal, insbesondere den schwellenden Einheiten sogenannter Sitzlandschaften, aber auch der Zimmerbäume, Bodenmatten, des Kunstgewerbes usf. könnte man Sedlmayrs Ausführungen über den Landschaftsgarten zitieren: die Gartenkunst „komponiert mit den organischen Massen der Baum- und Buschgruppen, der Hügel und Rasenflächen, der Bäche und Teiche, sie schlingt in diese freien Massen das Ornament blühender Gewächse. Sie baut aus Naturbestandteilen Bilder der Natur, die der Maler nur auf die Fläche bannen kann; und zwar ... ganze Folgen solcher Bilder ...; in verschiedenen Szenen kann sie die Abfolge der verschiedensten Empfindungen, der Größe, des Lieblichen, Heiteren, Melancholischen oder Wilden hervorrufen"[9]. „Wohnlandschaft" erweist sich als das Wort, das die Environments in Gestaltung und Intention auf den Begriff bringt. Sowohl das Erleben der dezentralisiert landschaftlich gestalteten Räume wie auch deren spezifische visuelle Vermittlung im Werbebild in der kontrapunktischen Kompositionstradition bürgerlicher Malerei setzen ein entwickeltes ästhetisches Vermögen beim Rezipienten voraus, das nur durch Schulung und Entwicklung von Phantasie und Sensibilität für Farb- und Formharmonien denkbar ist. Diese Sensibilität wird erweitert von Fähigkeiten zum aktiv-schöpferischen Umgang mit Einrichtungselementen bis hin zum Blumentopf. Die Werbebilder spiegeln das Selbstverständnis der potentiellen Besitzer dessen, was sie offerieren. Dieses Selbstverständnis drückt sich weniger „im Vorweisen bestimmter aktueller Merkmale aus, sondern in seinem (des Besitzers! Anm. d. Verf.) persönlichen Interesse für bestimmte Gegenstände, in der Demonstration seines Geschmacks, seiner Bildung und seiner persönlichen Vorlieben. Darin spiegelt sich seine größte Unabhängigkeit und Selbständigkeit im Berufsleben, in dem er relativ eigenverantwortlich arbeiten und entscheiden kann."[10] Die weitergehende Stilisierung in anspruchsvolleren Programmen, die Arrangements mit Stilmöbeln oder Antiquitäten forcieren das Kulturbewußtsein. „Hier sprechen die Gegenstände von Geschichte. Sie sind alt und außerdem hat sich in der Fertigung sichtbar Vergangenheit vergegenständlicht, also der Geschmack einer Epoche, das Geschick des Kunsttischlers, der Gebrauch durch mehrere Generationen. Sie verweisen so den Benutzer auf Gewordenes, auf eine lange Tradition, an deren Ende er gleichsam als legitimer Erbe des Geschmacks, dieser Form zu leben, steht. Mit dem Erwerb solcher Gegenstände kauft sich der Benutzer in eine Tradition ein..."[11].

Die schichtenspezifische visuelle Vermittlung im Werbebild wird im Kontrast evident zu Möbelprospekten von Möbelhäusern, die „normale", alltägliche Wohnbedürfnisse zu befriedigen haben. Auch hier zeigen die Bilder eingerichtete Räume, doch sind die nur Abklatsch der beschriebenen Environments: kleine, hierarchisch geordnete Wohnräume, deren Aufmachung deutlich nach Preis, damit nach finanziellem Leistungsvermögen differiert. Harmonie ist hier nicht Ergebnis ästhetischer Kategorien, sondern eines relativen, jeweils angemessenen Preisniveaus. Die immer gleichen Grundkonstituanten dieser Wohnräume sind ein monumentaler, den Raum beherrschender Wohnzimmerschrank, eine Polstergarnitur, bestehend aus Sofa und zwei Sesseln, sowie ein Couchtisch. Aufmachung und Qualität sind zwar an den anspruchsvollen Angeboten orientiert, reduzieren diese jedoch auf das „angemessene" Mittelmaß, das stilmäßig zwischen altdeutsch und modern, qualitätsmäßig zwischen Edelholz- und Plastikfurnier variiert. In den Bildern ist eine „hierarchische" Ordnung der Räume vermittelt – exemplarisch zeigen dies die Bilder im Quelle-Katalog Frühjahr/Sommer 1972. Der

Bild oben:
1. Polstergarnitur ab 925.-
2. Schrank 575.-
3. Tisch ab 179.-

Bild unten:
4. Polstergarnitur ab 885.-
5. Schrank ab 465.-
6. Seitenschrank 165.-
7. Tisch 199.-
8. Bild 88.-

1. Polstergarnitur ab DM 925.-

...und kleine Preise groß geschrieben!

4. Polstergarnitur ab DM 885.-

Ein schöner Teppich gehört dazu ...

Quelle 427

Abb.45 (S. 70) u. Abb.46 (rechts) u. Abb.47

Blick fällt auf die bildflächenparallele Rückwand des Raumes mit dem diese fast völlig ausfüllenden Schrank; er ist Blickfang und beherrscht die ihm achsial zugeordnete Polstergarnitur. Die Sitzgruppe ist dem monumentalen, repräsentativ fungierenden Schrank untergeordnet und mit ihr die Sitzenden durch die erzwungene achsiale Einordnung in seine Fassadenarchitektur. Der „autoritäre" Charakter des Schrankes wird dadurch unterstrichen, daß er immer als Einzelobjekt steht, Möbel im konventionellen Sinne ist, nicht wie Schrankwandsysteme architektonisch in jeweilige Räume integrierbar ist. Die frontale Darstellung im Bild macht den Schrank zum Denkmal patriarchialischer Macht in der Wohnstube, mit der Sitzgruppe als diesem Denkmal zugeordneter Kultstätte; der Schrank repräsentiert Obrigkeit, in der Familie väterlicher Autorität. Nur selten gleitet der Blick durch Schrägstellung über den Schrank hinweg zu den Röhrenfalten eines Vorhanges. Das heißt: in der Wohnstube kleinbürgerlicher Lohnabhängiger sind autoritäre Strukturen im Gestaltungsrahmen des Privaten vergegenständlicht, die durch visuelle Vermittlung zur Norm erhoben sind. Die Bilder zwingen dem Käufer vorweg ein starres Wohnverhältnis auf; das auf Schrank und Couchgarnitur reduzierte stereotyp statische System läßt keinen Ausbruch zu, negiert schon vom Bild her mögliche Mobilität. Die Eliminierung jeglicher Gestaltungs- und Entfaltungsmöglichkeiten wird nochmals im Vergleich solcher Sitzgruppen mit Spielformen von Mobilia player-Collection oder interlübke Podium 3 (Stern 15/73) deutlich. ‚Individueller Stil' kann in kleinbürgerlicher Einrichtung nur unfreiwillig entstehen. „Kennzeichnend ist das Fehlen eines eigenen ‚Geschmacks', die Folgsamkeit gegenüber den Vorschlägen der Werbe-Prospekte, die ihm nicht nur die einzelnen Gegenstände vorschreiben, sondern auch deren Anordnung. Die Gegenstände selbst fallen auf durch eine triviale Extravaganz, sind gekennzeichnet durch äußere Attribute wie: anspruchsvolle Verzierung, modernistische Muster, der Funktion nicht entsprechende Formen, zu bunte oder zu blasse (‚feine') Farben. Ein Element bleibt dem anderen fremd. Eine ‚Einheit' entsteht eben nur durch den Willen der Einrichtungshäuser, die ihm diese Zusammenstellung als gültiges ‚Ensemble' empfehlen; allenfalls noch durch das spontane und unreflektierte Gefallen des Besitzers an seinem Besitz"[12]. Die Zwanghaftigkeit kulminiert in den Bildern mit Gardinen-Angeboten. Die bunte, gefältete und geraffte Vorbildlichkeit der arrangierten Fenster ist direkt zu übernehmen und muß in ihrer starren Schönheit bewahrt werden, um Wert und Kultur anzeigen zu können. Hierbei hilft der Dekorateur, der nach Lieferung jede Falte und Röhre mit Plastiknadeln feststeckt, um Veränderungen beim Lüften zu vermeiden.

Diese Bilder nun zielen im visuellen Code ihrer Vermittlung auf das unentwickelte ästhetische Vermögen eines formellen und statischen Bewußtseins. Kennzeichnend ist, daß der Gebrauchswert der Einzelstücke als Möbel viel deutlicher herausgestellt ist, die Einzelstücke selbst vielfach mit Preisen neben den Bildern oder als Bildüberdrucke versehen sind. Bei einer Zielgruppen-Umorientierung des Warenangebotes macht sich dies in einer veränderten Form der visuellen Vermittlung manifest. Als Anfang 1973 die Schickedanz-Holding International die Nürnberger Möbel-Hess GmbH übernahm, wurde im Quelle-Katalog das Angebot stark erweitert und differenziert – z.B. wurden nun modische Schrankwandsysteme oder mobile Sitzlandschaften angeboten. Jetzt sprach das Versandhaus verstärkt mittelständische Käuferschichten mit anderem Bildungsniveau an. Im Unterschied zum Katalog Frühjahr/Sommer 1972 gibt es im Katalog 1974 keine Bilder im besprochenen Sinne mehr – auch nicht bei Billigstangeboten; die Bilder entsprechen nun denen durchschnittlicher Kataloge wie von Europa-Möbel etc. Die Bilder haben eine aufgelöste kompositionelle Ordnung, Ausschnittscharakter, Schrägführung in den Raum, differenzierte Farbigkeit und anspruchsvollere Arrangements mit Requisiten. Im Gegensatz zu den früheren Bildern sind die Räume nun auch mit den stereotypen jungen Menschen bevölkert.

Abb.48 u. Abb.49

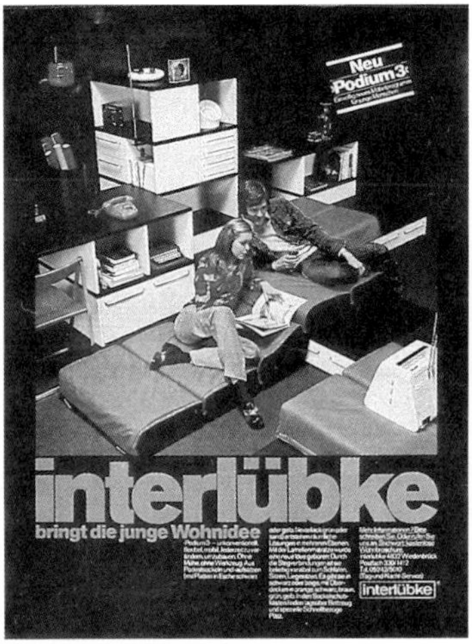

Abb.50

Wenn man 227 Mann im Brot hat...
SYSTEM CADO
CADO

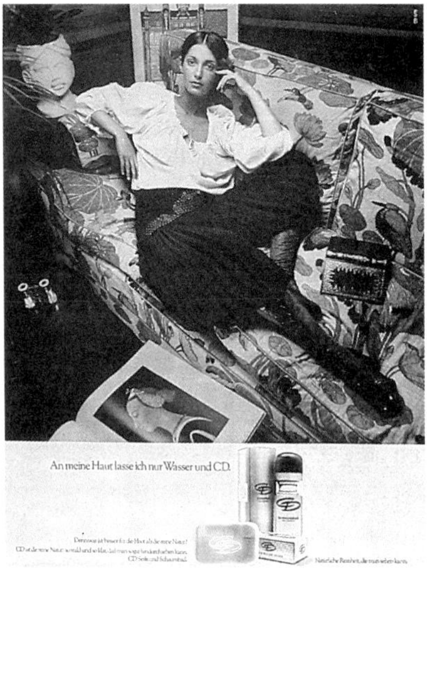
An meine Haut lasse ich nur Wasser und CD.

Abb.51–53 (S. 74) und
Abb.54 (rechts) und Abb.55. Die hier nicht mitreproduzierte Bildunterschrift zu Abb.55 lautet: „Ich finde die Nostalgie richtig schick – diese Emanzipationswelle war mir sowieso viel zu anstrengend!“

## 9. Ästhetische Schulung durch Produktwerbung

Die schichtenspezifische Bildstruktur provoziert die Frage nach der ästhetischen Schulung potentieller Käufermassen. In allgemeinster Form geschieht dies durch die anhaltende Flut von Prospekten, die Tageszeitungen beigelegt werden, sowie durch regelmäßige Bildanzeigen sowohl in Tageszeitungen wie Zeitschriften; das Bildmaterial stellt eine Brücke zu den in Schaufenstern der Möbel- und Kaufhäuser bildmäßig aufgebauten Environments her. Die in Massenauflagen erscheinenden Versandhauskataloge mit ihrem sehr direkten Bildmaterial dürften eine weitere wichtige Rolle spielen. Von besonderer Bedeutung sind jedoch Zeitschriften, die sich inhaltlich dem gesamten Einrichtungsbereich widmen, so z.B. die Monatszeitschriften „Zuhause“ und „Schöner Wohnen“. Von allen die auflagenstärkste, aufwendigste und weitverbreiteteste war im fraglichen Zeitraum „Schöner Wohnen“ (= SW). Daten über Verbreitung der Zeitschrift und Leseverhalten der Zielgruppen enthält u.a. eine umfangreiche empirische Untersuchung „Wohnen in Deutschland“, die 1972 von „Schöner Wohnen“ in Auftrag gegeben und vom Institut für Absatzforschung – Andreas Ketels, Wiesbaden (= ifak) – durchgeführt wurde[13].

Aus dem angebotenen Zahlenmaterial dieser Untersuchung kann man festhalten, daß sich die Zeitschrift SW primär an Leser der unteren und oberen Mittelschicht (Janowitz) wendet und deren Informationsbedürfnisse im Wohnsektor abzudecken versucht. Mit der ständigen Information über „aktuelle“ Trends und Moden im Wohnsektor verbindet SW die Vermittlung von Anregungen zum schöneren Wohnen, die regelmäßige Anlieferung der „schönsten Wohnideen“, einschließlich der Anregungen und Hinweise zum richtigen Dekorieren, reizvollen Shopping usf. Bezeichnend ist, daß nur 9% der befragten Haushaltsvorstände die Vorschläge und Informationen von SW für unrealistisch hält; die Zeitschrift trifft also auf ein Bewußtsein, das in jeweils „richtiger“ Einschätzung des Leistungsvermögens das Vorgeschlagene, in welchem Umfange auch immer, für realisierbar im jeweiligen Haushalt hält. SW versteht sich als „Service“ für alle am Wohnen Interessierten und geht davon aus, daß dies eigentlich jedes kulturbewußte Mitglied dieser Gesellschaft sein müßte, bzw. daß es ein Zeichen von Kulturbewußtsein überhaupt ist, sich intensiv für Wohnen zu interessieren. In diesem Verständnis ist die Zeitschrift SW jedoch tatsächlich nichts anderes als eine umfassende Werbebroschüre der Einrichtungsindustrie, deren entscheidende Aufgabe die Stimulierung eines permanenten Kaufinteresses ist; in dieser Funktion ist sie von eminenter Bedeutung. Die vorgenannte Untersuchung hatte denn auch den Nachweis zu bringen, welch hohen Stellenwert SW für Marketing-Zielgruppen im Wohnbereich hat.

Andererseits: die Hefte die Zeitschrift SW stellen jeweils ein umfangreiches ästhetisches Schulungsprogramm dar, das alle denkbaren Aspekte des Wohnbereichs umfaßt, sich primär an Lernmotivierte mit mittlerer und höherer Schulbildung richtet und didaktisch-methodisch gezielt entwickelt ist. Dieses Ziel ist, in der Permanenz der Schulung die Leser auf die Übernahme und Festigung eines gehobenen ästhetischen Niveaus zu trainieren und damit zum Kauf von Waren zu stimulieren, die dieses Niveau vergegenständlichen; der Kauf der („richtigen“) Waren ist Lernzielkontrolle, das so vermittelte Erfolgserlebnis – nämlich so zu wohnen oder zu leben, wie es die Vor-Bilder zeigen – schafft die Motivation für neue Lernprozesse in diesem Bereich. Die Wohnzeitschrift wie auch alles vergleichbare und ergänzende Material erfüllen eine kunstpädaogigsche Funktion von solcher Intensität, die einerseits Kunstunterricht in Schulen mit hergebrachten Lernzielen wie „Sensibilisierung für ästhetische Objekte“, „Geschmacksbildung“, o.ä. zu beschränkten Unternehmungen machen, ihn aber andererseits auch als Hilfestellung für privatwirtschaftliche Interessen integrieren. Horst Lübke (interlübke) tritt laut Stern (10/74, S. 157) für ein Schulfach „Wohnen" ein und fragt: „Sollte man an unseren Schulen nicht etwas mehr die Historie vergessen und durch ein Thema auffüllen, das für den Menschen im Leben sehr wichtig sein wird: das Lernen vom Wohnen?" In SW ist das Lernmaterial und seine Operationalisierung in Lerneinheiten mit jeweiligen Lernzielen für konsumfördernde Lernprozesse im Bereich Wohnen von einiger Qualität. Z.B. geht es um Farbschulung, um ein Training an ausgewählten Farbakkorden und Farbharmonien („Farbe macht Wohnen schöner – 16 Beispiele für gute Farbharmonien" SW 9/71 oder „Wohnrezepte in schwarz + weiß – Black ist beautiful" SW 10/71), oder es geht um Form- und Materialschulung („nur das Ungekünstelte ist schön" – 9/71), um Stilschulung usf. Schulung in der Beurteilung von Antiquitäten wird ebenso durchgeführt (vgl. die damals regelmäßige Rubrik „Antiquitäten – Fragen + Antworten") wie Schulung in aktueller Kunst, insbesondere Grafik (SW-Galerie); hier werden in kleinformatigen Farbreproduktionen einzelne Blätter mit Preisangaben vorgestellt, die teilweise „exklusiv für die Leser von SW geschaffen wurden".

In besonders intensiver Weise führte SW 1971 ästhetische Erziehung in Form einer programmierten Unterrichtsreihe durch: ein „Wettbewerb für ideenreiche Leser" unter dem Titel „Testen Sie ihr Wohntalent". Absicht der Redaktion: „Wir wollen Ihnen mit diesem Test helfen, Ihren Geschmack zu bilden und zu verfeinern – damit es Ihnen leichter fällt, die eigene Wohnung besser und schöner einzurichten" (SW 8/71); das Spiel „wird Ihnen helfen, den Wohnstil unserer Zeit besser kennenzulernen – und Ihr Wohntalent weiter zu entwickeln". Die monatlichen „kunstpädagogischen" Unterrichtseinheiten standen unter einer bestimmten Aufgaben- bzw. Fragestellung ;„Was ist männlich, sachlich, funktionell?" (7/71), „Was ist rustikal-behaglich?" (8/71), „Was ist männlich-romantisch?" (9/71), „Was ist weiblich-elegant?" (10/71), „Was ist ein romantisch-behaglich-verspieltes Schlafzimmer?" (12/71). Jede Unterrichtseinheit umfaßte 5 Seiten: die beiden ersten Seiten Aufgabenstellung und großformatiges farbiges Vorbild; die beiden folgenden Seiten ein Bild des gleichen Raumes, jedoch leer, sowie 18 kleine farbige Testbilder mit verschiedenen Einrichtungsgegenständen (Möbel, Teppiche, Kunstgewerbe etc.), aus denen 8 als richtig auszuwählen waren; die fünfte und letzte Seite schließlich enthielt die Auflösung des vorhergegangenen Tests, wobei Vorbild und richtige Lösung miteinander konfrontiert wurden. Man muß vermuten, daß das Lösungsbild schon vorgefertigt und unabhängig der eingeschickten Testkarten entstanden war, so daß der Test selbst nur den Versuch einer Anpassung bedeutete. Entsprechend lautete die stereotype Formel zur Lösung: „So sollte der Schreibplatz (der Raum etc.) eingerichtet werden". Beim Vergleich von Vorbild und Lösung fiel auf, daß sich beide nur in Nuancen unterschieden, die Führung am Vorbild mit den Testobjekten also extrem eng war. Dies bedeutete für den Lösungsprozeß, daß die „richtigen" Einrichtungsgegenstände denen im Vorbild in Entwurf, Form und Farbe weitgehend entsprachen, die „falschen" dagegen eindeutig herausfielen; die Auswahl wurde durch verbale Signale noch weiter gesteuert. Das „Talenttraining" war damit ein Training auf einen jeweils eng begrenzten, eindeutigen Stereotypenvorrat, das auf der Basis allgemeiner Klischeevorstellungen die Formulierung und Absicherung eines Kanons von Geschmacksbildern bringt; diese können auch aktuellen, durch modische Umorientierung hervorgerufenen Unsicherheiten begegnen, wie der im Zuge der 1971 massiv einsetzenden Nostalgie-Welle auffällige Verbrauch des „Romantischen" andeutet. Das Rustikale ist z.B. das Unprätentiöse, Ungekünstelte, ein „Wohnstil von Behaglichkeit, der sich aus bäuerlichen Häusern ableitet". „Tonangebend in solchen

Abb.56

Milieus sind einfache Materialien, vor allem Holz. Es kleidet hier nicht nur den Raum aus, sondern ist auch Baumaterial aller Möbel. Und zwar Holz in möglichst natürlicher, unverfälschter Erscheinung. Charakteristisch ist dabei auch die Farbgebung, die erdhafte und Naturtöne bevorzugt. Muster und Ornamente spielen dabei kaum eine Rolle. Solche rustikalen Interieurs wirken immer intim, geschlossen; in weitläufigen Räumen würde man anders einrichten" (SW 8/71, S. 64). Die Testbildauswahl wurde etwa durch folgende Hinweise erleichtert: „Zierlicher Sessel aus Stahl und dunkelbraunem Leder (= falsch, weil zierlich und Stahl; der Fallstrick ist das urig erdhafte Leder!); „Bequemer Sessel mit dunkel lackiertem Holzgestell" (= richtig, weil bequem, dunkel und Holz!). Ein romantisch veranlagter Mensch ist sensibel, er schätzt deshalb Geborgenheit – „darum die dunklen Farben des Fußbodens und der Wände, die den Raum zu einer Höhle machen" (9/71); das weiblich elegante Appartement ist in schnörkellosen Formen" gehalten, für eine „emanzipierte, selbstbewußte und sicherlich ebenso schnörkellose Dame gedacht" – „Das Kolorit beschränkt sich auf wenige Töne – Kennzeichen souveränen Geschmacks" (10/71) usf. Die sorgfältige Gestaltung eines romantischen Kinderzimmers wurde folgendermaßen begründet: „Wohnen lernt man nie zu früh. Deshalb sollten Eltern ein Kinderzimmer nicht mit alten und willkürlich kombinierten Möbeln einrichten, sondern auch in diesem Raum auf Stil achten. Anders gesagt: Eltern können nicht früh genug das Wohnen lernen" (11/71).

Welches sind nun die Funktionen einer solchen „ästhetischen Erziehung", wie wir sie täglich erfahren können? Ich möchte einige Funktionen thesenförmig und als Zusammenfassung benennen:

- Sozialisierung für eine Kultur, die als „bürgerliche" mißverstanden unter diesem „Markenzeichen" von der Industrie in Warenform aufbereitet wird.
- Training zur Übernahme normativer Stereotypensysteme, auf die eine vormals reiche Kultur reduziert ist, um so Rationalisierung der Produktion und optimale Steuerung von „Bedürfnissen" zu ermöglichen.

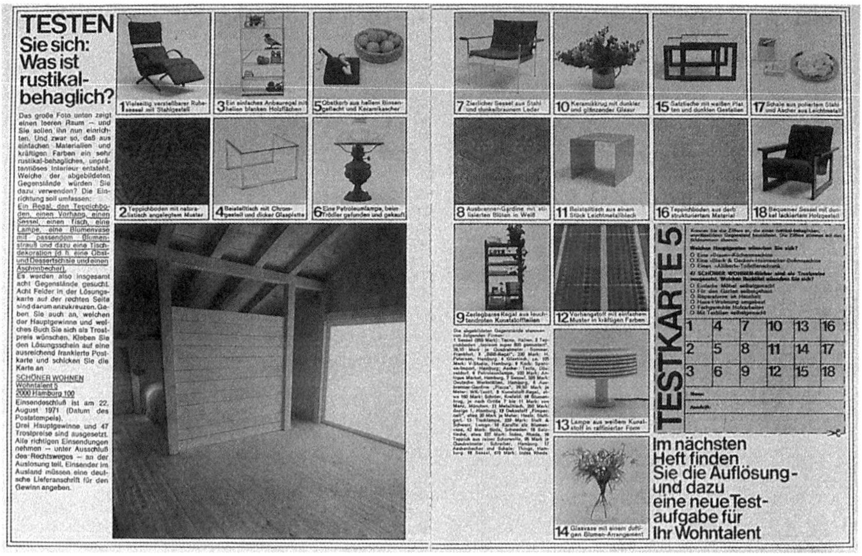

# TESTEN Sie sich: Was ist rustikal-behaglich?

Das große Foto unten zeigt einen leeren Raum – und Sie sollen ihn nun einrichten. Und zwar so, daß aus einfachen Materialien und kräftigen Farben ein sehr rustikal-behagliches, unprätentiöses Interieur entsteht. Welche der abgebildeten Gegenstände würden Sie dazu verwenden? Die Einrichtung soll umfassen: Ein Regal, den Teppichboden, einen Vorhang, einen Sessel, einen Tisch, eine Lampe, eine Blumenvase mit passendem Blumenstrauß und dazu eine Tischdekoration (d. h. eine Obst- und Dessertschale und einen Aschenbecher).

Es werden also insgesamt acht Gegenstände gesucht. Acht Felder in der Lösungskarte auf der rechten Seite sind darum anzukreuzen. Geben Sie auch an, welchen der Hauptgewinne und welches Buch Sie sich als Trostpreis wünschen. Kleben Sie den Lösungsschein auf eine ausreichend frankierte Postkarte und schicken Sie die Karte an

SCHÖNER WOHNEN
Wohntalent 5
2000 Hamburg 100

Einsendeschluß ist am 22. August 1971 (Datum des Poststempels).

Drei Hauptgewinne und 47 Trostpreise sind ausgesetzt. Alle richtigen Einsendungen nehmen – unter Ausschluß des Rechtsweges – an der Auslosung teil. Einsender im Ausland müssen eine deutsche Lieferanschrift für den Gewinn angeben.

1 Vielseitig verstellbarer Ruhesessel mit Stahlgestell
3 Ein einfaches Anbauregal mit hellen blanken Holzflächen
5 Obstkorb aus hellem Binsengeflecht und Keramikascher
2 Teppichboden mit naturalistisch angelegtem Muster
4 Beistelltisch mit Chromgestell und dicker Glasplatte
6 Eine Petroleumlampe, beim Trödler gefunden und gekauft
7 Zierlicher Sessel aus Stahl und dunkelbraunem Leder
10 Keramikkrug mit dunkler und glänzender Glasur
15 Satztische mit weißen Platten und dunklen Gestellen
17 Schale aus poliertem Stahl und Ascher aus Leichtmetall
8 Ausbrenner-Gardine mit stilisierten Blüten in Weiß
11 Beistelltisch aus einem Stück Leichtmetallblech
16 Teppichboden aus derb strukturiertem Material
18 Bequemer Sessel mit dunkel lackiertem Holzgestell
9 Zerlegbares Regal aus leuchtendroten Kunststoffteilen
12 Vorhangstoff mit einfachem Muster in kräftigen Farben
13 Lampe aus weißem Kunststoff in raffinierter Form
14 Glasvase mit einem duftigen Blumen-Arrangement

TESTKARTE 5

| | | | | | |
|---|---|---|---|---|---|
| 1 | 4 | 7 | 10 | 13 | 16 |
| 2 | 5 | 8 | 11 | 14 | 17 |
| 3 | 6 | 9 | 12 | 15 | 18 |

Im nächsten Heft finden Sie die Auflösung - und dazu eine neue Testaufgabe für Ihr Wohntalent

Abb.57

# TALENTTEST AUGUST 71: DAS WAR DIE LÖSUNG

Die Aufgabe des Wohntalent-Tests im letzten Heft lautete: Was ist rustikal-behagliches Wohnen? Ein Wohnraum sollte eingerichtet werden, und dazu waren insgesamt acht Gegenstände auszuwählen. Hier ist nun die Lösung

**Oben: Das war das Vorbild für die Aufgabe. Rechts: So sollte der Raum eingerichtet werden**

Vergleichen Sie das Foto rechts mit den in SW 8/71 auf den Seiten 66/67 abgebildeten Gegenständen: Wenn Sie – mit Wohntalent und sicherem Geschmack – die richtigen Gegenstände herausgefunden und auf dem Lösungsschein die Felder 3, 5, 6, 10, 12, 15, 16 und 18 angekreuzt hatten, dann entstand die im Foto rechts gezeigte Einrichtung. Sie weist sehr viel Holz auf, einfache, anspruchslose Formen, das alles in einer klaren Farbstimmung. Wenn Sie die richtigen Zahlen angekreuzt haben, dann werden Sie – wenn Sie außer dem damit bewiesenen Wohntalent auch noch ein Quentchen Glück haben – in den nächsten Tagen vielleicht die Nachricht erhalten, daß Sie etwas gewonnen haben: entweder einen der drei Hauptgewinne, den Sie sich gewünscht haben, oder aber einen Trostpreis, das gewünschte SCHÖNER WOHNEN-Buch.

*Klar, einfach, unprätentiös – und rustikal-behaglich wirkt diese Einrichtung*

88

Abb.58

- Motivation zu permanentem Konsum von Waren, die in programmierte Bereiche, ergänzend, erweiternd, erneuernd oder verbessernd hineinpassen.
- Festlegen auf Realitätsvorstellungen durch die veräußerlichte Übernahme von Bild- und Gestaltungsformen, die gegenständlich gebundenen Bereiche bürgerlicher Kunst entnommen sind und gerade in dem Authentizität „verbürgendem“ Medium der Fotografie in scharfem Gegensatz zur geschichtlichen Wirklichkeit stehen. Dies führt zu einer Verselbständigung ästhetischen Scheins und damit zum Verlust dessen, was bürgerliche Kunst in ihrem Anspruch ausmacht: zu einem Verlust von Humanität. Der bewußtlose Konsum von Werbebildern muß weiterhin – gerade wenn sie in einem Zustand besonderer Gestaltung begegnen – seine Rezipienten in einen unauflösbaren Widerspruch zu den Erweiterungen ästhetischen Vermögens in der Kunst unserer Gegenwart bringen.

# III DIE DARSTELLUNG BÜRGERLICHER PRIVATHEIT IN DER KUNST DES 19. UND 20. JAHRHUNDERTS

In den Analysen in Teil II wurde deutlich, wie die früh in der bürgerlichen Gesellschaft als ihr Konstituens herausgebildete „Privatheit" unter den veränderten Verhältnissen der Gegenwart voll den Verwertungsstrategien der Warenproduktion unterworfen ist. Dieser Zustand konkretisiert sich ästhetisch vermittelt in der Werbung, mit der eine repräsentative „Konsumentenöffentlichkeit" hergestellt wird. War die Warenproduktion ursprünglich der Privatsphäre eng verbunden, die Privatsphäre selbst abschirmender Rahmen für jene gegen den Zugriff feudaler und staatlicher Öffentlichkeit, so ist Privatheit jetzt auf die Intimsphäre als ihren Kern reduziert und tendenziell reiner Konsumtionsbereich. War in der Kunst das Interieur vormals die Form, in der sich Privatheit für eine kulturräsonnierende bürgerliche Öffentlichkeit darstellen konnte und dabei Anspruch und Selbstverständnis der Klasse formulierte, so ist heute in der Werbung diese von ihr nachhaltig übernommene Bildgattung das Indiz der Aushöhlung von Privatheit in ihrer Entfaltung zum Warensystem. Privatheit erscheint nicht mehr als Ergebnis gesellschaftlich vermittelter Bedürfnisse des bürgerlichen Individuums, sondern als künstliche Einrichtung öffentlich fungierender Privatinteressen. Die Aushöhlung dieses Bereiches, wie er sich am Beispiel des Interieurs in der Werbung gerade in der mit enormer ästhetischer Kreativität vollzogenen „Ausbeutung" bürgerlicher Kunst spiegelt, ist ein Vorgang der Zerstörung bürgerlicher Kultur im Kapitalismus.

Es stellt sich nun die Frage, ob und in welcher Weise der Prozeß der Veränderung bürgerlicher Privatheit, der Zerstörung eines konstituierenden Moments bürgerlicher Kultur sich im Medium der Kunst spiegelt. Es ist zu fragen, in welchem Umfange Kunst heute diese Vorgänge affirmativ begleitet, sie resignativ registriert oder kritisches Instrument der Aufklärung und Medium innovierender, realutopischer Perspektiven zur Veränderung gesellschaftlicher Verhältnisse im Problemfeld privaten menschlichen Lebens wird; ob Kunst heute in einzelnen ihrer Werke eine schöpferisch humanistische Alternative zur „Technokratie der Sinnlichkeit" darstellt, die sich intentional zumindest ideologischer Verwertung im herrschenden Interesse entzieht. Diese Frage soll in der Erarbeitung exemplarischer Positionen beantwortet werden, die in der Bildenden Kunst heute Privatheit – vorwiegend in der Bildgattung des Interieurs – thematisieren. Die gegenwärtiges Bewußtsein kennzeichnenden Positionen werden mit solchen aus der Entwicklung der bürgerlichen Gesellschaft seit dem beginnenden 19. Jahrhundert konfrontiert, um im Anschluß an die frühere Grundlegung die Prozeßhaftigkeit gesellschaftlicher Veränderungen, wie sie sich in der Bildenden Kunst spiegeln, erfahrbar zu machen. Das Interesse liegt also nicht auf einer systematischen kunstgeschichtlichen Darstellung der Interieurmalerei im 19. und 20. Jahrhundert, sondern im Versuch, exemplarisch zentrale Aspekte zu erfassen. Entsprechend ist der Teil III dieser Arbeit in einzelne Kapitel untergliedert, in denen jeweilige Aspekte untersucht werden.

Ausgehend von der These, daß in der entwickelten, insbesondere aber der späten bürgerlichen Gesellschaft aufgrund ihrer veränderten ökonomischen Struktur bürgerliche Privatheit auf die Sphäre familiärer Intimität reduziert ist, sind in Kapitel III-1 zunächst Familienbilder Gegenstand der Betrachtung; dabei soll deutlich werden, wie sich die Familie im privaten Bereich ihrer Wohnung präsentiert. Einen polemischen Einstieg in diese Problematik bietet die Collage von Richard Hamilton „Just What Is It that Makes Today's Home so Different, so Appealing". Diese Collage aus dem Jahre 1956 wird mit dem 1821 von Karl Begas gemalten Bild der Familie Begas konfrontiert, das sich durch seine repräsentative Gestaltung ebenso auszeichnet wie durch die intensive Darstellung innerfamiliärer kommunikativer Beziehungen; es ist zudem das Bild einer Beamtenfamilie, die in besonderem Verhältnis zur staatlichen Öffentlichkeit bürgerliche Gesittung bewahrend darstellt. Das sich im Bild der Familie Begas ebenfalls vermittelnde Verhältnis bürgerlicher Gesittung zur Existenz und Arbeit des Künstlers – der ja diese Familie als die seiner Eltern und Geschwister malt –, macht einen Vergleich mit dem 1920 entstandenen Familienbild von Max Beckmann möglich. Beckmann zeigt sich als ein Intellektueller, der permanent seine Privatheit im Rahmen seiner gesellschaftlichen Umwelt reflektiert und dabei die Krise kommunikativer Beziehungen ebenso exemplarisch problematisiert wie die von ihm empfundene Gefährdung der Privatsphäre durch von außen zerstörend einwirkende Kräfte; in den Bildern „Die Nacht" (1918/19) und „Der Zirkuswagen" (1940) wird dies nachhaltig deutlich. In einem Bild von Harald Duwe, „Sonntagnachmittag", das ebenso wie die Collage Hamiltons 1956 entstanden ist, wird eine Situation familiären Lebens erarbeitet, das in seiner kleinbürgerlichen Öde in auffälligem Kontrast zum forcierten Optimismus des Engländers. steht. Ein Vergleich mit dem 1970/71 entstandenen Objekt „The Collector's Wall" von Howard Kanovitz beschließt die Reihe.

In Kapitel III-2 ist die Analyse auf einen besonderen Bereich bürgerlicher Privatheit zugespitzt, der heute als der eigentlich Intime des persönlichen und familiären Lebens angesehen wird – den der Sexualität. Die Betrachtung gilt einer Reihe von Schlafzimmerdarstellungen und umfaßt Malerei und Environments. Vielen ist das Schlafzimmer innerstes Zentrum der privaten Wohnung und eigentlicher Vollzugsort ihrer Ehe. Andererseits ist die hier praktizierte intimste Form zwischenmenschlicher Kommunikation in einer Weise von Leitbildern öffentlich vorgeprägt, daß es kaum vorstellbar erscheint, wie sich noch individuell ausgestaltete Liebesbeziehungen, die sich zudem ein Leben lang erneuern sollen, überhaupt entfalten können. Ein 1964 entstandenes Environment von Edward Kienholz „While Visions of Sugar Plums Danced in Their Heads" vermittelt als Darstellung zwischenmenschlicher Beziehungen im ehelichen Schlafzimmer genau die eben angedeutete Spannung zwischen Wunschbildern und Alltagsrealität. Claes Oldenburg konzentriert sich in seinem Environment „Bedroom Ensemble" von 1969 auf ein Wunschbild modischer Exklusivität, dessen Gebrauchswertversprechen sich jedoch als das erweist, was es wirklich ist – schöner Schein. Noch enger ist die Beziehung zur Warenästhetik in zwei Objekten von Tom Wesselmann „Great American Nude Nr. 54" (1964) und „Great American Nude Nr. 98" (1967); an beiden Objekten kann deutlich werden, wie Intimität warenmäßig zum Konsum aufbereitet ihr Spezifisches gegenüber öffentlicher Prostitution zu verlieren scheint.

Bürgerliche Privatheit wird in einer Vielfalt von Spielfilmen direkt oder indirekt thematisiert. In ihrer Vielschichtigkeit und formalen Behandlung können eine Reihe solcher Filme als Höhepunkte bürgerlicher Kunst heute angesehen werden – andere sind zumindest durch die besondere Art ihrer inhaltlichen und dramaturgischen Entwicklung von Interesse. Auffällig ist, daß auch hier die Thematisierung bürgerlicher Privatheit immer wieder in der Vorstellung ihrer Gefährdung oder Zerstörung geschieht. Einige dieser Filme sind Gegenstand der Betrachtung in Kapitel III-3. Besondere Analysemethoden, die Erweiterung des Einzelbildes zum bewegten Handlungsablauf und die Vielzahl der Aspekte dieses medialen Bereiches lassen es gerechtfertigt erscheinen, die Filmanalysen in einem eigenen Kapitel zusammenzufassen. Ein Film – „Der Wolfsjunge" von François Truffaut (1969) – wird ausführlich behandelt; unter verschiedenen Teilaspekten werden anschließend Filme unterschiedlicher Genres kursorisch betrachtet, um spezifische Momente eines bürgerlichen Selbstverständnisses zu erfahren. Die Filme wurden danach ausgewählt, ob und in welcher Weise das bürgerliche Haus, die Wohnung, handlungskonstituierendes Moment einer Spielhandlung ist, in der sich Beziehungen bürgerlicher Individuen zu einer jeweils privaten Umwelt darstellen. Die ausführliche Analyse des Filmes von Truffaut ist darin begründet, daß gerade hier in einer Art „Interieurfilm" und in permanenter Gegenüberstellung von Haus und Natur ein Kulturationsprozeß vorgeführt wird, der humanistischen Traditionen bürgerlichen Denkens zutiefst verpflichtet scheint. Demgegenüber steht in Filmen von Buñuel und Saura die Perspektivlosigkeit einer Bourgeoisie, deren Privatheit korrumpiert, funktionslos und ausgehöhlt ist. Filme Polanskis signalisieren schließlich im Genre des „Horrorfilms" in weniger anspruchsvoller Gestalt Vorgänge wahnhafter Fremd- und Selbstzerstörung der Privatheit; die Vorstellung einer Zerstörung der Privatheit aus ihrem Innersten heraus in Wechselbeziehung zu gesellschaftlichen Prozessen macht die abschließende Betrachtung des Filmes „Rosemaries Baby" von Roman Polanski für unseren Zusammenhang von Interesse.

Ein wichtiger Aspekt, der in der Analyse des Bildes von Richard Hamilton nur angedeutet wurde, ist das über moderne Medien vermittelte Verhältnis bürgerlicher Privatheit zur Öffentlichkeit. Diesem Problem wird in Kapitel III-4 in der Auseinandersetzung mit Bildern von Sartorius, Padua und Guttuso nachgegangen. Die Analyse zweier Handzeichnungen von Malte Sartorius, „Gasvergiftung" (1971) und „Tatort IV" (1973), kann in thematischem Zusammenhang von Unfall und Selbstmord eine Dialektik von Privatheit und Öffentlichkeit deutlich machen, die wesentlich darin zu sehen ist, wie der Künstler in privatem Interesse eine öffentlich gemachte und photographisch dokumentierte Situation zurücknimmt, sie damit gleichzeitig einer neuen Form von Öffentlichkeit zuführt. Die totalitäre Funktionalisierung der familiären Privatsphäre über moderne Massenmedien wird an dem apologetischen Bild „Der Führer spricht" von Paul Mathias Padua (1939) untersucht: das Bild steht exemplarisch für die Auflösung der Erkenntnisqualität von Kunst im Zugriff einer faschistischen Öffentlichkeit, die keine – wie auch immer strukturierten – bürgerlichen Reservate mehr duldet. Ist dieses Bild Teil faschistischer Propaganda mit dem Ziel, auch die Privatsphäre gleichzuschalten, so ist in dem 1966 entstandenen autobiographischen Bild „Die Untergrundpresse" von Renato Guttuso der Keller eines bürgerlichen Hauses Kampfzelle des antifaschistischen Widerstandes, aus der heraus eine subversive Gegenöffentlichkeit mithilfe einfacher Kommunikationsmedien hergestellt wird.

In der Analyse des umfangreichen Materials zur Wohnwerbung und der verwandten Produktwerbung wurde wiederholt deutlich, welche ökonomische und ideologische Bedeutung dem Motiv des Fensters in jeweiligen Darstellungen zukommt. In der Kunst des 19. und 20. Jahrhunderts gewinnt das Fenstermotiv – zum Teil als selbständiges Bildthema – einen außerordentlichen Stellenwert. Es ist zu vermuten, daß sich in ,,Fensterbildern" in besonderer Weise das Verhältnis des bürgerlichen Individuums zu seiner Umwelt außerhalb des privaten Wohnbereichs und mithin sein Selbstverständnis darstellt. In Kapitel III-5 soll in der Analyse einiger Fensterbilder dieser Vermutung nachgegangen werden. Die erste Betrachtung gilt dem Bild ,,Pacific" von Alex Colville (1967), das in Inhalt und Form in einer gewissen Beziehung zur romantischen Kunst und ihrem Naturverhältnis zu stehen scheint. Dagegen hat das 1911 von Umberto Boccioni gemalte Bild ,,La strada entra nella casa" einen ungleich dynamischeren Stellenwert. Beide Bilder in ihrem jeweils spezifischen Selbst- und Weltverständnis werden anschließend mit zwei Bildern des frühen 19. Jahrhunderts verglichen, die gleichsam eine Ausgangsposition in dieser Darstellungsform bürgerlicher Privatheit vermitteln können: das Bild ,,Frau am Fenster" von C.D. Friedrich (1822) und das Bild ,,Paar am Fenster" von Georg Friedrich Kersting (1817). In beiden Bildern scheint die Wechselbeziehung des bürgerlichen Individuums zu seiner Umwelt in einem harmonischen Verhältnis, die Bereiche des Hauses und der Außenwelt konstruktiv aufeinander bezogen. Dies bestimmt auch die Beziehungen des Paares in Kerstings Bild – in auffallendem Unterschied zu den beiden anschließenden Bildern. In ,,Finalmente soli" von Eduardo Tofano (ca. 1877/78) entwickelt sich die intime Beziehung eines großbürgerlichen Paares in einem Raum, der wie ein kostbares Gehäuse fast hermetisch von der Außenwelt abgeschlossen ist; in dem etwa gleichzeitig entstandenen Bild ,,Erste Wolken" von James Tissot ist die intime Privatheit des Paares gestört – die Störung gleicht einem Naturvorgang, der sich im Fensterausblick ankündigt. In beiden Bildern ist ein harmonisches Verhältnis von Innen- und Außenwelt nicht mehr selbstverständlich, die Entwicklung der Privatsphäre gleicht bei Tissot sogar der schicksalhaften Willkür von Naturprozessen, die sich menschlicher Gestaltung entziehen.

In verschiedenen Bildanalysen der vorangegangenen Kapitel deutete sich eine Entwicklung an, die auf eine immer stärkere Abgrenzung bürgerlicher Privatheit von einer gesellschaftlichen Öffentlichkeit zielt; dieser Vorgang, in dem die Gesellschaft und ihre treibenden Kräfte als bedrohend empfunden werden, wird im letzten Drittel des 19. Jahrhunderts immer deutlicher. In Kapitel III-6 soll an zwei extremen, aber durchaus exemplarischen künstlerischen Produkten dieser Prozeß differenzierter dargestellt und begründet werden. Jules Verne hat in seinem 1868/70 erschienenen, auf ein bürgerliches Massenpublikum zielenden utopischen Abenteuerroman ,,20000 Meilen unter dem Meer" den Rückzug des bürgerlichen Individuums aus der Gesellschaft in eine radikale Privatheit dargestellt. Die Bedingungen und Verhältnisse einer solchen Privatheit können gerade an diesem ,,Trivialroman" erarbeitet und auf ihren geschichtlichen Hintergrund bezogen werden; bei Jules Verne läßt sich der Rückzug aus der Gesellschaft als manifeste Krise bürgerlich-kapitalistischen Fortschrittdenkens verstehen. Die parallele Analyse eines Bildes von Arnold Böcklin, der 1880 entstandenen ,,Toteninsel", macht deutlich, daß diese Krise offenbar typisch ist für die Entwicklungsphase der bürgerlichen Gesellschaft in diesem Zeitraum. In unterschiedlichen Medien zeigen sich verwandte Motive, die nicht lokal bedingt sind oder der nur individuellen Situation *eines* Künstlers entstammen.

Es bedarf nur des Hinweises, daß in diesem Teil III ebenso wie in Teil I sowohl die Auswahl der Aspekte wie die einzelner Bilder unvollständig ist und wohl auch sein muß. Vorstellbar wäre beispielsweise eine eingehendere Untersuchung des Kurtisanenbildes in der Malerei des 19. und 20. Jahrhunderts, um die Doppelmoral bürgerlicher Privatheit darzustellen; vorstellbar wäre ebenso die genauere Untersuchung spezifisch bürgerlicher Kommunikationsformen in Bildern von Gesprächssituationen, von Mahlzeiten – insbesondere dem Frühstück oder dem „Picknick". Wie in Teil I fehlt auch hier wiederum die Analyse von Atelierbildern; die Verkehrung heimeliger Geborgenheit im Interieur bis hin zur phantastischen Auflösung in der Malerei des Surrealismus – etwa bei Max Ernst oder René Magritte – ist wie vieles andere völlig unberücksichtigt.

# III-1 Die bürgerliche Familie in ihrer privaten Lebenswelt

Richard Hamilton: Just What Is It that Makes Today's Homes so Different,
so Appealing?
1956 – Collage 26 x 25 cm

Abb.59

Richard Hamilton gehörte zu den frühen englischen Pop-Künstlern der Londoner „Independent Group“ (IG), die im Winter 1952/53 im „Instiute of Contemporary Art“ (ICA) als Diskussionsgruppe entstanden ist; beteiligt waren u.a. auch Mc Hale, Paolozzi, Lucy R. Lippard. „Gesprächsthema war die massenproduzierte städtische Kultur: Film, Reklame, Science Fiction, Pop-Musik. Im Gegensatz zu den meisten Intellektuellen lehnten wir diese Kultur nicht ab, sondern akzeptierten sie als eine Tatsache, diskutierten darüber in allen Einzelheiten und konsumierten sie begeistert“[1]. Entsprechend der hier von Lawrence Alloway beschriebenen Einstellung zur modernen „Massenkultur“ entwickelten die an der Gruppe beteiligten Künstler Ausstellungstätigkeiten. Einen Höhepunkt stellt die nach Alloway in der englischen Kunstszene zum gefeierten Ereignis gewordene Ausstellung „This Is Tomorrow“ 1956 in der „Whitechapel Art Gallery“ dar. Sie war in Einzelausstellungen untergliedert, von denen eine als „ungemein eindrucksvolles Jahrmarkts-Stück“ von Hamilton, Mc Hale und John Voelcker im Sinne einer Pop-culture show bestritten wurde. „Das wichtigste Ergebnis von „This Is Tomorrow“ war, daß hier das latente Interesse der Künstler an ihrer Umwelt, wie es sich z.B. in „Parallel of Life and Art“ und „Man, Machine and Motion“ (zwei andere Ausstellungen im ICA 1953 bzw. 1955 – Anm. d. Verf.) bereits angekündigt hatte, ganz offenbar wurde“[2].

Der Katalog zur Ausstellung enthielt die Collage „Just What Is It that Makes Today's Homes so Different, so Appealing?“; ein Großfoto der Collage war Teil der Ausstellung. Könnte ein kulturkritisch trainierter europäischer Intellektueller die Darstellung für ein zynisches Konglomerat aller negativen Aspekte unserer Massenkultur halten, so ist doch gerade dies falsch. Vielmehr ist die Collage im apologetischen Sinne „ein Inventarium der Massenkultur: eine Mondlandschaft als Decke, einen Muskelmann, ein nacktes Mädchen, ein Plakat mit Al Jolson für den Film ‚The Jazz Singer‘, der den Ton als technische Neuerung für den Film einführte, sowie eine weitere technische Errungenschaft, ein Tonbandgerät, im Vordergrund. Die hier zusammengestellten Elemente bilden die moderne „Lebenswelt“; symbolisiert als geschlossener Raum. Das war eine neue Lösung für ein Problem, das in den 50er Jahren manchen Künstler beschäftigt hatte. Damit verfolgten die Künstler weder die Absicht, die Gesellschaft zu reformieren (Mondrian), noch wollten sie Legers „forme ideal“ in ein aktuelles Gewand kleiden, sondern sie sahen in der Großstadt eine symbolträchtige Szenerie, die allenthalben Spuren menschlichen Wirkens aufweist“[3]. Der Betrachter scheint in dem Raum zu stehen, der – wie oben angedeutet – mit all dem gefüllt ist, was 1956 erregend neu und begehrenswert sein mochte. Tatsächlich hat aber der Betrachter keinen Zugang in den Raum hinein, das Tonbandgerät am Boden versperrt den Weg. Alle Dinge wie auch die Personen mit Ausnahme der staubsaugenden Frau auf der Treppe sind ihm jedoch direkt konfrontiert, so als blicke er in ein Schaufenster voller Waren, die ihm ihre „Liebesblicke“ zuwerfen. Diese Waren sind begehrenswert, weil sie eine moderne, künstliche Lebenswelt konstituieren, die in ihrer provokativen Trivialität allen konventionellen Wertvorstellungen widerspricht. Dies bezieht sich gerade auch auf die dargestellten Personen und ihre Beziehungen zueinander: sie sind ebenfalls künstlich produzierte Gestalten, die als Wunschbilder eine auf Sexualität reduzierte Schönheit repräsentieren. Mann und Frau offerieren sich und dem Betrachter in Schaugesten ihre körperlich-sinnlichen Qualitäten; er trägt zudem anstelle des Gliedes einen rot verpackten Lutscher, der auf sie gerichtet ist. Die Welt dieses Interieurs mit dem Mond an der Zimmerdecke ist künstlich bis hin zu dem Dosenschinken, der nicht im Aufschnitt aus dem Fleischerladen, sondern als Konserve aus der Fabrik kommt. Das Interieur ist nicht abgeschlossen; das große Fenster macht deutlich, daß der Innenraum die qualitativ gleichwertige Verlängerung der Außenwelt ist. Die völlige Aufbereitung des Interieurs zum Konsum attraktiver Waren verwischt die Grenzen zur Straße. Vermittelt durch die Warenstruktur der Massenmedien wird Privatheit öffentlich und Öffentlichkeit privat.

Aus der oben zitierten Betrachtung Alloways spricht der Versuch, grundsätzlich alles das als Kultur positiv zu begreifen, was Ergebnis menschlicher Tätigkeit ist und die gegenwärtige Lebenswelt zudem in erregender Weise bestimmt. Darin ist das polemische Moment enthalten, welches die „Independent Group" allgemein und die Arbeit Hamiltons im Besonderen kennzeichnet; Polemik nicht gegen Vermassung und Massenkultur, sondern gegen überkommene, konservierende Denkstrukturen, wie sie sich insbesondere in einem bürgerlichen Kulturbegriff manifestieren[4]. Dieser, als Ausdruck des „geistigen" und „schöpferischen" Lebens verstanden, würde die im Bild gemeinten Errungenschaften als Formen einer unlebendigen, zersplitterten, der Rationalisierung und dem technischen Fortschritt sich verdankenden „Zivilisation" denunzieren. Die hierin ausgedrückte, in abgeschwächter Form auch in England bestehende Werte-Hierarchie soll durchbrochen werden. Die Polemik eines solchen Durchbruches ist in der Collage Hamiltons darin vermittelt, daß die angelsächsische Vorstellung von „My Home Is My Castle" sich in die sonst ausgegrenzte Massenkultur hinein auflöst, diese selbst zur erregenden „Wohnung" macht. Im Bilde Hamiltons wie in den Äußerungen Alloways ist modernes Leben an die Großstadt gebunden, sie ist eigentlicher Lebensbereich des modernen Menschen. Erscheinungsformen der Massenkultur verdichten sich zu den allen gemeinsamen und jeweils eigenen vier Wänden, in denen die Einwohner nicht nur Massenkultur konsumieren, sondern selbst personifizieren. Das ganze Leben dieser „Innenwelt" ist von Leitbildern bestimmt, die über Presse, Film, Fernsehen und Werbung durch Fenster und Bildschirm eindringen, die „Bewohner" in Typus, Gestalt und Gebärde verwandeln. Von den Medien her setzen sich Bilder um in „familiäres Leben". Die Orientierung nach außen an diesen Leitbildern macht das Heim von heute so „andersartig und erregend", die allgemeine Benutzbarkeit seiner Ideale so vertraut.

Die Faszination Hamiltons und der „Independent Group" von den Versprechungen des modernen Warenhimmels und der Massenkultur ist möglicherweise Reflex einer zaghaften wirtschaftlichen Prosperität, an der erstmals nach dem 2. Weltkrieg breitere Schichten der englischen Gesellschaft teilhatten. 1951 hatte eine konservative Regierung unter Premierminister Churchill die seit 1945 regierende Labourregierung abgelöst, die ein großangelegtes Sozialisierungsprogramm verfolgte. Die sich stetig verschärfende Krise der englischen Wirtschaft in diesen Jahren wurde seit Oktober 1952 durch einen Prozeß der Reprivatisierung der englischen Wirtschaft aufgefangen; mit der steigenden Wirtschaftsentwicklung stiegen Kaufkraft und Konsumfreudigkeit der englischen Bevölkerung. Das Interesse an Wissenschaft, Technik und Konsumwelt spiegelte sich seit 1954 in Vortragsveranstaltungen und Diskussionen der „Independent Group" sowie in Kunstausstellungen im „Institute of Contemporary Art"; 1955 fand eine Ausstellung Hamiltons unter dem Titel „Man, Machine and Motion" statt, im gleichen Jahr wurde die Ausstellung „This Is Tomorrow" geplant. Die Grundkonzeption der IG war, „mit der Kultur zu leben, mit der man aufgewachsen ist, und sie nicht im Namen einer snobistisch verstandenen ‚Reife' abzulehnen"[5]. Der Bildraum „wurde zu einer Spiegelung des Vertrauten, Alltäglichen, gefüllt mit Dingen aus dem Alltagsleben, eine Welt in Großaufnahme, in der die ‚ästhetische Distanz' drastisch reduziert ist"[6]. Für die Formulierung des gewünscht Alltäglichen war besonders bei Hamilton der amerikanische „Way of Life" bestimmend, in der hier besprochenen Collage ist die Sehnsucht nach der Vollkommenheit dieses Warenhimmels enthalten. Die positive Einstellung Hamiltons zur modernen Konsumgesellschaft des ersten Nachkriegsjahrzehnts ist zweifellos auch durch seine zeitweise Tätigkeit als Werbegraphiker mitbestimmt. Die hierbei gewonnenen ästhetischen Erfahrungen gehen in vielfältiger Weise in seine künstlerische Produktion ein. So ist auch erklärbar, warum das hier besprochene Bild für Hamilton nicht den Stellenwert eines überdauernden Kunstwerkes hatte, sondern nur zu Werbezwecken und zum „Verbrauch" bestimmt war; die Collage besteht heute nur noch in Reproduktionen. Dies aber zielt wesentlich auf die Bestimmung dessen, was von Hamilton und seinen Freunden als „Pop" initiiert war. Für ihn ist Pop Art: „populär (für eine große Masse entworfen); vergänglich (kurzfristige Lösung); verbraucht sich (schnell vergessen); niedriger Preis; Massenprodukt; jung (auf Jugend gerichtet); witzig, sexy; gimmicky glamorous; big business"[7]. In gleichem Sinne formulierte später Reyner Banham, ein anderes Mitglied der IG: „Popkultur betrifft Dinge, die man gebraucht und wegwirft ... Die Ästhetik von Pop basiert auf einem massiven Einschlag und geringer Dauer und zeigt sich daher am deutlichsten in solchen Erzeugnissen, die sogleich verbraucht werden, die verbraucht werden *müssen,* entweder äußerlich wie Speiseeis oder symbolisch, wie die tägliche Zeitung, die *per definitionem* nur 24 Stunden dauert. Tatsächlich sind äußerliche und symbolische Verbrauchbarkeit in der Pop Kultur gleich"[8]. Diese Charakterisierung der Pop Kultur trifft zweifellos genau in Form und Inhalt die von Hamilton in seiner Collage formulierte Privatheit. Gleichzeitig, und ohne daß es seine Absicht wäre, bestätigt Hamilton mit seiner Arbeit aber auch das kritische Räsonnement über Massenkultur, indem er diese auf ihren Begriff gebracht spiegelt: Die Totalität der Bestimmtheit vermeintlicher Privatheit von den Interessen des Kapitals. Unversehens verwandelt sich die Collage Hamiltons in beißende Kritik. Dem „modernen Menschen" ist die industriell und massenhaft produzierte Kultur längst zum privaten Lebensbereich geworden, durch Verinnerlichung hat er sich ihr auch äußerlich angeglichen. Was Hamilton noch polemisch als „Real-Utopie" erwünschte, war nur noch Reklamation eines Nachholbedarfs.

**Karl Begas d.Ä.: Die Familie Begas,**
**1821, Öl/Leinwand, 75 x 85 cm, Köln, Wallraf-Richartz-Museum**

Das Bild der Familie Begas vermittelt eine entschieden andere Dimension von Privatheit als die Collage Hamiltons; sie erwächst aus der inneren Geschlossenheit einer bürgerlichen Familie, der der geschlossene Innenraum und die Kompositionsstruktur des Bildes entsprechen. Die Familie Begas lebte zum Zeitpunkt der Entstehung des Bildes in Köln, der Vater war 1802 dorthin als Präsident des Tribunals berufen worden. Karl Begas hatte seit 1813 in Paris im Atelier von Antoine-Jean Baron Gros studiert und gearbeitet und war kurz zuvor von dort zurückgekehrt. Auf der Rückreise konnte er in Stuttgart die Sammlung altdeutscher und altniederländischer Bilder der Brüder Boisserée sehen, die Ludwig I. von Bayern 1827 ankaufte, und die ein Grundstock der Alten Pinakothek in München wurde.

Der Aufbau des vielfigurigen Bildes wirkt einfach, fast streng. Die Familienmitglieder bilden eine Gruppe[9], die von den grünen Wänden des Raumes und einem Paravant links umschlossen wird; rechts öffnet ein von roten Vorhängen umrahmtes Fenster den Blick auf gotische Sakralarchitekturen, den Torso des Domes und den Chor von St. Andreas in Köln. Die Familiengruppe wird über Schultern und Köpfe der einzelnen Personen zu einem gleichschenkligen Dreieck zusammengefaßt, dessen Spitze ein kleines Bild in breitem Goldrahmen bildet. Das Bild liegt gleichzeitig auf der Bildmittelachse, die zentral von einem klassizistischen Schrank mit Figurenschmuck an der bildflächenparallelen Rückwand des Raumes gebildet wird. Da sich der Schrank vor der Wand und die Personen in verschiedenen Raumschichten befinden, bedeutet die Integration von Schrank und Bild in die Personengruppe ein Zusammenziehen des Tiefenraumes und damit eine Festigung der gesamten Bildstruktur. Andererseits unterteilt der Schrank die Familiengruppe mittelachsial in zwei Hälften mit jeweils drei Personen. Jede dieser „Untergruppen" wird von einer zentralen Person bestimmt, die über die Mittelachse hinweg einander zugewendet sind: auf der linken Seite von der sitzenden Mutter in rotem Kleid und weißer Haube – auf der rechten Seite vom stehenden Vater im grünen Hausmantel; Vater und Mutter sind jeweils von zwei Töchtern umgeben. Zwei Söhne im Knabenalter verbinden in der Mittelachse beide Seiten. Der eine beugt sich hinter dem Vater von rechts über einen fast verdeckten Tisch, in der Bewegung bildflächenparallel, den Kopf seitlich zum Betrachter geneigt, obwohl er ihn nicht anschaut; der andere sitzt vor dem Tisch zu Füßen der Mutter am Boden, den Rücken leicht an ihr Knie gelehnt – er hat einen Hund in den Armen und schaut direkt aus dem Bild heraus den Betrachter an; er stellt damit den Kontakt zum Betrachter her. Seiner Blickrichtung entspricht nur noch die der frontal hinter der Mutter stehenden Tochter, während die Blicke aller anderen Personen nach innen in die Gruppe gehen. Von seinen Füßen her führt der sitzende Knabe außerdem in der Mittelachse den Blick des Betrachters stufenweise nach hinten und oben, erschließt ihm so den Bildraum, der durch die oben beschriebene Integration der konstituierenden Elemente wieder zusammengeschlossen wird, so daß der Blick im Zentrum der Familiengruppe zwischen ihren Polen zum Ruhen kommt.

Der Aufbau der Familiengruppe wirkt arrangiert, wie die Vorstufe fotografischer Aufnahmen späterer Jahre. Haltungen und Gesten der einzelnen Personen scheinen in einen Traumzustand gebannt, als gelte es, schon im Entstehen des Bildes die Erinnerung festzumachen. Fast alle der Dargestellten sind einer Beschäftigung verbunden, die sie aber in diesem Moment nicht ausüben – sie halten inne und blicken auf, ohne sich anzuschauen. Die Beschäftigungen sind unmittelbaren Verwertungszwekken auch des Hauses enthoben, es sind musische Tätigkeiten wie Sticken, Musizieren, Spielen, Rauchen – selbst das Befühlen eines wohl kostbaren Stoffes durch die Mutter scheint weniger prüfend als genießend. Die Tätigkeiten bezeichnen den von ökonomischen Zwängen befreiten Zeitvertreib der gebildeten bürgerlichen Familie – das Arrangierte der Situation beruht im Wesentlichen darin, daß Mann und Frau von den Arbeitsbereichen, denen sie jeweils vorstehen, und von ihren individuell genießenden Freizeittätigkeiten weg mit ihren Kindern hier als Familie zusammengeführt sind. Das Innehalten der Personen verleiht der Situation etwas Künstliches, enthebt sie in der Gruppe dem individuell Abgesonderten und Momentanen, umhüllt sie schließlich in ihrer Familiengemeinschaft mit einem auratischen Schleier. Das Kunstwerk führt die Familie erst eigentlich zusammen und gibt ihr in seiner strengen Ordnung sichtbar den Rang, der ihr im Leben zuzukommen hat. Dabei konstituiert sich unübersehbar diese Gemeinschaft aus einzelnen Persönlichkeiten, deren individuelles Wesen in Haltungen, Gesten und Tätigkeiten öffentlich wird. Gerade die Tätigkeiten sind ihnen wie Attribute zugeordnet, die in zeichenhafter Bedeutung verwendet sind wie in mittelalterlicher Malerei. In der ästhetischen Ordnung des Bildes vermittelt sich die Situation dieser Familie in ihrer Privatsphäre als ideale „geheiligte" Ordnung.

Die beschriebene Ordnung der Familie in ihrer Gesamtheit ist in der Binnenstruktur sehr differenziert. Während die Familiengruppe von links und rechts durch gleichklingende blaue und violette Farbwerte nachdrücklich eingefaßt wird, sind die beiden zentralen Werte in der linken und rechten Gruppe Rot und Grün. Als Komplementärfarbenkontrast korrespondiert das rote Kleid der Mutter mit dem grünen Hausmantel des Vaters. Der Farbkontrast ist hier zutiefst inhaltlich verstanden, indem die beiden Pole der Familie – im Zentrum der beiden Teilgruppen körperlich-räumlich auseinandergerückt, aber einander zugewendet – in ihrer ehelichen Liebe, die diese Familie begründet, eins sind. Die Komplementärwerte von Mutter und Vater sind sichtbar vereinigt im grauen Rock des Knaben, der als vielleicht jüngstes Kind genau im Bildzentrum ruht. Auch die Beziehungen zwischen der Mutter und dem Sohn zu ihren Füßen, zwischen der träumend versunkenen Tochter am Arm des Vaters und der vor ihr sitzenden Schwester mit der Laute sind durch Komplementärkontraste vermittelt. Die Mutter ist mit der blaugewandeten Tochter hinter ihr und ihrer jüngsten am Arm des Vaters in einem Primärfarbenkontrast (Rot –Blau – Gelb) verbunden, mit der ihr gegenübersitzenden Tochter auf der rechten Bildseite dadurch, daß das Violett von deren Gewand die Sekundär- oder Mischfarbe vom Rot ihres Gewandes und dem Blau der hinter ihr stehenden Tochter ist; die schwarze Schürze der violett Gewandeten korrespondiert mit dem schwarzen Kleid der

Abb.60

Stehenden hinter der Mutter. Die deutliche Beziehungslosigkeit zwischen dem Vater und der sitzenden Tochter rechts wird indirekt aufgehoben: Die Jüngste am Arm des Vaters steigert das gelb gebrochene Grün seines Mantels im rein aufklingenden Gelb ihres Kleides und stellt vermittelnd über die oben genannte Farbbeziehung die Verbindung auch zwischen diesen beiden her. Auffällig für den bisherigen Gang der Betrachtung ist, daß eine Person im Bild völlig unberücksichtigt blieb, weil sie außerhalb des beschriebenen Gefüges steht: Karl Begas, ältester Sohn und Maler des Bildes. Vom rechten Bildrand überschnitten steht er zeichnend neben der Familie. Wie auf einem spätmittelalterlichen Altarbild steht er am Rande, so als gehöre er nicht eigentlich dazu, obwohl er es ersehnt. Keiner wendet sich ihm zu; er steht in gleicher Höhe hinter dem Vater, der ihm den Rücken kehrt. Einzig die violett gewandete Schwester, die musikalisch Interessierte, sitzt vor ihm wie der eine Bruder vor der Mutter; was beide sichtbar verbindet und von den anderen trennt, ist ihre musisch-künstlerische Betätigung. Tatsächlich war das Verhältnis von Vater und Sohn gestört, nachdem sich der Sohn mit seinem Wunsch, Künstler zu werden, nur nach langen Auseinandersetzungen und gegen den Widerstand des Vaters durchsetzen konnte. Dieses persönliche Motiv findet seine Gestaltung und Verschleierung in der von der mittelalterlichen Malerei übernommenen „Demutsgeste", die aber auch gleichzeitig ein erwachtes Selbstbewußtsein formuliert, indem sich der Künstler überhaupt ins Bild und hier neben den Vater stellt.

In seiner Geschlossenheit und Struktur spiegelt das Bild der Familie Begas die Situation der angesehenen bürgerlichen Familien des frühen 19. Jahrhunderts. Verwirklichte Humanität in der Familie, auf Liebesgemeinschaft, Freiwilligkeit und Bildung begründet, läßt Menschen, denen sie als Teile der Menschheit innewohnt, sich hier als „reine Menschen" begegnen[10]. Gleichwohl ist die Bedingtheit dieser Humanität im Bild selbst angelegt. Das im Anspruch Absolute ist zunächst in der Rollenaufteilung zwischen Mann und Frau verankert, die von ökonomischen Bedingungen abhängig sich als tiefes Bewußtseinsmoment auch in die Freizeitpräsentation fortsetzt; hierin findet der Anspruch seine geschichtlich-gesellschaftliche Relativierung. Die Ehepartner sind die sich ergänzenden Pole und Zentren des familiären Bezugssystems, um diese Kernpersonen entwickelt sich ein differenziertes System von geistigen, körperlichen und emotionalen Beziehungen. Die polare Position ist ökonomisch und gesellschaftlich determiniert und weist dialektisch in diese Bereiche zurück. Der Mann ist Vater und Hausherr; als hoher Beamter ist er direkt der öffentlich-staatlichen Sphäre verbunden und repräsentiert sie bis hinein in die Familie, der er patriarchalisch-herrscherlich vorsteht. Durch seine spezialisierte geistige Tätigkeit garantiert er wirtschaftliches Wohlergehen und gesellschaftliches Ansehen seiner Familie, seine „Kapitalien" sind sein Wissen, seine Fähigkeiten und seine persönliche Integrität. In diesem Sinne repräsentiert er als Beamter „Bürgertum" in einem relativ fortschrittlichen Teil des preußischen Staates, der erst langsam in einem noch nicht entfalteten Unternehmertum eine wirtschaftlich begründete Bourgeoisie kennt. Ihm gegenüber und ihm zugewendet sitzt die Ehefrau. Sie ist Mutter seiner Kinder und Vorsteherin des Hauswesens, sie erst schafft die Familie als Lebensbereich, in dem sich Gatte und Kinder geborgen fühlen. Interessant ist das Wechselverhältnis zwischen Sitzen und Stehen bei Frau und Mann: Einmal drückt es die über der Frau stehende herrscherliche Beziehung des Mannes aus in seiner ökonomisch begründeten formalen Überordnung, damit ihre soziale Abhängigkeit – zum anderen ist sein Stehen ritterlich-achtungsvolle Geste vor der Frau und Mutter, die sitzen darf. Im Haus verwaltet sie aufgrund ihrer hauswirtschaftlichen Kenntnisse das vom Mann erwirtschaftete Vermögen, ihre Tätigkeit erstreckt sich auf die Leitung des Haushalts, auf seine Organisation und Disposition. Zusätzlich ist ihr Auftrag die Erziehung der Kinder, und sie muß hierbei durch ihre geistige und moralische Integrität im Haûse entsprechend auf Kinder (und Bedienstete) wirken wie ihr Mann außerhalb in der öffentlichen Sphäre des Staates.

Die Bedingtheit verwirklichter Humanität in der bürgerlichen Familie zeigt sich aber auch in dem im Bild vermittelten Verhältnis zum ältesten Sohn, zum Künstler. Dieses Verhältnis wird deutlich als das väterlicher Gewalt und emanzipatorischer Selbstverwirklichung. Kennzeichnend ist, daß das Ausbrechen aus der lebensbestimmenden Verfügungsgewalt des Vaters sich im freien Künstlertum verwirklicht, auch wenn dieses tatsächlich wiederum abhängig ist von königlichen Ausbildungspensionen, Stipendien, Aufträgen und akademischer Bestallung, wie sie Karl Begas seit seinem Aufenthalt in Paris erfahren hat. Konfliktreich ist weniger, daß der Sohn nicht einen vom Vater in dessen Sinne vorbestimmten Beruf, der seine eigene gesellschaftliche Stellung fortführt, ergreift, sondern, daß er Künstler wird, was die Gefahr eines Ausbrechens aus der bürgerlichen Gesellschaft impliziert. Künstlerische Freizügigkeit und Weltläufigkeit scheinen irritierend auf bürgerliche Sicherheit und Reputation zu wirken. Gerade im Bürgertum formuliert sich wachsend ein Vorurteil gegen das „Künstlervolk", das in Geistigkeit und Lebensgewohnheiten bis hin zu Haartracht und Kleidung nicht mehr bürgerlichen Vorstellungen entsprechen möchte. Der tendenziell negativen Einschätzung der gesellschaftlichen Rolle des Künstlers durch den Bürger widerspricht die außerordentliche Wertschätzung des Produktes seiner Arbeit, in dessen Wahrheit und Schönheit der Bürger zu seiner Idealität findet. Diese Wertschätzung ist sichtbar in der Ausstattung des Interieurs, im Wandschmuck, im Fensterdurchblick und schließlich in der Tatsache, daß sich die Familie Begas selbst künstlerisch darstellen läßt – ein Vorgang, den man als Rehabilitation des Sohnes verstehen könnte. Der Widerspruch löst sich darin, daß sich die Wertschätzung auf Werke vergangener Epochen erstreckt, die ästhetische Ordnung des Bildes, in dem die Familie zu ihrer Idealität findet, stilistisch ebenfalls an einer Vergangenheit orientiert ist, die Karl Begas in der Sammlung Boisserée in Stuttgart studieren konnte.

Die ästhetische Orientierung im Interieur ist programmatisch und entspricht vorwegnehmend der weiteren Entwicklung des Künstlers Begas, der sich, seit 1822 für drei Jahre in Italien, in Rom den Nazarenern anschließt. Für die Darstellung bürgerlichen Selbstbewußtseins ist der Fensterausblick im Begas'schen Bild besonders bedeutungsvoll. Die durchs Fenster sichtbare sakrale Architektur in gotischen Bauformen, ohne Straßen und geschäftiges Getriebe, signalisiert eine nach Innen orientierte Sphäre, die bürgerliches Bewußtsein dieser Zeit prägt. Nach dem Scheitern bürgerlich-liberaler Hoffnungen auf eine nationalstaatliche Erneuerung des Reichs und demokratische Mitverantwortung im Staat, wendet sich in der Restauration das Bürgertum nicht nur in die Innerlichkeit der Familie, sondern auch in die Geschichte und kompensiert seine enttäuschten Hoffnungen in der Größe mittelalterlich-kaiserlicher Vergangenheit, deren festen politisch-gesellschaftlicher Struktur, katholischen Gläubigkeit und Erhabenheit der Kunst. Im Begas'schen Bild ist das Fenster die einzig sichtbare Öffnung des Raumes nach draußen; der Blick durchs Fenster auf die gebauten Zeugen einer Vergangenheit, in der sich städtisch-bürgerliche Interessen mit denen des Reiches verbanden, visualisiert die Bewußtseinslage des von der Politik in die Geschichte, Kunst und Familie zurückgezogenen Bürgertums. Der Fensterausblick wird selbst zu einem Bild an der Wand, das mit dem Andachtsbild links korrespondiert; die Öffnung nach draußen wird Teil der Wand, die das bürgerliche Interieur bildet.

**Max Beckmann: Familienbild,**
**1920, Öl/Leinwand, 65,1 x 100,9 cm,**
**New York, The Museum of Modern Art**

Beckmanns „Familienbild" ist eine geeignete Darstellung, um die ästhetische Vermittlung des bürgerliche Privatheit erfüllenden Familienlebens in der Analyse an die „Gegenwart" des 20. Jahrhunderts zurückzubinden. Zwischen den Familienbildern von Beckmann und Begas liegt ein Zeitraum von fast genau 100 Jahren. Das Bild von Begas entstand zu einem Zeitpunkt, als sich das Bürgertum, in den Staaten des Deutschen Bundes entgegen seinen Ansprüchen und Hoffnungen von der politisch-öffentlichen Sphäre ausgeschlossen, kompensatorisch dem Privaten zuwandte, das zwar vorderhand noch Familie *und* Ökonomie meint, sich aber tatsächlich unter den Bedingungen der sich entfaltenden kapitalistischen Produktion in zwei getrennten Sphären gegenläufig entwickelte. Beckmanns Bild entstand in den ersten Jahren der „Weimarer Republik". Nach dem Zusammenbruch des Kaiserreiches und seiner junkerlich-großbürgerlichen Herrschaftsordnung im Ersten Weltkrieg und nach der Revolution von 1918 kam es zur Ausbildung einer bürgerlich-parlamentarischen Demokratie. Der neue Staat wurde in den ersten Jahren von unterschiedlichen sozialen und politischen Kräften infrage gestellt: sozialistische und kommunistische Parteien versuchten, den Staat in Richtung auf eine sozialistische Republik zu verändern – konservative und nationalistische Kreise versuchten, die alten Herrschaftsverhältnisse wiederherzustellen. Während einerseits das Großkapital schon bald seine ökonomische und politische Macht wieder durchsetzen konnte, entwickelte sich andererseits die ökonomische Situation des durch den Krieg ohnehin geschwächten bürgerlichen Mittelstandes weiterhin negativ, um in der Inflation einen vorläufigen Tiefstand zu erreichen. Diese kurz umrissenen Verhältnisse betreffen in eigentümlicher Weise den Künstler Beckmann. Selbst dem bürgerlichen Mittelstand entstammend, scheint er durch seine Künstlerrolle an den Rand der Gesellschaft gestellt und deshalb den konkreten geschichtlichen Prozessen unmittelbar enthoben. Tatsächlich reagiert er auf die Verhältnisse sehr genau – wenn auch nicht notwendig bewußt oder kritisch. Das drückt sich insbesondere darin aus, daß sich der Künstler – wie im Bilde von Begas –, selbst in das Bild hineinnimmt und damit seine Teilhabe am privaten Leben der Familie benennt, das gesellschaftlich vermittelt auch ihn selbst bestimmt.

Das „Familienbild" wirkt zunächst wie die Darstellung des zufrieden in sich ruhenden Lebens einer bürgerlichen Familie. Im Schein von Petroleumlampen und Kerzen ist diese Familie im Wohnzimmer versammelt, die einzelnen Personen sind mit verschiedenen Tätigkeiten beschäftigt. Im Raum sind sechs Personen anwesend: Ein Mann, vier Frauen und ein Junge; hinzu kommen ein Hund und eine Katze. Der Raum ist niedrig und wirkt durch die Vielzahl der Personen und Einrichtungsgegenstände eng, wodurch aber eine gewisse „Gemütlichkeit" entsteht. Der dargestellte Innenraum wird jedoch im Bildraum so eigentümlich gefaßt, daß die Personen in der künstlich hergestellten Enge eher wie eingebaute unbewegliche Figurinen erscheinen. Auf drei Seiten sind sie von Wänden umschlossen, wie Hände umgreifen rechts ein grüner Paravant (oder Türflügel) nach vorn die Szene, links die weiß-grau akzentuierten Bohlen des Bodens, die fingerartig hinter dem Flügel hervorkommen. Ist die Raumtiefe ohnehin knapp bemessen, wird sie durch Kunstgriffe noch weiter reduziert, so daß die Gruppe zwischen vorderster und hinterster Raumebene in die Bildfläche gepreßt wird: Die eben beschriebenen fingerartigen Bohlen scheinen zwar Tiefenraum bilden zu wollen, werden aber durch die direkte Verbindung mit dem

Abb.61

aufgerichteten Schalldeckel des Flügels zu flächenbetonenden Schrägen umgebogen; die enge Bindung des flächenparallelen Schalldeckels mit der Rückwand des Raumes zieht über die genannten Schrägen, die bis an den unteren Bildrand führen, den Bildraum zusammen und betont gleichzeitig die formale Einschließung der Personen. Diesem Vorgang entsprechen die hochgeklappten, sonst raumschaffenden Flächen im Bild: der Fußboden, die Liegebank, die Tischplatte. Solcherart wirkt das Zusammensein der Personen im Raum durch dessen spezifische Struktur nunmehr eher erzwungen und beklemmend.

Der Mann liegt in der linken Bildhälfte halbaufgerichtet auf einer Chaiselongue vor dem geöffneten Flügel; mit dem Rücken zum Betrachter steht vor der Chaiselongue eine Frau in Unterkleidung – sie schaut in einen Spiegel und durch diesen den Betrachter an. Um den runden Tisch in der rechten Bildhälfte sitzt genau im Bildmittelpunkt eine alte Frau, ein aufgeklapptes Buch vor sich auf dem Tisch, die rechte Hand vor das Gesicht gelegt. Um den Tisch sitzen zwei weitere Frauen, die eine schaut mit aufgestütztem Kopf träumend in das Kerzenlicht, die andere liest Zeitung. Der Junge liegt im Vordergrund bäuchlings auf dem Boden und liest ein Buch. Die Personen um den Tisch bilden einen Kreis, den der Junge schließt. In diesen Kreis hinein stößt die Gestalt des Mannes, dessen spitze gelbe Schuhe aufgerichtet vor dem schwarzen Gewand der alten Frau stehen und deren für das Bild und möglicherweise auch für die Familie zentrale Stellung betonen. Die Schlüsselfigur des Bildes ist jedoch der Mann – eine Selbstdarstellung Beckmanns. Er hat den Kopf mit einer weißen Kappe oder einem Tuch bedeckt, döst vor sich hin, eine Zigarettenkippe im Mundwinkel, hält in der einen Hand ein Waldhorn, während die Innenseite der anderen Hand mit dem entblößten Arm nach außen gedreht ist; diese Hand ragt über den Rand der Chaiselongue, direkt unter ihr am Boden liegt ein grüner Papierdrachen. Das Hineinragen der Gestalt Beckmanns in die Gruppe der anderen Personen macht sinnfällig, wie deren Identität nur über ihn hergestellt werden kann, seine Selbstdarstellung macht das zunächst anonyme, dem Betrachter verschlossene Familienbild zu dem seiner Familie; durch Vergleiche mit etwa gleichzeitig entstandenen Bildern und mit Druckgrafik lassen sich die Personen benennen. Die vor der Chaiselongue stehende Frau ist Beckmanns Frau Minna; Minna Beckmann-Tube war Sängerin und hatte nach dem Krieg ein festes Engagement an der Oper in Graz – das Ehepaar wurde 1924 geschieden. Die alte Frau im Bildmittelpunkt ist die von Beckmann verehrte Schwiegermutter Frau Tube; ein 1919 entstandenes Portrait (Kunsthalle Mannheim) zeigt sie in gleicher Frisur und Kleidung, ein Buch auf dem Schoß und mit besonderer Betonung ihrer Hände. Das aufgeschlagene Buch hier im Bild ist wahrscheinlich eine Bibel; Frau Tube war mit einem Theologen verheiratet und stammte selbst aus einer Pfarrersfamilie. Die jüngere Frau im Hintergrund ist Minnas Schwester Marie Tube, die Frau rechts mit einiger Sicherheit Friedel Battenberg. Das Ehepaar Ugi und Friedel Battenberg war mit Beckmann befreundet; Beckmann kannte Ugi Battenberg von der Weimarer Akademie. Nach 1915 überließ Ugi Battenberg Max Beckmann sein Atelier in der Schweizer-Straße in Frankfurt/M., beide Familien trafen sich häufig. Das Fastnachtsbild von 1920 (Sammlung G. Franke, München) zeigt Friedel Battenberg, aus dem gleichen Jahr gibt es ein Portrait von ihr mit Katze, in der Druckgrafik dieser Jahre taucht sie mehrmals auf. – Der lesende Junge schließlich auf dem Fußboden ist Beckmanns Sohn Peter, der 1908 geboren wurde.

Die im Bild dargestellte Situation ist merkwürdig. Jede der Personen ist mit sich beschäftigt, zwischen keiner gibt es einen sichtbaren Kontakt durch Gesten oder Blicke; jeder ist trotz der Enge im Raum von anderen isoliert. F.W. Fischers Deutung der Situation ist nicht begründet: „Einer Gruppe, die ausgehen will, sitzt eine andere muffig gegenüber. Der Maler hat sich für den Maskenball fertiggemacht und wartet auf einer Pritsche. Seine Frau zieht sich noch um. Die Schwägerin am Tisch schaut mißbilligend herüber; eine Hausangestellte liest Zeitung.“[11]

Die Deutung von Beckmanns Kleidung als Faschingskostüm erscheint willkürlich – zumal sie in vergleichbaren Bildern wesentlich eindeutiger ist –, der Hinweis auf die Bereitschaft des Ehepaares, „am Fastnachts-Narrentreiben teilzunehmen, obwohl dessen Eitelkeit ihm kein Geheimnis ist“ eher romanhaft; Fischers Deutung schlägt dann auch sofort ins umständlich Allegorische um[12]. Der Hinweis auf Minnas Engagement in Graz, die Anwesenheit von Schwiegermutter, Schwägerin und Bekannter lassen dagegen fragen, ob dieses Familienbild eine tatsächliche familiäre Situation wiedergibt oder nicht vielmehr eine gedachte, eine Konstruktion der Zusammengehörigkeit. Die Personen scheinen vom Maler in den Raum hineingezwungen, dessen Wände sie im Sinne Beckmann'scher Gestaltung eng zusammenhalten. Dabei wirken die Beziehungen erstarrt, die eingangs festgestellte Harmonie erzwungen. Dies wird deutlich im Verhältnis des Malers zu seiner Frau; die enge räumliche Verbindung macht ihre Beziehungslosigkeit um so deutlicher. Minna B. kehrt dem Betrachter den Rücken zu und wird als konkrete Person nur über den Ausschnitt ihres Gesichtes im Spiegel, das wie ein Bild im Bild wirkt, faßbar. Dabei ist ihre große Gestalt mit dem leuchtend roten Mieder sehr dominant, die Beziehung zu allen anderen jedoch doppelt gebrochen in ihrer völlig Ich-bezogenen, sich selbst spiegelnden und nachgerade eitel sinnlichen Haltung. Kennzeichnend für das Verhältnis beider ist die Kerze zwischen ihnen. Jeder Person im Bild ist eine Kerze zugeordnet, die nicht neben den Petroleumlampen zusätzliche Lichtquellen des Raumes sind, sondern die Beziehungen des Künstlers zu den Anwesenden „benennen“. Während alle Kerzen vor den Personen um den Tisch brennen und damit auf lebendige Beziehungen hindeuten, ist die Kerze vor Minna gerade erloschen, der Rauch kräuselt sich empor. Die so angedeutete „erkaltete“ Beziehung Beckmanns zu seiner Frau könnte sich darauf beziehen, daß sie aus ihrer Familie und damit aus ihrer emotionalen und ökonomischen Beziehung zu ihrem Mann heraustritt und an einem geografisch weit entfernten Ort von ihrem Mann unabhängig sich als Künstlerin profiliert. Ihre mögliche Eitelkeit ist die vergänglichen Ruhms, den sie auf der Bühne mit ihrer Stimme und ihrer Jugend erwerben kann; das Motiv des Spiegels könnte diese Überlegung stützen.

W.F. Fischer begründet ausführlich und einsichtig, daß Beckmann sowohl konventionelle wie auch selbst entwickelte Metaphern immer wieder in seinen Bildern verwendet hat, wie diese andererseits eine eigene, verschlüsselte und zu gutem Teil kaum nachvollziehbare Bildsprache konstituieren. Als Quelle dieser Bildsprache nennt Fischer die Gnostik, die Kabala, indische Mythologie und christliche Theologie, Okkultismus und barocke Allegorik. Brennende bzw. erloschene Kerzen sind eine konventionelle Metapher für Leben und Tod, der Spiegel ist – ebenso wie Musikinstrumente – Zeichen der Vergänglichkeit des Irdischen und eitler Selbstgefälligkeit[13]. Das Waldhorn in der Hand des Malers könnte – ähnlich wie auf späteren Bildern das Saxophon – als Musikinstrument wohl tröstendes Zeichen in melancholischer Stimmung als auch Hinweis auf ruhende Potenz des Mannes und Künstlers (vgl. die doppelsinnige Bedeutung des Satzes: „Er möchte ins Horn stoßen“) wie auch auf beklemmend stille und resonanzlose Beziehung sein; dem würde der aufgeklappte Flügel entsprechen, auf dessen Tasten der Hund liegt und damit das Schweigen des Instrumentes „betont“. Dem möglichen Motiv gebrochener Potenz – zu verstehen als gebrochenes Selbstverständnis in der Rolle des Ehemannes und Ernährers – könnte dagegen der auffällige Zeigegestus von Beckmanns rechter Hand entsprechen, der in Bildern dieser Jahre häufig zu finden ist (z.B. „Die Nacht“ 1918/19, „Selbstbildnis mit Pritsche“ 1921); dieser Gestus kann demonstrativ vorgezeigte Verletzlichkeit bedeuten, indem er Puls und Adern nach außen kehrt. Der Gestus wäre resignativ akzentuiert, wenn man den Papierdrachen am Boden als Zeichen für das Nichtfliegen-können deutet, für unterbrochenen „Höhenflug“ und Freiheit in den Lüften. Die merkwürdige Gestalt hinter dem Schalldeckel des Flügels, halbverdeckte Mischung von Königs- und Clownsgestalt, ist sowohl Hinweis auf den Würdeanspruch Beckmanns als Künstler wie auch auf das Närrische seines Tuns[14].

Die Beschreibung der Bildmetaphern – die möglicherweise noch weitergeführt werden könnte (z.B. die Bedeutung von Hund und Katze, Blumentopf, Trichter) – geschieht nicht um aufzuzeigen, wie gedankenschwer das Bild sich im einzelnen darstellt; viel wichtiger ist die Funktion der Metaphern insgesamt in ihrer auffälligen Häufung im Bild, sie muß im Zusammenhang der Konzeption dieses Familienbildes gesehen werden. Durch die spezifische Raumstruktur des Bildes werden die Personen zusammengepreßt und von hinten dem Betrachter in die vordere Bildebene entgegengeklappt. Die Situation gleicht der in einem Guckkasten, wo in einem hermetisch geschlossenen künstlichen Raum eine erstarrte Szene für die Neugier von Betrachtern aufbereitet wird. Die bühnenartig ansteigende, flache, dem Betrachter sich entgegendrängende Darstellung widerspricht der ihr eigentlich zukommenden Intimität, die im Thema „Familie“ begründet ist. Das Innere kehrt sich nach außen, Privates wird demonstrativ öffentlich. Die Darstellung scheint von einem Mitteilungszwang bestimmt, der möglich ist, weil das, was diese Privatheit in ihrem Kern begründet, gestört, wenn nicht gebrochen ist. Dabei ist wichtig, daß nur Minna B. durch den Spiegel den Betrachter anschaut, alle anderen Personen bewahren sich vor einer direkten Beziehung nach „draußen“. Die vom Künstler erzwungene Harmonie des Zusammenseins in einem hermetischen Raum ist nicht mehr von innerfamiliären Beziehungen erfüllt, kann aus der Starre nicht mehr gelöst werden. Die verletzte, ihm entgleitende Privatheit überzieht Beckmann mit einem Netz privater Metaphern, die gemeinsam mit einer individuellen Formsprache die Darstellung zurücknehmen. Künstlich stellt Beckmann im Kunstwerk eine „neue" Privatheit her, die so wiederum ausschließlich ihm gehört.

In dem 1921 entstandenen Bild „Der Traum" ist das Interieur zur Metapher einer Privatheit geworden, die nur noch als auswegloser Zwang verstanden ist, der ein leidendes Subjekt in der chaotischen Umgebung gespenstiger Gestalten in einem hermetisch verschlossenen Raumkasten ausgesetzt wird; die Situation gleicht einer Gefangenschaft bei den Ausgeburten der eigenen Phantasie, die verkrüppelt und lärmend am Fortkommen hindern. In dem schmalen, hochrechteckigen Bildformat ist in einer von unten nach oben entwickelten und in einem Mittelpunkt zentrierten Komposition eine Gruppe von Menschen in einer Dachkammer dargestellt. Um ein Kind in der Mitte „rotieren" vier Erwachsene, eine Frau und drei Männer. Sie scheinen mit einer Vielzahl von Gegenständen zu einer Pyramide aufgetürmt, an deren Basis die Frau liegt, an deren Spitze ein Mann sich auf einer Leiter an die Decke reckt. Das Übereinander der Personen ist tatsächlich ein Hintereinander, die tiefenräumlichen Dimensionen sind jedoch auch in diesem Bild wiederum so zusammengepreßt, daß der Eindruck entsteht, sie seien alle in die vorderste Bildebene gezwungen. Unmittelbar und ohne weitere räumliche Differenzierung sind die Personen von Dielen, Wänden und Deckenbalken umgeben. Die Dielen steigen von rechts unten so steil an, die Fußleiste als Trennungslinie zur Wand liegt so hoch, daß der Boden wie ein in die Bildfläche geklapptes Tablett erscheint. In das enge und flache Raumgefüge sind die Personen in gegensätzlichen Bewegungen ohne Bewegungsfreiheit eingeschlossen.

Um das Kind in der Mitte bilden die Erwachsenen ein „Gehäuse" im Gehäuse. Das Kind sitzt mit einer Harlekinpuppe im Arm auf einer Frachtkiste, der Körper mit ausgestreckten Beinen ist nach links, der Kopf nach rechts gewendet. Mit weit geöffneten Augen starrt es ins Leere und hält den ausgestreckten linken Arm wiederum so, daß die Handfläche nach außen gewendet ist. Alle anderen Personen sind blind und verkrüppelt. Die Frau liegt in irrer Turbulenz zwischen einem umgestürzten Stuhl, einer erloschenen Petroleumlampe und Musikinstrumenten am Boden; dahinter schleift sich ein Mann ohne Füße im Narrenkostüm auf Krücken über den Boden; hinter dem Kind steht ein alter Leierkastenmann, der gleichzeitig zum Drehorgelspiel in eine Tute bläst; auf der steilen Leiter schließlich steht ein Mann, dessen Hände amputiert, die Stümpfe umwickelt sind – so, als wolle er mit einem großen Fisch unterm Arm nach oben steigend mit nicht mehr vorhandenen Händen eine nicht vorhandene Dachluke öffnen.

Es ist kaum möglich, die Metaphorik des Bildes im einzelnen zu klären, sie ist weitgehend privat (–auch wenn die Metaphern selbst jeweils lange Traditionen haben) und vermittelt in komplexer Verschlüsselung Gedanken, Vorstellungen, Probleme und Wünsche des Künstlers. Denn auch dieses Bild muß als Selbstdarstellung verstanden werden. Das Kind in der Bildmitte ist sicherlich nicht, wie sein Äußeres zunächst nahelegt und auch in der Literatur entsprechend beschrieben wird, ein Mädchen, sondern eine Selbstdarstellung Beckmanns. Sehr groß ist die Übereinstimmung der Gesichtszüge des Kindes mit denen Beckmanns – man vergleiche die Augen-, Nasen-, Mund- und Kinnpartie mit den typischen physiognomischen Eigenarten Beckmanns im Familienbild oder im „Selbstbildnis mit Pritsche" (1921). Hinzu kommt der Beckmann zu dieser Zeit kennzeichnende Armgestus oder das Attri-

Abb.62

but der Clownsgruppe. Fischer ist zuzustimmen, wenn er das Bild als „Sinnbild der Behinderung und der Vergeblichkeit" deutet[15]. Aber dies ist nicht allgemein, sondern konkret als die Situation Beckmanns zu verstehen. Als Kind sieht er sich inmitten des irren Treibens und dissonanten Geplärres in dem engen, fest verschlossenen Raum. Umgeben von nicht sehen, nicht greifen und nicht laufen könnenden Gestalten sitzt er als ruhendes Zentrum auf der Kiste, die ebenso Hinweis ist auf das Hinauswollen wie der Mann, der gegen die Decke stößt. Gerade in diesem gipfelt die alptraumhafte Metapher des Unvermögens: Der Fisch unter seinem Arm ist Symbol phallischer Kraft, der Fruchtbarkeit und des Lebens[16]. In kindlicher Naivität ist er der einzig Sehende, in kindlicher Hilflosigkeit ist er der Gefangene dessen, was um ihn geschieht und was der Spiegel in dem geschlossenen Raum verdoppelt. Das Interieur wird zum Sinnbild hilflosen Leidens an der eigenen „Privatheit", die sich als individuelles Unvermögen und als Bewußtsein der Vergeblichkeit darstellt.

**Max Beckmann: Die Nacht**
**1918/19, Öl/Leinwand, 134 x 156 cm**
**Sammlung Günther Franke, München**

Schien bürgerliche Privatheit in den eben besprochenen Bildern Beckmanns von innen her bedroht – aus der gebrochenen Situation der Familie und der individuellen des Künstlers –, so wird sie in dem Bild „Die Nacht" durch von außen hereinbrechende Gewalt zerstört. Die hierin sich vermittelnde Angst vor der Vernichtung individuellen Lebensglückes wird paradigmatisch für die Darstellung bürgerlicher Privatheit der Gegenwart. Im Bild ist der nächtliche Einbruch einer mordenden, schändenden und raubenden Bande Verbrecher in den privaten Lebensbereich einer bürgerlichen Familie dargestellt. Dieser Lebensbereich wird zerstört, die Familie vernichtet, der Vater ermordet, die Mutter geschändet, das Kind entführt. Der Einbruch bei Nacht betont die Verletzlichkeit und Schutzlosigkeit der in der vermeintlichen Sicherheit des Interieurs geborgenen Familie. Personifiziert in drei Männern und einer Frau dringt die Gewalt mit der Nacht gleichsam durchs geöffnete Fenster in den Raum.

Die Wohnung liegt unterm Dach; was von der Einrichtung sichtbar wird, weist auf einfache Verhältnisse. Immerhin ist das Grammophon ein Zeichen der Angleichung an anspruchsvollere Lebensformen. Trotzdem stellt sich die Frage, ob der Einbruch der Bande in diese bescheidenen kleinbürgerlichen Besitz- und Lebensverhältnisse lohnen könnte. Die Frage provoziert die Vermutung, daß Einbruch, Mord, Schändung, Menschenraub hier Selbstzweck sind aus Lust am Töten und Zerstören oder Zeichen des Hasses auf etablierte Lebensweisen. Im Bild ist die Mörderbande die asoziale Gegenverbindung zur bürgerlichen Kleinfamilie. Die Verbrecher kommen aus der Unterwelt, zufällig zusammengefunden eint sie Besitzgier, Lust und Haß. Die Typisierung durch Kleidung und Gesichtsausdruck könnte bei den Männern mit Kopfbinde und Ballonmütze auf unterschiedliche soziale Herkunft deuten. Die Frau im roten Kleid mit scharf geschminkten Augen und aufgetürmten roten Haaren ist eine Hure, das Gegenbild zur Ehefrau und Mutter; sie macht für Geld und öffentlich das, wozu die andere Frau im Bild mit Gewalt gezwungen wurde und was bei dieser zum intimsten Kern privaten Glücks gehören sollte.

Chaos, Vernichtung und Leid sind in der kompositionellen Struktur des Bildes, in Form und Farbe vermittelt. Einbrecher und Opfer sind in zwei hintereinanderliegenden Bildebenen, die sich handlungsmäßig und kompositorisch durchdringen, organisiert. Die Einbrecher dringen aus der hinteren Bildebene in die vordere ihrer

Abb.63

Opfer ein. Diese sind dem Betrachter frontal und als Rückenfiguren direkt konfrontiert, so daß er ihre geschändeten Leiber voll ansehen muß. Der Blick erfaßt in einem Zusammenhang den Erhenkten auf dem Tisch mit seinem neben ihm hockenden Folterer und die vergewaltigte Frau im Vordergrund, deren Körper geradezu öffentlich wird. Mann und Frau bilden zwar jeweils eine Leidensform für sich, sind aber beide durch Beinstellungen und das Gegeneinander ihrer Körper zu einer großen, die ganze Bildfläche bestimmenden Gesamtform verbunden. Die teilweise entkleideten Körper, die auseinandergerissenen oder gefesselten Beine und Arme sowie der ausgestreckte rechte Arm des Mannes mit der nach außen gekehrten Handfläche signalisieren die Passivität ihres Erleidens. Die geöffneten und gefesselten Hände stehen hier ebenso wie die aufgerissenen Körper im Gegensatz zu den zupackenden Händen der Einbrecher und der kompakten Energie ihrer Gestalten. In deren Zugriff sind die Überfallenen in jeder Hinsicht Objekte, Gegenstände, auf die sie einwirken oder die sie gebündelt verschleppen wie das Kind. Andere Gegenstände umschreiben das Geschehen metaphorisch, die umgeworfene und ausgelöschte Kerze, der zerbrochene Teller, besonders drastisch der große Schalltrichter des Grammophons mit seiner roten Öffnung; diese ist Symbol der Klage wie der Schändung, in der Zuordnung mit der Kerze zur vergewaltigten Frau Zeichen für Schoß und Phallus[17]. Der heulende Hund unter dem Tisch neben dem Grammophon ist eine zynische Anspielung auf den damals verbreiteten Werbeslogan: „La voix de son maître“.

Das Hereinbrechen des Bösen vermittelt sich direkt in den jähen, bizarren, eckigen und starren Haltungen und Formverläufen, die physisches und psychisches Unbehagen des Betrachter ebenso übertragen wie die fahle, giftige Farbigkeit zwischen grünstichigem Gelb, wässrigem Blau und Violett, in die intensive rote Farbwerte eingesetzt sind wie Fieberflecken. Das Zerbrechen der Privatheit im Rahmen des Interieurs wird dem Betrachter auch in der Verunsicherung seiner Raumerfahrung deutlich; im Bild verliert die räumliche Ordnung der Dimensionen ihre Gültigkeit, sie ist verzerrt und preßt mit entsprechenden kompositionellen Mitteln wie im Familienbild das Geschehen beklemmend zusammen. Deutlicher noch als in jenem Bild sind durch Ineinandergreifen von Formelementen Vorn und Hinten in der Bildfläche eng verzahnt, traditionelle Momente zur Herstellung von Bildraum stimmen nicht mehr. Damit wird der Eindruck der Verletzung, des Eindringens und Zerstörens verstärkt. Raumvolumen wird wie Lebensraum zusammengepreßt, Angaben über normale, nachvollziehbare Verhältnisse – zum Beispiel im Tisch, im Verhältnis von Dielen und Wand – sind systematisch vermieden. In dominanten Senkrechten wird Vorn und Hinten reduziert und verbunden, der Raum ist „programmatisch enttieft“[18]. Dem entspricht der Einsatz der Farbe: der aktive, leuchtende Farbwert Rot befindet sich in gleicher Intensität ebenso wie das passive Grau-Blau im Vorder- wie im Hintergrund, so daß auch die raumschaffende Funktion der Farbe bewußt negiert ist.

1940 entstand in Amsterdam das Bild „Der Zirkuswagen“. Vordergründig scheint es das Bild einer Gruppe von Zirkusartisten, die nach der Vorstellung im Wohnwagen gemütlich beisammen sind. Tatsächlich ist es ein Bild der Emigration und spiegelt die persönliche Situation Beckmanns, der vor den Faschisten aus Deutschland geflohen in der inzwischen von den Deutschen besetzten Stadt Amsterdam untergetaucht ist. So gesehen ist auch „Der Zirkuswagen“ ein Bild unmittelbarer, diesmal den Künstler persönlich betreffenden Bedrohung von außen, vor der er sich in der hermetischen Abgeschlossenheit eines Innenraumes, der mobil zur Weiterreise geeignet ist, zu schützen sucht. Die Vorhänge der Fenster sind geschlossen, der Raum ist von einer teilweise abgedeckten Petroleumlampe erhellt. Das gelbe Licht der Lampe zentriert das querrechteckige Bild in seinen Helligkeitswerten im Mittelfeld der Bildfläche – nach den Seiten nimmt die Helligkeit ab. Im Mittelfeld umschließen verschiedene Personen, ein Raubtierkäfig und Elemente der Wandgliederung sehr eng eine Zweiergruppe; bezeichnend ist, wie diese auch durch Farbwerte eingeklemmt ist. Den intensiven blauen und grünen Farbwerten hinter der Zweiergruppe entsprechen die von Kittel bzw. Uniform der Personen links und rechts vor der Gruppe; diese Beziehung wird durch die blauen Gitter abschließend verstärkt. Die pointierten Farbsetzungen im Vorder- und Hintergrund bewirken in Verbindung mit anderen Gestaltungsmitteln ein Zusammenpressen von Tiefenraum in die Fläche, was wiederum inhaltlich bedeutungsvoll wird. Die Enge und hermetische Abgeschlossenheit von Komposition und dargestelltem Raum bedeuten im Bild die beklemmende Reduktion von Bewegungsmöglichkeiten, die metaphorisch als Verlust individuellen Freiheitsraumes gedeutet werden kann. Im Zirkuswagen führt dies zur erzwungenen Ruhe, die über die innere Spannung jedoch nicht hinwegtäuschen kann. Ihr gibt der Mann auf der Leiter, der zu einer Deckenluke emporsteigt, um sie zu öffnen, unmittelbar Ausdruck – ein aus dem Traumbild bekanntes Motiv. In spannungsgeladenem Kontrast hierzu ist die Mittelgruppe selbst zu verstehen, auf die hin das Bild angelegt ist. Hier sieht man eine Frau in langem rosa Gewand auf einem Sofa liegen, sie hat den Kopf vor den Gitterstäben aufgestützt und blickt

Abb.64

dem Betrachter direkt entgegen. Hinter ihr, genau in der Bildmittelachse, den Kopf neben der Lampe, sitzt ein Mann. Er ist dem Betrachter zugewendet, sein Körper jedoch mit Ausnahme des Gesichts und der rechten Hand von einer aufgefalteten Zeitung verdeckt. Er schaut nicht zum Betrachter; seine Augen sind unter einer steilen Stirnfalte zusammengekniffen, der Blick geht über den Zeitungsrand hinweg nach links in Richtung des Mannes mit der Leiter. Der Mann mit dem runden kahlen Kopf hinter der Zeitung ist Beckmann, die Frau auf dem Sofa seine zweite Frau Quappi (Mathilde von Kaulbach – was sich aus Vergleichen mit gleichzeitigen Bildern, die Quappi darstellen, ergibt). Die latente Spannung scheint schließlich unerträglich durch den Käfig mit den beiden Tigern. Der Käfig schiebt sich von rechts in einem spitzen Winkel in das Bild. Die Biester sind zweifellos keine Zutaten kleinbürgerlich zirzensischer Gemütlichkeit. Sie repräsentieren eine dieser hermetischen Privatheit zugehörige Gefahr, welche schon eingedrungen noch ausgesperrt ist; abschirmend sitzt aufrecht der Dompteur vor dem Käfig wie ein wachhabender Soldat, die Peitsche zum zurückschreckenden Schlag bereit. Die Spannung, die in dem lauernden Beckmann gipfelt, scheint den Raum wie das Bild zum Zerspringen aufzuladen und sich dem Betrachter lähmend zu vermitteln.

Die hier besprochenen Bilder bestimmen jeweils Punkte in der Arbeit dieses Künstlers, die besondere Situationen der individuellen Erfahrung seiner Umwelt widerspiegeln. In seinem künstlerischen Anspruch versucht er diese Erfahrungen schon 1918 in einem Brief an Stephan Lackner ins Allgemeingültige zu wenden: „Echte Kunst kann nun einmal nicht durch Lärm und Agitation im jounalistischen Sinne wirken. Alles Wesentliche geschieht abseits vom Tagesgeschrei, um trotzdem immer stärker zu wirken. ... Worum es sich handelt, ist das Bleibende, Einmalige, Seiende in der Flucht der Illusion – das Ausscheiden aus dem Getriebe der Schatten. Vielleicht gelingt uns das."[19] Dies widerspricht nicht der 1917 in einem Brief an denselben Empfänger gemachten Feststellung, als Künstler „Kind seiner Zeit sein" zu müssen[20]. Vielmehr ist hier ein dialektisches Verhältnis zur Realität formuliert: als Kind der Zeit diese begreifen, sie in Bildern aufs Wesentliche zu bringen. Dabei begründet er in einem überkommenen Verständnis von Kunst, das deren Werke als Besonderheiten sieht, die im Vergänglichen das Eigentliche und Bleibende festhalten und dem Menschen verhelfen, in der Zeit sich selbst begreifend zu verstehen. In einer Vielzahl seiner Bilder – was die Analysen exemplarisch belegen können – ist für Beckmann der Mensch das zentrale Gegenüber, vielfach bilden zu den Dargestellten persönliche Beziehungen eine Brücke. So schreibt Beckmann 1915: „Wundervoll ist mir immer das Zusammenkommen mit Menschen. Ich habe eine wahnsinnige Passion für diese Spezies", und 1938 heißt es: „Nun ich glaube an das ‚Ich' in seiner ewigen und unvergänglichen Form, dessen Wege in unbegreiflicher Art unsere Wege sind. Aus diesem Grund interessiere ich mich für das Individuum, das sogenannte Individuum, und suche es auf jede Weise zu ergründen und darzustellen. Was bist Du? Was bin ich? Das sind die Fragen, die mich unaufhörlich verfolgen und quälen, aber vielleicht auch zu meiner künstlerischen Arbeit beitragen"[21].

Der Kriegsfreiwillige Max Beckmann wurde 1915 aus Gesundheitsgründen aus dem Sanitätsdienst entlassen und siedelte sich in Frankfurt/M. an. 1916 beginnt er das nie vollendete Riesenbild „Auferstehung" (345 x 490 cm), 1917 entstehen „Christus und die Sünderin" und „Kreuzabnahme". Neben Katastrophenbildern („Sintflut" 1908, „Szene aus dem Untergang von Messina" 1909, „Untergang der Titanic" 1912) hatten ihn Themen der Passion Christi schon seit 1907 beschäftigt. Das Aufgreifen dieser Themen nach 1915 ist ein Anknüpfen an die eigene, vom Kriegsdienst unterbrochene Tradition und könnte eine Form individuell-privater Verarbeitung der Fronterlebnisse in der Gestalt des christlichen Mythos bedeuten. Private Bewältigung teilt sich auch in folgender Briefstelle mit: „Von Frau Battenberg lasse ich mir Bach vorspielen, vor allem die große Orgel-Tocata. Die Matthäus-Passion ist für mich das Kolossalste, was es gibt"[22]. Die Einkleidung individueller Erfahrung in den Mythos kennzeichnet auch das spätere Werk Beckmanns (vgl. z.B. „Die Argonauten" u.a.). Das Bild „Die Nacht" bedeutet da zunächst eine Wende zur konkreten Realität, die in den 10 Lithografien „Die Hölle" fortgesetzt wird; ein Blatt dieser Mappe ist wiederum eine Darstellung der „Nacht" (Blatt 6 – 55,5 x 70,3 cm). F.W. Fischer deutet diese Bilder jedoch aus einer in den Jahren 1918/19 für Beckmann „wesentlichen Antriebskraft" des Protestes, der sich nicht „auf irgendwelche sozialen oder politischen Zustände (bezieht), er richtet sich gegen ‚Gott' und ist damit als ein religiöses Phänomen charakterisiert"[23]. In dieser Bestimmung versteht Fischer „Die Nacht" als „Ausdruck einer Revolte", aber: „Das ohne erkennbare Ursache hereingebrochene Unheil wurde zur Metapher für die Unsinnigkeit des Kosmos. Der Maler stellte sich dabei ganz auf die Seite des Fragenden, Anklagenden, Fordernden"[24]. Das bemühte Herauslösen Beckmann'scher Kunst dieses Zeitraumes aus der konkreten Realität ist gerade im Blick auf die Mappe „Die Hölle" sehr problematisch, hinsichtlich der malerischen Fassung der „Nacht" zumindest bedenklich. Das Bild „Die Nacht" entsteht zu einem Zeitpunkt, zu dem das Deutsche Reich politisch und militärisch zusammenbricht, in der beginnenden Revolution die Republik ausgerufen wird, die sich in Bürgerkriegsauseinandersetzungen als bürgerlich-parlamentarische Demokratie gegen die Räterepublik durchsetzt. Revolutionäre Klassenkämpfe bestimmen auch die Wintermonate 1918/19 in Frankfurt, wo ein Arbeiter- und Soldatenrat zunächst erfolgreich die Stadt regiert. An dieser Realität wirkt Beckmann engagiert, die Frage ist allerdings die nach seinem Standort. Was in der „Nacht" vermittelt scheint, ist die Angst vor der Bedrohung der bürgerlichen Existenz in einer Situation des völligen Zusammenbruchs aller Ordnungsverhältnisse; die Angst vor der Zerstörung bürgerlicher Privatheit in einem Ausbruch sinnloser Gewalt von Elementen, die im Bild als Lumpenproletariat bezeichnet sind, aber das revolutionäre Proletariat durchaus meinen könnten. Typisch ist die Proletarierkluft des einen Mörders mit der „Ballonmütze". Der gehenkte Bürger schlüpft unversehens in die Rolle des leidenden Christus, die formale Beziehung zur „Kreuzabnahme" von 1917 ist sehr deutlich, insbesondere in der Haltung der Arme, Hände und Füße. Die für diese Jahre typische Handgeste dürfte sich von der Gekreuzigtendarstellung – dem Vorzeigen der Wundmale als Zeichen des Leidens – herleiten. In welchem Maße Beckmann der Einbruch der Horde ins bürgerliche Interieur als Moment des Klassenkampfes bewußt war oder ihm nur vorübergehende Konkretion einer gesellschaftlich vermittelten, individuellen, scheinbar namenlosen Angst, ist kaum zu begründen. Das Syndrom der Angst jedenfalls konstituiert durchgehend immer neu Beckmanns künstlerische Arbeit, und es ist das spezifisch Bürgerliche eines sich permanent und unabwendbar bedroht sehenden Mittelstandes. Die Angst nimmt in Beckmanns Werk als das wesentliche Moment seiner Realitätserfahrung Gestalt an, verschärft im Erleben des Intellektuellen, der seine spezifische Privatheit – die Individualität – bedroht und sich selbst existentiell vernichtet sieht. Wohin er blickt ist Chaos. In der Lithoserie „Die Hölle" werden 1919 die Übel der Zeit festgehalten: Vergewaltigung, Hunger, Mordbanden, Kriegskrüppel, Ideologen (1) usf.; die Folge endet mit dem Blatt 10 „Die Familie": wieder im bürgerlichen Interieur, beruhigt die alte Dame (Schwiegermutter Tube) den aufgeregt eifernden Mann (Beckmann). Blatt 9 dagegen – „Die Letzten" – zeigt den Schlußkampf der Aufständischen, die in einem Wohnraum verbarrikadiert aus dem Fenster auf die Straße schießen. Die Darstellung von Mitmenschen aus dem unmittelbaren Kreis der Verwandten, Freunde und Bekannten im Interieur versucht offensichtlich im Bewußtsein ständig neuer Bedrohung neue Geborgenheit zu erzwingen; der immense Apparat individuell angeeigneter Mythologien und die Vielzahl der Metaphern konstituieren eine höchst eigene und künstliche Privatheit, wo die des bürgerlichen Lebens im Zuge gesellschaftlicher Prozesse allenthalben zerbricht. Wiederum metaphorisch nimmt die empfundene Bedrohung in der Angst vor der „endlosen Offenheit des Raumes" Gestalt an, die sich schon früh als spezifisch bildnerisches Problem, das immer neu zu lösen ist, darstellt: „Hu, dieser unendliche Raum, dessen Vordergrund man immer wieder mit etwas Gerümpel anfüllen muß, damit man seine schaurige Tiefe nicht so sieht. Was würden wir armen Menschen machen, wenn wir uns nicht immer wieder eine Idee schaffen würden von Vaterland, Liebe, Kunst, Reglion, mit der wir das schwarze finstere Loch immer wieder so ein bißchen verdecken können? Dieses grenzenlose Verlassensein in der Ewigkeit. Dieses Alleinsein."[25] Die 1915 gemachten Äußerungen werden 1938 in einem Vortrag konkretisiert, wo Beckmann erläutert, wie er die „Magie der Realität", die das „eigentliche Mysterium des Daseins" bildet, erfassen und in Malerei zu übersetzen sucht, um das Unsichtbare durch die Realität sichtbar zu machen: „Entscheidend hilft mir dabei die Durchtastung des Raumes. Höhe, Breite und Tiefe in die Fläche zu übertragen, so daß aus diesen drei Raumgegebenheiten sich die abstrakte Bildfläche des Raumes gestaltet, die mir Sicherheit gibt gegen die *Unendlichkeit* des Raumes . . . Kommen geistige, metaphysische, irdische und unirdische Geschehnisse in mein Leben, so kann ich sie nur auf dem Wege der

Malerei festhalten. Entscheidend ist nicht der Gegenstand, aber seine Übersetzung mit den Mitteln der Malerei in die Abstraktion der Fläche"[26].

Solche Bannung von Realität ist bei Beckmann gleichzeitig Versuch, sich als Individuum der Realität zu entziehen. Was Fischer mit großem Aufwand an Argumenten und Bezügen als tiefe Geistigkeit und metaphysische Orientierung Beckmanns feiert und belegt, spricht überzeugend für dessen Intentionen, sich mit seiner Kunst aus gesellschaftlichen Anforderungen herauszulösen und gleichzeitig dagegen, Beckmanns Arbeit während der Emigration über die individuelle Selbstbehauptung hinaus als Fanal des antifaschistischen Widerstandes zu begreifen. 1933 hatte Beckmann seine Professur an der Städelschen Kunstschule in Frankfurt verloren, war zunächst nach Berlin übergesiedelt und 1937, am Tage der Eröffnung der Ausstellung „Entartete Kunst" – in die er miteinbezogen wurde – nach Amsterdam emigriert. Die oben zitierten Äußerungen sind einem Vortrag entnommen, den Beckmann in den New Burlington Galleries in London hielt, wo 1938 als Protest gegen die Ausstellung „Entartete Kunst" neue deutsche Kunst gezeigt wurde. Es ist erstaunlich zu lesen, wie ohne konkreten Bezug zu dieser hochpolitischen Situation Beckmann sich in privatistischer Rede verliert. Vorab betont er, „niemals in irgendeiner Form mich politisch betätigt zu haben. Ich habe nur versucht, mein Weltbild so intensiv, wie es mir möglich war, zu realisieren"[27]. Er unterscheidet zwei streng getrennte Welten, die des Geistes und die der politischen Realität; ihm geht es um die Identität, die sich hinter der „scheinbaren Realität" befindet. Aus der gegebenen Realität sucht er die Brücke zum Unsichtbaren, der eigentlichen Realität. Dieses „Universaliendenken" bietet Beckmann die willkommene Begründung, der „gegebenen Gegenwart" entfliehen zu können. Der Faschismus als politische Realität und „Form bürgerlicher Herrschaft"[28] schrumpft zur bloßen „Macht des Ungeistes", zu der man als vergeistigtes Individuum keine Verbindung zu sehen braucht. Süffisant kann Beckmann sagen, was für viele andere inzwischen Zynismus sein muß: „Politik – ein recht scherzhaftes Spiel, nicht ohne Lebensgefahr, wie man mir versichert hat, aber wohl zeitweilig unterhaltend"[29]. Nur da, wo er *sich* als Individuum bedroht sieht, wird es ihm ernster, da wird er sich zum Helden in der subjektiven Erfahrung des Leidens: „Die größte Gefahr, die uns Menschen allen droht, ist der Kollektivismus. Überall wird versucht, das Glück oder die Lebensmöglichkeiten der Menschen auf das Niveau eines Termitenstaates herabzuschrauben. Dem widersetze ich mich mit der ganzen Kraft meiner Seele"[30]; dem konkreten faschistischen Terror wird die Seele des Individuums entgegengesetzt. 1940, im Entstehungsjahr des „Zirkuswagen", schreibt Beckman am Samstag, den 4. Mai in sein Tagebuch: „Das eine ist sicher, Stolz und Trotz den unsichtbaren Gewalten gegenüber soll nicht aufhören, möge das Allerschlimmste kommen. – Ich habe mich mein ganzes Leben bemüht, eine Art ‚Selbst' zu werden. Und davon werde ich *nicht* abgehen und es soll kein Winseln um Gnade und Erbarmen geben und sollte ich in aller Ewigkeit in Flammen braten. Auch ich habe ein Recht"[31].

| | |
|---|---|
| **Harald Duwe:** | **Sonntagnachmittag**<br>**1956, Öl/Leinwand, 130x180 cm**<br>**Kunsthalle Hamburg** |
| **Howard Kanovitz:** | **The Collector's Wall**<br>**1971, Acryl auf Holz und Leinwand, 213x426cm,**<br>**Sammlung Ehepaar Jahnssen, Essen-Bredeney** |

Der Vergleich dieser Bilder, die beide bundesrepublikanische Wirklichkeit thematisieren, kann die Klassengebundenheit von Formen spätbürgerlicher Privatheit wie auch die künstlerischer Erkenntnisinteressen deutlich machen. 1956 – im gleichen Jahr wie Richard Hamiltons Bild „Tomorrow" – entstand das Bild „Sonntagnachmittag" von Harald Duwe. Der 1926 geborene Künstler versteht sich als Materialist und Realist[32]; in ständiger Auseinandersetzung mit politisch-sozialen Problemen seiner Gegenwart arbeitete Duwe von Anfang an gegenständlich in der Tradition realistischer Kunst. Damit stand er kontrovers zu den künstlerischen Entwicklungen der Nachkriegsjahrzehnte, die ausschließlich von gegenstandslosen Richtungen bestimmt waren. Dies war eine Voraussetzung dafür, seine kritischen oder aggressiven Bilder in einer Zeit politischer und gesellschaftlicher Restauration in der Bundesrepublik öffentlich nicht zur Kenntnis nehmen zu müssen. Erst im Zuge einer erneuerten Diskussion um engagierte Kunst wurde Duwes Malerei einer breiteren kritischen Öffentlichkeit bekannt.

Das großformatige Bild ist in schweren dunklen Farben gehalten, die auch kontrastierende Werte wie Rot oder Weiß in ihrer Leuchtkraft brechen und einbinden,

Abb.65

so daß ein trister Gesamteindruck entsteht. Der Betrachter sieht in ein enges Wohnzimmer mit typisierter Einrichtung, die den Eindruck kleinbürgerlichen Wohlstands vermittelt. Es ist der Wohnraum einer ebenso typischen Kleinfamilie. Nahe beieinander, aber jeder vom anderen isoliert dösen Vater und Mutter vor sich hin, während ein kleiner Junge auf einem Stuhl stehend „Eisenbahner" spielt. Fast im Bildzentrum sitzt die Mutter am Tisch; sie wirkt erschöpft, hat den Kopf aufgestützt und ist vom Betrachter abgewendet; vor ihr steht ein Glas Weinbrand. In der rechten Bildhälfte liegt der Vater mehr als er sitzt ausgestreckt in einem Sessel und scheint zu schlafen. Seine sonntägliche Kleidung ist in Unordnung, die Krawatte verschoben, der Kragen geöffnet. In leichter Drehung ist der Oberkörper dem Betrachter zugekehrt, so daß man sein Gesicht sieht. Aktiv ist allein der kleine Junge. Auf der linken Bildseite steht er auf seinem Stuhl frontal dem Betrachter gegenüber und schaut ihn an. Er hat die Mütze eines Bahnhofvorstehers auf dem Kopf und eine Signalkelle in der Hand, vielleicht ist der Stuhl seine Lokomotive. Die beklemmende Atmosphäre sonntagnachmittäglicher Ruhe verdichtet sich in dem völligen Rückzug der Eltern, der sie das Moment störender Unruhe im Spiel des Kindes nicht mehr wahrnehmen läßt und umgekehrt darin, daß die Ruhe der Eltern die Dynamik des kindlichen Spiels zwanghaft einschränken muß. Erschreckend ist die Vorstellung, das Kind könnte mit der Trillerpfeife einen imaginären Zug abpfeifen.

Die Situation der drei Menschen in ihrem Wohnraum ist die trister Isolation, verstärkt durch räumliche Enge und körperliche Nähe; es ist ein Zustand der Erschöpfung nach einer Woche Arbeit – die für die Frau auch am Wochenende weitergeht –, geistiger Leere und hilfloser Unfähigkeit zu zwischenmenschlicher Kommunikation. In der kurzen Phase zwischen zwei Arbeitswochen, wo man in und mit seiner Familie leben möchte, es aber nicht kann, weil man mit sich und den anderen nichts anzufangen weiß, werden die entfremdeten Lebensverhältnisse in einer erstarrten Privatsphäre wenn auch nicht bewußt, so doch konkret erfahren; den Leerlauf jener Tage, die dem Leben Sinn geben sollten, löst paradoxerweise erst der nachfolgende Arbeitstag auf und vermittelt einen trügerischen Schein von Sinnhaftigkeit. Wie schon angedeutet bildet das spielende Kind einen wachen Kontrapunkt zu den beiden Erwachsenen, die – hinterfangen von eingrenzenden Möbelstücken – in der Bildkomposition den Blick des Betrachters spröde auflaufen lassen wie starre Gegenstände. Während die Eltern im Schlaf oder brütender Langeweile verschlossen sind, öffnet sich das Kind in seinem Spiel mit realitätsbezogener Phantasie die Enge seines Lebensraumes. Das Eisenbahnspiel des Kindes wird zur Metapher der Öffnung in eine weite, erlebnisreiche Welt; das Spiel verwandelt den Raum und gibt mit seinen Symbolen dem Jungen eine Vorstellung von Macht über die Verhältnisse. Das Motiv, in der spielerischen Phantasie die Grenzen dieses Raumes zu überwinden, wird von dem Landschaftsbild an der Rückwand aufgenommen, mögliches Ziel der Sehnsucht. Das triviale Bild ist unscheinbarer Reflex eines realen Bedürfnisses nach Glück außerhalb der beklemmenden Privatheit, die in ihrem kleinbürgerlichen Wohlstand die Einwohner auf sich zurückwirft. So repräsentiert das Kind ein Moment Hoffnung, es verhindert, daß das Bild selbst als lähmendes, ohnmächtiges Dokument einer finsteren Realität angesehen werden kann. Gerade darin, daß der Betrachter durch die provokatorische Konfrontation mit dem Jungen von diesem direkt angesprochen scheint, wird dies deutlich.

Dieses Bild reflektiert sehr kritisch bundesrepublikanische Wirklichkeit der frühen fünfziger Jahre. Es war die Zeit am Ende des ersten Nachkriegsjahrzehntes, als die Früchte des Wirtschaftswunders in zunehmendem Maße auch kleinbürgerlichen Schichten als bescheidener Wohlstand zukamen. In einer demokratischen Leistungsgesellschaft schien Gleichheit jedermann erreichbar und am erworbenen Besitz von Gebrauchsgütern meßbar, die zudem zu immer „beserer" Gleichheit stimulierten. Diese wurde konsumierend in der Privatsphäre gelebt. Im Zeitraum der Entstehung des Bildes bekam kleinbürgerliche Privatheit auch in der Dimension ihrer familiären Gestalt eine systemstabilisierende Funktion, in den Jahren der politischen und wirtschaftlichen Restauration wurde im öffentlichen Interesse der Familie eine besondere Bedeutung zuteil. Die Kleinfamilie erschien Politikern und Soziologen als wesentlicher Stabilitätsfaktor, über den nach den Zerstörungen des Krieges die Gesellschaft erneuert werden könnte; für die Privatwirtschaft war die intakte Familie als Konsumgemeinschaft Voraussetzung für eine expansive Entwicklung. Ökonomisch wie ideologisch schien die Familie die einzig verbliebene und intakte Stütze, von wo aus der Aufbau der Gesellschaft mit freier Marktwirtschaft gelingen und das Versinken in einer amorphen, das Privateigentum bedrohenden Massengesellschaft des Sozialismus verhindert werden konnte[33].

Diese Situation spiegelt Duwes Bild als das, was sie ist: als kleinbürgerliche Wohlstandsideologie in einem aggressiv antisozialistischen Bezugsfeld. Entgegen offizieller, von politischen und ökonomischen Interessen getragener Familienideologie kennzeichnet Duwe bürgerliche Privatheit als unter den gleichen Bedingungen verkümmertes Surrogat. Außerhalb begrenzter Rituale sind die von ihm typisiert dargestellten Menschen unfähig, die postulierte Privatheit sinnerfüllt zu leben. Patriarchalisch-autoritäre Familienstrukturen, zerstörte Kommunikation, Sinnentleerung, verkümmerte Sinnlichkeit sind Elemente dieser Privatheit, die weniger aus sich, als vielmehr aus den Interessen der Privatwirtschaft zu bestehen scheint. In diesem Sinne mußte Duwe als zersetzende Kraft staatspolitischer Ziele wirken, die sich folgerichtig in einer nichtkonformistischen, eben realistischen Malerei vermittelte: „Eine Mißachtung der natürlichen Ordnung der Familie hat eine Aushöhlung der Grundlagen von Staat und Gesellschaft zur Folge und bedroht damit ihren Bestand"[34]. An Brecht anschließend schrieb Duwe 1974 anläßlich der Ausstellung „Aspekte der engagierten Kunst" über die Forderungen an eine realistische Kunst: „Engagierter Realismus: Widersprüche und Widerstände unserer Zeit sichtbar machen, die das Leben der Menschen prägen, ihre freie Entfaltung hemmen, sie verformen, aushöhlen, martern, brutalisieren, abstumpfen, zum Possenspiel treiben. Situationen malen, in denen dieser Prozeß der Entfremdung und Selbstentfremdung sinnlich faßbar wird"[35].

Das 1971 entstandene Bild „The Collector's Wall" von Howard Kanovitz ist das Bild einer anderen Klasse; es zeigt eine andere Privatheit, entstand aus anderen Interessen und zielt auf andere Rezipienten. Das Bild stellt in originaler Größe die Familie eines Essener Industriellen und Kunstsammlers – der es in Auftrag gab – in einem Wohnraum seines Hauses dar. Es ist keine im Sinne traditioneller Malerei zweidimensional geschlossene und gerahmte Fläche, sondern ein „Cut-out painting"; Kanovitz verwendet Mittel, die aus der „Commercial Art", früherer Spielwarenproduktion oder illusionistischer Kulissengestaltung bekannt sind. Gegenstände oder Personen werden auf Leinwand oder Holztafeln übertragen, angemalt und ausgeschnitten; die flachen Standfiguren können dann mit anderen oder einer Hintergrundfläche in Beziehung gesetzt werden. Kanovitz, der in den frühen fünfziger Jahren als Schaufensterdekorateur arbeitete, versucht mit diesen Cut-out paintings, die zweidimensionale Bildfläche in den realen Raum zum Betrachter hin aufzulösen, um Grenzen zwischen Schein und Wirklichkeit zu verschieben – in der hier gegebenen Dimension ein fast „barockes" Unternehmen. In „The Collector's Wall" beanspruchen mehrere Bildschichten mit unterschiedlichen Realitätsgraden in räumlicher Staffelung das Wahrnehmungsvermögen des Betrachters. Ihm zunächst befindet sich rechts im realen Raum das cut out einer Vierergruppe, ein älteres Paar auf einem Sofa sitzend – der Sammler mit seiner Frau – und zwei jüngere Personen, die etwas beziehungslos neben bzw. hinter dem Sofa stehen. Die Gruppe in photorealistischer Manier ist farbig akzentuiert, in ihrer scheinhaften Plastizität und Lebensnähe könnte sie die Familie selbst sein, bis man sich der Täuschung bewußt wird. Eine Zweiergruppe – ein junges Paar – ist nach links versetzt in den Bildraum zurückgenommen; sie ist im gleichen Grissailleton gehalten wie die gemalte Wandfläche als der nunmehr dritten Bildschicht. Sie ist die gemalte Reproduktion einer wirklichen Wand des Raumes und zeigt Fensterleibung, Heizkörper, Licht- und Schattenwirkungen – vor allem aber zwei Bilder aus der Sammlung der Familie J., ein Bild von Le Parc und eines von Yvaral. Dem Betrachter verbinden sich in den beschriebenen Schichten die Zonen eines realen Raumes mit solchen scheinhafter Realität, die von einer Wand hinterfangen sein könnten, die das Bild in annähernd gleichem Maßstab abbildet. Der Betrachter wird so in einen ästhetischen Zustand einbeschlossen, der den Raum als gestaltete Wohnwelt und das Bild dieses Raumes gleichermaßen umfaßt und dabei die eine Zone in die andere hinein auflöst. In seiner Scheinhaftigkeit stellt das Bild dem Betrachter die sich in diesem Raum real vollziehende, selbst ästhetisierte Lebensform bürgerlicher Privatheit vor, es läßt sie im Schein stellvertretend vorhanden sein auch während der realen Abwesenheit der Familie.

Im Bild präsentiert sich die Familie des Sammlers in eleganter Gesellschaftsgarderobe vor zwei Bildern, denen sie möglicherweise besondere Bedeutung zumißt. Die Situation gleicht der ritualisierten einer Vernissage mit ausgewähltem Publikum – Kanovitz hat auch solche Szenen gemalt (z.B. „The Painting Wall" 1968); im Bild des Sammlers löst sich das Private in Formen öffentlicher Repräsentation auf. Persönliche Beziehungen der Dargestellten sind nur formalisiert und in Rudimenten erkennbar – etwa im Nebeneinander des älteren Paares auf dem Sofa oder im beiläufigen „small-talk" des jungen Paares links. Distanziert ist auch die Beziehung zu den vorgezeigten Bildern, denen man einheitlich den Rücken zuwendet. Ebensowenig vorstellbar wie eine intensiv-persönliche Kommunikation der Personen untereinander ist eine mit den Bildern. Die Personen gleichen sich der reduzierten Sinnlichkeit der formal-abstrakten und persönlich indifferenten Gestaltungen der Sammelobjekte an und verbinden sich ihnen in einer überpersönlichen, inhaltsleeren Sphäre. Dieser formalisierte Umgang mit Kunst geht als Inhalt in die ästhetische Gestalt des Kunstwerkes ein und erscheint wie selbstverständlich als dem Ästhetischen einzig angemessen. Gerade in der scheinhaften Anwesenheit ihrer Mitglieder hält das Bild stellvertretend für die Familie den ästhetischen Zustand in der Dauer.

Das Bild ist von einer im doppelten Sinne immanenten Problematik bestimmt, die seine besondere Privatheit ausmacht. Im Prinzip ist das Bild eine monumental reproduzierte Photographie und wie eine solche inhaltlich und kompositionell konzipiert. Die Raumebenen des photographischen Bildes sind in der beschriebenen Weise in einzelne Schichten getrennt und zur illusionistischen Steigerung des Realitätsgrades wie Kulissen in einem Bühnenraum aufgestellt. Damit ist *eine* Seite der bildnerisch-immanenten Problematik angegeben: in der Grenzverwischung zwischen Realität und Schein ist es die der *Wahrnehmung*. Dem hinzutretenden Betrachter könnte das Bild beim Eintritt in den Raum seiner „richtigen" Aufstellung als Wirklichkeit erscheinen, bis er sie als Malerei erkennt; ebenso könnte er das Bild als authentisches Großphoto verstehen bis er sieht, daß die typisch photographische Wirklichkeitsnähe mit malerischen – d.h. handwerklich-künstlerischen, nicht technischen – Mitteln vorgetäuscht ist. Nicht nur Realität wird gemalt als sei sie selbst vorhanden, sondern auch das photographisch-authentische Bild von Realität. Damit entsteht ein wechselseitig realtivierender Zustand der Balance (Sager) zwischen Selbstbestätigung und Selbstauflösung von Kunst, ein spannungsreicher Wechsel des Hineingehens in gleichsam gewöhnliche Medien und bildnerische Verfahren wie Photographie und cut-out – und des Zurücknehmens in eine illusionistische Malerei in hoher Perfektion und Kunstfertigkeit. Dieser Vorgang bedeutet einen intellektuellen Umgang mit der Dialektik von Schein und Realität, von Besonderem und Trivialem, der – von gesellschaftlichen Prozessen abgelöst – sich in einem künstlerischen Reflektieren über Kunst verselbständigt und inhaltlich auf Fragen der Darstellung immanenter Probleme zugespitzt ist[36].

Die *andere* Seite der immanenten Problematik ist ebenfalls eine des künstlerischen Reflektierens über Kunst; sie zielt auf die polemische Konfrontation mit einer Kunst, die für den Maler in ihrer Problemstellung überholt und für den Sammler in Aktualität und Wertschätzung gemindert ist. In den frühen sechziger Jahren hatten sich Künstler wie Le Parc und Yvaral in Ablehnung des Informel im „Centre de Recherche d'Art Visuel" in Paris mit der Erforschung visueller Phänomene und der *Wahrnehmung* beschäftigt; gleichzeitig opponierten sie gegen die Vorherrschaft des Tafelbildes und der Ölmalerei. In äußerster Reduktion auf elementare Form- und Farbbezüge kamen sie zu streng geplanten Bildlösungen, die Spontanes, Zufälliges, Unkontrollierbares ausschlossen [37]. Mit der vorgegebenen Wissenschaftlichkeit ihrer Arbeit beanspruchten diese Künstler für ihre Bilder eine Objektivität, die von den Bedingtheiten einer „trivialen" Realität befreit zu sein hatte. Die Realität in ihrer äußeren, zufälligen Erscheinung dagegen voll in seine Malerei aufnehmend, löst Kanovitz in photorealistischer Gestaltung eine ältere Problemstellung als letztlich irrelevant ab – und dies im Auftrag des Besitzer solcher Bilder und unter

Abb.66

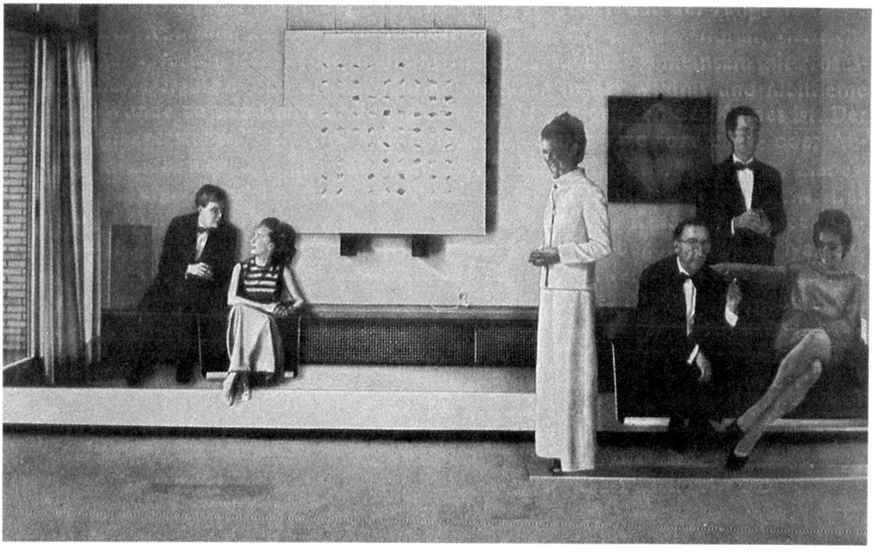

der abbildenden Einbeziehung ihrer Personen. Für sie entsprechen die Kunstwerke an der Wand nicht mehr den neuesten Tendenzen des Kunstmarktes. Waren um die Mitte der sechziger Jahre Bilder von Le Parc oder Yvaral sichere Anlagetips, die in ihrer exklusiven Modernität die Zugehörigkeit ihrer Käufer zu einem ebenso exklusiven, um neueste Trends wissenden Publikum anzeigten, so hat sich nun der Markt verändert und den Sammler zur Neuorientierung veranlaßt. Die Korrektur ihrer Sammlertätigkeit stellt die Familie im Sinne einer bedeutenden Entscheidung in ebenso eindeutiger wie repräsentativer Form einer ausgewählten Öffentlichkeit von Kennern, Sammlern und Händlern vor; wenn dieser Sammler so handelt, ist dies gleichzeitig ein Signal für andere. Die spezifische Struktur des Bildes hält das Ereignis wie die Photographie eines Familienfestes quasi dokumentarisch in Erinnerung. Dem Maler selbst sind die sublimen Bildübungen eines Le Parc oder Yvaral – ähnlich wie Photographien oder Plakate in den Bildern von Morley oder Staiger – offenbar nur Anlaß, ironisch auf ihre beliebige Reproduzierbarkeit und abgenutzten Gebrauch zu verweisen, was dem Anspruch jener entschieden widerspricht. Der unbedingte „Realismus" ihrer Bilder, der sich in komprimierter Geistigkeit darstellt und trivialer Realität entzieht, wird polemisch gerade von dieser überholt. Kanovitz kostet die Spannung dieser kontroversen Intentionen genüßlich aus.

Die beschriebenen Bildprobleme vermitteln spezfische Momente von Privatheit; sie gehen über die dargestellten ritualisierten und repräsentierenden Formen familiärer Geselligkeit, in der zwischenmenschlichen Kommunikation in offiziöse Künstlichkeit aufgelöst ist, hinaus. Private Interessen bestimmen die Arbeit des Künstlers in seiner Auseinandersetzung mit immanenten, von gesellschaftlichen Fragestellungen abgelösten Gestaltungsproblemen; er kann seinen Erkenntnisinteressen in einem wiederum privaten Interesse nachgehen. Die besondere Form der Privatheit vermittelt sich zum anderen wesentlich darin, daß Kunst als Privateigentum die Privatsphäre gestaltet; sie ist als Kapitalanlage verstanden. Hiergegen hat das Bild an der Wand in Duwes Interieur eine andere gesellschaftliche Bedeutung: es ist rudimentärer Hinweis auf ein ersehntes Glück in einem Zustand weitgehender Entfremdung. Der private Gebrauch von Kunst in dem sehr intellektuellen Bild von Kanovitz wiederum ist von den Marktgesetzen einer privaten Wirtschaft bestimmt – und dieses privatwirtschaftliche Moment geht ironisch als Inhalt in sein Bild sein; wesentliches Element in der Darstellung „großbürgerlicher" Privatheit ist die gleichsam selbstverständliche private Aneignung von Kunst.

## III-2 Die Auflösung zwischenmenschlicher Identität. Die Bedrohung der Privatheit im Schlafzimmer

**Edward Kienholz: While Visions of Sugar Plums Danced in Their Heads, 1964, Schlafzimmereinrichtung mit verschiedenen Ausstattungs- und Dekorationsstücken, zwei Fiberglasfiguren, 180 x 360 x 270 cm**

Das Environment zeigt das Schlafzimmer eines amerikanischen Ehepaares. Die Möbel könnten in den vierziger Jahren entstanden sein, ihr materieller Aufwand und die ästhetische Ausgestaltung der Einrichtung verweisen auf kleinbürgerliche Vermögens- und Lebensverhältnisse. Anders formuliert: die Ausstattung wirkt durchschnittlich normal. Zu betonen ist, daß es sich um richtige Möbel mit vielerlei Accessoirs handelt, die in ihrer räumlichen Zusammenstellung nur durch einen künstlichen Fußboden aus der Umgebung eines jeweiligen Museumsraumes ausgegrenzt sich zum eigenständigen Raum zusammenschließen. Die Einrichtung besteht aus Doppelbett mit zwei Nachtschränkchen und Truhe, einer Frisiertoilette mit Spiegel und Hocker sowie einem Polstersessel. Der Raum wirkt erfüllt vom Leben seiner Bewohner. Dies führt beim Betrachter zu einer beklemmenden Spannung. Einerseits ist dieses Leben in seiner zugehörigen Umgebung ihm nicht nur visuell, sondern auch durch Begehen und Betasten zugänglich; er ist provoziert, körperlich in den intimen Kern einer fremden Privatheit einzudringen und sie gleichsam in die Wirklichkeit ihres Prozesses neugierig zu erfahren. Gleichzeitig ist ihm aber diese Intimität als Grenze und Tabu bewußt. In Inhalt und Form macht Kienholz etwas öffentlich, was „sich nicht gehört"; er bezeichnet Environments als „Tableaux", was man als „theatralische Szenenbilder" verstehen könnte. Möglicherweise besteht die Beklemmung, die sich dem Betrachter vermittelt darin, daß er sich selbst und sein Leben in Szene gesetzt sieht.

Kommt der Betrachter so in den Raum, daß er dem Fußende des Bettes frontal gegenübersteht, trifft er links auf den Polstersessel mit achtlos ausgebreiteten Kleidungsstücken des Mannes. Auf dem Sessel liegt ein Hemd, auf dem Boden davor Hose mit Unterwäsche und Schuhen; die Frau wird es am nächsten Morgen aufsammeln, wegräumen, waschen und bügeln. Dem Sessel schräg gegenüber auf der rechten Seite des Raumes steht die Frisiertoilette, auf der mit dekorativen Lampen auf Spitzendeckchen typische Utensilien arrangiert sind: Die obligate Toilettengarnitur, Flakons, Dosen, Andenken, ein Kruzifix und eine Madonna – alles betont ordentlich und „geschmackvoll" aufgebaut. Vor dem Toilettentisch sitzt niemand, aber der Spiegel zeigt das Möbel in Funktion. Er scheint die Frau zu spiegeln, wie sie in einem Nachtgewand vor dem Toilettentisch sitzend sich die Haare für die Nacht auskämmt, das Gesicht von den Haaren bedeckt. Im Spiegel sieht man alle Gegenstände des Raumes sowie den Mann links hinten. Er sitzt nackt auf der Kante seines Bettes und trinkt Bier aus der Dose. Beide Menschen präparieren sich fürs Bett, im vermeintlichen Spiegelbild haben sie sich die Rücken zugekehrt, die Personen sind allein in dieser Beschäftigung verbunden. Das Bild im Spiegel führt den Blick zurück ins Zentrum des Raumes. Im Bett liegt das Paar, festgehalten während des Geschlechtsaktes. Das Bett ist zerwühlt, ein Kissen liegt auf dem Boden, auf dem Nachtschrank des Mannes stehen leere Bierdosen. Durch Linsen kann der Betrachter in die Köpfe der beiden hineinsehen, wo er die Sexualphantasien sieht, die sie losgelöst voneinander erregen.

Was sich dem Betrachter hier als Leben zeigt sind Rudimente, Spuren und festgefahrene Momente eines abendlichen Rituals zwischen Ausziehen und Einschlafen in

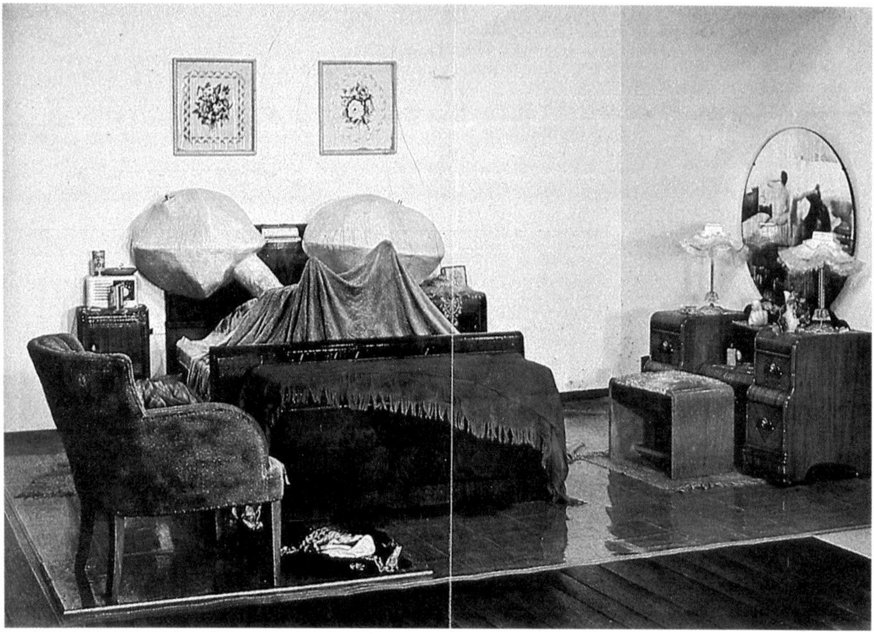

Abb.67

der genormten Ausstattung eines ehelichen Schlafzimmers. Die Möbel sind so abgenutzt wie das Leben, das sich in seiner Trivialität gegen Leitbilder und Warenästhetik entwickelt, nur noch platt und verschwitzt. Die Besonderheit dieses Lebens besteht bestenfalls noch darin, daß die körperliche Vereinigung der Ehepartner Höhepunkt im wöchentlichen Alltag ist. Die ehemals bedingenden Moment bürgerlicher Intimität – Liebe, Freiwilligkeit, Bildung – sind hier bar jeden Anspruchs in den Gewohnheiten des kleinbürgerlichen Ehealltags entidealisiert bzw. entideologisiert. Neben dem Sessel mit den achtlos hingeworfenen Kleidern sind es vor allem Spiegel und Bett, die aufeinander verweisend die unmenschlich erscheinende Menschlichkeit zeigen. Der Spiegel – tatsächlich die Fotografie einer gestellten Szene im Raum – faßt wie ein Tondo komplex und in zeitlicher Abfolge der Situation am Sessel die Vorbereitung des Zubettgehens zusammen. Die im Spiegelbild sichtbaren Menschen sind nicht als Individuen faßbar – beider Gesicht ist verdeckt –, sondern nur als beliebige, anonyme Personen in einer ebenso anonymen wie in ihrer Alltäglichkeit charakteristischen Betätigung. Das Bild ist schmierig von Wasser- oder Farbbahnen überzogen und verunklärt, in seiner Schärfe gebrochen; schmieriges „Beflecken" findet sich als „Gestaltungsmittel" auch an anderen Stellen, an Möbeln, Bettzeug, Teppichen. Sind beide im Spiegel während der Vorbereitung noch als Menschen zu sehen, so sind sie im Bett nur unförmige komische Figuren mit riesigen Köpfen und dürren Leibern. Es sind keine Gipsabgüsse menschlicher Körper wie bei Segal, keine Schaufensterpuppen, sondern zwei ungefähr geformte Fiberglasfiguren. Die monströsen Köpfe sind Ballons ohne Gesichter oder irgendwelche individualisierenden Momente und gehen in der Richtung weit auseinander: Jeder Kopf ist mit seinem

Abb.68

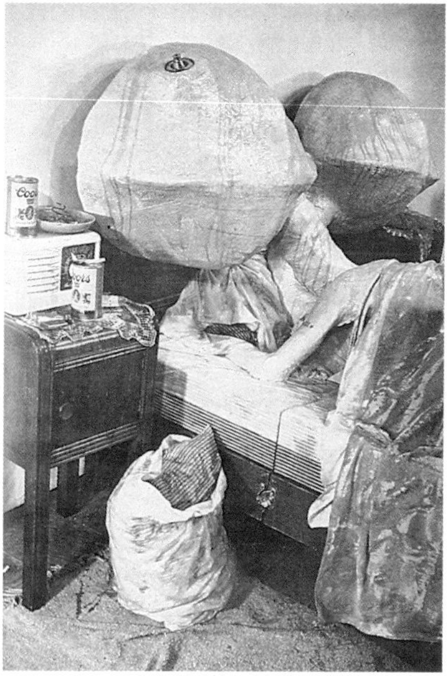

Abb.69

Inhalt für sich alleine. Was beide während des Geschlechtsaktes verbindet sind nur die Geschlechtsorgane, die jeder für sich benutzt; was jeden erregt, ist nicht mehr der Körper, geschweige die Person des anderen, sondern es sind jeweils eigene Bilder, vorgefertigte Sexualstimulantien, die als Wunschvorstellungen warenmäßig produziert jeder in sein Hirn übernommen hat, abrufbar funktionieren und bei Überdruß erneuert werden können. Ihr Verhältnis hat nichts Ethisches, Zärtliches oder dergleichen, sondern ist im „Vollzug" ein komisches, gewöhnliches, verschwitztes Strampeln – „während Vorstellungen von Zuckererbsen in ihren Köpfen tanzen". Der Titel des Environment entstammt einem Weihnachtslied von Clement Clark Moore: „... the children were nestled all snug in their beds while visions of sugar plums danced in their heads..."[38].

Bei Kienholz ist bürgerliche Privatheit gerade in ihrem intimsten Kern beschmutzt und zerfressen von der Alltäglichkeit des Durchschnittlichen – Privatheit gerinnt zum Abklatsch der Menschlichkeit bürgerlicher Liebe und Ehe. Das Schlafzimmer ist hier zynisches Gegenbild zu Reklame, Hollywood-Glanz und Weihnachtsträumen; die der Ware verbundene oder warenmäßig produzierte Vorstellung von Glück ist denunziert in der Realität des Alltags, welche die Entfremdung des bürgerlichen Menschen bezeichnet. Diese vermittelt das Kunstwerk gerade darin, daß es als einzigen Ausweg aus der gewöhnlichen Realität den Rückzug in neuerliche Illusionen zeigt – visions of sugar plums in their heads. Der Traum beim Geschlechtsakt erneuert den Beteiligten als Illusion die Weihnachtsfreuden der Kinder. Die Darstellung versteht sich exemplarisch: Sie konfrontiert jeden, der in diese mit Leben angefüllte „Einrichtung" eintritt, mit diesem Leben als seinem eigenen. Es erscheint zunächst als erstarrtes Leben, in einzelnen Phasen eingefroren; der Betrachter erst taut es mit seiner Durchschnittlichkeit, seinem betroffenen Wiedererkennen auf und verbindet durch sich die Phasen zum Prozeß. Die Konkretion in der Anonymität verhindert, daß der Betrachter die Situation als fremde distanziert betrachten oder übersehen kann. Dennoch verbleibt der Darstellung eine deutliche Spur von Panoptikum. Die „volkstümliche" Lust an Schrecken und Trivialität übersteigt diese Gestaltung hier jedoch darin, daß der Betrachter sie nicht als monströse, fremde, sondern als eigene Lebensform sehen muß In der zerfressenen Privatheit erkennt der bürgerliche Betrachter seine Entfremdung.

Kienholz macht in seinem Environment exemplarisch einen gesellschaftlichen Zustand gegenständlich, in dem die zentrale Einrichtung der bürgerlichen Ehe ihres ursprünglichen Sinns und Anspruchs beraubt ist. Die Aushöhlung der Intimsphäre in der Banalität des Alltags, der die Privatleute nur noch zur Reproduktion ihrer Arbeitskraft und zum Konsum zusammenführt, löst die auf ihren Kern reduzierte Privatheit in stupider Befriedigung auf. Auch in seinen anderen Werken decouvriert Kienholz die hilflose Gewöhnlichkeit hinter der Fassade glatter Normalität oder falschen Glanzes. Die verdrängte Unmenschlichkeit des Menschlichen tritt unverholen hervor und behauptet sich unkontrolliert als das Eigentliche. Deutlich wird, daß die herausgestellte Würdelosigkeit nicht Ergebnis je individueller Schwäche, sondern Ausdruck eines Lebens unter inhumanen Bedingungen ist: Die Environments von Kienholz formulieren solcherart den Widerspruch heutiger Lebensverhältnisse zwischen Anspruch, Schein und Wirklichkeit. Der Widerspruch macht sich als uneingelöstes Versprechen von Humanität am Alltag fest; dabei scheint Kienholz darauf zu vertrauen, daß der Rezipient den Widerspruch als konkrete Erfahrung latent in sich trägt. Die Weise, in der das Kunstwerk über seinen Rezipienten in die Gesellschaft zurückwirken kann, indem es ihn zunächst in der Konfrontation mit seinem Schrekken beläßt, vermittelt im Verweigern vorschneller Versöhnung das Vertrauen auch darauf, diesen Widerspruch konstruktiv nutzen zu können.

### Claes Oldenburg: Bedroom Ensemble – Replica I<br>1969, Sammlung Karl Ströher, Darmstadt

„Bedroom Ensemble" entstand 1963 für die Ausstellung „Four Environments by Four New Realists" in der Sidney Janis Gallery, New York; Replica I wurde 1969 anläßlich der vom Art Council of Great Britain zusammengestellten Ausstellung Pop Art in der Hayward Gallery, London, hergestellt und besteht aus der Nachbildung des damaligen Ausstellungsstückes und der Nachbildung des damaligen Ausstellungsraumes. Der Nachbildung liegen vom Künstler autorisierte Baupläne für Raum und Möbel zugrunde, die, unter Copyright-Schutz gestellt, garantieren sollen, daß die Rekonstruktion der Möbel im Rahmen des Originalschauplatzes geschieht.

Nach Aussagen Oldenburgs[39] bezieht sich das Environment auf die Einrichtung eines Motels an der Küstenstraße nach Malibu, dem ‚Las Tunas Isles', „in dem (als ich es 1947 besuchte) jede Suite mit dem Fell eines bestimmten Tieres dekoriert war, z.B. Tiger, Leopard, Zebra. Meine Phantasie übertreibt, aber ich stelle es mir gern so vor: jeder Gegenstand im Zimmer konsequent tierischer Herkunft". Als ‚Bedroom' im Herbst 1963 in Los Angeles entstand, war Oldenburg gerade von New York hierher gezogen; diesen Umzug betrachtet er als wichtigen Einschnitt in seinem Leben, mit dem sich eine „radikale Abwendung" von seinen bisherigen Arbeiten verbindet. Für ihn sind New York und Los Angeles in jeder Beziehung unterschiedene Gegenpole der

Abb.70–72

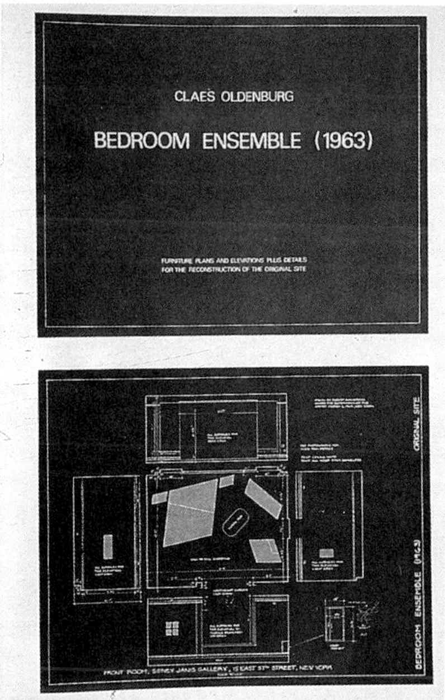
CLAES OLDENBURG
BEDROOM ENSEMBLE (1963)
FURNITURE PLANS AND ELEVATIONS PLUS DETAILS
FOR THE RECONSTRUCTION OF THE ORIGINAL SITE
ORIGINAL SITE
BEDROOM ENSEMBLE (1963)

Vereinigten Staaten, die er als Gegensätze im Sinne eines „funktionierenden künstlerischen Prinzips" begreift. In ‚Bedroom' verbindet Oldenburg üppige Sinnlichkeit *und* Abstraktion im Versuch, „Ideen über Skulptur mit denen über ein einfaches ‚vulgäres' Objekt in Einklang zu bringen ..." – „Geometrie, Abstraktion, Rationalität – das sind die Themen, die formal in dem Schlafzimmer ausgedrückt werden. Die Wirkung wird intensiviert durch die Wahl des weichsten und am wenigsten mit bewußtem Denken assoziierten Raumes des Hauses" [40]. Die Vermittlung polarer Momente als künstlerisches Prinzip scheint schon 1963 darin verwirklicht, daß für die New Yorker Ausstellung in Los Angeles ein Objekt gefertigt wird, das ein frühes *kalifornisches* Umwelterlebnis aufgreift; in der Replik wird dies 1969 dinglich konkreter und regelrecht thematisiert in der Rekonstruktion des *kalifornischen* Ausstellungsobjektes *und* des *New Yorker* Ausstellungsraumes. Damit entsteht ein Ensemble, das die Galerie als Ausstellungort in das Objekt mit einbezieht und das nunmehr als abgelöste, geschlossene Kunsteinheit anzusehen ist. „Das Original erschien mir jetzt wie eine Skizze. Es wurde unter Druck und ohne Sicherheit bezüglich des Resultats ausgeführt. Anders gesagt, das Original erscheint mir wie eine Art Bühnenbild, während die Kopie die Intention einer Skulptur erreicht. Die Politur der Wiederholung verleiht ihr eine Art positiver Gegenwärtigkeit, einen höheren Grad der Künstlichkeit, als das Original ihn besaß" [41]. Die großen Mühen und der enorme materielle wie zeitliche Aufwand, die mit der Reproduktion verbunden waren, verstärken diese Wertschätzung: das Suchen nach originalen, längst veralteten Mustern, das Aufspüren früherer Gehilfen usf. [42]. In der erreichten Verselbständigung des früheren Ereignisses zum autonomen Kunstobjekt reizt Oldenburg die Vorstellung, wo sein „wanderndes Zimmer" – als Garnitur mit Originalschauplatz wie ein „Spielzeug in großem Maßstab" lieferbar – hingelangen könnte: an einen „exotischen Ort, hoffe ich – in einem Schloß am Rhein oder in einem Lamakloster in Tibet" [43]. Solche Überlegungen machen deutlich, wie die Künstlichkeit in Konfrontationen gesteigert werden könnte. „Der Schlußstrich ist vielleicht, die Gewalttätigkeit der 57. Straße aufzuzeichnen und sie immerwährend sanft durch die geschlossenen Jalousien sickern zu lassen" [44].

Bedroom Ensemble ist ein Environment, das innerhalb der umschließenden Raumwände die komplette Einrichtung eines aufwendigen Schlafzimmers nachbildet; menschliche Figuren fehlen. In dem begehbaren Raum sind alle Gegenstände nicht nur visuell, sondern auch motorisch-haptisch erfahrbar. Die Möbel und sonstigen Ausstattungsstücke (wie Kissen, Mantel, Dosen etc.) stellen jedoch nur solche vor – die Realität hat ihre Grenzen an der Benutzbarkeit der Dinge. Die Möbel sind rautenförmig gebaut und machen perspektivische Verformungen, in denen der Betrachter vor den Gegenständen stehend diese sieht, dinglich real. Die Grundrißzeichnung (Tafel 1 der Baupläne – „Front Room, Sidney Janis Gallery, 15 East 57th Street, New York") macht deutlich, wie sich alle Möbel demjenigen, der durch die Tür den Raum betreten wird, in ihrer Sinnlichkeit aufdrängen. Als realer Raum lädt das Environment zum Begehen, wenn nicht gar zum Benutzen ein; dabei erfährt der Besucher die Verzerrung als Verfremdung, die sich nur von einem Punkt her, der den Besucher zum Betrachter macht, auflöst. Im Begehen erkennt er die Widersprüchlichkeit seines Tuns: Der Raum verlockt ihn zum Betreten, die sich ihm entgegenschiebenden Möbel halten ihn fern, die auf die Tür bezogenen Verzerrungen nageln den Bucher auf einen „point de vue" fest. Das Objekt provoziert den Rezipienten, seine dingliche Realität als Schein wahrzunehmen, als aus realen Funktionszusammenhängen abgelöste ästhetische Besonderheit; indem es sich ihm förmlich entgegenschiebt, zieht es sich zurück und ist etwas ganz anderes. Soll sich sein Schein von Realität erfüllen, muß es von einem Blickpunkt gleichsam als Bild betrachtet werden. Solche Künstlichkeit verstärken die Materialien der Ausstattung: „Gewebe wird fotografiertes Gewebe auf Kunststoffflächen. Nichts ist ‚wirklich' oder ‚menschlich' "[45]. Die Bettlaken sind aus glänzend weißem Vinyl, die schwarze Bettdecke aus gestepptem schwarzen Plastik; ebenfalls aus Plastik sind der schwarz auf weiß gedruckte Tigerfellbezug der Bettwand, der kunstvoll arrangierten Kissen, der Couch und das Fell auf dem Boden. Das hochelegant wirkende kühle Ensemble in schwarz und weiß wird durch die türkisfarbenen Lampenschirme akzentuiert; Kommode und Nachtschränkchen sind mit blauer Marmor-Kunststoffolie überzogen, die „abstrakt-impressionistischen" Gemälde sind reproduzierte Stoffmuster. Die konsequente Verwendung von Kunststoffen transzendiert reale Stofflichkeit und verflüchtigt den Schein von Realität in eine „höhere" Sphäre.

Oldenburg bezeichnet das Schlafzimmer als „softest room in the house and the one least associated with concious thought" – als weichsten Raum im Haus und den am wenigsten mit bewußtem Denken verbundenen. Den so charakterisierten Raum realisiert er als „hard model" – nicht etwa als „soft model" wie beispielsweise den „Soft Typewriter" (1963) – und mit Geometrie, Abstraktion und Rationalität in konsequenter Gegensätzlichkeit: „Das Schlafzimmer als vernünftiges Grabmal, das Schlafzimmer Pharaos oder Platos"[46].

Versteht man das Schlafzimmer des bürgerlichen Hauses – ganz im Gegensatz zu entsprechenden feudal-aristokratischen Einrichtungen – als Kernzelle privater zwischenmenschlicher Intimität und unbeobachteter Emotionalität, so entzieht Oldenburg diesen Bereich seinen menschlichen Beziehungen und Assoziationen. Aufbauend auf dem innerfamiliären Repräsentationswert des Schlafzimmers überhöht er es als monumentale Raumskulptur denkmalhaft in ästhetischer Autonomie und benutzt für diese Überhöhung das Vorbild eines Hotelzimmers; folgerichtig fehlen menschliche Figuren im Ensemble. In solcher Herauslösung der intimsten Sphäre, die die Verselbständigung einer Dingwelt in eigener Rationalität bedeutet, hebt Oldenburg bürgerliche Privatheit auf. Dabei wird die Qualität des Kunstgebildes substantiell von Elementen der Warenästhetik geformt. In seiner Erscheinung verspricht „Bedroom Ensemble" hohen Gebrauchswert, der sich im Zugriff auflöst und in totalem Schein apologetisch verklärt. Wie schon angedeutet erfüllt sich der Schein von Realität von einem Blickpunkt aus gleich dem Blick durchs Schaufenster auf die Ware, die ihre „Liebesblicke" wirft. Oldenburg durchbricht ironisch die imaginäre Schaufensterscheibe und löst die Distanz Betrachter – Objekt auf, um sie zu potenzieren: Der Betrachter erfährt die ästhetische Eigengesetzlichkeit als Ausschluß wie sonst mangelndes finanzielles Vermögen beim Kauf eines ersehnten Luxusobjektes. Das Kunstwerk hat seine Qualität im Durchgang durch die Warenwelt erlangt und signalisiert in dieser Transzendenz, wie sehr jene als bestimmende Realität begriffen ist. Der Schein des Gebrauchswertes von Oldenburgs Schlafzimmer ist der Schein seiner Nützlichkeit, in der Art wie es sich anbietet erscheint es als für den Austausch produziert. Die Nützlichkeit eines Dings macht es zum Gebrauchswert, die Produktion für den Austausch zur Ware. Das Schlafzimmer Oldenburgs will die ihm assoziierten Bedürfnisse nicht befriedigen, sein Gebrauchswert bleibt reiner Schein, der sich in realitätsorientiertem Zugriff provokativ verflüchtigt. Die Idee des Versprechens im sinnlichen Scheinen des Gebrauchswertes konstituiert die realitätsentzogene bzw. -transzendierende Autonomie des Kunstobjektes, verstärkt durch die dem Objekt zugehörenden Galeriewände als „eigener Kasten": so ist – wie Oldenburg sagt – „der Inhalt das, was der Gegenstand tut". Warenproduktion produziert nicht Gebrauchswerte als solche, sondern produziert für den Verkauf. Dieser Tauschwertstandpunkt konzentriert sich als der beherrschende auf das Gebrauchswertversprechen von Waren. „Hier liegt von vornherein ein starker, weil ökonomisch funktioneller Akzent auf der Erscheinung des Gebrauchswertes, der, den einzelnen Kaufakt betrachtet, tendenziell als bloßer Schein eine Rolle spielt. Das Ästhetische der Ware im weitesten Sinne: sinnliche Erscheinung und Sinn ihres Gebrauchswerts . . . löst sich hier von der Sache ab. Schein wird für den Vollzug des Kaufakts so wichtig – und faktisch wichtiger – als Sein"[47]. Dieses Prinzip der Warenästhetik ist im Bedroom-Ensemble als zentrale Bedingung kapitalistischer Lebensverhältnisse thematisiert. Das Versprechen von Befriedigung und Glück wird über den Warenschein in der ästhetischen Erscheinung aufgehoben und in „interesseloses" Wohlgefallen gewendet. Das Schöne ist augenzwinkernd bei sich und weiß um die uneingeschränkte Bewunderung des Betrachters. „Das Interesse an Oldenburgs Objekten kommt daher, daß er nicht nur die Grundformen und Charakteristika der universal-alltäglichen Objekte herausstellt, sondern sie auch mit den Fetischqualitäten und mit dem Glanz, den solche ekstatischen Objekte ausstrahlen, versieht"[48].

**Tom Wesselmann: Great American Nude No. 54** Abb.73 (S.121)
**(Großer amerikanischer Akt Nr. 54)**
**1964 – verschiedene Materialien, 214 x 260 x 133 cm,**
**Sammlung Ludwig in Aachen – Neue Galerie der Stadt Aachen**

Weniger kompliziert in der ästhetischen Struktur und wesentlich direkter als Oldenburgs „Bedroom Ensemble" sind Wesselmanns Interieurs. „Great American Nude No. 54" ist ein intensiv farbiges Objekt, das aus einer großflächigen „Kulissenwand" besteht, die mit realen Gegenständen auf einem breiten Fußbodenstreifen dem Betrachter räumlich „entgegenwirkt". Die Zone vor der gemalten Fläche bietet sich in dinglicher Konkretion dem Betrachter als Brücke in die abstraktere Zone eines Illusionsraumes an, verlockt ihn, das sich bietende „Stück Leben" (Wesselmann) erfassen zu wollen. Die rückwärtige Bildfläche ist in zwei gleichbreite Hälften geteilt. Die stillebenhafte rechte Hälfte mit Möbeln, Früchten, Blumen und Ausblick auf blühende Gartenbäume ist Abschluß des Raumes, in dem der Betrachter vor dem Objekt selbst zu stehen scheint; die linke Hälfte ist als Durchblick in einen hinteren Raum gemeint. Dieser Raum ist farbig wie der vordere gegliedert, an der rückwärtigen Wand führt wieder ein Fenster zum Garten hin. Neben dem Fenster sieht man links eine Kommode mit der Blumenvase, darüber ein Bild mit abstrakt-geometrischer Komposition; im Gegensatz zu den realen Möbeln rechts vorn ist diese Kommode nur eine ungegliederte violette Fläche, die gemalte Blumenvase korrespondiert genau mit der „wirklichen" auf dem Tisch vorn. Das Zentrum des hinteren Raumes wird von einem rosafarbenen Lager bestimmt, auf dem eine nackte dunkelhäutige Frau liegt und sich dem Betrachter zuwendet. Sie ist der eigentliche Kern des Interieurs wie die Perle in einer Muschel. *Entgegen* der bisherigen Beschreibung des Kunstobjektes von rechts vorn in die Bildtiefe nach links – von einer äußeren Zone nach innen zur intimsten eines privaten Bereiches – fällt der Betrachter unvermittelt in die linke Bildzone hinein: Er stößt direkt mit seinen Augen auf das Lager und den Körper der Frau, die sich hinter der offenen Tür mit gespreizten Schenkeln dem Eintretenden selbst öffnet, so als habe sie ihn erwartet. An ihr geht es nicht vorbei: der in den Raum Eindringende soll auch in ihren Körper eindringen, innerhalb der umschließenden Wände werden ihn Schenkel und Arme umfangen. Die Komposition entwickelt sich direkt auf ein konkretes intimes Ziel hin und erfüllt sich in dem Wunschbild sexueller Handlung.

Die Farbigkeit des Objekts ist bei großflächigem Farbauftrag auf eine Tonfolge von dunklem Braun, Rot und Gelb-Ocker konzentriert mit den auffallenden Kontrastwerten Hellblau und Bonbonrosa. Kontrastierende Farbflächen, Überschneidungen und Schrägen bestimmen unterschiedliche Raumebenen, die durch überall gleiche Wertigkeiten wieder in einer Bildfläche zusammengefaßt sind. Farbig und stofflich geht der Fußbodenstreifen in die Bildfläche ein und scheint sich so direkt in den linken hinteren Raum fortzusetzen. Das Zusammenziehen der Malerei zu großen kontrastbetonten und nichtbinnenstrukturierten Farbflächen gibt der Darstellung einen plakativen Reiz mit intensiver Signalwirkung. Diese Eigenschaften kulminieren im Frauenkörper auf dem rosa Lager. Die Gesamtform des Körpers ist mit fließendem Umriß hart betont, auf Binnenzeichnung ist verzichtet mit Ausnahme der entscheidenden „topographischen" Daten Mund, Brustwarzen, Nabel und Scham. In Aufsicht offeriert der helle Grund den Körper mit seinen eindeutigen sexuellen Bezeichnungen und Gesten dem Betrachter wie ein zu direktem Konsum bestimmter Gebrauchswert. Objekthaft stülpt sich das Innerste einer privaten Sphäre jedwedem Fremden entgegen, bezieht ihn in vermeintlicher Vertrautheit ein in die feilgebotene Intimität, so daß in der Öffentlichkeit des Intimen die vorgegebene Privatheit aufgehoben ist.

Wie bei Oldenburg wird auch in Wesselmanns Interieur der Betrachter von praller Sinnlichkeit verlockt, von sehr direkten Versprechungen gefangen, um schließlich von ihrer Scheinhaftigkeit zurückgewiesen zu werden, ohne daß sein Verlangen erfüllt wird. In Wechselbeziehung macht der Genuß des Kunstwerks die tägliche Erfahrung im Umgang mit Gebrauchswertversprechen und dem schönen Schein der

Waren zum ästhetischen Spiel. Die Direktheit, mit der Wesselmann im Innersten seines Bildes den Betrachter gefangen nimmt, um ihn dann auf einer Diagonalen kunstvoll von links-hinten nach rechts-vorn in Abstufungen von Schein und Realität wieder nach außen in platte Dinglichkeit zu seinen ungestillten Wünschen zu entlassen, korreliert genau – wenn auch spielerisch – mit der Wirklichkeit der Warenwelt und allen von dieser bestimmten Beziehungen: Auf dieser Diagonalen verwandelt sich der plakative reale Schein in exemplarisch reduzierte scheinbare Realität. Die Ernüchterung nach rechts hin wird versüßt durch Vogelgezwitscher und leise Straßengeräusche, die über Tonband durchs Fenster eingespielt werden; die drastische Sinnlichkeit rechts kompensiert so die versprochene links – der Betrachter, dem sich ein Traumbild wilder Intimität anbietet, ist in die faßbare Normalität zurückgekehrt. Auf dem Stuhl kann er sitzen und von dem Bett träumen, das sich ihm entzieht. „Der Schein, auf den man hereinfällt, ist wie ein Spiegel, in dem die Sehnsucht sich erblickt und für objektiv hält. Wo den Menschen, wie in der monopolkapitalistischen Gesellschaft, aus der Warenwelt eine Totalität von werbendem und unterhaltendem Schein entgegenkommt, geschieht, bei allem abscheulichem Betrug, etwas Merkwürdiges, in seiner Dynamik viel zu wenig Beachtetes. Es drängen sich nämlich an die Menschen unabsehbare Reihen von Bildern heran, die wie Spiegel sein wollen, einfühlsam, auf den Grund blickend, Geheimnisse an die Oberfläche holend und dort ausbreitend. In diesen Bildern werden den Menschen fortwährend unbefriedigte Seiten ihres Wesens aufgeschlagen. Der Schein dient sich an, als kündete er die Befriedigung an, er errät einen, liest einem die Wünsche von den Augen ab, bringt sie ans Licht auf der Oberfläche der Ware. Indem der Schein, in dem die Waren einherkommen, die Menschen ausdeutet, versieht er sie mit einer Sprache zur Ausdeutung ihrer selbst und der Welt. Eine andere, als die von den Waren gelieferte, steht schon bald nicht mehr zur Verfügung“[49].

Das Zitat macht deutlich, was die Einbeziehung warenästhetischer Dimensionen in die Bildende Kunst bedeuten kann: das Verfügbarmachen einer anderen, letztlich subversiven Welt. Es entspricht zweifellos nicht den Intentionen Wesselmanns, inhaltliche Komplexe wie die oben Dargestellten in konkret gesellschaftskritischer Attitüde zu thematisieren. Entsprechende Ausagen zu Bildern Wesselmanns erscheinen eher als vordergründige Analyseergebnisse, die einem vorstrukturierten Gedankenschema entspringen. Tatsächlich weiterführend ist das genaue Beobachten der immanenten „Inszenierung“, die auf das Problem der „Irritation“ führt. Die in der Analyse festgestellte Irritation – ein lustvoll spielerisches Umgehen mit den sinnlichen Erfahrungen des Alltags – ist zunächst wiederum eine stark immanente Problematik intellektuellen Zuschnitts mit gleichwohl „demokratisierenden“ Tendenzen von Kunstgenuß: dieser ist wesentlich bestimmt vom „trivialen“ Umgang mit der jedermann bekannten Alltagsrealität, die fast ungebrochen im Bildwerk sich zu wiederholen scheint; hierin entwickelt sich die Polemik von Pop Art. Die in der Pop Art faßbaren Irritationen funktionieren nur im offenen Verhältnis zur Alltagsrealität und ihrer Vermittlung in Massenmedien, die Objekte verlangen das „Mitsehen“ von Produkten und Werbebildern. Letzteres auch in unserem Beispiel: einerseits wird der gemeinhin hohe Realitätsgrad von Werbebildern und das dadurch zugespitzte Gebrauchswertversprechen einer Ware im Kunstwerk – das auf Werbung recurriert – vordergründung potenziert, zudem durch die Einbeziehung in den Kunstbereich auch auratisiert, gleichzeitig das Kunstwerk in seinem traditionellen Verständnis durch den spezifischen Bezug auf Werbung entauratisiert; andererseits wird die genannte Potenzierung im gezielten Einsatz bildnerischer Überlegungen vielfältig gebrochen und die Ent-Auratisierung im Prozeß ästhetischer Gestaltung aufgehoben.

Damit bleibt von der sich unmittelbar aufdrängenden platten Aussage – Sexualität als Warenverhältnis –, die identisch scheint mit der von Werbung, nichts übrig; die Problematik wendet sich zur Immanenz des Ästhetischen bzw. führt zur Sensibilisierung von Sinnlichkeit gerade im Sektor ihrer technokratischen Verwaltung. Solcherart entzieht sich Kunst dieser Restriktion und rekonstruiert eine neue Dimension ästhetischer Erfahrung. Diese öffnet potentiell die beschriebene Immanenz: indirekt kommt es zu einer Kritik bestehender Verhältnisse, die im Kunstwerk gegenständlich sind. Die Irritation eröffnet im hergestellten Freiraum nicht verwalteter Sinnlichkeit im Kunstwerk dem Rezipienten neuerlich die Möglichkeit, *auch* über inhaltliche Komplexe wie die oben Genannten nachzudenken – das Kunstwerk legitimiert die kritische Reflexion seines Betrachters.

„Great American Nude No. 98" (1967, Öl auf 5 Leinwänden, 250 x 380 x 130 cm, Sammlung Ludwig, Wallraf-Richartz-Museum Köln) ist eine der vielen Varianten des Themas. Diese Variation komprimiert die in die Autonomie des sich selbst genügenden Kunstwerks gehobene Warenschönheit, indem das Interieur zu einem Stilleben von Reizwerten privaten Konsums verdichtet ist, das Sexualität wiederum zum zentralen Glücksversprechen hat. Die isolierende Darstellung von weiblichen Sexualreizen in Verbindung mit zum unbekümmerten Konsum bestimmten Verbrauchsgütern – Zigarette, Apfelsine, Papiertücher zum Wegwerfen – zeigt das auf Warenbeziehungen reduzierte Verhältnis in der bürgerlichen Privatsphäre an. Die spezielle Aufbereitung ist zweifellos lustvoll und kennt auch hier keine direkten Hinweise auf eine kritisch bestimmte Haltung[50].

Die Komposition besteht aus fünf ausgeschnittenen Großformen, die sich formal, farbig und inhaltlich steigernd in drei Ebenen hintereinandergestellt sind. Diese die

Abb.74

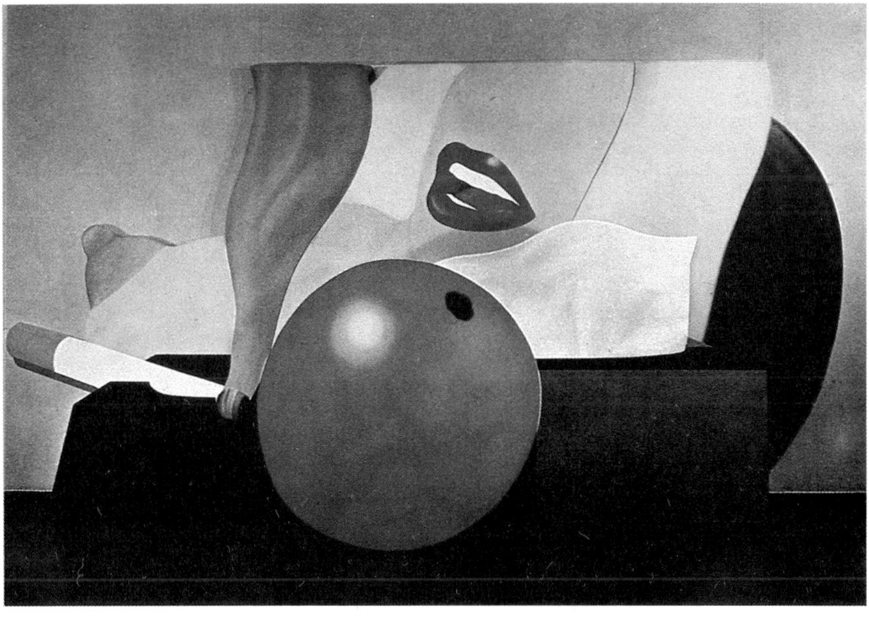

Bildfläche verlassende Struktur erinnert im Arrangement ihrer Teile selbst an den Aufbau eines Stillebens. Die sonst in einer Fläche mit Überschneidungen oder Farbe hergestellten Raumschichten sind kulissenhaft tatsächlich vorhanden. Die vorderste Schicht bildet eine Apfelsine, die mittlere ein Aschenbecher mit rauchender Zigarette und eine Papiertücherschachtel, die hinterste der Oberkörper einer nackten, halbaufgerichteten Frau – genauer eine Brust und der Kopf, der dem Betrachter zugewendet ist, hinterfangen von einer Stütze. Auch hier dringt die Komposition vom Frauenkörper als dem eigentlichen Hauptteil aggressiv von hinten nach vorn auf den Betrachter ein. Die Apfelsine ist die in den Raum vorstoßende Kompositionsspitze, die als „Anreißer" zu den anderen Reizen hinführen soll, vor allem zu dem sinnlich geöffneten Mund. Während die Komposition in der mittleren Ebene in Farbigkeit wie Attraktivität des Dargestellten „cool" wirkt, steigert sie sich in der dritten Raumschicht zu üppiger Sinnlichkeit; die Formen praller Nacktheit bekommen nachgerade landschaftliche Dimensionen. Wiederum fehlt die Binnenzeichnung, die Großform wird vom monochrom rosa Inkarnat zusammengehalten und allein von der mächtigen Brustwarze und dem intensiv roten Mund mit weißen Zähnen sexual-topographisch akzentuiert. Individualisierende Merkmale wie Nase oder Augen (die „Fenster zur Seele") fehlen, die genormte Sinnlichkeit wird durch lange blonde Haare betont. In der sinnlichen Aktivität verbinden sich Brust, Mund und Apfelsine und schließen das Arrangement zum Bild zusammen. Im Gegensatz zu „No. 54" ist diese Darstellung gestrafft und eindeutiger. Privatheit ist reduziert auf Signale, die in ihrer Konzentration ein einfaches, in der Reduktion umfassendes Warenzeichen für Intimität als Gebrauchswert hergeben.

## III-3 Die Thematisierung bürgerlicher Privatheit im Spielfilm

### François Truffaut: L'enfant sauvage (Der Wolfsjunge) Frankreich 1969

„L'enfant sauvage" (Der Wolfsjunge) von François Truffaut ist ein Film, der in ästhetisch vollendeter Form differenziert Phasen der Erziehung eines jungen „Wilden" zum bürgerlichen Individuum schildert. Dieser Erziehungsprozeß vollzieht sich wesentlich im Spannungsfeld zwischen Natur und den Räumen eines bürgerlichen Hauses, das zur Metapher für Geborgenheit, Menschlichkeit und Kultur wird. Für die Schönheit des Films ist bestimmend, daß die aufklärerisch-optimistische Emphase des berichteten Geschehens aus dem Ende des 18. Jahrhunderts vorsichtig, aber entschieden gebrochen wird in einem von der Geschichte ernüchterten Bewußtsein, was die behutsam-eindringliche Handlung und Bildsprache mit einer letztlich schmerzlichen Trauer erfüllt.

Die Handlung des Films basiert auf dem 1806 erschienenen Buch des Arztes Jean Itard „Memoire et rapport sur Victor de l'Aveyron", damit auf einem authentischen Ereignis. Es ist die Geschichte eines etwa elfjährigen Jungen, der in Mittelfrankreich in früher Kindheit im Wald ausgesetzt wurde, überleben konnte und sich dann wie ein Tier den Lebensbedingungen der Natur anpaßte. 1798 wurde das Kind entdeckt, gefangen und nach Paris gebracht, wo es vorübergehend im Taubstummen-Institut und zwischen schwachsinnigen Kindern unter der Obhut von Professor Philippe Pinel lebte, bevor es der Arzt Dr. Jean Itard zu sich nahm, um es in seinem Haus in Batignolles zum Menschen zu bilden. Die Filmhandlung beginnt mit der Entdeckung des Kindes im Walde und schildert im Hauptteil Phasen des Erziehungsprozesses aus einem Zeitraum von neun Monaten. Der Film wurde von Juli bis September 1969 in Aubiat in der Auvergne und in Paris gedreht (schwarzweiß; Buch: F. Truffaut / Jean Grunault; Kamera: Nestor Alemedros; Schnitt: Agnes Guillemot; Musik: Antonio Vivaldi) und am 26. 2. 1970 in Paris uraufgeführt (deutsche Erstaufführung: 5. 7. 1970; TV – ARD 1. 5. 1974)[51]; die Originallänge des Filmes beträgt 2286 m = 83 min, die deutsche Länge 2303 m = 84 min. François Truffaut spielt die Hauptrolle des Dr. Itard. Jean Pierre Cargol – ein Zigeunerjunge – das „wilde Kind", den späteren Victor de l'Aveyron; weitere wichtige Rollen verkörpern Françoise Seigner (Mme Guerin), Jean Daste (Prof. Philippe Pinel), Claude und Annie Miler (Ms und Mme Lémeri). Der Film ist dem Schauspieler Jean-Pierre Leaud gewidmet, den Truffaut 1958 für die Rolle des Antoine Doinel in seinem ersten abendfüllenden Spielfilm „Les 400 Coups" (Sie küßten und sie schlugen ihn) entdeckt hatte und der diese und andere wichtige Rollen in einer Reihe späterer Filme Truffauts spielte (z.B. den Alphonse in „La nuit americaine" – Die amerikanische Nacht). Der Regisseur François Truffaut wurde 1932 in Paris geboren, der Vater war technischer Zeichner, die Mutter Sekretärin; mit 14 Jahren verließ er die Schule, wurde straffällig, landete in einer Erziehungsanstalt und fand schließlich in André Bazin einen väterlichen Freund und Erzieher, der entschieden vorhandene Interessen auf den Bereich des Films lenkte – Bazin war ein führender Filmkritiker und Mitherausgeber der Zeitschrift Cahiers du Cinema. Nachdem Truffaut 1952 „in Unehren" die französische Armee verlassen mußte, arbeitete er zunächst in der Filmabteilung des Landwirtschaftsministeriums, später zunehmend als Filmkritiker, bis er Ende der fünfziger Jahre begann, eigene Filme zu drehen; neben dem Kritiker Bazin waren es vor allem die Regisseure Rossellini, Renoir, Bergmann, Ophüls – besonders aber Hitchcock –, die seine künstlerische Entwicklung bestimmten.

Die unterschiedlich langen Sequenzen des Films lassen sich zu Gruppierungen zusammenfassen, die inhaltlich und formal bestimmt sind. Vielfach sind in sich geschlossene Sequenzen aneinandergesetzt, was die Phasenhaftigkeit des Geschehens, das sich nicht in einer fortlaufenden Handlung vollzieht, betont: das Überblenden einer Einstellung in eine andere kennzeichnet inhaltliche Beziehungen auch über räumliche und zeitliche Distanz. Mehrmals schließt Truffaut eine Einstellung mit der kreisförmig zusammenlaufenden Irisblende, einem altertümlich wirkenden Gestaltungsmittel; das Bild bleibt in einem zumeist auf den Jungen reduzierten Ausschnitt, medaillonartig im Zentrum der Bildfläche stehen, komprimiert einen Handlungsablauf nochmals zum Bild, das sich dem Betrachter besonders einprägt. Inhaltlich bedingt unterscheidet sich die Kameraführung in der ersten Filmhälfte deutlich von der im Hauptteil des Films. Häufiger Wechsel von Perspektiven und Einstellungsgrößen, Fahrten, Schwenks, Zoom bestimmen aktionsreiche Sequenzen, so zum Beispiel die erste, wenn eine Pilzsucherin von dem vermeintlichen Untier im Wald erschreckt in Panik davonläuft, oder die zweite, wenn der Wolfsjunge von Bauern, Jägern und Hunden gehetzt und gefangen wird. Eine ungemein ruhige, bisweilen statische Kameraführung bestimmt dagegen die Sequenzen im Hause des Dr. Itard, sie beruhigt das Geschehen in zwischenmenschlichen Beziehungen und im Erziehungsprozeß und vermittelt solcherart die Menschwerdung des „Tieres". In den Sequenzen des Überganges von der Gefangennahme des Kindes bis zur Aufnahme im Hause Itards (3.-10. Sequenz) durchdringen sich beide Formen der Kameraführung; der dramatischen Jagdszene folgt abrupt als dritte Sequenz ein Interieur, in dem Itard das Ereignis aus der Presse erfährt, der turbulenten 10. Sequenz im Taubstummenheim, wo das Monstrum einem sensationsgierigen Pariser Publikum vorgeführt wird, folgt in der 11. die liebevolle Aufnahme im Hause Itard. Während aktionsreiche Sequenzen akustisch nur von Geräuschen, Rufen oder zielloser Unterhaltung geprägt sind, setzt Truffaut in den anderen Sequenzen geformte Sprache ein, die auf weiten Strecken dem Originalbericht folgt oder – verbunden mit einfacher Gestik – mit wenigen klaren Sätzen die neue Qualität menschlicher Beziehungen, die Güte und Liebe, aber auch die Forderungen des Lebensprozesses deutlich machen; ebenso sind nur diese Sequenzen mit der Musik Vivaldis unterlegt. „Es läßt sich überhaupt feststellen, daß die Dramaturgie und Kameraarbeit auf das Genaueste der didaktischen Entwicklung des Films angepaßt sind: die geometrischen Räume des Hauses entsprechen dem Vorstellungssystem, das Itard dem Jungen vermittelt, Schnitt und Montage sind auf den Kommentar (der die reflektive Ebene des Films herstellt) und den Fortgang der Experimente eingestellt, akzentuieren ihre Dramatik, während die emotionale Ebene des Films vornehmlich durch die Kamerabewegung und durch Bildkomposition entsteht"[52].

Es ist aufschlußreich, in der dramaturgischen Exposition der ersten Sequenz die antithetische Bezeichnung von Lebensformen im Naturzustand und denen der Vergesellschaftung zu verfolgen. Der Film beginnt mit einer sommerlichen Waldszene: eine Bäuerin sucht nach Pilzen. Die Idylle wird durch das Erscheinen des vermeintlich wilden Tieres – das der Frau die Früchte abjagt – und die Flucht der Frau zerstört, um dann für das Kind wieder hergestellt zu werden. Der Wolfsjunge frißt von den Pilzen, säuft Wasser aus dem Bach und klettert in einen Baum, wo er auf einem Ast sitzend mit gleichmäßig schaukelndem Oberkörper ausruht. Die Bildregie betont die Harmonie des Kindes mit seiner Umgebung. Zunächst verweilt die Kamera für Sekunden auf dem Jungen, erfaßt dann in einem Zoom erst die Baumkrone und schließlich in der Totalen den ganzen Wald, um mit der Irisblende zuletzt einen Wipfel zu fixieren. Die Bewegung der Kamera vom Innern des Waldes nach außen zu einem geschlossenen Gesamtbild bettet den Jungen sinnfällig in den Lebensbereich der Wildnis als dieser zugehörig ein. Für das spätere Verständnis dieses „paradiesischen" Zustandes ist die Schaukelbewegung des Jungen bedeutsam, eine als Hospitalismus bekannte Erscheinung bei Kindern, die in einer Ersatzbefriedigung fehlende menschliche Zuneigung und „Nestwärme" kompensieren. Die wiederhergestellte Geschlossenheit der Wildnis wird in der zweiten Sequenz gewaltsam zerstört: Jäger und Bauern jagen mit Hunden das „Tier", das im Kampf in animalischer Wildheit einem Hund das Genick bricht, sich schließlich in einer Erdhöhle verkriecht, aus der es mit Qualm vertrieben, in einen Sack gesteckt und weggebracht wird – die Höhle war die letzte Zuflucht der Kreatur in den Erdboden hinein. Die dritte Sequenz zeigt das Arbeitszimmer des Dr. Itard. Die zunächst statische Kamera erfaßt ein Bild, die anatomische Darstellung eines Kopfes im Profil mit den zu Gehirn und Sinnesorganen laufenden Nervensträngen. Vor dieses Bild schiebt sich in Richtung des Profils von links nach rechts der Kopf Itards, die Kamera verfolgt die Bewegung des Mannes im Raum und zeigt ihn dann in ganzer Gestalt hinter einem Arbeitstisch. Itard liest in der Zeitung von der Gefangennahme des „Wilden", er schneidet die Nachricht aus und legt den Ausschnitt in eine Mappe. Mit der ersten Einstellung in dieser Sequenz erscheint im Interieur nunmehr Natur als Gegenstand wissenschaftlicher Erkenntnis; die Entdeckung des Wolfsjungen ist ein Fall bürgerlicher Öffentlichkeit und erregt das Interesse des Naturfoschers, der mit dem Ausschneiden der Nachricht das Ereignis an sich zieht, es für sich „privatisiert". Die Bäuerin zu Beginn des Films, die Jäger, Hunde, Neugierige, die Journalisten der Presse und die Mediziner brechen in die Lebenssphäre des „Wilden" ein, um sie mehr oder weniger gewaltsam aufzulösen und in eine andere Dimension zu überführen.

Mit der Aufnahme in das Privathaus des Dr. Itard beginnt für den Jungen der Erziehungsprozeß für ein menschliches, d.h. bürgerliches Leben. Während Itard dem Kind Beschützer, väterlicher Freund und Lehrer wird, wendet sich ihm die Haushälterin Mme Guerin in geduldiger mütterlicher Liebe zu. Der Erziehungsprozeß entwickelt sich überaus schwierig und langwierig, von kleinen Erfolgen gekrönt, von Mißerfolgen und Rückschlägen begleitet. Dr. Itard entdeckt, daß der Junge im Sinne menschlicher Kommunikation kommunikationsfähig ist: er kann hören, vielleicht wird er sogar sprechen lernen; die medizinische Untersuchung gemeinsam mit Professor Pinel hatte ergeben, daß die langjährige Isolation in der Wildnis und nicht eine vernarbte Wunde an der Kehle ursächlich für die Sprachlosigkeit des Kindes ist. Der Junge kann „verstehen", er lernt sich mitzuteilen durch emotionale Zu- oder Abwendung in Liebesbezeugungen oder Wutausbrüchen bei Überforderung; bei Liebesbezeugungen ergreift er die Hand des Partners und preßt sie an sein Gesicht. Das „Tier" wird zunächst zahm und dann langsam Mensch; das Kind lernt aufrecht gehen, Kleider und Schuhe tragen, mit dem Löffel essen und bekommt einen Namen: Victor (der Sieger). Victor lernt Gegenstände und ihre Verwendung, er lernt Zusammenhänge und Begriffe kennen – er erfindet einen Kreidehalter, um besser schreiben zu können. In der pädagogischen Begegnung mit dem Jungen lernt andererseits Dr. Itard, seine Intentionen und Vorgehensweisen den Bedürfnissen und Möglichkeiten des Kindes anzupassen, nicht ohne schmerzliche Erfahrungen der Überforderung und Regression; massive Konflikte in der persönlichen Beziehung können nur durch die intensive mütterliche Zärtlichkeit der Haushälterin überwunden werden, die das Kind vor dem bisweilen besessenen Eifer des Lehrers schützt. Das Lernen wird von freier Zeit abgelöst, in der Dr. Itard mit Victor ausgedehnte Spaziergänge durch Felder und Wälder unternimmt; beliebtes Ziel ist das Gutshaus des jungen Ehepaares Lémeri, mit dessen Kindern Victor spielt. Die Spaziergänge zeigen den sich anbahnenden Bruch mit dem früheren Lebensbereich der wilden Natur an; in Kleidern und Schuhen läuft Victor neben Dr. Itard oder umspringt ihn in geringer Entfernung. Gleiches gilt für die Bewertung einer besonderen Belohnung für erbrachte Lernleistungen. Victors schönstes Geschenk – weil sich darin eine besondere Liebeszuwendung vermittelt, die auf dem Verstehen natürlicher Bedürfnisse dieses Kindes beruht – ist eine Schale klaren Wassers. In einer Schlüsselszene überreicht nach einem erfolgreichen Lernvorgang Itard dem Jungen die Schale Wasser, Victor tritt damit ans offene Fenster und trinkt das Wasser aufrecht stehend im Anblick der Natur draußen; der Vorgang wird von einer Flötenstimme in ruhigen Akkorden begleitet. Diese Belohnung wird zur Regel, jedoch Victor verbraucht später das Wasser nur noch als Erfrischung und ohne ans Fenster zu treten – die Erinnerung verblaßt. Einen Höhepunkt im Erziehungsprozeß stellt der Versuch Itards dar, herauszufinden, ob Victor ein „moralisches Bewußtsein" hat; er bestraft ihn grundlos, um seine Reaktion zu prüfen. Victor reagiert empört und mit Tränen der Hilflosigkeit auf die ungerechte Bestrafung nach einer erfolgreich gelösten Aufgabenstellung – er hat im Umgang mit Menschen ein Gefühl der Gerechtigkeit und der Ungerechtigkeit erworben; in einem bitteren, für Lehrer wie Schüler gleichermaßen schmerzhaft einschneidenden „Lernschritt" hat das ehemalige Tierwesen eine wesentliche Kategorie des Lebens erfaßt – und gleichzeitig ein weiteres Stück seiner kreatürlichen Unschuld verloren. Eines Tages jedoch – in der langen Schlußsequenz des Films – bricht Victor aus und entläuft in die Wälder; in einem affektiven Ausbruch verschafft sich sein kreatürlicher Instinkt und die Erinnerung an seine frühere Lebensform nochmals revoltierend Geltung: Für Mme Guerin holt Victor eine Kanne Wasser aus einem Vorratsbehälter, unvermittelt flieht er durch ein offenes Fenster und läuft zum Wald, die Kamera verfolgt in einer statischen Einstellung den langen Weg über ein Feld in einer perspektivisch sich verjüngenden Waldlichtung. Victor trinkt aus einem rauschenden Wildwasser und sinkt dann in Schlaf. Am folgenden Tag versucht er – um seinen Hunger zu stillen – bei einem Bauern Eier oder ein Huhn zu stehlen, was mißlingt. Derweil ist Mme Guerin verzweifelt, Dr. Itard schließt ohne Hoffnung auf ein Wiedersehen sein wissenschaftliches Tagebuch über den Erziehungsprozeß ab – der Arzt war sich inzwischen der „Aufmerksamkeit der Wissenschaft" und des „Schutzes der Regierung" einschließlich finanzieller Unterstützung für sein Unternehmen sicher. In einem Rechenschaftsbericht schreibt Dr. Itard: „Ich kann seiner Exzellenz versichern, daß er ein Stadium erreicht hatte, wo er begann, kontinuierlich Beweise seiner Aufmerksamkeit, seines Empfindungsvermögens und seines Gedächtnisses zu geben. Er konnte vergleichen, unterscheiden und beurteilen und sich auf die Gegenstände seines Unterrichtes konzentrieren. Dieses Kind des Waldes vermochte den Aufenthalt in Wohungen zu ertragen. Und all diese Veränderungen sind in kurzer Zeit von neun Monaten eingetreten"[53]; Itard hat das Kind auf „das Niveau eines moralischen Menschen gebracht". Doch Victor kehrt zurück, „. . . die ‚Natur' läßt sich nicht wiedergewinnen; der Triebapparat ist durch die anerzogene Gewissensinstanz schon so geregelt, daß der Junge wieder zurückkehrt, nun vermutlich für immer der Zivilisation gewonnen"[54]. Mme Guerin nimmt Victor in spontaner Glücksäußerung in die Arme; Dr. Itard umfaßt ihn auch, jedoch in zurückhaltendem Ernst: „Ich bin sehr froh, Du bist zuhause, Du bist kein wildes Tier mehr, wenn Du auch noch kein Mann bist, Victor, Du bist ein außergewöhnlicher Junge, auf den ich meine größten Hoffnungen setze . . . später nehmen wir unseren Unterricht wieder auf"[55]. Die Irisblende fixiert abschließend das Gesicht Victors, das unbeweglich keine Regung von Glück oder Leid zeigt.

Die Menschwerdung Victors vollzieht sich in dem Maße, wie er aus seinem Naturzustand in die Privatheit des bürgerlichen Hauses hineinwächst und sich hier heimisch fühlt. Es ist gleichsam ein zweiter Geburtsprozeß, der in der Zeit einer normalen Schwangerschaft von neun Monaten abläuft, von der „Empfängnis" des ungestalten Tiermenschen bis zur freiwilligen Rückkehr in das Haus. In diesem Zeitraum besiegt „Victor" seinen Naturzustand mit der Hilfe des Wissenschaftlers und Pädagogen, in dessen Interessen sich die seiner aufgeklärten, fortschrittlichen und in der Revolution siegreichen bürgerlichen Klasse vermitteln, die in ihrem Anspruch Menschlichkeit schlechthin verwirklicht. Folgerichtig vollzieht sich der Menschwerdungsprozeß in der Privatsphäre des bürgerlichen Hauses – der Film ist ein *„Interieurfilm"*. In immer neuen Einstellungen und Bildfolgen werden die Räume des Hauses, Winkel, Türen, Durchblicke, Ausblicke, Einrichtungen und Gebrauchsgeräte aus der Perspektive der Bewohner gezeigt. In nachgerade calvinistischem Ernst stellt sich in differenziertesten Grauwerten die Privatsphäre als belebte Dingwelt dar; in der ausgewählten, körperhaften Individualität von Möbeln, Geräten und Bildern vermittelt sich die der Besitzer. Anfänglich noch außerhalb dieser sublimen Bürgerlichkeit stillt der Wolfsjunge seine Bedürfnisse oder schafft sich Lustgewinn, wenn er des Nachts im Hof den Mond anheult oder sich hier im Platzregen wälzt. Immer wieder machen Türen und insbesondere Fenster gerade im Durchblick nach draußen die Ausgrenzung des Menschen aus der Natur deutlich. Wenn Victor am Fenster das Wasser trinkt, wird das Fenster zur Metapher einer gelösten Bindung und eines Glücks, das zwar dem Jungen aus unmittelbarer Erinnerung noch sinnlich gegenwärtig ist, für Dr. Itard jedoch nur noch ein Bewußtseinsmoment darstellt: Beim Lernen, so meint er, muß Victor sein früheres Leben wie ein verlorenes Paradies erscheinen. Ihm selbst ist das Haus mit seinen Räumen und Dingen der selbstverständliche Inbegriff eines bergenden, begrenzenden und beglückenden Lebensraumes. Die im Haus vollzogene Veränderung Victors im Verhältnis zur Natur dokumentieren auch die Spaziergänge. Nicht mehr ökonomisch begründete Betätigung, sind sie eine spezifisch bürgerliche, kultivierte Form der Naturerfahrung, erholsam und bildend – Privatisierung der Natur zum abgehobenen Erlebnis ihrer Wunder, Schönheiten und Kräfte; der Spaziergang in der Natur bezeichnet die reale Entfremdung des Bürgers von der Natur, aber im Genuß der Landschaft auch eine neue Dimension von Vertrautheit. Dieser Zustand als notwendiges Ergebnis der Erziehung Victors kann kaum treffender als darin offenkundig werden, daß er bekleidet und in Schuhen neben Itard auf Wegen durch die Landschaft geht mit dem Ziel, einen von bäuerlicher Arbeit lebenden Freund Itards zu besuchen.

In der Kontroverse Natur – Gesellschaft muß Truffauts Erziehungsfilm im Zusammenhang mit Jean-Jacques Rousseau und seinem 1762 vollendeten Erziehungsroman „Emile oder Über die Erziehung"[56] gesehen werden, ohne beurteilen zu können, in welchem Maße Truffaut deutliche inhaltliche Beziehungen bewußt hergestellt hat. In den fünf Büchern des „Emile" versuchte Rousseau nach früheren eigenen, jedoch mißlungenen pädagogischen Betätigungen als Hauslehrer auf Bitten der Madame de Chenouceaux, Grundlagen und Methoden einer „richtigen", d.h. natürlichen Erziehung des Menschen zu entwickeln: diese ist in eine ebenfalls natürliche Religiosität eingebunden, deren Grundlagen im „Glaubensbekenntnis des savoyischen Vikars" formuliert sind. Der von Rousseau geschilderte Erziehungsprozeß erstreckt sich von der Geburt bis zur Heirat des Zöglings Emile; das erste Buch umfaßt die Kindheit, das zweite den Zeitraum vom zweiten bis zwölften Lebensjahr bis zur Pubertät. Rousseaus Ausgangsthese lautet: „Alles, was aus den Händen des Schöpfers kommt, ist gut; alles entartet unter den Händen des Menschen ... Nichts will er so, wie es die

Natur gemacht hat, nicht einmal den Menschen. Er muß ihn dressieren wie ein Zirkuspferd. Er muß ihn seiner Methode anpassen und umbiegen wie einen Baum in seinem Garten"[57]. Der Mensch ist zwar von Natur gut, aber schwach und hilflos, er bedarf der Erziehung. Erziehung kommt von der Natur oder den Menschen oder den Dingen; diese drei Lehrmeister können sich in einem Schüler sehr leicht widersprechen, so daß er uneins mit sich selbst wird. „Derjenige, bei dem es keine inneren Widersprüche gibt, wo alles auf ein Ziel ausgerichtet ist, ist der einzige, der sein Ziel erreicht und konsequent lebt. Er allein ist richtig erzogen"[58]. Dieses Ziel ist die Natur. Im Erziehungsprozeß muß alles auf natürliche, d.h. ursprüngliche Anlagen und Bedingungen bezogen werden und soll natürlich wachsend sich entwickeln. Dialektisch bestimmen natürliche Anlagen des Menschen diesen zu einem menschlichen Leben, aber dieses menschliche Leben muß, um in Übereinstimmung mit sich selbst zu kommen, natürtlich sein – nicht eingeschränkt durch geschichtlich-gesellschaftliche, zivilisatorische Einrichtungen. „In der natürlichen Ordnung, wo die Menschen alle gleich sind, ist das Menschsein ihr gemeinsamer Beruf. Und wer immer zum Menschsein erzogen wurde, kann nicht fehlgehen in der Erfüllung aller Aufgaben, die es verlangt. Ob mein Zögling zum Waffenhandwerk, zum Dienst an der Kirche oder zur Juristerei bestimmt ist – das ist mir ganz gleichgültig. Vor der Bestimmung der Eltern fordert ihn die Natur für das menschliche Leben. Leben ist der Beruf, den ich ihn lehren will"[59]. Eine Erziehung zu etwas anderem als zu sich selbst, eine Erziehung für andere gerät in Widerspruch zur Natur; sie läßt den Zögling zur Scheinexistenz entarten, macht ihn zum gesellschaftlichen Menschen, der von anderen Menschen und ihren Meinungen sowie von künstlich geschaffenen Beziehungen unter den vergesellschafteten Menschen abhängig ist. Die gesellschaftlichen Einrichtungen nehmen dem Menschen seine Natur, und entziehen ihm seine absolute Existenz. „Wer in der bürgerlichen Ordnung die Ursprünglichkeit der natürlichen Gefühle bewahren will, der weiß nicht, was er will. In fortwährendem Widerspruch zu sich selbst, immer schwankend zwischen Neigung und Pflicht, wird er niemals weder Mensch noch Staatsbürger sein; weder für sich selbst noch für die Umwelt wird er je etwas taugen"[60]. Allein wenn die Gesetze einer Nation so unbeugsam wären wie die der Natur und auf diesen begründet, ließe sich die Abhängigkeit von den Menschen auflösen: „In der Republik wären alle Vorteile des natürlichen Zustands mit denen der bürgerlichen Gesellschaft vereinigt; man füge zur Freiheit, die den Menschen frei von allen Lasten hält, die Sittlichkeit, die ihn zur Tugend emporhebt"[61].

M. Rang[62] weist darauf hin, die beiden ersten Bücher des „Emile" als Einheit zu betrachten, die von Rousseau als „Alter der Natur" (age de nature) bezeichnet wurde; es entspricht dem „Stand" der Natur (etat de nature), wie ihn Rousseau 1754 im „Discours sur l'origine et les fondements de l'inégalité parmi les hommes" beschrieben hat. Emile lebt im Alter der Natur sich selbst genügend, ohne gesellschaftliche Beziehungen und Verpflichtungen und ohne Bedürfnis nach menschlichem Umgang oder Intimität; er „kennt von der Welt nur die Dinge und von sich selbst nur sein Verhältnis zu den Dingen, wie es ihm seine Sinneswahrnehmungen und seine körperlichen Erfahrungen vermitteln"[63]. Ebenso lebt der Naturmensch im Naturzustand für sich, er kennt nur elementare, wahre Bedürfnisse zur Herstellung seines eigenen Wohlbefindens. Die Unabhängigkeit von anderen Menschen und falschen Bedürfnissen machen ihn frei und sein Leben friedlich; der Naturmensch ist materiell und seelisch autark. Er kennt weder gut noch böse und lebt so in einem gleichsam „vormoralischen Zustand"[64].

Truffauts „Victor oder Über die Erziehung" scheint in wesentlichen Momenten der Theorie Rousseaus und dem in den beiden ersten Büchern des „Emile" geschilderten Prozeß der Erziehung zu entsprechen, obgleich er ihn zuspitzt. Vor seiner Gefangennahme lebte der Wolfsjunge in einem Zustand, der dem Naturzustand Rousseaus zumindest sehr nahe kommt; der Zögling ist „wohlgestaltet, kräftig und gesund", Vollwaise, der Erzieher in seiner Funktion uneingeschränkt. Gesellschaftliche Entartung wird in dem Film sofort deutlich, wenn Truffaut die bürgerliche Presse zitiert anläßlich der Überführung des Jungen nach Paris: „Es ist sicher, daß der Junge entzückt sein wird von den Schönheiten der Hauptstadt"; gleiches gilt für die Szene, wo neugierige Pariser mit kunstvollen Geschenken durch die Presse animiert im Taubstummeninstitut den Wilden besuchen und enttäuscht sind, daß die sichtbare Realität der „gesellschaftlichen Meinung" nicht entspricht.

Doch Victors Naturzustand ist nicht so glücklich, wie er scheint. Obwohl die Differenz zwischen seinen Fähigkeiten und Wünschen bei Befriedigung nur elementarer Bedürfnisse äußerst gering ist, verbleibt er auf der Stufe des Tieres; sein „Hospitalismus" in einem Leben ganz für sich signalisiert das Fehlen einer entscheidenden Dimension: die menschlicher Zuwendung und Kommunikation. Die nach Auffassung Rousseaus dem natürlichen Leben verbundenen Bauern sehen in dem Jungen ohne ein Mindestmaß an Verständnis nur eine Bestie. Truffaut sagt selbst: „Eines weiß ich nicht genau. Ob es mir gelungen ist, spürbar zu machen, daß sich der Junge dort im Wald keineswegs wohl fühlte. Das ist sehr wichtig und das entspricht auch der wahren Geschichte. Die Existenz des Kindes war im Dorf bekannt. Im Winter, wenn es schneite, floh das Kind in das Dorf, weil es unter der Kälte litt"[65]. Dennoch erscheint im Film Victor sein früheres Leben ein Reich der Freiheit, nach dem er sich zurücksehnt.

Dr. Itards Ziel ist, das Kind in Übereinstimmung mit seiner wahren Natur zu bringen – also das zu vollziehen, was die Natur selbst nicht vermochte. Indem er dies tut, entfremdet er den Jungen immer stärker von „seiner" Natur; als Victor schließlich dieser wahren Natur entfliehen will, um in seine ursprüngliche zurückzukehren, weil ihm der Widerspruch zu seinem Bedürfnis übermächtig wird, hat er sie verloren. Zweifellos verhindern gerade die intensive Fürsorge, die liebevolle Zuwendung und die ständige kommunikative Verbindung mit vertrauten Menschen, die der Junge im Hause Itard erlebte, seine Rückkehr in den früheren Naturzustand. Der Prozeß der Enkulturation ist schmerzhaft und mit Trauer besetzt – schmerzhaft nicht nur wegen des Zerbrechens der alten Lebensform und der mit Zwang verbundenen Übernahme einer neuen. Schmerzhaft ist vor allem die Einsicht, daß dieser Vorgang unabdingbar und in der Vergesellschaftung eine Versöhnung mit der Natur nicht möglich ist. Truffaut macht als Dr. Itard in Kontroverse zu Rousseau deutlich, daß der Verlust des Naturzustandes die notwendige Voraussetzung zu einem wahren Menschsein ist, und daß diese eigentliche Natur des Menschen sich nur in der gesellschaftlichen und bürgerlichen Existenz erfüllen kann. Damit erscheint Rousseaus Vorstellung vom natürlichen Leben, das in Übereinstimmung mit sich für sich ist, als Abstraktion, sie ist nicht konkrete Utopie, sondern Illusion. Die Menschen, die in den Erziehungsprozeß gestaltend eingreifen, sind in ihrem ganzen Denken und Tun in jedem Moment vergesellschaftete Menschen, deren Gesellschaftlichkeit durch den jeweiligen Entwicklungsstand der Produktivkräfte bestimmt ist; es sind geschichtliche Menschen, und die Ordnung der Natur ist durch die konkrete Aneignung dieser Menschen vermittelt. Die Geschichtlichkeit ist insbesondere in der Privatheit des Hauses und in den Lebens- und Denksystemen seiner Bewohner konkretisiert. Der Erziehungsprozeß Victors ist bis in die Begegnung mit Sachen, den Kommunikationsformen der Sprache und Gesten und vor allem der Wertvorstellungen bürgerlich – so das alles durchziehende Leistungsprinzip mit Belohung und Strafe und dem davon abgeleiteten Bewußtsein für Gerechtigkeit und Ungerechtigkeit. Dr. Itard muß das vormoralische Bewußtsein des Naturzustandes brechen, um Victor vergesellschaften und zum Menschen machen zu können. Konkret bürgerlich ist ebenso Dr. Itards eigener Anlaß für das Erziehungsvorhaben: es erwächst weniger aus Mitleid zu dieser Kreatur – das sich an jedem anderen Kind des Taubstummenheimes ebenso hätte entzünden können –, sondern es ist ein wissenschaftliches Interesse. Ihm bietet sich die Chance, faktisch unter Laborbedingungen experimentell und empirisch in zu entwickelnden Untersuchungsreihen und Tests Forschungen anzustellen, um die Integrationsfähigkeit eines unter „abnormen" Bedingungen aufgewachsenen menschlichen Wesens zu entdecken. Dabei erhofft er die Unterstützung des Staates und die Anerkennung der wissenschaftlichen Fachwelt, die ihm dann sicher sind, wenn er positive Ergebnisse vorlegen kann. Diese Haltung wird in der Situation des Regisseurs prolongiert, der die Rolle des Arztes selbst spielt: „Ich habe wohl gespürt, daß ich eifersüchtig auf denjenigen gewesen wäre, der die Rolle gespielt hätte, denn die wirkliche Arbeit innerhalb des Films war es ja, sich mit dem Jungen zu beschäftigen. Jetzt noch jemanden zu haben, der sich auch mit dem Jungen beschäftigt, das hätte einem die Freude an der Arbeit genommen"[66].

Truffaut ist auch überzeugt, daß in seinem Film Erziehung positiv verstanden ist und nicht als ein Scheitern; er wendet sich betont gegen modische Erscheinungen dieser Jahre, die unter der summarischen Bezeichnung der antiautoritären Erziehung sich gegen eine vergesellschaftende Erziehung wenden. „Der Film zeigt nicht, daß Erziehung nutzlos oder falsch ist. Er macht nur auf den unüberbrückbaren Bruch zwischen Natur und Zivilisation aufmerksam, relativiert dadurch indes Erziehung als etwas, was nicht unbedingt dem einzelnen nützt, sondern der Gesellschaft"[67]. Diesen Bruch faßt Truffaut als einen grundsätzlichen bürgerlichen Lebens auf. Dr. Itard ahnt, daß die Freude über Victors Rückkehr auch ein Scheitern seiner Emphase ist; seine Skepsis macht aus, daß der Film von Trauer bestimmt ist. Selbst diese Trauer führt die Gebundenheit des Denkens weiter und vermittelt sich dem Betrachter; es ist die bürgerliche Empfindung von der Unlösbarkeit dieses Problems von diesem bürgerlichen Standort aus – sie bleibt bestehen gerade auch im Blick auf Tendenzen unserer Gegenwart, den Rahmen bürgerlichen Lebens in „Alternativbewegungen" sprengen zu wollen.

**Luis Buñuel und Carlos Saura**

In Opposition zum Großbürgertum, seiner Ideologie und den totalitären Formen seiner Herrschaft entfalten Luis Buñuel und Carlos Saura in ihren Filmen das Bild einer innerlich zerstörten und zerfallenen Privatheit; die Bourgeoisie ist ihnen ein verkommenes, korruptes und nicht mehr lebensfähiges Monstrum. Diese Haltung ist aus der Erfahrung des Bürgertums und des Bürgerkrieges in Spanien entstanden, konkretisiert am Verhältnis Kapitalismus – Katholizismus – Faschismus im Franco-Regime. Ökonomische, politische und kirchliche Macht sowie das Gefüge überkommener Normen, in denen sich der Zusammenhang des ersten vermittelt, sind die Angriffsflächen für Buñuel und Saura; bei beiden erscheint die bürgerliche Welt schließlich als Alptraum. Saura bezeichnet seine Filme als pessimistisch; in einem Gespräch mit Heinz Ungureit sagte er 1972 anläßlich der Ausstrahlung seines Films „Der Garten der Lüste" in der ARD: „Vielleicht klingt es anmaßend, wenn ich sage, daß ich mir selbst gegenüber optimistisch bin, anderen gegenüber aber sehr pessimistisch denke. Auch wenn ich einen bestimmten Aspekt der spanischen Gegenwart betrachte, bin ich natürlich sehr pessimistisch. Mein Pessimismus entspringt also einer Haltung, die durch bestimmte Umstände in Spanien bedingt ist. Aber nicht nur, was die spanische Bourgeoisie betrifft, bin ich pessimistisch, sondern dem Bürgertum in der ganzen Welt gegenüber"[68].

In Buñuels Film „Der Würgeengel" (1962) trifft sich nach einer Opernaufführung eine Reihe angesehener Persönlichkeiten des öffentlichen Lebens im Hause eines Aristokraten zu festlichem Nachtmahl. Große Oper und aufwendiges Essen sind in strengen Riten zelebrierte Komponenten einer ästhetischen Genußfähigkeit, die hier als Ausdruck abgehobener bürgerlicher Kultur Formen von Öffentlichkeit und Privatheit verbindet. Wiederholungen von Szenen des Eintreffens der Abendgesellschaft im Hause verdeutlichen die Ritualisierung. Doch schon beim Essen geschieht Merkwürdiges: einige „fallen" unvermittelt aus der Rolle, was von anderen geflissentlich übersehen wird. Vor dem Eintreffen der Gäste hatten jedoch alle Bediensteten bis auf den „Major domus" wie unter einem Zwang das Haus verlassen, so daß die Gastgeber eine ungeheure Blamage befürchten. Als sich schließlich nach dem Essen die Gesellschaft im Musikzimmer zu wiederum ritualisierter Geselligkeit versammelt, zeigt sich, daß niemand mehr den Raum verlassen kann; obwohl die Tür zu den Nebenräumen offensteht, gibt es dennoch eine ebenso unsichtbare wie undurchdringliche und unerklärliche Trennwand, die diese Menschen von der Außenwelt abschneidet. Je länger der Zustand andauert, desto mehr zerbrechen die bürgerlich genormten zwischenmenschlichen Beziehungen innerhalb der Grenzen des Raumes. Zunächst ist man nur bestrebt, alles zu tun, damit die Außenwelt nichts von der peinlichen Situation erfährt. Dies läßt sich jedoch nicht lange vermeiden, und die Bürger draußen genießen das Ereignis als angenehm schaurigen Rummel. Im Musikzimmer zerfallen derweil immer schneller und haltloser die ästhetisch überhöhten Verhaltensnormen. Hier herrschen Angst, Haß, Ekel, Hunger und Durst; die festlichen Garderoben stehen im Mißverhältnis zu den tatsächlichen Lebensbedingungen, die Frisuren lösen sich auf, das Make-up vergeht. Krankheiten und Gebrechen lassen sich nicht mehr verbergen, sie sind für die Miteingesperrten lästig und unästhetisch; man muß seine Notdurft verrichten und wird sich und den anderen zur stinkenden Peinlichkeit. Mordgedanken tauchen auf, Selbstmord wird verübt. Das festlich stilisierte Essen verkehrt sich in archaisch-animalische Bedürfnisbefriedigung, als es gelingt, ein in den Raum eingedrungenes weißes Lamm zu schlachten und auf dem Fußboden zu braten. Worte und Appelle, die man dem Geschehen entgegensetzen möchte, signalisieren die Hilflosigkeit vor dem Verfall: man verweist auf die „gemeinsame Schande", mahnt an die „Etikette", beschwört die „Ehrbarkeit" des gastgebenden Nobile. Zurückgeworfen auf sich selbst, außerhalb einer bislang verbindlichen und verbindenden Form wird die Grundlosigkeit jeder Einzelexistenz offenkundig ebenso wie die Unfähigkeit, gemeinsam einen Ansatz für eine menschliche Lösung der Situation zu finden. Versuche der Problemlösung fallen vielmehr in magische Rituale zurück: dem Nobile wird die Schuld an dem Ereignis aufgebürdet; er soll getötet werden, um die anderen aus dem Bann zu lösen. In dieser Situation bemerkt einer der Eingesperrten, daß sich jeder wieder genau an der Stelle im Raum befindet, an der er war, als das Unheil begann. Der Zufall einer wiederum magischen Konstellation löst den Bann, und die Gesellschaft verliert sich in ihre alten Verhältnisse. Zum Dankgottesdienst kommt man elegant gekleidet und frisiert in der Kathedrale zusammen; da wiederholt sich das zunächst private Geschehen und wird zum öffentlichen Ereignis: die Gesellschaft ist auf einer anderen Ebene des Rituals in der Kathedrale eingesperrt.

Das Essen als „eine Art perverser und gleichwohl höchst gediegener, zeremoniell verifizierter Lebensphilosophie" [69] hat in Buñuels Film „Der diskrete Charme der

Bourgeoisie" (1974) einen besonderen, Handlungkonstituierenden Stellenwert. „Dort, wo die Bourgeoisie so ganz intim bei sich ist – in den Ritualen des Essens unter Freunden, sei es zu Hause, sei es in Lokalen –, nistet sich Buñuel ein"[70]. Der Film berichtet von den immer neuen, aber immer vergeblichen Versuchen einer Gruppe angesehener Personen, sich zu einem abendlichen Essen zusammenzufinden. Die Situationen, die sich dabei jeweils ergeben, sind peinlich und grotesk, sie steigern sich in ihrer bedrückenden Negativität bis hin zur fiktiven Vernichtung der Gruppe, die sich aber dann – am Schluß des Filmes – auf einer endlosen Wanderschaft wiederfindet. Die Peinlichkeiten, die den erwünschten gemeinsamen Genuß verhindern, entspringen vielfach traumatischen Vorstellungen von Ereignissen, die gesetzte und verpflichtende Normen von Anstand und Sitte auflösen und die Gesellschaftsfähigkeit der Einzelnen in drohender Blamage vernichten, was jeweils einer existenziellen Zerstörung gleichkommt. Man ist eingeladen, kommt in festlicher Garderobe, hat sich aber im Datum geirrt; man trifft sich in einem Feinschmeckerlokal, aber der Besitzer ist gerade verstorben und liegt aufgebahrt im Nebenraum; man hat sich zum Essen versammelt, jedoch die Gastgeber sind verschwunden, weil sie im Garten hinter den Büschen schnell noch miteinander schlafen wollen – man sah sie weglaufen und flieht dann selbst in panischer Angst; man sitzt glücklich beim Essen, aber muß entsetzt feststellen, daß die vermeintliche Zimmerwand ein riesiger, sich öffnender Vorhang ist, der die private Runde in ein öffentliches Schauspiel auf einer Bühne verwandelt, begafft von einem indiskreten, amüsierten Publikum; endlich hat man sich in einem Privathaus zu frugalem Mahle versammelt, da dringen Guerilleros ins Haus und schießen die ganze Bande nutzloser, fressender Bourgeois zusammen. Auch bei ihnen selbst entlädt sich mörderische Aggressivität in brutalen Handlungen, jedoch nur in Traumbildern, in der Wirklichkeit zwingt man sich zu Charme, Diskretion und Haltung. „Aber diese Fassade des Charmes ist dünn wie eine zarte Haut. Darunter lauern die Angst, die Wut, die Aggression. Man weiß: es ist ein Tanz auf dem Vulkan, längst ist man historisch überfällig, es gilt gleichwohl Ruhe zu bewahren. Nur die Alpträume, die man hat und die einen verfolgen, offenbaren das erschütterte Selbstvertrauen, dessen maroder Zustand nicht an die Öffentlichkeit dringen darf"[71].

In den Filmen von Carlos Saura gerinnt Privatheit zu einem zerstörenden Zusammenwirken von Kräften, die die Grundlagen der bürgerlichen Familie in ihr Gegenteil verkehren. „Tradition und Religion stellen in seinen Augen eine Belastung dar, die die Betroffenen überfordert; sie kämpfen vergeblich dagegen an und gehen schließlich daran zugrunde. Darüber hinaus gehen in diesem Kampf gegen den Bodensatz des eigenen Bewußtseins alle dem kulturellen Überbau entstammenden Normen zwischenmenschlicher Beziehungen nach und nach zu Bruch; es erfolgt ein Rückfall in archaische Verhaltensweisen"[72]. In „Anna und die Wölfe" (1972) soll die englische Nurse Anna in einem einsam gelegenen spanischen Landhaus die Kinder einer großbürgerlichen Familie erziehen. In der Großfamilie leben in streng hierarchischer Ordnung die Eltern dieser Kinder mit zwei Brüdern des Vaters und deren epileptischer, alles beherrschenden Mutter zusammen. Aus einem anderen – demokratischen – Lande kommend, bringt Anna die scheinbar festgefügte Ordnung dieser Privatheit durcheinander und durchbricht die Maskeraden, die dem Ganzen Form und Geschlossenheit geben. Der älteste Bruder zeigt sich als faschistischer Militarist, der zweite als unbefriedigter Ehemann, der dritte lebt als asketischer Einsiedler in einer Grotte im Garten; die Mutter erfreut sich an ihren Todesträumen und kramt aus alten Schachteln Erinnerungsstücke hervor, die Stationen des Unterdrückungsprozesses bedeuten, den sie ihren drei Söhnen als Erziehung hat angedeihen lassen. Durch Annas Dasein und ihr freizügiges Verhalten fallen die Brüder schnell aus ihren mühsamen Rollen, die nur in der Abgrenzung nach außen funktionieren konnten; jeder ist auf seine Art geil auf Anna. Als Anna die Gelüste, Verlogenheiten und Perversionen der Brüder durchschaut und bloßstellt, setzen sie sich zur Wehr. Im Bündnis mit ihrer Mutter und auf deren Geheiß verjagen sie Anna, die auf der Flucht aus dieser Privatheit von ihnen vergewaltigt und getötet wird. Mit dem Tod des Eindringlings sind wachgewordene Gelüste exzessiv gestillt, man ist wieder bei sich und die Gefahr gebannt; von der Verlogenheit dringt nichts nach außen. „Die Verdrängung und Unterdrückung von Wünschen, Sehnsüchten, Bedürfnissen und Begierden ist das Ergebnis eines ganz bestimmten Geistes; aus ihm resultiert am Ende ... der gleiche Geist, den man am besten immer noch mit der Vokabel Faschismus benennt. Die spanische Bourgeoisie als Brutstätte des Faschismus, ihre Vertreter geformt von einer sehr komplexen Haltung, einer Mischung aus Militarismus, Pseudoreligion und Obszönität, die Saura nur wegen der Genauigkeit seines Psychogramms auf drei Personen aufteilt ...“[73].

Als Ausdruck einer unbewältigten Vergangenheit ebenso wie von Unfähigkeit zur Bewältigung von Gegenwart und Zukunft kennzeichnet Saura Formen bürgerlichen Fühlens, Denkens und Handelns in dem 1969 entstandenen Film „Höhle der Erinnerungen“. In einer komfortablen modernen Villa leben in der Nähe Madrids Pedro und Teresa, jung, seit wenigen Jahren verheiratet; er ist leitender Angestellter eines Automobilwerkes, sie ein „Luxusgeschöpf“. Status und Lebensstil signalisieren den dynamischen, erfolgreichen und gebildeten Prototyp der bürgerlichen Klasse, nach dem die Leitbilder dieser Gesellschaft standardisiert sind. In die perfektionierte Luxuswelt bricht mit einer Erbschaft – dem Mobiliar von Teresas Eltern – die Vergangenheit ein und ruft verdrängte Prozesse individueller Erziehung und Sozialisation zurück. Die Möbel werden zunächst in den weiträumigen Keller abgestellt und gestapelt – sie passen nicht in die moderne Wohnwelt und den Lebensstil des jungen Paares. Doch dann verbinden sich mit zunehmender Intensität Teresas Alpträume mit dem elterlichen Mobiliar, sie nachtwandelt in den Keller und verfängt sich geistig und seelisch immer tiefer in ihren Erinnerungen an Autorität und Gehorsam. Gleichzeitig entwickelt sich unaufhaltsam eine fortschreitende Entfremdung zwischen den Ehepartnern, ihre ungelösten Probleme brechen auf, Teresas Vergangenheit kriecht aus dem Keller und nimmt Besitz von ihrer Lebenswelt: sie tauscht immer mehr moderne Möbel gegen die alten aus. Zunächst ist es ein dekoratives Auflockern der Einrichtung mit Antiquitäten, aber dann verkehrt sich das Verhältnis. Der Höhepunkt ist erreicht, als in der innersten Lebenszone dieser Privatheit, im ehelichen Schlafzimmer, die monströsen schwarzen Betten der Eltern stehen. Die eigene Intimität der Eheleute ist unterwandert, eine bedrohende Vergangenheit hat sie eingeholt – das Heim ist „un-heimlich“! Ein gemeinsames Leben in die Zukunft ist vor solcher Übermacht des Vergangenen in der Gegenwart nicht mehr möglich, die bislang erfolgreiche, unbekümmerte Dynamik erweist sich als hohl und nicht belastbar. Folgerichtig erschießt am Ende Teresa ihren Mann und dann sich selbst.

### Roman Polanski

In seinen Filmen „Ekel“ und „Der Mieter“ macht Roman Polanski das Zerbrechen bürgerlicher Individualität in jeweils wahnhaft verdichteter Privatsphäre inmitten einer verständnislosen Umwelt zum Gegenstand der Darstellung. Der „Schrecken“ dieser Filme ist die konkrete Not von Menschen in völliger Isolation, die sie nicht nur ihrer sozial-kommunikativen Fähigkeiten, sondern ihrer Menschlichkeit beraubt.

Damit sprengen Polanskis „Horrorfilme" die üblichen Schemata dieses Genres; der Schrecken ist real und als Folge gestörter Umweltbeziehungen ein in dieser Gesellschaft verbreitetes Schicksal – ohne daß Polanski die gesellschaftlichen Ursachen der zerstörerischen Prozesse bestimmen möchte. In dem Film „Ekel" (Repulsion, 1965) verliert sich die hübsche junge Carol an einem Wochenende allein in der Wohnung, die sie sonst mit ihrer lebenslustigen Schwester Helen teilt, in ihren Wahnvorstellungen. In neurotischer Abneigung gegen physische Kontakte insbesondere zu Männern und von Ängsten gepeinigt schließt sie sich in der kleinen Wohnung ein, verdunkelt die Fenster, verkriecht sich in Ecken. Als ein flüchtiger Bekannter sie besuchen möchte und schließlich mit Gewalt in die Wohnung eindringt, um die Gelegenheit zu nutzen, erschlägt Carol ihn; den Hausbesitzer, der, um die Miete zu kassieren, Einlaß verlangt und das apathische Mädchen vergewaltigen will, ermordet sie in bestialischer Weise mit einem Rasiermesser. In der Entwicklung des Krankheitsprozesses entspricht die Realität der ursprünglich wohlgeordneten Wohnung immer mehr den wahnhaften Vorstellungen Carols; das Interieur wird zu einer chaotischen Landschaft mit dem stinkenden Kadaver eines Hasen, faulenden Lebensmitteln und den Leichen der beiden Männer im Durcheinander der verwüsteten Einrichtung. Als Helen mit ihrem Freund zurückkommt, liegt Carol bewußtlos unterm Bett. Ihre Persönlichkeit, an die nochmals eine Fotografie aus ihrer Kinderzeit erinnert, ist zerstört, ohne daß Menschen ihrer Umwelt über eigennützige Interessen hinweg zur Hilfe fähig waren.

In dem 1976 entstandenen Film „Der Mieter" sind es die Kommunikationsschwierigkeiten des kleinen Angestellten Trelkovsky, die sich in verschiedenen Phasen wachsender Einsamkeit inmitten des großstädtischen Pariser Lebens zum zerstörenden Wahn verdichten. Deutlicher als im „Ekel" werden hier Gesten, Haltungen und Handlungen zu Momenten eines eskalierenden Prozesses, dem der Kranke durch seine immer intensivere „Projektionsarbeit" zwanghaft ausgeliefert ist. Trelkovsky kann das Appartement einer jungen Frau mieten, die nach einem selbstmörderischen Sturz aus ihrem Fenster qualvoll im Krankenhaus gestorben ist. Das Appartement in einem großen alten Mietshaus ist schäbig und düster; die Freude über die neue Wohnung, in der Trelkovsky sich endlich in bescheidener Privatheit entfalten möchte, währt nicht lange. Hausbesitzer, Concierge und Nachbarn scheinen auf jede Bewegung zu reagieren, sein ganzes Bemühen um angepaßte Wohlanständigkeit bewirkt das Gegenteil, er sieht sich immer neuen Vorwürfen ausgesetzt und fühlt sich verfolgt. In dem Maße, wie Trelkovsky sich in die Umgebung der Vormieterin einlebt, übernimmt er ihre Privatheit, zunächst nur Einrichtungsgegenstände, dann ihre Freunde, ihre Lebensgewohnheiten – z.B. ihre Zigarettenmarke, die Schokolade zum Frühstück im Bistro. Die bescheidene Gemütlichkeit der Wohnung wird unheimlich; in der Etagentoilette gegenüber seinem Fenster halten sich oftmals lange und unbeweglich Nachbarn auf – einmal scheint es eine Mumie zu sein, die Toilette wird ihm selbst zur Grabkammer, deren Wände mit Hieroglyphen bedeckt sind. Alles deutet auf Tod, der an die Vormieterin gebunden ist, nun aber ihn bedroht. Trelkovskys Isolation verstärkt sich, das Verhältnis zu einer unverständigen Umwelt wird immer gestörter. Deren Brutalität, die eigentlich darin besteht, daß nichts geschieht, was über gedankenlos-stereotype Verhaltensformen hinausginge, kann Trelkovsky nichts Entsprechendes entgegensetzen; sie macht ihn asozial. Er verkriecht sich – zunehmend von Wahnbildern geplagt – in der Wohnung, schließlich in der fiktiven Gestalt der toten Frau. Geschminkt und in ihren Kleidern verliert er seine Identität – wie sie stürzt er sich aus dem Fenster in den Hinterhof. In seinem Wahn hat sich dieser zuvor in ein Theater mit üppigen Logen verwandelt, in denen Nachbarn und Bekannte begierig seinen „Auftritt" erwarten. In dieses imaginäre Forum bürgerlicher Öffentlichkeit wirft er sich hinein, kriecht dann blutend mit zerbrochenem Oberkörper wieder die Treppen hinauf in seine Wohnung und wiederholt – da capo – den Todessturz. Dieser makabre Vorgang ist der zugespitzte Höhepunkt eines Krankheitsbildes, das nach einem spektakulären Beginn zunächst behutsam und distanziert entwickelt wird; der Wahn deutet sich langsam an, fügt sich aus zeichenhaften Momenten zusammen, verdichtet sich und ist schließlich umfassend. Handlungsorte sind schäbige Interieurs und Büros, triste Straßen und öde Bistros; die Farbigkeit ist zumeist düster und kalt. Es ist alles beklemmend und mittelmäßig – nur einmal, fast zufällig, kommt Trelkovsky in eine Wohnung, die ihm in ihrer ruhigen Schönheit wie ein Paradies erscheint. In der wahnhaften Verdichtung seiner Privatheit wird wie im „Ekel" die eigene Wohnung in Verlängerung der gesellschaftlichen Umwelt zum Vollzugsort ihrer Schrecken. Die bedrohenden Schrecken dieser Umwelt dringen verfolgend in die Privatsphäre ein, erzwingen bestimmte Rollenverhalten und verkehren schließlich das Private in ein öffentliches Schaustück. Polanski spielt selbst den Trelkovsky; dies, sein intensives, schüchtern-skurriles Spiel und das Moment, daß die Filmgestalt wie er Pole in einer fremden Umwelt ist, deutet auf eine gewisse Identifikation des Regisseurs mit seinem negativen Helden hin.

Konsequent hatte Roman Polanski schon in seinem 1968 entstandenen Film „Rosemaries Baby" – Verfilmung eines Bestseller-Romans von Ira Levin – die bürgerliche Privatsphäre als Vollzugsort eines mythisch überhöhten gesellschaftlichen Schreckens thematisiert. Dieser erste von Polanski in Amerika gedrehte Film erschien damals den hochgestimmten Erwartungen vieler Kritiker insbesondere wegen seiner Konventionalität und engen Anlehnung an die Romanvorlage als herbe Enttäuschung. Heute jedoch muß der Film gerade wegen dieser nüchtern-konventionellen Erzählform, der spröden Bildsprache und der Zurückhaltung in der Entwicklung eigener Bildvorstellungen als kalkuliertes Werk angesehen werden, das alleine in dieser Form den vermeintlich absurden Inhalt als typisch amerikanische Realität erscheinen läßt. Die konventionelle Erzählform führt in „Rosemaries Baby" zu einer Präzisierung spezifischer Stilelemente Polanskis, insbesondere zu einer neuen „Ökonomie des Schreckens", die hier erstmals langsam entfaltend aus zunächst unscheinbaren Andeutungen schließlich ein umfassendes System herstellt; dieser Vorgang ist an eine akribisch genaue Beobachtung und Darstellung alltäglicher Lebenssituationen gebunden, die nur einmal in einer phantastischen Vision durchbrochen werden. Gerade deshalb erscheint der absurde Schluß so real; der Betrachter, der am Ende gezwungen ist, rückblickend die Entfaltung des Schreckens in der Realität eines beiläufigen Alltags zu rekonstruieren, sieht sich gleichzeitig genötigt, auch die Fortsetzung zu denken, deren banale Form ihm als bekannt vorgegeben wird.

In New York sucht und findet ein junges Ehepaar – Rosemary und Guy – eine Wohnung in einem großen, altertümlichen Mietshaus. Auch dieser Film beginnt mit dem Fenstersturz einer jungen Frau aus eben diesem Haus, in dem früher eine okkulte Hexengemeinschaft gelebt haben soll. Das liebenswerte, bisweilen aufdringliche ältere Ehepaar Minnie und Roman Castevet nimmt sich als Nachbarn der neuen Mieter an. Auf Wunsch ihres Mannes wird Rosemary schwanger. Die sorgfältige Vorbereitung der Schwangerschaft gipfelt in der Vision Rosemaries, ihr Kind direkt vom Satan zu empfangen; am Ende des wilden Beischlafs schreit Rosemary: „Das ist kein Traum, das ist Wirklichkeit". Von diesem Zeitpunkt an wird dem Zuschauer die Entscheidung, „ob es ein real Erlebtes oder ein Traum ist, entzogen. Erst mit der fortschreitenden Handlung wird gleichermaßen für Rosemary wie für den Zuschauer die Wirklichkeit brüchig. Handlungen, Gesten und Gegenstände werden doppeldeutig, sie verlieren unter dem Einfluß dieser Hexengruppe (d.h. der Nachbarn, der Bekannten, der Ärzte u.a., Anm. d. Verf.) ihre alltägliche Bedeutung und fungieren in einem neuen Kraftfeld. Eine Objektivität im Sinne einer Gewißheit ist von dieser ‚manipulierten' Umwelt für den nicht Eingeweihten nicht mehr möglich. Das Magische zeigt sich als eine historische Vorform der Manipulation"[74]. Das Folgende ist die qualvolle Schwangerschaft Rosemaries, die sich von allen unverstanden, verlassen und verfolgt fühlt. Nach der Geburt ist das Neugeborene zunächst verschwunden. Rosemary findet ihr Kind in der Nachbarwohnung der Castevets in einem schwarz verhangenen Kinderwagen wieder. Bei den Castevets haben sich alle Personen, die ihr während der Schwangerschaft begegnet sind und auch ihr Mann zu einer Geburtstagsparty versammelt und schwärmen in einer gemütlich-ruhigen Atmosphäre von den häßlichen Körpermerkmalen des Kindes. Es ist das Kind Satans, und als Rosemary sich in erwachender Mutterliebe über den Kinderwagen beugt, stimmen die Versammelten hymnische Lobpreisungen an.

In der Schlußphase des Films wird deutlich, wie in dieser Travestie der Heilsgeschichte alles Geschehen Ergebnis einer umfassenden Manipulation ist. Das Böse realisiert sich mit sanfter Eindringlichkeit, konsequent und ohne Widerstand zu dulden in den Konventionen des Alltags, der – scheinbar so einfach – undurchschaubar wird. Jeder ist als Helfer mit bestimmten Funktionen eingespannt. Um das gesetzte Ziel zu erreichen, bedarf es weder offener Gewalt noch des Einsatzes einschüchternden Terrors. Die versteckte Gewalt der sanften und lückenlosen Infiltration, der systematischen Planung, der Absprachen und ineinandergreifenden Täuschungen läßt die Umwelt totalitär erscheinen. Kennzeichnend ist, wie die Gewalt der Privatsphäre des jungen Paares bis in die innerste Intimität okkupiert. Die Intimität der Liebesbeziehung wird durch den Wunsch nach materiellem Erfolg ausgehöhlt. Die Möglichkeit der Erfüllung dieser Wünsche korrumpiert Guy, er macht mit, um für seine Famlie einen höheren Lebensstandard und damit mehr gesellschaftliches Ansehen zu erlangen. Diese Disposition ist so einfach wie selbstverständlich in einer konsumorientierten Leistungsgesellschaft und verwirklicht sich naiv in bester Absicht. Tatsächlich ist dadurch in dieser Privatheit nichts mehr privat; alle Denknormen, Wünsche und Verhaltensweisen sind von außen gesteuert, und in der nur noch zum Schein unberührten Privatsphäre – in die alle Informationen gefiltert eindringen, Kritik oder Aufklärung von außen verhindert werden – erfüllen sich die Interessen bestimmter Machtgruppen. In diesem Sinne ist Polanskis Film eine Parabel, die bestehende Verhältnisse in mythischer Verkleidung vermittelt. Blasphemisch führt Polanski das vor, was in dieser Gesellschaft geschieht, ohne daß man es öffentlich benennen mag; die Verherrlichung ökonomischer Gewalt, die das Individuum korrumpiert und ausbeutet und zwar gerade dort, wo es sich in seiner Privatsphäre dieser Gewalt entzogen glaubt. In die bürgerliche Privatsphäre ist das Böse hineingeboren und wächst hier beschützt auf.

## III-4 Privatsphäre und Medienöffentlichkeit

In dem polemisch zukunftsoptimistischen Bild Hamiltons konstituieren Massenmedien bürgerliche Privatheit in neuer Gestalt; gleichermaßen von Massenmedien bestimmt sind in einem positiven Verständnis die Grenzen zwischen Privatsphäre und Öffentlichkeit verwischt. Im Rahmen eines entfalteten Warensystems versprechen die Massenmedien eine Kommunikation, die das häusliche Leben so andersartig lebenswert macht, indem es sichtbar als in jedem Moment von der Modernität dieser Medien bestimmt dargestellt ist. 1956 schrieb Hamilton im Katalog der Ausstellung „This is Tomorrow": „ ‚Tomorrow' kann einzig durch die existierende Bandweite totaler visueller Erfahrung definiert werden. Was wir brauchen, ist gerade nicht die Bestimmung einer bedeutungsvollen Bilderwelt, sondern die Entwicklung unseres Empfangspotentiales, damit wir die ständige Bereicherung des visuellen Materials annehmen und gebrauchen können." [75] Nachfolgend soll an weiteren Beispielen das über Medien vermittelte Verhältnis von Privatsphäre und Öffentlichkeit behandelt werden.

**Malte Satorius: Gasvergiftung**
**1971, Handzeichnung, 148 x 102,5 cm**

Malte Sartorius wurde 1933 geboren und hat seit 1965 eine Professur für Grafik an der Staatlichen Hochschule für Bildende Künste in Braunschweig. Seit Jahren beschäftigt Sartorius die Umsetzung fotografischer Bilder in Handzeichnungen, „Gasvergiftung" ist die eines Polizeifotos. Die Vorlage wurde im „Atlas der gerichtlichen Medizin – Mit annähernd 200 Abbildungen" (VEB Verlag Volk und Gesundheit, Berlin 1963) publiziert. In der Umsetzung hat die Vorlage in dem, was sie in einem bestimmten Ausschnitt inhaltlich und formal zeigt, keinerlei Veränderung erfahren. Insofern trifft die Bildbeschreibung in gleicher Weise die fotografische Darstellung.

Das Bild zeigt den Blick in ein Zimmer mit den am Boden liegenden Leichen eines Mannes und einer Frau; deren Lage, bezogen auf ein Bett im Hintergrund, gilt das Interesse des Fotografen. Die Situation ist fotografisch in Aufsicht, d.h. aus der Perspektive eines Stehenden erfaßt. Das Bild wirkt wie der Blick durch eine geöffnete Tür in das Zimmer hinein, der Bildausschnitt könnte dem entsprechen, was man durch den Türrahmen sehen kann. Die Situation des Betrachters gleicht der eines Hinzutretenden, der dem Vorfindlichen konfrontiert ist. Unmittelbar vor seinen Füßen – parallel zum unteren Bildrand – liegt der nur mit einem Hemd bekleidete Mann; direkt hinter ihm liegt auf dem Rücken umd mit gespreizten Beinen die Leiche der Frau – der Körper ist stark verkürzt und führt in seiner Lage schräg zum Bett im Hintergrund. Vor der bildflächenparallelen, den Raum nach hinten abschließenden Wand stehen ein Bett mit hochgetürmtem Bettzeug und ein Schrank. Unter dem Bett sind Koffer und Schachteln gestapelt, neben beiden Möbeln stehen Stühle mit Kleidungsstücken und anderem mehr; von der Decke herab – im Bildraum links oben – hängt eine große Lampe mit Fransensaum. Insgesamt macht das Zimmer einen ärmlichen Eindruck.

Dies ist zunächst die nüchterne Gegenständlichkeit, die mit dem dokumentarischen Polizeifoto übernommen wurde. Der im gerichtsmedizinischen Atlas dem Foto beigefügte Text lautet: „Tod durch Rauchvergiftung. Verdacht eines Verbrechens. Urintrichter am Bett. Eigenartige Stellung der Leichen. Die Frau (64 Jahre alt) wurde bekleidet in sogenannter Lustmordstellung vor ihrem Bett liegend aufgefunden; starker Kotabgang; ebenso der 76jährige Mann auf dem Bauch liegend mit einem Hausschuh unter dem Kopf. Ebenfalls Kotabgang. Die Sektion beider Leichen ergab Kohlenoxydvergiftung. Ursache war offenbar der Ofen in ihrem Zimmer, der von der Frau morgens bei kalter nebliger Luft und fast geschlossener Klappe angeheizt worden war, so daß das Holz bei ungenügender Sauerstoffzufuhr nicht richtig verbrannte und deshalb CO erzeugt wurde. Vermutlich lag der Ehemann noch im Bett, während sich die Frau im Zimmer betätigte. Sie war wahrscheinlich vor ihrem Bett bewußtlos zusammengebrochen. Der Mann, der das bemerkte, stand offenbar auf, um ihr Hilfe zu leisten. Beim Anziehen der Hausschuhe verlor er, nur mit Hemd bekleidet, ebenfalls das Bewußtsein und erlag der Kohlenoxydvergiftung. Am Bett des Mannes befand sich ein eigenartiger, total verschmutzter Trichter und Schlauch." [76] Ergänzend zum Bild gibt der Kommentar einige Fakten der polizeilichen Ermittlung – Alter der Betrofffenen, Art der Vergiftung – sowie den Versuch einer Rekonstruktion des Geschehens. Der Kommentar beschreibt indirekt die Verhältnisse als ärmlich, die Situation der beiden Menschen als unbeholfen: das Zimmer scheint einziger Lebensraum, der Mann hatte Schwierigkeiten mit der Blase, in der Pflege des medizinischen Geräts war man ungeschickt oder nachlässig. In Verbindung mit diesem Kommentar erhellt sich die doppelte Funktion der Fotografie: Sie ist ursprünglich ein Dokument, das die Vorfindlichkeit der Situation festhält und der polizeilichen Ermittlung und Aufklärung des Geschehens zu dienen hat bis hin zu einem eventuellen Prozeß; dazu war es notwendig, daß der (Polizei)-Fotograf die Situation in ihrer charakteristischen Beschaffenheit so eindeutig zu erfassen hatte, daß sie allen betroffenen Instanzen als verläßliche Informationsquelle hat dienen

Abb.75 u. (S. 141) Abb. 76

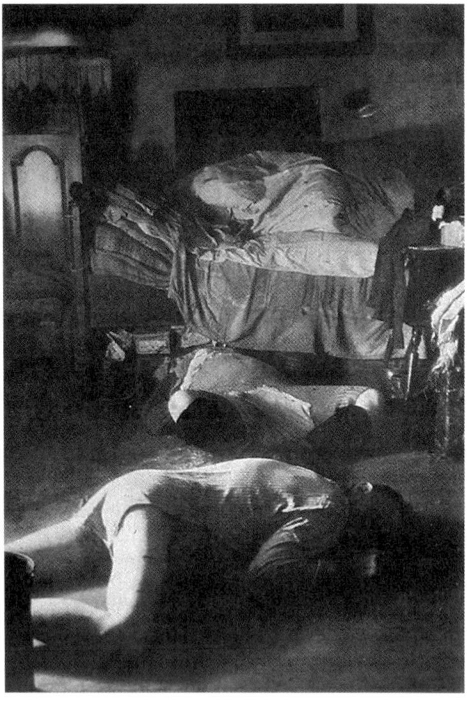

können. Zum anderen dient die Fotografie in Verbindung mit zahllosen weiteren Bildern in einem wissenschaftlichen Atlas, der möglichst umfassend Verbrechen an Menschen und Unfälle mit den jeweiligen physischen Auswirkungen dokumentiert, als Schulungs- und Nachschlagematerial für Juristen und Gerichtsmediziner.

Die Beschlagnahme des in seinen Funktionen eindeutigen Fotos durch einen Künstler, die Herauslösung des Fotos aus seinem Funktionszusammenhang, provoziert die Frage nach dem erkenntnisleitenden Interesse, zumal Sartorius vorgeblich keine thematischen Gesichtspunkte für die Auswahl von Fotovorlagen für seine Bilder hat, damit also der konkret gegenständliche Inhalt belanglos erscheint. Dies könnte den Verdacht ergeben, Sartorius' Interesse gelte lediglich der ästhetischen Qualität des Fotos, seiner „atmosphären Dichte"; Fotografien wären dann austauschbar, „atmosphärische Dichte" würde sich in einer problematischen Lust an nostalgischem Flair erschöpfen. Tatsächlich ist die Kompositionsstruktur des Fotos – die monumentalisierte Handzeichnung hat ja keine eigene – außerordentlich, sie schiebt sich als zweifellos unbeabsichtigtes Moment in die Dokumentation und ist vom Zwang zur Eindeutigkeit nicht allein zu erklären. Diese besondere Kompositionsstruktur ist dem Dokumentarfoto zwar immanent, wird aber aus ihrer Latenz heraus erst durch eine ästhetische Intention zum besonderen Code „entwickelt"; die Fotografie wird in der Handzeichnung um-codiert. Diese Um-Codierung im ästhetischen Prozeß macht neue inhaltliche Dimensionen deutlich, die ebenfalls nur latent in der Dokumentation angelegt sind.

Wie angedeutet, wirkt der Bildausschnitt wie der durch eine geöffnete Tür freigegebene Blick in ein Zimmer; die Überschneidungen links, rechts und oben sind gewissermaßen vom Türrahmen erzwungen. Die Leiche des Mannes versperrt von links nach rechts den Raum; ein tiefer Schatten führt den Riegel, den der Mann bildet, über seinen Kopf hinaus zum rechten Bildrand. Um durch die Tür in diesen Raum einzudringen, müßte der Hinzutretende über die Barriere des Körpers hinwegsteigen. Dies wäre eine Neugierde, die ihn zwingen würde, „über Leichen zu gehen" – wovor er zurückschreckt und stehenbleibt. Dabei führt das angewinkelte Bein seinen Blick nach links in das Bild und über den Körper des Mannes nach rechts; hinter dessen Kopf wird der Blick von geöffneten Schenkeln der Frau aufgefangen und jäh in den Raum hinein schräg nach links weitergeführt. Dort trifft er auf das Kopfende des Bettes, um wiederum an der Bettlade entlang zu gleiten; hier endet die Blickführung an den dunklen Kleinmöbeln und Kleidungsstücken. Der Blick geht zurück und tastet ungelenkt, aber aufmerksam die strukturelle Vielfalt von Schachteln, Kopfteilen, Kissen, Falten und Profilen ab. Im Polizeifoto waren die Personen vorschriftsmäßig als „tote Gegenstände" erfaßt worden; dem Bild wurden erläuternde Hinweise beigefügt über die tatsächlichen Bedingungen des Vorfalls, sofern sie im Bild nicht sichtbar werden – der Verdacht auf Mord und Vergewaltigung, wie er sich vom Sichtbaren her ergeben könnte, wird durch Benennung von Nicht-Sichtbarem korrigiert. Die Um-Codierung dagegen zeigt zwei Menschen, die sich in ihrem privaten Gehäuse noch im Tod gegen ein Eindringen sperren. Ihr Lebensbereich bleibt dem Betrachter in eigentümlicher Weise verschlossen, er erfährt visuell nur dessen dingliche Seite. Die fotografische Sichtweise scheint dem Betrachter die Dingwelt dieses Interieurs einschließlich der toten Körper der beiden Menschen voll verfügbar zu machen. Die Handzeichnung jedoch nimmt das Bild aus seinem ursprünglichen und seinem zweiten Funktionszusammenhang heraus, gibt ihm mit der künstlerischen Arbeit einen besonderen Stellenwert, der nun das besondere Interesse von Betrachtern über die sichtbare Dingwelt hinaus beispielsweise auf Lebensumstände und mögliche Voraussetzungen der privaten Katastrophe, auf die Bedeutung solcher Schicksale in unserer Gesellschaft lenkt. Jede direkte Aussage darüber verweigert jedoch das Bild. Diese Unzugänglichkeit und Verweigerung ist in der Kompositionsstruktur des Bildes vermittelt, indem die toten Körper den Zutritt in den Raum verhindern und damit das Eindringen in die Privatsphäre. Die *Verweigerung* ist gleichzeitig die zentrale neue Aussage des um-codierten Bildes, die metaphorisch auf die endgültige und absolute „Privatheit" im Tode verweist.

Solcherart ist das Bild in besonderer Weise von einer Dialektik von Privatheit und Öffentlichkeit bestimmt, die es bedeutungsvoll macht zum Verständnis bürgerlicher Privatheit überhaupt. Das Ereignis der Gasvergiftung ist zunächst ganz privat, spielt sich ohne Zeugen in den vier Wänden der beiden Menschen ab und ist ihr persönliches Schicksal. Die Wirkung betrifft die Öffentlichkeit, den Staat und seine Organe; das Ereignis wird registriert und öffentlich gemacht, wozu das Medium Fotografie dient. Der private Tod löst die Privatheit auf, die Fotografie dokumentiert die Auflösung und vollzieht sie mit; das öffentliche Interesse dringt in die Privatsphäre ein, die Fotolinse erscheint als „Auge der Öffentlichkeit". Der Nachweis eines Unfalls beendet das öffentliche Interesse, die Einbeziehung des Bildes in ein gerichtsmedizinisches Fachbuch gibt dem Ereignis im Nachhinein noch eine relative Bedeutung für Fachinteressen. Das Ganze wird jedoch nicht wieder privat, im Rahmen der Öffentlichkeit wird es bestenfalls vergessen und verbleibt in einem Schwebezustand. Der Künstler nun holt in seinem privaten Interesse mit seiner Arbeit die Situation in die Sphäre bürgerlicher Privatheit zurück. Hierbei ist ein wichtiger Faktor die Zeit; die Geschichtlichkeit des Ereignisses, das im Bild öffentlich wurde, ist eine Voraussetzung für den Prozeß des „Zurückholens". Ein weiteres bedeutsames Moment ist die inhaltliche Unbestimmtheit, die sich wie ein Nebel über die Faktizität der Toten zieht. Entscheidend ist schließlich die Umsetzung in die Handzeichnung. Die Zeichnung vermittelt den Vorgang einer „Reprivatisierung", sie wird zum „Auge des Privaten". Die Handzeichnung ist im Verhältnis zur Malerei ein sehr persönliches, privates, ja „intimes" Medium, das vorzüglich dazu dient, eine originale Vorstellung spontan oder im individuellen Gestaltgebungsprozeß intensiv suchend festzuhalten.

Sartorius überzieht zeichnend mit großem Aufwand von Arbeit und geistiger Konzentration eine verhältnismäßig große Fläche so mit Farbstiftschraffuren, daß in einem homogenen Farbschleier wie in einer „Gaze die Fotografie reproduziert" erscheint. Die Konturlinien werden mit dem Episkop übertragen. „Die Arbeit des Zeichnens verläuft dann ohne Episkop unter dauernder Kontrolle am Originalfoto. Die Wahl der meist sechs benutzten Farbstifte richtet sich nach dem Grundton: aus verschiedenfarbigen, gleichmäßigen Schraffuren entsteht das Foto neu. Ihre Strichlagen überschneiden einander spitzwinklig in exakt bestimmten Richtungen und bilden so das Raster der Zeichnung, das auch bei größter Dichte noch offen bleibt; es entsteht eine sehr regelmäßige Bildtextur. Alle Tonstufen von Farbe und Licht liegen bei einer mittleren Helligkeit sehr nahe beieinander. Die Zeichnung wird flach, verliert die Tiefenschärfe des Fotos; ihre Farbigkeit, vorbestimmt durch den unterlegten Grundton, den die Strichlagen variieren, geht ins Monochrome, der Klang wird diffus, schwebend, unbestimmt, die Bilder wirken ausgeblichen und – fotografisch gesprochen – überbelichtet.

Sartorius setzt die einzelnen Farbtöne einer Zeichnung nicht nacheinander über das ganze Bild, sondern fördert die Arbeit abschnittweise wie ein Freskomaler, so daß sie sich im Aneinanderwachsen der fertiggestellten Teile vollendet"[77]. Dabei bleibt das Foto als Foto gemeint: „damit es als solches unzweifelhaft wiedererkannt werden kann, ist eine fotoähnliche Wirkung intentional gesucht"[78].

Das große Format der Handzeichnung ist nicht Perversion des Mediums oder einer bildnerischen Technik, sondern muß als Versuch verstanden werden, Persönlich-Privates unübersehbar zu machen. Dieses Private dringt in langfristiger und mühseliger Arbeit in die ursprüngliche Öffentlichkeit des fotografischen Bildes ein, um die dort festgehaltene Situation in die Privatheit zurückzuzwingen. So wie sich vorher Privatheit auflöste im Zugriff der Öffentlichkeit – vergegenständlicht in der Fotografie – so löst sich jetzt die verbliebene Öffentlichkeit im Zugriff des Privaten auf. Das betont persönlich-private Medium der Handzeichnung ist dem betont unpersönlichen, in seiner Funktion hier öffentlichen Medium Fotografie entgegengesetzt, die intensive Arbeit der Hand der mechanischen des Apparates in einem entfremdeten Auftragsprozeß. Die Dialektik der Reprivatisierung entwickelt sich dahin, daß mit der künstlerischen Arbeit eine neue Ebene von Öffentlichkeit hergestellt wird – intentional die Öffentlichkeit der im Räsonnement als Publikum versammelten Privatleute, wie auch immer sie heute verändert und rudimentär zustande kommen kann. Diesen Vorgang verstärkt die von Sartorius bei anderen Arbeiten wahrgenommene Möglichkeit, die Handzeichnung als Siebdruck vervielfältigt zu verbreiten.

Der Prozeß der Reprivatisierung eines öffentlich gewordenen privaten Geschehens wurde in dem Interieur „Tatort IV" weitergetrieben (1973 – 121 x 201 cm). Es ist wiederum eine Handzeichnung nach einer Vorlage aus dem „Atlas der gerichtlichen Medizin"; das Gesamtbild gliedert sich in drei hochrechteckige, gleichgroße und nebeneinanderstehende Einzelbilder, die formal als Triptychon erscheinen könnten, tatsächlich aber eher als Bildgeschichte zu verstehen sind.

Die Vorlage ist die fotografische Dokumentation vom „Flammentod einer Selbstmörderin". Der begleitende Text lautet: „Auffindung der 58jährigen Wohnungsinhaberin in einem völlig verqualmten Raum neben dem Herd. Sie wies umfangreiche Brandwunden auf. Die Frau hatte wegen ihres schweren Herz- und Nervenleidens

Abb.77

Selbstmord verübt. Sie erhängte sich an einem Nagel und nahm gleichzeitig den Gasschlauch in den Mund. Als sie bewußtlos wurde, entzündeten sich die ausströmenden Gase an dem offenen Herdfeuer, und die Flammen griffen auf die Kleidung der Betroffenen über."[79] Die Bilddokumentation besteht diesmal aus drei Fotos: 1. Eine Gesamtaufnahme der verwüsteten Küche mit dem Stuhl und der Leiche der Frau – wohl vom Fenster aus in den Raum hinein aufgenommen. 2. Eine Detailaufnahme der Frau von vorn, Kopf, Hals, Strick, verbrannte Kleider und Körperteile zeigend. 3. Eine Detailaufnahme von Kopf und Hals mit dem Strick bis hin zum Nagel am Wasserhahn.

Sartorius übernimmt nur die erste Aufnahme, reproduziert exakt die große Vielfalt der Binnenstrukturen, verändert aber die Vorlage insofern wesentlich, indem er auf der rechten Bildseite einen Streifen wegnimmt, der etwa ein Viertel der Breite des Originalbildes ausmacht; damit ist im reproduzierten Bild – dem ersten in der Dreierfolge des Gesamtbildes – der Kopf der Frau mit dem Strick und seiner Befestigung am Wasserhahn nicht mehr sichtbar. In der zweiten Zeichnung ist dieses Detail nun der Hauptbildinhalt; die dritteZeichnung zeigt ebenfalls einen Ausschnitt, jetzt von der Wandecke über dem Kopf mit Küchengeräten und ganz rechts – vom Bildrand schon angeschnitten – den Wasserhahn. Die zweite und dritte Zeichnung sind Ausschnitte aus dem in der ersten Zeichnung nicht übernommenen Bildstreifen der Vorlage. Geht man von dem Gesamtbild aus, so entsteht der Eindruck, als würde der Betrachter in den drei Bildphasen schrittweise immer intensiver in das Ereignis eingeführt; von der Gesamtaufnahme ausgehend scheint er bis zu einem entscheidenden Kernpunkt vorstoßen zu können, die polizeiliche Ermittlung am Objekt gleichsam nachvollziehend. Die Bildfolge entspricht quasi den eindringlichen Recherchen des öffentlichen Interesses an diesem Fall bis zur Aufklärung, d.h. bis zur Feststellung der Kausalbedingungen, wie sie sichtbar sind. Tatsächlich wird hier genau das Gegenteil erreicht. Die Bildfolge bringt eine zunehmende Verunklärung, die De-

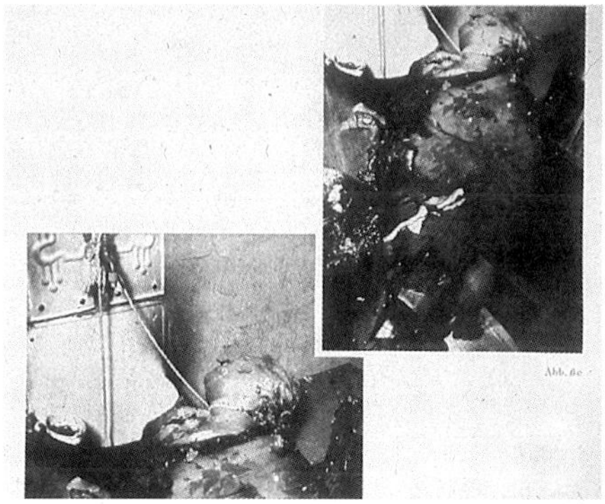

Abb.78 (links) u. Abb.79

tailbilder verlieren die ihnen unterstellte Funktion. Spart schon das erste Bild eine wesentliche Information aus – was die Identifizierung der Gegenständlichkeit und des Sinnzusammenhanges ungemein erschwert –, so bringt zwar das zweite Bild Kopf, Strick und Wasserhahn, aber der Zusammenhang ist kaum mehr auszumachen, der Kopf ist isoliert und gleicht eher einem Kohlkopf. Im Sinne fortschreitender Aufklärung ist das dritte Bild schierer Unfug: das provozierte Interesse endet in einem „toten Winkel". In der Abfolge verlieren die Bilder, in dem was sie zeigen, nicht nur zunehmend ihren Zusammenhang, sondern werden auch immer dunkler und wirken „unschärfer". Scheinbar mit Methoden exakten, aufklärenden und dokumentierenden Recherchierens verfahrend, stellt die Handzeichnung nicht nur die Funktion der Fotografie auf den Kopf, sondern führt den im öffentlichen Interesse vollzogenen Aufklärungsprozeß ad absurdum. Das Ereignis verschwindet im Zugriff des Privaten und löst sich als Ereignis ganz auf.

Diese Methode, mit dem Geschehen öffentliches Interesse aufzulösen, hat Sartorius auch in anderen Bildern angewendet: z.B. „Tatort III" (1973 – 4 Phasen), „Der Mörder" (1973 – 4 Phasen), „Spuren" (1974 – 4 Phasen); sie hat eine Analogie in den Erfahrungen des Fotografen in Antonionis Film „Blow Up" (1966). In der Spielhandlung des Films sind die Intentionen des Fotografen ursprünglich gegenläufig zu denen Sartorius': im privaten Interesse möchte er einem Mord auf die Spur kommen, der in privatem Interesse verübt und vertuscht wurde. Zufällig entdeckt er in einem belanglosen, beiläufig entstandenen Foto ein Verdachtsmoment, das er in einer Folge immer eingehender Detailvergrößerungen schrittweise präzisiert. Als er erkennt, was geschehen ist, verschwinden die Fotos und die Leiche. Vom Bild her wurde Schein zu Realität, und diese verkehrt sich in Schein; am Ende des Films spielt der Fotograf mit einer Gruppe Menschen als Narren kostümiert mit einem imaginären Ball Tennis. Bei Sartorius steht am Ende auch Schein – der Schein von Aufklärung und Aktualität, die mit der Übernahme des Mediums Fotografie provoziert in der Handzeichnung aufgelöst werden. „Es stellt sich hier die Frage nach dem Realitätsanspruch meiner Arbeiten, denn so unzweifelhaft die Gegenständlichkeit auf den Bildern sich auch ausweist, so wird sie durch ein Arbeitsverfahren, das eher auf ein abstraktes Muster als auf Abbildung gerichtet scheint, in ihrer Deutlichkeit gestört. Es wird zweifelhaft, ob die mit so viel Akribie vorgezeigten Dinge wirklich gemeint sind: Ihre Existenz wird unsicher. Um so nachdrücklicher erweist sich die eigene, die hergestellte Realität im Bild. Dieses Vorgehen sichert mir die Distanz gegenüber meinem Material, aus der ich die Spannung für meine Arbeit ziehe"[80].

Den Stellenwert dessen, was Sartorius in seinen hier besprochenen Bildern intentional aufhebt, erhellt der Blick auf eine Werbeserie für das Produkt „Zinn 40". In verblüffender formaler Analogie vermitteln die einzelnen Blätter der Serie eine ganz gegenteilige Zielvorstellung, wenn in jeweils vier Einzelbildern, die wie ein rasanter Zoom den Blick auf den inhaltlichen Kern führen, der Betrachter aus der Entfernung auf ein Haus hin und dann durch ein Fenster auf einen Tisch mit der Schnapsflasche sieht. Dargestellt ist hier nicht nur, wie eine Ware die häusliche Sphäre strukturiert, sondern wie im öffentlichen Interesse des Warenkonsums die Privatsphäre voyeurhaft aufgebrochen wird. Die Visualisierung des voyeuristischen Eindringens in die Privatsphäre läßt sich nur rechtfertigen in ihrer vorgegebenen Harmlosigkeit oder in dem gesellschaftlich gewordenen Bewußtseinsmoment, daß Warenkonsum die Konsumenten zu einer „großen Familie" vereint und eine „Privatheit" höherer Ordnung konstituiert, die aber der Aufhebung der bürgerlichen gleichkommt. In dieser höheren Ordnung ist der Einzelne der Einwirkung ökonomischer Gewalt ausgeliefert. Die Zinn-Werbung visualisiert unabsichtlich direkt das unkontrollierte

Abb.80

„weiche" Einwirken solcher Gewalt, es wird gerade darin deutlich, daß die in den Privaträumen sichtbaren Menschen in ihrem unbekümmerten Konsum das Eindringen von außen, das Umkrempeln von Innenwelt zur Außenwelt, nicht bemerken.

Schließlich verweisen die Bilder von Sartorius grundsätzlich auf Formen der Realitätserfahrung heute. Sein Verfahren verweist auf die Sehgewohnheiten einer „deformierten" Öffentlichkeit und deren Formen der Aneignung von Realität. Bei Sartorius ist es der zweifellos „nur" individuell-private Versuch des Widerstandes gegen die in unterschiedlichen Graden und Formen täglich erfahrbare Gewalt, wenn im vorgeblichen Interesse einer öffentlichen Meinung Medienkonzerne bürgerliche Privatheit aufbrechen und ausbeuten. In einem kritischen Pressekommentar zu einem beliebigen Mordprozeß heißt es: „ . . . Pressefotografen liegen ständig auf der Lauer, um jede Gefühlsregung der Angeklagten festzunageln, Boulevardzeitungen steigen voll in das Geschäft ein, produzieren Öffentlichkeit, die niemandem eine wesentliche Information vermittelt, und verkaufen Bekenntnisse, peinliche Entblößungen, die Unbeteiligte auch in einem Mordprozeß nichts angehen"[81].

**Paul Mathias Padua: Der Führer spricht**
**1939 – Öl/Leinwand (Maße unbekannt)**

Die Zerstörung des privaten Lebensbereiches und mithin die Aufhebung eines konstituierenden Momentes bürgerlicher Gesellschaft bekommt im totalitären Zugriff des Faschismus einen politisch programmatischen Stellenwert. Der Vorgang gelingt insbesondere durch den gezielten koordinierten Einsatz der Massenmedien von Presse, Rundfunk, Fotografie und Film, sowie in begrenztem Maße auch des Fernsehens (am 22.3.1935 begann an drei Abenden in der Woche von 20.30 - 22.00 Uhr ein regelmäßiger Programmdienst in Berlin). Die Bedeutung der Massenmedien für die „Volksgenossen" wird mehrfach in der Malerei thematisiert, so in Otto Kirchners Bild „Alter Zeitungsleser" (mit dem Völkischen Beobachter), in Udo Wendels Bild „Die Kunstzeitschrift" (mit einem Heft „Die Kunst im Dritten Reich") oder im Bild von P.M. Padua. Dringt in Wendels Bild faschistische Ideologie gleichsam sublimiert in der Vorbildlichkeit der Kunst in das bürgerliche Heim und nimmt über die Eltern – besonders die Mutter – Einfluß auf den im Bild sich darstellenden Künstler, so ist im Verhältnis hierzu die Beeinflussung von außen in Paduas Bild sehr viel direkter und massierter. Das Bild scheint eine belanglose Genreszene konventioneller Machart, es zeigt eine Tegernseer Bauernstube, in der der Bauer mit Familie und Gesinde einer Führerrede lauscht[82]. Der Betrachter wird von links unten von einem Puppenwagen mit rot-weiß kariertem Bettzeug in das Bild eingeführt und in der „harmonischen" Diagonalen über die Gestalt des Bauern nach rechts oben direkt zum Radioapparat – einem „Volksempfänger" – gewiesen. Kompositionell bilden die dargestellten Personen mit dem Puppenwagen eine Kreisform, die sich zum Betrachter hin öffnet und ihn einschließt. Er wird zum Zuhörer und ist so auch als Fremder in die Bauernfamilie und deren Heim aufgenommen. Darüberhinaus gibt es keinen Kontakt durch Gesten oder Blicke mit einer der Personen, jeder hört mit ungeteil-

Abb.81 u. (S. 149) Abb.82 u. Abb.83

ter Aufmerksamkeit und völlig in sich ruhend auf die Stimme des Führers, die aus dem Volksempfänger in den Wohnraum und die Gemeinschaft eindringt. Die Aufmerksamkeit ist durch eine Fülle von Signalen angezeigt: das Kind hat aufgehört zu spielen und sitzt, um nicht zu stören, daumenlutschend auf dem Schoß der Mutter. Der Knecht rechts hat die Zeitungslektüre unterbrochen, der Vater wie zur Andacht die Hände gefaltet; die Mutter in der Haltung einer thronenden Madonna hält zwar ihr Kind, ohne sich ihm aber innerlich zuzuwenden.

Auffallend ist, daß keine der Personen im Bild ins Zentrum gerückt ist; Vater und Mutter sitzen links und rechts einer gedachten Mittelachse, in die aber gerade der Betrachter als in den Kreis Aufgenommener eingerichtet ist. An der gegenüberliegenden kahlen Wand begegnet seinem Blick ein Plakat mit dem Bild des Führers und einem weiß aufgedruckten apodiktischen „Ja!". Anordnung und Darstellung des Plakats führen den Blick wieder nach rechts zum Volksempfänger und von da zurück nach unten in den Kreis. Dessen Zentrum ist ein Freiraum, in den des Führers Wort von oben einströmt und auf die Umsitzenden sich ausbreitet. Die Stimme aus dem Radio macht das Bild lebendig, während dieses durch die Rückbindung an das Sichtbare das akustisch Losgelöste wieder konkret macht. In solcher Weise vergegenständlicht das Bild von Padua einen eingleisig verlaufenden, totalitären Kommunikationsprozeß von exemplarischer Direktheit: das Bild des Senders der Botschaft ist über den Rezipienten angebracht und mit ihnen durch das Medium Radio verbunden; das Gerät scheint direktes Organ des Senders und gleichzeitig empfangendes Organ der Rezipienten [83]. Die Subversion der Privatsphäre durch die Medien wird perfekt in der Zeitung auf dem Tisch rechts – die „Tegernseer Zeitung" mit der fetten Überschrift „Der Führer spricht". Die Bewußtsein konstituierende Ideologie dringt in den drei gleichgeschalteten Medien sichtbar, hörbar und lesbar gleichschaltend ins Haus; nicht nur ist der Führer selbst in dieser dreifachen Weise im Raum, sondern die Gleichschaltung weist einheitlich auf seine augenblickliche Tä-

tigkeit: daß er spricht liest man, sieht man und hört man.

Die spezifische Darstellung der Personen um den Freiraum im Zentrum, in den sich von oben erfüllend das Wort des Führers senkt, übernimmt im Rahmen konventioneller Genremalerei ganz ungebrochen Motive christlich-frommer Stimmungsbilder, um sie zur Überredung für einen neuen Kult auszunutzen; dabei recurriert der Maler offensichtlich auf eine naiv gläubige Bewußtseinshaltung. Das Bild gleicht dem einer Gemeinde, die im schlichten Dorfkirchlein andächtig unter der Kanzel aus dem Munde des Pfarrers das Wort Gottes vernimmt, oder dem Bild einer häuslichen Abendandacht. Abgesehen davon verweisen Einzelmotive in bezeichnender Umdeutung auch auf christliche Ikonografie, so die „Madonna" und der anbetende Vater, die Zeitung statt der Bibel, das Hitler-Plakat statt eines üblichen Andachtsbildes oder Kruzifixes. Wichtig ist schließlich, daß nicht eine durch kapitalistischen Erwerb, städtisches Leben und Intellektualismus verformte bürgerliche Familie dargestellt ist, sondern im Sinne des Blut- und Boden-Mythos eine der Scholle und Heimat verbundene Bauernfamilie als staatstragende Zelle des Reichsnährstandes. „Die bäuerliche Familie ist die vollste Form, in der heute Familie lebt. Nirgendwo ist die Familie so umfassend, beherrscht, umfaßt, bedeutet sie so das ganze Leben wie im bäuerlichen Hof" [84]. Die gläubig-religiöse Stimmung, die Padua in seinem Bild in der Darstellung einfacher Menschen vermittelt, kommt vorzüglich in einem Gedicht zum Ausdruck, das Wolfram Brockmeier in „Ewiges Deutschland" 1934 veröffentlichte:

Der Führer spricht im Funk

Sie saßen zu viert in der Kammer
Ein jeder trug schwer seine Not.
Sie sprachen von Deutschlands Jammer
Und vom Kampfe um Arbeit und Brot.

Sie dachten der Jahre im Felde,
Des Blutes, das danklos floß,
Sie sahen die Gier nach dem Gelde
Und blutfremden Volkes Troß.

Da entstand eine Stimme im Raume,
Die war dunkel und groß und stark,
Und sie schraken empor aus dem Traume
Und spürten sich beben im Mark.

Sie saßen und lauschten beklommen,
Als längst schon die Stimme entschwebt.
Weckruf war hergekommen,
Und sie standen, vom Glücke benommen,
Und wußten, daß Deutschland lebt. [85]

P.M. Padua hat nach eigener Auskunft [86] das Bild „Der Führer spricht" 1939 im Auftrage der dem Reichspropagandaministerium unterstellten Reichsrundfunkkammer gemalt; der Auftrag erfolgte nach seiner Erinnerung 1937. Diese Kammer diente „dem Willen des Führers, das ganze Volk mit dem Rundfunk zu durchdringen, um Staatsführung und Volksgemeinschaft zu einer geschlossenen Einheit zu machen"[87]. Aus diesen programmatischen Sätzen wird deutlich, welche Bedeutung die Nationalsozialisten dem Rundfunk als „großes und modernes Beeinflussungsmittel in der Hand der Reichsregierung"[88] zumaßen. Während in der Weimarer Republik der Reichsrundfunkkommissar Bredow es sich zum Verdienst anrechnete, Politik und Politiker vom Rundfunk möglichst ferngehalten zu haben, war es auf der Basis der Verstaatlichung des Rundfunks 1932 durch von Papen möglich, nach der „Machtergreifung" den Rundfunk dem Reichsminister für Volksaufklärung und Propaganda zu unterstellen und voll für das Regime zu nutzen. 1934 schrieb Eugen Hadamovsky, daß die „Revolution des Bürgers 1789 ... mit Buchdruck und Presse gegen den Adel gemacht" wurde, der nationalsozialistische Mensch dagegen findet im Rundfunk ein arteigenes Ausdrucksmittel, um seine lebendige Weltanschauung zu verbreiten: „Der Nationalsozialismus als politische und geistesgeschichtliche Zeit- und Weltenwende nimmt dem Menschen seine egozentrische Auffassung der Welt; er stellt ihn, der bisher nur für sich gelebt hat, in einen viel größeren Kreis hinein. Der Mensch wird ein Glied in einer Kette von Blut- und Geschlechterfolgen; er sieht das Ziel des Lebens nicht mehr in sich selbst oder in einer imaginären Welt, sondern er erkennt in sich die großen Gesetze von Blut und Boden, Rasse und Volkstum, Kosmos und Ewigkeit. Mit diesen unpersönlichen Werten, die er für sich anerkennt, wächst er über sich selbst hinaus, wird ein Stück einer großen Gemeinschaft: der Nation; der Mensch wird politisch"[89].

Voraussetzung zur Erfüllung der zugedachten Funktionen war die massenhafte Produktion und Verbreitung eines billigen Rundfunkapparates. Dieser wurde mit dem sogenannten Volksempfänger VE 301 auf Veranlassung des Propagandaministeriums 1933 „zur Erinnerung an die Volkserhebung am 30.1.1933" geschaffen (VE301 = 30.1.). Oberingenieur Otto Griesing hatte das Gerät entworfen, eine technische Kommission unter Vorsitz von Prof. Dr. Gustav Leithäuser überwachte den Bau[90]. Am 25.5.1933 wurde das 1. Hunderttausend in Auftrag gegeben, mit Antenne kostete der Volksempfänger RM 76,-; bis 1939 wurden 3,5 Millionen Geräte verkauft[91], 1940 betrug nach Pohle die Rundfunkdichte im Reichsdurchschnitt 61,4 Geräte auf 100 Haushaltungen[92]. Während 1933 das Rundfunkhören nicht als Angelegenheit persönlicher Unterhaltung, sondern als „staatspolitische Pflicht und Notwendigkeit" bezeichnet wurde[93], machte der Präsident der Reichsrundfunkkammer 1937 – im Jahre der Beauftragung Paduas – deutlich: „Durch den Rundfunk ist zu jeder Stunde die Einsatzbereitschaft des deutschen Volkes gegeben, wenn es gilt, Entschlüsse und Maßnahmen zu erfahren, die der Führer dem gesamten Volk unmittelbar bekanntgeben will"[94].

1940 lag in einigen Gebieten des Großdeutschen Reiches die Rundfunkdichte noch unter dem Reichsdurchschnitt; z.B. kamen in der Gegend um den Tegernsee nur 50-55 Geräte auf 100 Haushaltungen. Die Auftragsarbeit Paduas muß im Zusammenhang der Erhöhung der Rundfunkdichte zur besseren Gleichschaltung der Volksgenossen gesehen werden – Paduas Bild ist ein Propagandabild, das sich inhaltlich an der Tegernseer Situation orientiert. „Es kann damit angenommen werden, daß die Kleinbauernfamilie, die als dargestellte Realität zufällig ist, da sie in der Nachbarschaft des Malers lebte (– nach Auskunft Paduas, A.d.V.), gerade die Merkmale repräsentierte, die in dem Auftrag angesprochen wurden: arm, räumlich und verkehrstechnisch von den Zentren des Zeitgeschehens abgeschieden, vor der Konstruktion des Volksempfängers nicht im Besitz eines Rundfunkgerätes, das die Teilnahme am aktuellen Geschehen über räumliche Entfernungen hinweg ermöglichte, angewiesen auf die Information der Lokalzeitung, die unvollständig sein mußte, da z.B. ein wichtiges Element der politischen Rede, zumal der Führerrede,

s Radios, wird gefeiert. Seine Faszination ist die
beruht auf der Möglichkeit, die intimsten Orte
›n. Ziel und Wirkung des Radio gehen aus den
›r. Das Thema „Eine Rede des Duce am Radio

die Stimme, nicht in der Information enthalten sein konnte“[95].

Padua hat möglicherweise sein Gemälde in Kenntnis von Bildern gleichen Inhalts des italienischen faschistischen Künstlers Premio Cremona gemalt, die 1936 zum Thema der Reden des Duce entstanden sind[96]. Eines der Bilder zeigt eine tiroler Bauernfamilie, die kreisförmig angeordnet das Rundfunkgerät einschließt; links in der Gruppe sitzt eine Bauersfrau mit einem Mädchen auf dem Schoß. Ein anderes Bild zeigt eine junge und elegante bürgerliche Frau in entsprechender Umgebung, die die Rede des Duce hörend, vor dem Apparat ihr Kind stillt; in beiden Bildern taucht also ebenso wie bei Padua das Mutterschaftsmotiv auf, wobei im zweiten Bild Cremonas mit der Reinheit der mütterlichen Zuwendung die Situation geadelt, zum anderen aber auch über die Mutter das aufgenommene Führerwort mit der Muttermilch an die neue Generation weitergegeben wird. Jenseits dieses Einsatzes in der Privatsphäre liegt jener zur direkten, massenhaften Erfassung der Volksgenossen mithilfe des Rundfunkgerätes: „Bekannt ist die ‚Größte Eidesleistung der Geschichte‘, die durch das gemeinsame Nachsprechen der von Rudolf Heß über den Rundfunk verkündeten Eidesformel von nahezu einer Million ‚Parteigenossen‘ vollzogen wurde, die in zahlreichen Städten und Gemeinden unter den Lautsprechern angetreten waren“[97]. Den Eindruck einer solchen Situation vermittelt ein Plakat aus den dreißiger Jahren mit der Parole „Ganz Deutschland hört den Führer mit dem Volksempfänger“; in einer Fotomontage ist im Zentrum des Plakates ein großer Volksempfänger in eine Menschenmasse hineingestellt, die ihn von allen Seiten konzentrisch umgibt und sich in einen unbestimmten Tiefenraum hinein endlos und unübersehbar ausdehnt.

In einer 1976 erschienenen Publikation hat R. Müller-Mehlis das hier besprochene Bild von Padua behandelt[98]: „ . . . Die Szenerie ist weich und tonig gemalt, geschickt in der kompositorischen Anwendung des plastisch modulierenden Lichts. Drei Generationen sind versammelt. Genrezutaten sind ein Krug auf dem Ende eines primitiven Sitzbrettes und ein bescheidener kleiner Puppenwagen mit kariertem Deckchen. Ein kärgliches kleinbäuerliches Interieur also, Müdigkeit und reale Skepsis sprechen aus der Haltung und den Gesichtern der Menschen. Es ist Krieg, er trifft die armen Menschen ganz besonders hart, sie sind betroffen und besorgt. Wenn ‚der

Abb.84 u. Abb.85 (S. 152) u. Abb.86

Führer spricht', verheißt das nicht unbedingt Gutes, ein baldiger Frieden ist nicht in Sicht . . . Padua wollte keine schlechte Arbeit liefern, wollte unpathetisch bleiben. Stilistisch ist das Bild keine Erfindung, aber auch kein abgedroschenes Epigonentum. Es steht in der Tradition der von Courbet und dem französischen Realismus des 19. Jahrhunderts angeregten Münchner Schule Wilhelm Leibls und seines Freundeskreises. Ohne Radio, Hitler-Porträt und Zeitung könnte das Bild innerhalb einer öffentlichen oder privaten Sammlung, die von der Revolution der modernen Kunst und ihren Folgen absehen will, wahrscheinlich sogar eine recht gute Figur machen". Aus diesem Zitat – wie aus dem ganzen Buch, dem es entnommen ist – spricht die Hilflosigkeit einer wissenschaftlichen Position nicht nur gegenüber faschistischer Kunst, sondern dem Faschismus prinzipiell. Verharmlosend ist der Faschismus – verstärkt durch historische Distanz – nach wie vor und erst recht heute letztlich nur ein „Betriebsunfall", der auch die Künste berührt und vorübergehend verformen mußte. Hätte es keine Konzentrationslager und nicht 6 Millionen Judenmorde gegeben, hätte der Faschismus aufgrund sonstiger Leistungen im Vergleich zu anderen Staaten „wahrscheinlich sogar eine recht gute Figur machen" können. Im Hinblick auf die Realität des Faschismus, die Funktionen faschistischer Kunst und der oben beschriebenen Bedeutung des Bildes von Padua sind die Auslassungen von Müller-Mehlis dumm und ignorant.

In einem neunzehnteiligen Ensemble „Volksempfänger" geht Edward Kienholz deutsch-faschistischer Vergangenheit nach, spürt sie in Requisiten und banalen Gegenständen auf und macht diese in verschiedenartigen Kombinationen zu plastischen Gleichnissen einer vielfach verdrängten früheren Wirklichkeit. So sind in der Assemblage Nr. 13 (1976) mit dem Titel „Die Bank" Volksempfänger zu einem „deutschen Lebenslauf" versammelt. Im Katalog überliefert Roland H. Wiegenstein eine interessante Interpretation von Kienholz selbst: „Auf der ‚Bank' erscheinen die Volksempfänger willkürlich angeordnet, aber wenn man genau hinsieht, kann man in dieser Arbeit das Porträt eines Mannes erkennen, der in den dreißiger Jahren politisch noch unerfahren war. Wenn man von links beginnt, stellt man fest, daß der erste Volksempfänger noch kein Hakenkreuz hat. Dann wurde der Mann Parteimit-

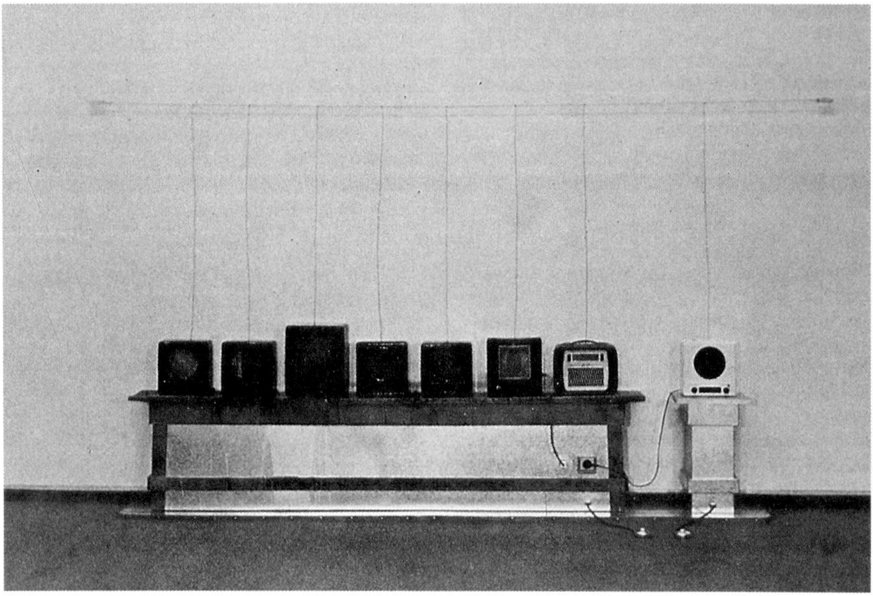

glied, und der Volksempfänger hat ein Hakenkreuz. Nummer drei: Er wird Offizier, und der Volksempfänger ist größer und hat zwei Hakenkreuze. Dann begann der Krieg seine schlimme Wendung zu nehmen, und der Volksempfänger ist nicht mehr aus Bakelit, sondern aus billigem Pappmaché. Und als der Krieg verloren war, wurde das Kreuz (die Identität also) abgefeilt. Und um sich noch besser zu verstellen, nimmt er das Innere des Radios und baut dafür einen wunderschönen hölzernen Kasten als neues Gehäuse. Das nächste Radio in der Reihe ist dann ein anderes aus den fünfziger Jahren (ein Kofferradio), und dann schließlich das letzte Radio in der neuen Form des Volksempfängers, wie man ihn heutzutage bei ‚Quelle' kaufen kann. Es gibt zwei Fußschalter; der eine ist mit allen Apparaturen – außer dem neuen – verbunden und läßt sie alle Wagner spielen. Wenn man den Fußschalter für den neuen Volksempfänger betätigt, spielt er Musik von heute, was, wenn alle zusammen spielen, eine interessante Kakophonie macht. Außerdem sind alle Radios über den Draht der Antenne mit der ursprünglichen Quelle verbunden."[99]

Der ursprünglich bürgerliche Gebrauch des Rundfunks steht in krassem Gegensatz zur politischen Funktion, wie sie in dem oben angeführten Zitat Eugen Hadamovsky beschrieben hatte, und zum Ziel, den einzelnen aus seiner „individualistisch-egozentrischen" Weltauffassung herauszulösen und in die Blutgemeinschaft der Nation einzugliedern. 1927 hat Karl Günther in seinem Bild „Kleinbürger am Radio" (Tempera/Karton, 55 x 49 cm, Nationalgalerie Berlin) die private Nutzung dargestellt – offensichtlich selbst mit einiger Abneigung gegen den deformierten Verbrauch von „Kulturgut". Er zeigt einen älteren Mann – Prototyp des verknöcherten Beamten –, der Radio hörend den Betrachter anschaut; er sitzt am Tisch, eine Wein- oder Schnapsflasche neben sich, raucht Zigarre und hat die Kopfhörer umgespannt. Er hört die Zauberflöte und liest gleichzeitig zum besseren Verständnis das Textbuch. Günther polemisiert gegen den Kulturkonsum in der häuslichen Privatsphäre

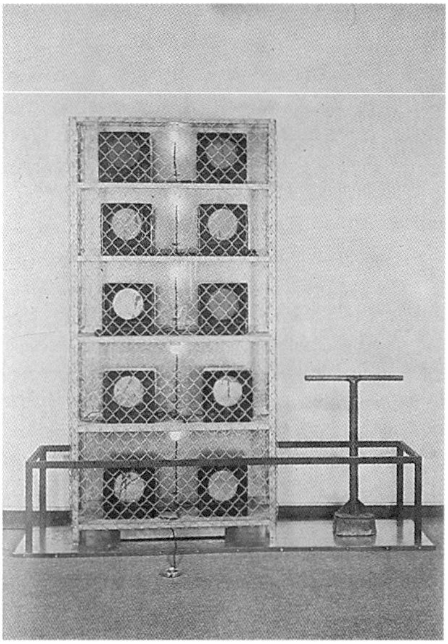

Abb.87 (S. 154) u. Abb.88

Abb.89

– also außerhalb der im Theater institutionalisierten bürgerlichen Öffentlichkeit; zuhause läßt sich bei größerer Bequemlichkeit – man assoziiert unterm Tisch die Pantoffeln – der Genuß vom fordernden Anspruch des Kunstwerks ablösen und auf gleichzeitige körperliche Genüsse ausdehen. Eine Kommunikation über das Erlebte kann nicht mehr stattfinden. Karl Günther visualisiert die Wandlung des kulturräsonnierenden zum individualistisch kulturkonsumierenden Bürger. Die Darstellung des technologischen Entwicklungsstandes des Rundfunkgerätes macht dies signalhaft deutlich: der Empfang über Kopfhörer läßt kein Gemeinschaftsleben zu, das Gehörte dringt direkt über den je eigenen Gehörgang ins Hirn. Dieses Moment des auf die individuelle Person isolierten Empfanges, mit Drähten am Gerät hängend wie an einer Zapfstelle, zeigt die Bedeutung der Weiterentwicklung des Rundfunkgerätes zur Erfassung der Massen, die in kollektivem Hören als einem Gemeinschaftserlebnis beeinflußt werden sollen. Unter diesem Aspekt zeigen die besprochenen faschistischen Bilder nicht nur die Zerstörung der Privatsphäre, sondern auch die im Verhältnis zu Günthers Darstellung neue, nämlich totalitäre Deformation bürgerlicher Öffentlichkeit.

**Renato Guttuso: La stampa claudestina**
**(Die Untergrundpresse)**
**1966 Öl/Leinwand, 135x200 cm**
**Privatsammlung, Alessandria**

Das Bild „La stampa claudestina" gehört zu einer Serie von etwa dreißig vorwiegend großformatigen Bildern, die Renato Guttuso im kurzen Zeitraum des Winterhalbjahres 1965/66 in seinem Atelier in Velate bei Varese gemalt hat. Guttuso bezeichnet diese Serie selbst als Autobiographie. Die Bilder beziehen sich inhaltlich auf den Zeitraum von 1912 (Guttuso wurde am 26.12.1911 in Bagheria bei Palermo geboren, das offizielle Geburtsdatum ist der Tag der Anmeldung am 2.1.1912) bis 1945 und lassen sich in ihrer Thematik in drei Bereiche gliedern: die Jugendzeit in Sizilien; der Aufenthalt in Rom seit 1930 mit fortschreitender Politisierung und der Beteiligung am antifaschistischen Kampf; die Auseinandersetzung mit Malern, Bildern und Büchern, die in diesem Zeitraum seine Entwicklung beeinflußten. 1971 fügte Guttuso seinen autobiographischen Bildern Kommentare bei, um ihre „Lesbarkeit" für ein breites Publikum in einer vom Galeristen Toninelli besorgten Publikation zu erhöhen.

„Die Untergrundpresse" gehört inhaltlich zum zweiten Bereich der Serie und bezieht sich auf den Widerstand gegen die Nationalsozialisten während der deutschen Besetzung Roms. 1940 war das faschistische Italien an der Seite Hitlers in den Krieg eingetreten und hatte im September mit Deutschland und Japan einen Dreimächtepakt geschlossen. Nach der Kapitulation der deutschen und italienischen Truppen in Tunis im Mai 1943 und der Landung der Alliierten in Sizilien brach Mussolinis Regime zusammen, der monarchistische Marschall Badoglio bildete eine Regierung ohne faschistische Mitglieder und schloß mit den Alliierten nach deren Einmarsch in Süditalien einen Waffenstillstand. Daraufhin besetzten deutsche Divisionen Rom, Mittel- und Norditalien mit den kriegswichtigen Industriezentren; Norditalien wurde von Hitler zur „Republica Sociale Italiana" erklärt, wo Mussolini nach seiner Befreiung aus der Haft eine Regierung bilden durfte. Seit 1943 wurde der Nazifaschismus in Italien und Mussolinis Marionettenstaat im Norden von einer sich ausbreitenden Widerstandsbewegung, der „Resistenza", im Untergrund und im Partisanenkrieg bekämpft.

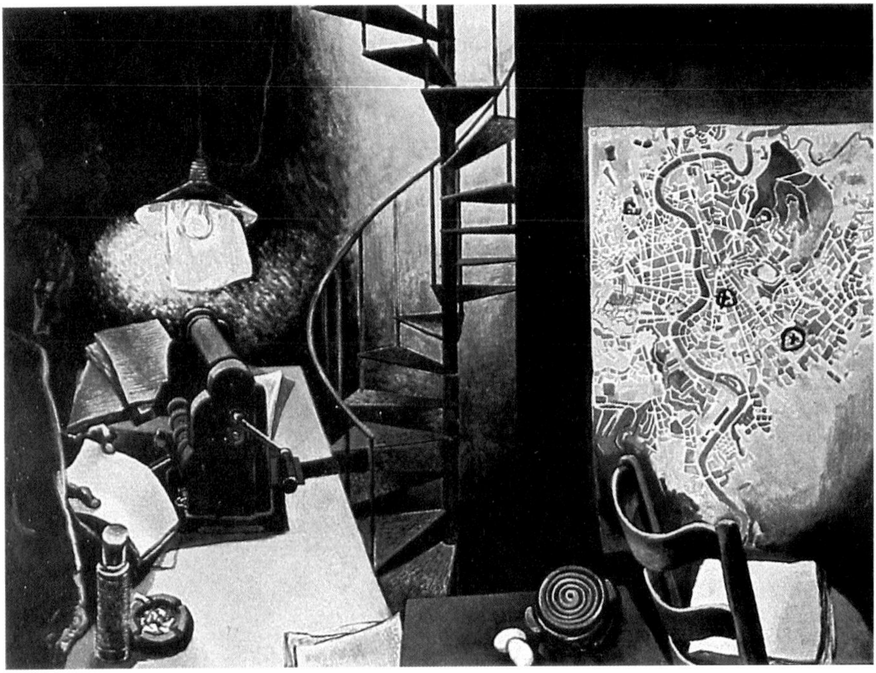

Abb.90

Guttuso entwickelte schon während seines Militärdienstes 1935 als Offizier in Mailand eine antifaschistische Haltung, die ihn zunächst 1940 zum Eintritt in die Kommunistische Partei Italiens führte und schließlich in den aktiven Widerstand; 1943 kämpfte er in Rom als Verbindungsoffizier römischer Partisanengruppen. Einer der führenden Männer der Resistenza in Rom war der Kommunist Mario Alicata, 1943/44 Herausgeber der illegalen Zeitung der PCI, „L'Unita". In seinem Kommentar zu dem Bild „Die Untergrundpresse" schreibt Guttuso: „Nach der Ausgangssperre druckte man im Untergeschoß eines Hauses im Zentrum Roms. In diesem Haus war auch für einige Zeit die Redaktion der verbotenen L'Unita. Man schluckte rasch einen Bissen herunter, man schlief und organisierte die Arbeitstermine des bewaffneten Kampfes gegen die Nazifaschisten. Der kommunistische Abgeordnete Mario Alicata war 1943 für die Untergrundpresse der PCI verantwortlich. Er starb im Dezember 1968, als ich dieses Bild malte. Ich habe ihn ehren wollen, indem ich sein Profil in das Bild eingefügt habe"[100].

Das querrechteckige Bild zeigt einen Kellerraum, der von verschiedenen Lichtquellen partiell erleuchtet ist. Eine steile eiserne Wendeltreppe bildet mit einem tiefdunklen Mauerpfeiler eine breite Mittelachse, die das Bild vertikal in zwei Zentren gliedert, die kompositorisch von einer mächtigen Klammer aus Möbeln und Geräten zusammengehalten werden. Den linken Bildkomplex formt ein vom unteren Bildrand jäh an der Treppe vorbei in die Raumtiefe vorstoßender Tisch. Drei Männer stehen an diesem Tisch, vom linken Bildrand überschnitten, ihre nur schemenhaft sichtbaren Profile verlieren sich im tiefen Dunkel des Kellerraumes. Über dem Tisch hängt eine einfache Lampe, deren Schein zur Treppe hin zusätzlich mit einem Blatt Papier abgeschirmt ist; ihr Licht fällt nach unten auf eine schwarze Umdruckmaschine, auf weißes und schon bedrucktes Papier, auf Aschenbecher und Thermosflasche. Der mittlere der drei Männer legt gerade einen Packen Papier in die Maschine ein. – Der rechte Bildkomplex ist einfacher strukturiert. Er zeigt einen großen Stadtplan von Rom, der an einer bildflächenparallelen Kellerwand aufgespannt ist und von einer außerhalb des Bildes befindlichen Lampe angestrahlt wird. Auf der Karte sind zwei Stellen des Stadtgebietes markiert, vielleicht Schwerpunkte von Widerstandsaktionen; das Gebiet der Abgeordnetenkammer und das Gebiet um den damals im Bau unterbrochenen Zentralbahnhof Rom-Termini und den benachbarten Ministerien. Vom unteren Bildrand überschnitten schiebt sich ein leerer Stuhl vor die Wandkarte, an den nach links anschließend eine dunkle Tischplatte horizontal die Verbindung zum Tisch in der linken Bildhälfte herstellt. So entsteht eine große, ins Bild hinein offene Winkelform, die beide Bildseiten verklammert und die vertikale Mittelachse auffängt. Darüberhinaus ist diese Winkelform ein inhaltlich bedeutsames Motiv: wie die Schenkel einer weitgeöffneten Schere umfaßt sie zuschnappend den im Überblick gezeigten Aktionsbereich des Widerstands und den Weg aus dem Keller nach oben in diesen Bereich hinein. Die Winkelform mit dem nur als Ablage benutzten Stuhl rechts außen wirkt aggressiv und aktivierend – sie preßt Aktivität die Treppe hinauf in die Stadt. Damit hat auch die betonte Mittelachse eine inhaltliche Bedeutung: sie führt aus dem blau-violetten Dunkel nach oben in die Helligkeit des komplementären Gelb, aus dem Untergrund in die Straßen, wo die Freiheit erkämpft wird; die Drehbewegung der Treppe dynamisiert den Aktionsanstoß wie der gezogene Lauf eines Gewehres. Diese inhaltlich verstandene Vertikalisierung der Komposition aus dem feststehenden querrechteckigen Bildformat hinaus findet auf beiden Bildseiten begleitende Entsprechungen, links das steile Gefüge von Tischplatte, Maschine und Lampe – rechts im vertikalen und gewundenen Lauf des Tiber auf der Karte.

Der Betrachter des Bildes ist selbst in dessen aktivierende Struktur aufgenommen. Er steht im Schnittpunkt der beiden Schenkel des Winkels, direkt am Tisch wie der Mann links und schaut ebenso wie dieser von oben auf die Tischplatte; er ist der Gemeinschaft der drei Männer zugeordnet, die vom linken Bildrand her in das Bild auf die Mittelachse hinwirken. Im beginnenden Druckvorgang legen sie Papier in die Maschine ein, werden die Handkurbel ergreifen, um sie im Uhrzeigersinn zu bewegen. Das bedruckte Papier schießt auf der anderen Seite hervor, wird dort ergriffen und nach oben gebracht. Durch ihre Arbeit an der Maschine lassen die Männer die Untergrundtätigkeit konkret werden und signalisieren gleichzeitig die Gefahr, der sie sich selbst aussetzen. Sie verbleiben schemenhaft im Dunkeln und in der nichtgemalten Anonymität außerhalb des sichtbaren Bildfeldes. In das Bild gerade hineinragend sind sie bereit, sich jederzeit zurückzuziehen, um dem Zugriff faschistischer Häscher zu entgehen. Der Betrachter befindet sich in der gleichen Situation, er kann die geheimen Pläne und Aktionen der anderen einsehen und verfolgen – er wird notwendig zum *Mitwisser* und muß sich für oder gegen die Sache entscheiden; *das Bild macht ihn zum Mitkämpfer gegen den Faschismus oder aber zum SS-Spitzel und Kollaborateur.*

Der Widerstandskampf in Guttusos Bild erfolgt aus dem Keller eines bürgerlichen Hauses heraus; dieser Keller ist Rückzugsbereich und Operationsbasis für jene, die Freiheit und Menschlichkeit gegen faschistischen Terror verteidigen. Als Restbereich privaten Lebensraumes wird er zur „konspirativen Zelle", aus der heraus offensiv Gegenöffentlichkeit die Wahrheit aus dem Untergrund ans Licht bringt. Wahrheit ist dahingehend konkretisiert, daß der Kampf auch als Klassenkampf, in dem die PCI eine führende Rolle einnimmt, gegen die faschistische Form bürgerlicher Herrschaft [101] vertanden wird. Zurückgetrieben und eingekrallt im Fundament bürgerlicher Privatheit kämpfen Männer an der Untergrundpresse um eine Menschlichkeit, die die bürgerliche Gesellschaft in ihrer faschistischen Gestalt verloren hat. So findet sich im Keller Guttusos eine andere Form von Widerstand als im „Zirkuswagen“ Beckmanns. In seiner kristallinen Struktur vermittelt Guttusos Bild die Eindeutigkeit und Entschiedenheit einer kämpferisch-parteilichen Position gegen den Faschismus, die auch den Betrachter zur Entscheidung zwingt. Das Bild ist dabei nicht bloße Erinnerung an vergangene Ereignisse und früheres Engagement, es mobilisiert die Zeitgenossen nicht nur zu einer antifaschistischen Haltung, sondern auch zur Parteinahme in verschärften sozialen Auseinandersetzungen der Gegenwart, in der ungelöste Klassenkonflikte weiterbestehen. Hierfür ist die Resistenza ein politisch konkreter, historischer Bezugspunkt. Seit 1953 die Democrazia Christiana ihre absolute Mehrheit verlor, entwickelte sich in der Staatsführung eine anhaltende Krisensituation durch häufig wechselnde Regierungen mit ungesicherten Mehrheitsverhältnissen. Zur gleichen Zeit wuchs rapide der Zulauf zur rechtsradikalen Partei der Neo-Faschisten, ebenso wie die wachsende Angst vor einem Putsch von rechts. Die in dieser Situation mit dem Bild vollzogene politische Aktivierung des Betrachters kennzeichnet die Malerei Guttusos als eine Form politischer Praxis, die einem Realismus als Prinzip und Methode der parteinehmenden ästhetischen Aneignung von Wirklichkeit verpflichtet ist. Die politischen Krisen der Gegenwart, verbunden mit den konkreten Erfahrungen einer faschistischen Vergangenheit, sind der Anlaß der autobiographischen Bilder. Sie verstehen sich nicht als persönliche Erinnerungen, sondern als Versuche, Geschichte nützend und aus ihr lernend gesellschaftliche Praxis zu formen.

## III-5 Die Vermittlung der privaten Lebenswelt des Interieurs mit der Außenwelt im „Fensterbild"

In einer größeren Arbeit hat J.A. Schmoll gen. Eisenwerth Motivketten von „Fensterbildern" in der europäischen Malerei zusammengestellt [102]; diese Arbeit zeigt die außerordentliche Bedeutung des Fenstermotives als Bildthema vor allem in der Kunst des 19. und 20. Jahrhunderts. Schmoll gelingt es, die Fülle des Materials zu ordnen und jeweilige Motive genealogisch in ihrer Entwicklung zu verfolgen; allgemein läßt sich dabei das „Fensterbild" in Vor- und Frühformen bis in die Antike zurückführen. Während Schmoll die Vielzahl der Beispiele zusammenstellt, findet im Rahmen seines Erkenntnisinteresses der Zusammenhang der quantitativen und qualitativen Entwicklung des Motivs mit dem realen Geschichtsprozeß keine eingehendere Erwähnung – es bleibt bei der gelegentlichen Feststellung, daß der „Ausblick aus dem Fenster . . . zur Situation des behausten, vornehmlich des bürgerlichen Menschen, wie er in Wohnungen der Städte lebt", gehört [103]. Intersessant ist jedoch die sich aus der Materialsammlung ergebende Tatsache, daß das Motiv gerade in der Zeit des bürgerlichen 19. Jahrhunderts im Rahmen des Interieurs verselbständigt überaus häufig und vielfältig thematisiert wird, eingedenk der Tatsache, auf die auch Schmoll verweist, daß die Beispiele aus früheren Zeiten vorwiegend dort herstammen, wo auf der Basis veränderter Produktionsbedingungen sich frühe bürgerliche Gesellschaftsformen entwickelten und mit diesen der Komplex bürgerlicher Privatheit – so beispielhaft in den Niederlanden.

In unserem Zusammenhang interessiert, ob und in welcher Weise das auffällige Motiv der Fensterbilder in der bürgerlichen Malerei des 19. Jahrhunderts und in ihrer Weiterentwicklung im 20. Jahrhundert das Verhältnis des bürgerlichen Individuums zu seiner geschichtlichen Umwelt thematisiert. Man kann vermuten, daß gerade Fensterbilder in jeweiliger Gestaltung sehr direkt das Selbstverständnis bürgerlicher Individuen und ihre sozialen Beziehungen – die Spanne des privaten Lebensraumes zur natürlichen und gesellschaftlichen Umwelt – produktiv spiegeln. Das Verhältnis von Innen zu Außen, die Bestimmung der Umwelt als Außenwelt, ihre Einbeziehung oder Aussonderung in bzw. aus dem privaten Lebensraum bis hin zum hermetischen Sichverschließen im Interieur bilden eine bleibende Problematik, die in dem spezifisch ästhetischen Prozeß produktiver Aneignung von Realität immer neu in der Motivgestalt des Fensterbildes vermittelt ist. Nebenbei schon war im Bild von Begas der Blick durchs Fenster Hinweis für das kulturelle Selbstverständnis dieser bürgerlichen Familie, die fensterlose Verschlossenheit in den Bildern Beckmanns Hinweis auf eine gebrochene Beziehung zur Außenwelt und auf Isolation. Die konsequente Leugnung des Fensters in den zu wahnhaften Gehäusen verengten (oder geweiteten) Interieurs von Francis Bacon beispielsweise könnte als Signal der hoffnungslosen und ausweglosen Verfangenheit von Individuen verstanden werden, die jede Beziehung zur Umwelt verloren haben; diese qualvolle Erscheinung verschärft Bacon im Motiv der Gehäuse im Gehäuse, der Spiegelung und der Auflösung der individuell-persönlichen Gestalt. Im oben formulierten Interesse soll nachfolgend versucht werden, in den Analysen von Fensterbildern Vermutungen über das Verhältnis bürgerlicher Privatheit zur Außenwelt zu belegen.

**Alex Colville: Pacific**
**1967 Acryl-Polymer Emulsion/Leinwand**
**53,5 x 53,5 cm**

Das Bild des 1920 in Toronto geborenen Kanadiers ist Ende 1967 entstanden; Colville hielt sich damals wegen Lehrverpflichtungen in Kalifornien auf. Die eindrückliche Klarheit des Bildes, die große gegenständliche Präzision der Darstellung wie auch deren einfache inhaltliche Struktur scheinen unmittelbarer Rezeption und spontaner Deutung entgegenzukommen. Die gleichen Momente bewirken jedoch, daß das Bild in seinem relativ kleinen und quadratischen Format, dem auffällig strengen Gefüge horizontaler und vertikaler Kompositionszüge, in das die kopflose Rückenfigur eines Mannes und eine Pistole eingeordnet sind, schwer zugänglich, abweisend und rätselhaft ist. Die überscharfen, harten Konturen und Helligkeiten, die

Abb.91

kühle, distanzierte Malweise, die einen persönlichen Duktus zugunsten eines neutralen „Pointilismus“ vermeidet, unterstützen diese Wirkung. Der Betrachter des Bildes ist in der merkwürdigen Situation, gleichzeitig einbezogen und ausgeschlossen zu sein: einbezogen, weil er sich in dem dargestellten Innenraum befindet und wie der Mann durch eine bildflächenparallele Glaswand hindurch aufs Meer schaut; ausgeschlossen, weil er von eben diesem Mann durch einen großen Tisch, der sich wie ein mächtiger Riegel quer durch das Bild schiebt, getrennt ist, dieser Mann ihm den Rücken zuwendet und jeden möglichen Kontakt unterbindet.

Die Tischplatte sperrt, links und rechts von den Bildrändern überschnitten, auf der ganzen Bildbreite den Vordergrund vom Mittelgrund mit der Person des Mannes ab; wenig über dem unteren Bildrand beginnend, nimmt sie einen Großteil der unteren Bildhälfte ein und schafft Raumtiefe, die durch die rechts ins Bild laufende Tischkante betont wird. Der untere Bildrand überschneidet die Tischbeine, so daß der Eindruck entsteht, der Betrachter stünde direkt vor dem Tisch; er kann gerade noch einen Streifen des Fußbodens sehen, der mit sechseckigen blaugrauen Platten ausgelegt ist. In die braune Tischplatte ist eine Meßleiste eingelassen, die mit den Bahnen des Furniers und seiner Maserung die Horizontale betont. Eine schwere Pistole liegt auf dem Tisch, auf dem sonst nur die Spuren des Gebrauchs – Flecken und Wasserringe – zu sehen sind. Die Pistole scheint dem Betrachter zum Greifen angeboten, der Lauf weist nach links unten aus dem Bild hinaus. Direkt hinter dem Tisch ist der Raum bildflächenparallel mit einer großen, wiederum die ganze Breite des Bildes einnehmenden Glaswand geschlossen; sie ist durch Rahmen in drei Felder geteilt, von denen das linke durch leicht aufgestellte Lamellen waagerecht gegliedert ist. In das Mittelfeld ist die Rückenfigur des Mannes eingeschlossen, die Unterschenkel vom Tisch überschnitten, der Hals vom oberen Bildrand so, daß der Kopf nicht mehr sichtbar ist. Der Mann ist mit einer graugrünen Hose bekleidet, der Oberkörper ist nackt, am linken Handgelenk trägt er eine Armbanduhr. Angelehnt und abgestützt ist er fest in ein betontes Feld verspannt. Zwischen linker Rahmenstrebe und Körper, Tischkante unten und Arm oben entsteht ein Freiraum, der wie ein saugendes Loch den Blick über eine umschlagende Welle hinaus in eine nur vom Horizont begrenzte, lichtüberflutete Weite führt. Ohne Übergang wird hinter der Glasfront das blaue Meer sichtbar; der Himmel ist wolkenlos, das Meer nur durch lange, horizontale Wellenstreifen gegliedert, die ein gleichförmig ruhiges Anrollen suggerieren. Kompositionell ist das Bild eindeutig in Entgegensetzungen strukturiert, die die schon eingangs festgestellte Zwiespältigkeit weiterführen. Im horizontal-vertikalen Grundgerüst steht starre Form gegen belebte Form, gebundene gegen freie, statische gegen bewegte; Fülle steht gegen Leere, Nähe gegen Ferne, begrenzte Enge gegen offene Weite, Innen gegen Außen. Dabei sind die Gegensätze sehr hart, vermittelnde Übergänge nicht gegeben: der Tisch führt vom Vordergrund direkt zur Glaswand im Mittelgrund und zwängt ohne sichtbaren Zwischenraum den Mann ein; hinter der Glaswand sieht man ohne vermittelnde Strandzone das Meer. Die Raumverhältnisse sind abrupt verkürzt und damit offensichtlich bewußt verunklärt; die Verkürzung führt dazu, daß Wohnraum und Meer nur noch durch Glasscheiben getrennt scheinen. Auch im Innenraum sind die Raumverhältnisse verunklärt: der von der Tischplatte geschaffene Tiefenraum wird durch die Bildrandüberschneidung links und rechts wieder aufgehoben; die Platte füllt sowohl den hergestellten Bildraum wie den dargestellten Innenraum zum Bersten, wirkt aber durch den einen Gegenstand – die Pistole – ungemein leer. Dieser Verunklärung entsprechen „Fehler“ in der perspektivischen Darstellung, schließlich die „unvollständige“ Gestalt des Mannes, die durch Überschneidungen zum Torso wird.

Der Mann steht im Innenraum hinter der Glasscheibe und schaut hinaus aufs Meer; die Scheibe im Mittelfeld wird gerade noch durch schmale zartblaue Streifen in den Streben sichtbar. Der Blickrichtung des Mannes entspricht die des Betrachters über den Tisch hinweg. Die erzwungene Blickrichtung auf das Meer durch das „ansaugende" Loch im Bildzentrum hindurch vermittelt dem Betrachter eine ähnliche Suggestion wie jene, die der Mann im Anblick des Meeres erfahren muß – Colville verwendet hier ein Gestaltungs- und Überzeugungsmittel, das C.D. Friedrich in seinem Rügenbild konsequent durchgeführt hat. Dem Blick aus dem Raum hinaus in die Weite des Meeres antwortet dieses mit der Gegenbewegung der anrollenden Wellen. Der Innenraum wirkt wie ein nach Maß und Zahl geordnetes gläsernes Gehäuse, das in seiner Enge den Mann einspannt und in der Bewegung einschränkt – hinter den Scheiben dagegen ist die unbegrenzte Weite freier und dynamischer Natur sichtbar. Im ruhigen Gleichlauf der Wellen wird eine Ordnung spürbar, die der künstlich hergestellten des Raumes entgegengesetzt ist. Diese erfährt der Mann in offenbar selbstvergessener Faszination. Eine „zwanghafte" Ordnung signalisieren die strenge architektonische Struktur des Raumes, das gleichförmige Wabenmuster des Bodens, die Meßleiste und die Armbanduhr – der „Zeitmesser"; befreiende Momente wie natürliche Ordnung kommen verheißend vom Meer aus der Ferne, werden zu Füßen des Mannes „angespült", in seiner hingewendeten Gestalt aufgenommen – sie führen suggestiv über ihn zur Pistole auf den Tisch. Diese liegt unübersehbar über der Meßleiste und scheint der Schlüssel zum Verständnis des Bildes zu sein. Würde man hypothetisch den Innenraum als einen von der Natur abgelösten Bereich menschlichen Lebens mit starren Ordnungsverhältnissen verstehen, das Meer dagegen als Metapher eines freien und dynamischen ewigen Seins, Ausgang allen Lebens – so wäre die Pistole als Präzisionsinstrument strengster Funktionalität das Mittel, um die räumlich und zeitlich gemessene künstliche Ordnung gegen die ungemessene natürliche vertauschen zu können.

Im Suicid könnte der Mann – wenn, bildlich gesprochen, die trennende Scheibe zerspringt – in diese andere Ordnung zurückkehren. Der lakonsiche Bildtitel „Pacific" verweist vordergründig geografisch auf den „stillen", den „friedvollen" Ozean, tatsächlich aber metaphorisch auf Ruhe und Frieden schlechthin in einer ewigen Natur. Es wäre das Bild eines „romantischen" Selbstmörders.

Nun ist die Sache nicht ganz so einfach, wie sie scheint, und mithin auch nicht so platt. Die dem Zugriff sich direkt und auffordernd darbietende Pistole verliert ihre „praktische" Funktion, weil sie völlig verquer ins Bild eingebracht ist: die Pistole liegt *nicht* griffbereit auf dem Tisch. Wollte der Mann im Höhepunkt seines Nachsinnens sich umdrehen, entschlossen nach der Pistole greifen und sich eine Kugel in den Kopf schießen, so wäre das Erfassen der Waffe für ihn überaus umständlich – gleiches gilt für den Betrachter. Die unterstellte logisch-flüssige Verbindung aufeinander bezogener Motive, die einen Handlungsprozeß bedeuten könnten bis hin zum Suicid, geht nicht auf, ist an einer entscheidenden Stelle unterbrochen; die Lage der Waffe wird zur Barriere. Die Pistole ist nicht als das praktische, griffbereite Gerät eines Selbstmörders im Bild, sondern als Gegenstand der Meditation, sie ist in ihrer sachlich-kühlen Schönheit Metapher des Todes; als Gegenstand der Meditation entspricht sie etwa einem Totenschädel. In diesem Sinne ist das Bild Colvilles nicht das eines Selbstmörders, sondern es ist eine „Melancholie".

Melancholie ist „Schwarzgalligkeit"; sie entsteht nach antiker Ansicht durch das Überwiegen der schwarzen Gallenflüssigkeit und führt zu Trüb- oder Tiefsinn. Der Melancholiker ist laut Konversationslexikon „schwerblütig, ernst und in sich zurückgezogen, verfällt leicht in Grübeleien, ist eher von Leid als von Freude stark und nachhaltig beeindruckt"[104]. Mit Melancholie ist die Langeweile verbunden. In der Temperamentenlehre ist die Melancholie eines der vier Grundtemperamente, nach denen sich im humanistischen Denken die Menschen in ihren Veranlagungen, Willensäußerungen und Handlungsweisen unterscheiden. Entsprechend werden sie in der Bildenden Kunst dargestellt, z.B. in den Apostelbildern Dürers. Seit der Antike ist die Melancholie als besonderer Wesenszug an außergewöhnlichen Philosophen, Künstlern und Herrschern beschrieben worden, die noch dazu im Zeichen des Planeten Saturn stehen; Dürers Kupferstich „Melancolia I" von 1514 war für den saturnfürchtigen Kaiser Maximilian bestimmt[105]. Für die Entwicklung bürgerlicher Kultur seit dem 18. Jahrhundert bekommen Melancholie und melancholisches Verhalten in anthropologischer Reduktion eine zentrale Bedeutung in der Herausbildung von „Innerlichkeit" und den gesellschaftlich legitimierten Formen von Weltflucht; Romano Guardini beispielsweise nennt die Schwermut eine „geistige Angelegenheit" und „Not der Geburt des Ewigen" in bestimmten, d.h. ausgewählten Menschen[106]. Lepenies bezeichnet Schwermut und Melancholie, Einsamkeit und Innerlichkeit als Ergebnisse einer politisch-ökonomischen und ideologischen Entwicklung, die besonders in Deutschland seit dem 18. Jahrhundert das wirtschaftlich langsam erstarkende Bürgertum zur Passivität gegenüber der Staatsmacht zwingt, obwohl sich die gesellschaftliche Intelligenz aus dieser Klasse zusammensetzt. Die erzwungene Passivität im politischen Handlungsraum kompensiert der Ausbau der geistigen Welt; dem Weg in die Privatheit entspricht der in die Innerlichkeit, die sich im Privaten – bestimmt von der Schwermut über den „Weltverlust" – erst voll entfaltet. Der Ausschluß von der Macht und die Erfahrung, daß die bestehende politische Ordnung nicht zu durchbrechen ist, entwickeln im Bürgertum des 18. Jahrhunderts eine Einsamkeits-Neigung, die Vorbedingung für die Wertschätzung der Melancholie ist. „Hier schafft sich die praktische Psychologie der Zeit ein Ventil, um in der erzwungenen Untätigkeit und Machtlosigkeit eine Quelle des Eigenwertes zu finden. Die Innerlichkeit, die die deutsche bürgerliche Literatur zu einem großen Teil im 18. Jahrhundert propagiert, wird erst möglich durch das Ausspielen von Einsamkeit gegen Gesellschaft, Genie gegen Weltling, Muße gegen (adelige) Langeweile, Land gegen Stadt, Kleinstadt gegen Residenz, Natur gegen Sozietät und innerliche Freiheit gegen äußeren Zwang"[107]; an anderer Stelle heißt es: „Erzwungene Hypertrophie der Reflexions-Sphäre, Ausschluß von der realen Machtausübung und der daraus resultierende Druck zur Rechtfertigung der eigenen Situation erzeugen Weltschmerz, Melancholie, Hyperchondrie"[108]. Folgen bürgerlicher Weltflucht sind die Wendung des Individuums auf sich und Offenheit zur Natur als einem Gegenbereich zur Gesellschaft. „Mit der Entdeckung der Natur als einem der Gesellschaft entgegenzusetzenden Prinzip melancholischer Flucht beginnen Innerlichkeit und Natur einander zu ergänzen: Einsamkeit als Verhaltensform läßt sich nur in der Natur realisieren"[109]

Man ist geneigt, Colville für einen Melancholiker par excellence zu halten; Einsamkeit und melancholische Verfaßtheit bestimmen durchgehend Thematik und Ausdruck seiner Bilder, deren inhaltliche und formale Struktur durch einen hohen Reflektionsgrad gekennzeichnet sind. Colville ist in seiner künstlerischen Eigenart ein Einzelgänger sowohl in der Entwicklung neuerer Kunst als auch im Rahmen der unterschiedlichen Spielarten eines neuen Realismus. Als Kanadier ist er durch mehrfache Aufenthalte in England und Deutschland nach Europa orientiert, seine Hinwendung zur Natur ist eine deutliche Brücke zur Malerei C.D. Friedrichs, die nicht nur als Bildungselement in seinen Bildern verarbeitet, sondern als Verpflichtung kongenial entfaltet ist. Die vielfach sinnende Gebundenheit der Menschen in Colvilles

Abb.92

Bildern, zumeist Einzelpersonen oder Paare, kann als Rückzug vor der gesellschaftlichen Realität verstanden werden und wirkt überaus privat. Der Rückzug auf das Individuum und die Hinwendung zur Natur sind ein unübersehbarer Ausgleich der Distanz zur Gesellschaft, deren virulente Probleme selbst nicht unmittelbar Gegenstand seiner Bilder sind, was ihrem Realismus einen gebrochenen Stellenwert gibt.

„Pacific" ist das Bild einer nachgerade radikal-privaten Melancholie, die sich im geschlossenen Interieur in Hinwendung zur Natur entwickelt und die Einsamkeit des Mannes bestimmt. Es ist anzunehmen, daß dieser Mann eine Selbstdarstellung des Künstlers ist, darüber hinaus aber auch ein allgemeines – bürgerliches – Menschenbild zu sein beansprucht, so daß sich der Künstler in dieser Funktion als „Sehender" stellvertretend versteht. Dabei scheint die Melancholie ambivalent. Die Melancholie Colvilles könnte sich einmal darauf beziehen, daß er als Künstler in seiner Gesellschaft nicht die Anerkennung und Öffentlichkeit findet, die seinem Bewußtsein entspricht; möglicherweise resultiert daraus ein Gefühl der Ohnmacht, das Colville gerade dann erfährt, als er in Kalifornien arbeitet – zu einem Zeitpunkt, als dort in intensiver Begegnung mit Warenästhetik und Massenmedien verschiedenartige Ausformungen eines „kapitalistischen Realismus" in der Bildenden Kunst voll entwickelt sind, dem sein Realismus – dem dann nur ein äußerliches Interesse gelten kann – inhaltlich kontrovers ist. Damit verbunden könnte die Melancholie Colvilles die Trauer über einen Naturverlust meinen, der gleichzeitig Verlust eines bedeutsamen Rückzugbereiches für das bürgerliche Individuum ist. Tatsächlich erscheint in vielen

Abb.93

Bildern Colvilles Natur zerbrochen, sie ist vor allem ökonomisch angeeignet: auf einem Bahndamm galoppiert ein ungesatteltes Pferd einem herannahenden Zug entgegen; auf einer asphaltierten Straße treibt ein Mädchen eine Kuhherde und hebt abwehrend die Hand gegen den Betrachter, der in einem Auto zu sitzen scheint; durch eine schöne Naturlandschaft wird diese erschließend eine Autostraße gebaut – ein Arbeiter stellt ein STOP-Schild auf usw. In „Pacific" ist der einsame Mann in einem „vergesellschafteten" Interieur von der Natur, die durchs Fenster sichtbar ist, abgeschlossen. Ein „befreiender" Ausbruch in die Natur kann sich nicht mehr real vollziehen, sondern scheint nur noch im Selbstmord als einer letzten Handlung, ganz persönlich Freiheit zu gewinnen, möglich zu sein. Aber das Bild zeigt lediglich melancholisches Sinnieren über diese Möglichkeit, die nicht ausgeführt werden darf, um eine letzte freie und private Entscheidung zu bewahren. Die Glasscheibe und die Pistole in ihrer verqueren Lage sind Metaphern einer Handlungshemmung, die eine rudimentäre Privatheit erhalten muß, während der Blick durchs Fenster auf die vermeintlich so nahe Natur mit Schwermut über ihren Verlust erfüllt.

Die Hinwendung zur Kunst C.D. Friedrichs macht die melancholische Distanz zu dem nicht mehr Möglichen erst eigentlich deutlich. Die romantische Polarität von Geist und Natur, Bedingtem und Unbedingtem verdoppelt sich in der von Gegenwart und einer Vergangenheit, in der diese Polarität nicht bloßes Zitat war; die romantische Sehnsucht nach dem Unendlichen als ein Verlangen, die eigene Individualität in ein Unendliches hinein aufzulösen, verdoppelt sich in der Sehnsucht nach jener Romantik. Auch Colville verbindet die „heilige Wehmut" (Schleiermacher), Gefühl ungestillter Sehnsucht, mit Ironie, um die Unlösbarkeit des Widerspruchs von Bedingtem und Unbedingtem nicht nur bewußt zu halten, sondern im Bewußtsein sich über den Abstand hinwegzusetzen. In der künstlerischen Ironie entwickelt er eine Stimmung, die das Wirkliche als das Nichtige setzt und die erst dann als Entfaltung der Idee wieder Wahrheit wird, wenn sie in die Idee aufgelöst ist. Colville zitiert das Romantische, um einen Sinn für das Unendliche zu erhalten; hieraus erwächst ihm die Ironie, um sich über den Abstand hinwegsetzen und Wirklichkeit auflösen zu können. Dem Abgrund zu Füßen des Mannes, der in C.D. Friedrichs Bild „Wanderer über dem Nebelmeer" (vor 1818) auf einer Felsspitze stehend, die Offenbarungen einer vor ihm liegenden weiten und ewigen Natur erfährt, entspricht in Colvilles Bild die Glasscheibe; der zeitgenössischen Tracht des Wanderers, seiner konkreten Geschichtlichkeit im Anblick des Ewigen entspricht die Pistole. Die Tracht bei Friedrich und die Pistole bei Colville sind die ironischen Elemente, welche den Abstand zum Unbedingten nicht nur herstellen, sondern auch die Überwindung im Bewußtsein andeuten. Diese Ironie verdoppelt der inhaltlich-formale Bezug Colvilles auf die Kunst Friedrichs, ein intellektueller Bezug, den die Trivialität des Alltags – auch die vorgebliche zeitgenössischer Kunst – nur noch einem „besonderen" Bewußtsein möglich macht. Hierin jedoch wird deutlich, in welcher Weise diese romantische Ironie gerade in ihrer Verdoppelung ein Zerfall von Hoffnung ist, das bürgerliche Individuum nochmals in Übereinstimmung mit der Gesellschaft bringen und aus seiner weitgehenden Vereinsamung lösen zu können.

**Umberto Boccioni: La strada entra nella casa**
**(Die Straße dringt in das Haus)**
**1911 – Öl/Leinwand 100x100,6 cm**
**Hannover, Landesgalerie**

Umberto Boccionis Bild ist in Form und Inhalt ein Gegenstück zu dem von Colville. Die Gegenposition des futuristischen Bildes konkretisiert sich in einer aggressiv programmatischen und „utopischen" Auflösung bürgerlicher Privatheit am Beispiel des Interieurs. Dies ist von einem deutlichen „Melancholie-Verbot" (Lepenies) begleitet, wie es die futuristischen Manifeste indirekt enthalten und 1920 auch aussprechen: „Im Leben ist Futurist ... wer fröhlich, immer mit dem Blick auf das Morgen, handelt, ohne Gewissensbisse, ohne Pedanterie, ohne falsche Scham, ohne Mystizismus und ohne Melancholie"[110]. In Boccionis Bild ist im Vordergrund die Rückenfigur einer Frau dargestellt und dem Betrachter zur Identifizierung angeboten; sie ist aus einem Innenraum auf den Balkon getreten und schaut, auf das Balkongitter gestützt, hinunter auf die Straße. Die Frau ist mit einem tiefblauen Rock und einem weißblauen Oberteil bekleidet. Der Körper – vom unteren Bildrand überschnitten – ist rechts neben die vertikale Mittelachse eingeordnet und leicht zur linken Bildseite gewendet. Dieser Haltung antwortet ein Straßenzug, der sich in einer großen offenen Kurve von der linken oberen Bildecke am linken Bildrand entlang und unterhalb des großen Balkons zur rechten unteren Bildecke hinzieht; nur in seinem ruhigen oberen Drittel deutlich sichtbar ist der übrige Straßenverlauf formal in eine komplexe Bildstruktur integriert und in Andeutungen zu rekonstruieren. Die Frau auf dem Balkon im Vordergrund scheint über der Straße zu stehen, ihr Vorbeugen betont das Interesse an dem, was unten geschieht. Von Bedeutung ist, daß von dem Innenraum, aus dem sie herausgetreten ist, im Bild nichts mehr sichtbar ist – z.B. der Rahmen einer Balkontür; einziger Hinweis auf ihre Behausung ist das zum Balkon gehörende Gitter. Das ruhige, abschließbare Interieur ist in der hier dargestellten Situation abgestreift und vergessen, es befindet sich nicht nur im Rücken der Frau, sondern auch hinter

Abb.94

dem des Betrachters – denn die Direktheit der Vordergrundszene suggeriert, daß der Betrachter selbst schon auf den Balkon getreten ist, um sich neben der Frau über die Brüstung zu beugen. Der Vergleich zu früheren Fensterbildern (s. unten) macht sofort deutlich, daß Boccioni mit dieser Gestaltungsform hier die tradierte und konventionelle Auffassung des Themas nachdrücklich verlassen hat, indem er auf Angaben des Raumes, die Fenster oder Balkon motivieren, verzichtet. Boccioni stellt kompromißlos den Menschen nach draußen und bezieht gleichzeitig die Erfahrung ein, die den umgrenzten privaten Raum im Rücken weiß. An die Stelle des konventionellen Interieur-Rahmens tritt ein anderer, der von den angrenzenden und gegenüberliegenden Häusern gebildet wird und die Frau von links, von oben und von rechts einschließt; in diesen Rahmen fügt sich links und unten auch der beschriebene Straßenverlauf ein. Dieses Rahmenwerk der Straße bzw. der Außenwelt bildet sich von den Bildrändern konzentrisch nach innen. Der Rahmen ist nicht statisch, sondern wirkt durch sich überschneidende schräge Linienzüge und sich durchdringende prismatische Formen dynamisch zur Mitte hin drängend, schiebend, stürzend. Diese Bewegung zieht die Frau mit, saugt sie aus dem Interieur heraus. Von den Bildrändern zur Mitte hin – insbesondere von der rechten Bildseite her – werden die Formen kleiner, vielfältiger und unruhiger. Diesem Verlauf entspricht die Farbkomposition: außen intensive dunkle und kalte Farbwerte Blau und Violett, die nach innen aufgehellt und über Rot zu hellem komplementärem Orange und Gelb im Zentrum entwickelt werden; akzentuierend ist stellenweise das dem Rot komplementäre Grün benutzt. Die beschriebene Kompositionsstruktur macht aus dem Bildzentrum einen von allen Seiten eingefaßten brodelnden, glühenden und lärmenden Kessel. Ihm gilt die eigentliche Aufmerksamkeit der Frau: man blickt hinein in eine große Baustelle mit einer Vielzahl beschäftigter Arbeiter, mit Karren und Pferden, Baumaterialien und einem Stakkato von Gerüststangen. Dieser Kessel voll Arbeit, Lärm und Bewegung wird schließlich nicht nur vom Vordergrund her betrachtet, sondern auch von den Seiten. Das Motiv der Frau auf dem Balkon wiederholt sich links und rechts, die Betrachtung geschieht simultan von mehreren Seiten und schließt das Geschehen im Zentrum unter verschiedenen Blickwinkeln ein, um es möglichst total zu erfassen. Gleichzeitig versteht sich die Betrachtende im Vordergrund (und mithin der Betrachter des Bildes) vereint im Interesse mit anderen.

Die intensive Farbigkeit im Bildzentrum und die kompositionelle Unruhe vermitteln im Kontrast zum architektonischen Rahmenwerk nicht nur den Eindruck hektischer Geschäftigkeit; die visuellen Momente provozieren synästhetisch akustische Vorstellungen: der Betrachter meint, den Lärm dieser Baustelle zu hören. Auch darin ist das Bild ein Gegenstück zu Colvilles „Pacific", das dem Betrachter die Vorstellung von Ruhe suggeriert, die von den durch die geschlossenen Fenster gedämpften Geräuschen des Meeres eher verstärkt als gemindert wird. Begünstigt vom quadratischen Format wirkt Boccionis Bild wie ein Schalltrichter, aus dem der kreischende Lärm auf den Betrachter eindringt. Die im Bild vermittelte Tatsache, daß man sich dem Lärm nicht verschließt, sich nicht zurückzieht ins Interieur, sondern sich dem Lärm voll hingibt, signalisiert die Lust an der lauten Dynamik, die als neue Erfahrung die Ruhe und das gedämpfte Licht in bürgerlichen Innenräumen aufreißt. Das Eindringen auf den Betrachter aus dem Bild heraus verdeutlichen Farbkegel und Bewegungsschleier, die – besonders auf der rechten Bildseite – gegen Hauswände und dunkle Fensterhöhlen treffen, Pferde, Menschen und Karren, die sich mit dem Gitter des Balkons verflechten und durch den Körper der Frau dringen. Das visuell-akustische Bedrängen des Betrachters und sein Hineinziehen in die Simultanität von Zuständen ist der Versuch, den „modernen" Menschen eine fortschrittliche – spezifisch städtische – Dimension zu erschließen, die der Dynamik des technischen Zeitalters und einer darin veränderten menschlichen Natur entsprechen; es ist damit auch der Versuch, utopisch die Entfremdung des Menschen von der „Natur" aufzuheben. Ist es – wie noch zu zeigen sein wird – für romantische Fensterbilder kennzeichnend, daß das Individuum von innen her – vom Innenraum wie von seiner geistig-seelischen Persönlichkeitsstruktur – die Außenwelt erfährt und seiner Privatheit aneignet, so kehrt Boccioni diesen Vorgang um: das „volle Leben" außerhalb des Interieurs assimiliert das Individuum, holt es aus seiner abgelösten Privatheit heraus und re-integriert es in seinen Prozeß. In entsprechender Umkehrung ist auch die Komposition des Bildes zu verstehen. Üblicherweise erschließt sich die Komposition vom Vordergrund ins Bild hinein, hier dagegen dringt die Komposition aus dem Innern des Bildes heraus auf das Individuum im Vordergrund ein, das in passiv-kalter Farbigkeit und in ruhender Stellung bedrängt, durchdrungen und umschlossen wird.

Dabei löst die Außenwelt das geschlossene oder zumindest verschließbare Interieur auf und negiert es tendenziell. Nicht allein „Der Lärm der Straße dringt in das Haus" – wie Boccionis Bild landläufig in falscher Übersetzung und in bürgerlichem Mißverständnis futuristischer Intentionen bezeichnet wird –, sondern „die Straße dringt in das Haus", und damit die Außenwelt selbst als neue, alternative Lebensdimension zur verschlossenen Privatsphäre. In diesem Sinne ist Boccionis Bild ein „Anti-Interieur". Die Negation bürgerlicher Privatheit ist als kathartischer, futuristisch-revolutionärer Akt zu verstehen, in der Auflösung des Interieurs konkretisiert sich der Anspruch futuristischer Kunst: in einem aggressiven Befreiungsakt sich der bourgeoisen Innerlichkeit und hinfälliger Kulturnormen zu entledigen und das Leben mit Lärm, Elektrizität, Motoren, Gefahr, Gewalt und Krieg zu reinigen. Diese Vorstellung findet in Boccionis Bild darin eine Akzentuierung, daß die bedrängende Außenwelt Frauen umschließt, die nach bürgerlicher Vorstellung ihr Leben in der Privatsphäre verbringen und diese erst eigentlich zu einem angenehmen Lebensbereich zu formen haben. Die Vielzahl futuristischer Manifeste und ihre ideologischen Grundlagen [111] lassen es jedoch kaum zu, hierin Bestrebungen einer politisch und gesellschaftlichen Emanzipation der Frau sehen zu können; die Futuristen sind dem Mythos vom Herrenmenschen verhaftet. Entscheidend ist schließlich, daß die futuristisch-revolutionäre Auflösung bürgerlicher Privatheit in Boccionis Bild nicht als proletarischer Klassenkampf mit sozialistischen Zielsetzungen geschieht, getragen von Arbeitermassen, die von den Bau- und Straßenarbeitern im Bildzentrum repräsentiert werden; sondern sie ist von einer ästhetischen Vorstellung von technologischem Fortschritt getragen, der von der gleichen Klasse repräsentiert wird, gegen deren Verfallserscheinungen man sich wendet.

1910 – ein Jahr vor der Entstehung des oben beschriebenen Bildes, hatte sich Umberto Boccioni mit einigen Künstlerfreunden aus dem Mailänder Künstlerbund „Famiglia Artistica" der 1909 von Filippo Tommaso Marinetti gegründeten literarisch-weltanschaulichen „Schule" des Futurismus angeschlossen und diese Bewegung damit um den Bereich der Bildenden Kunst erweitert. Boccioni (1882-1916), der zunächst als Journalist begonnen und auch schriftstellerisch gearbeitet hatte, wurde nicht nur schnell zu einem der herausragenden Künstler der futuristischen Bewegung, sondern neben Marinetti zum führenden Theoretiker und Ideologen. Im unmittelbaren Zusammenhang der Begegnung der Mailänder Gruppe mit Marinetti und dessen Anhängern während und nach der berühmten Soirée im Teatro Lirico in Mailand am 15. 2. 1910 entstand aus der euphorischen Begeisterung Boccionis in Zusammenarbeit mit Luigi Russolo und Carlo Carra das „Manifest der futuristischen Maler"; es wurde sofort gedruckt und von Boccioni erstmals am 8. 3. 1910 im Teatro Chiarella in Turin öffentlich verlesen, wo es ungeheures Aufsehen erregte. Carlo Carra schrieb darüber später: „Dieser Schrei kühner und offener Rebellion, der wenige Tage später in mehreren Tausend Exemplaren verteilt wurde, hatte im grauen Himmel der Kunst unseres Landes die Wirkung eines heftigen elektrischen Schlages" [112]. Das Manifest der futuristischen Maler schloß sich in der Tendenz ganz an das 1909 von Marinetti verfaßte „Manifest des Futurismus" an und akzentuierte dessen Ausführungen für den Bereich der Bildenden Kunst. Zentral war die Absage an das Italien der Museen und toten Genies, an den Kult der Vergangenheit, an Akademismus, normative Harmonie- und Geschmacksvorstellungen – dafür pries man die Kreativität einer unverbrauchten Jugend, jede verwegene Form der Originalität, ein von den siegreichen Naturwissenschaften stürmisch verwandeltes Leben. „Nur die Kunst ist lebensfähig, die ihre eigenen Elemente in der sie umgebenden Umwelt findet. Wie unsere Vorfahren Stoff für ihre Kunst aus der religiösen Atmosphäre zogen, die auf ihre Seelen drückte, so müssen wir uns an den greifbaren Wundern des zeitgenössischen Lebens inspirieren, an dem eisernen Netz der Geschwindigkeit, das die Erde umspannt, an den Überseedampfern, den Dreadnoughts, den wunderbaren Flügeln, die die Lüfte durchziehen, den von Finsternis umgebenen Unterseebootfahrern und dem angespannten Kampf um die Eroberung des Unbekannten. Und können wir unempfindlich bleiben bei der frenetischen Aktivität der großen Städte, der völlig neuen Psychologie des Nachtlebens, der fiebernden Gestalten des Viveur, der Kokotte, des Apachen und des Trunkenboldes?"[113]. Radikal hatte Marinetti in seinem Manifest schon 1909 gefordert, die Liebe zu Gefahr und Verwegenheit zu besingen, Mut und Kühnheit zu Wesenselementen der Literatur zu machen, die Schönheit in Geschwindigkeit, Kampf und Aggressivität zu suchen, Militarismus, Patriotismus und Anarchie ebenso zu verherrlichen wie den Krieg als einzige Hygiene der Welt, alles Überkommene, Moral und das Weib zu verachten. Solche Anschauungen, durch die Rezeption von Nietzsche und Sorel geformt, bestimmten über die literarischen und bildnerischen Arbeiten der Futuristen hinaus nicht nur ihre aggressiven Kampagnen für ihre Weltanschauung, sondern auch ihre massiven Aktionen für eine nationalistische und imperialistische italienische Politik. Als 1911 Viktor Emanuel III. zur Erweiterung der italienischen Einflußsphäre in Nordafrika Tripolis und die Cyrenaika annektierte, begrüßten die Futuristen und allen voran Marinetti in politischen Manifesten den aus der Annektion sich entwickelnden Krieg mit der Türkei; ebenso nachhaltig forderten die Futuristen 1914 den Kriegseintritt Italiens auf der Seite der Entente. Bei Ausbruch des italienisch-türkischen Krieges wurde die sozialistenfeindliche Haltung der Futuristen in provozierten Straßenschlägereien bei antiimperialistischen Streiks und Demonstrationen, die sozialistische Gewerkschaften organisiert hatten, deutlich. Die von den Futuristen gewollte Revolution zur Erneuerung aller Daseinsformen war nicht die einer revolutionären Masse, sondern die anarchistischer Einzelkämpfer und Herrenmenschen; als solcher verstand sich Marinetti, dem ein von Fachleuten verwalteter und von Künstlern regierter Staat – eine „Artecrazia" vorschwebte[114]: „Die Künstler an die Macht! Das große Proletariat der Genialen wird regieren"[115]. Marinettis und der Futuristen Vorstellungen von Proletariat und Anarchie hatten nichts mit einer proletarischen Linken gemein, sozialistische Gleichheit, Pazifismus und Internationalismus lehnten sie scharf ab – in einer nivellierten sozialistischen Gesellschaft könnte sich kein Genie entfalten.

Der Abgrenzung nach links entspricht die Ablehnung des bürgerlich-demokratischen Parlamentarismus; parlamentarische Institutionen wurden als Versammlungen von kraftlosen Schwätzern, Schwachköpfen und Kanaillen denunziert[116]. Dies bedeutete intentional die Zerstörung repräsentativer Formen bürgerlich-politischer Öffentlichkeit, der in der Ablehnung liberalen Denkens diejenige der bürgerlichen Privatheit folgerichtig entsprechen mußte. Ideologisch ist der Futurismus ein Wegbereiter des italienischen Faschismus; Marinetti und die Futuristen verbanden sich dann auch mit Mussolini und der von ihm 1919 mit ersten Kampfverbänden gegründeten faschistischen Bewegung.

Trotz – oder gerade wegen – der vermeintlichen Belanglosigkeit des Themas verwirklicht Boccioni in seinem Bild eindrucksvoll die Programmatik futuristischer Manifeste. Muß man sie in Inhalt und Zielsetzung als faschistoid bezeichnen, als Ausdruck einer „frühfaschistischen Bewegung" (Priester), so gilt dies auch für Boccionis Bild. Ihrer kulturrevolutionären Polemik und dem Einfluß Marinettis verdankt es die futuristische Bewegung, daß sie – obwohl nach dem Weltkrieg strukturell stark verändert – in den folgenden Jahrzehnten mit die offizielle Kunst des faschistischen Italien repräsentiert, eine Entwicklung, die in den Auseinandersetzungen um eine progressive Kunst des Nationalsozialismus – etwa anläßlich der Futuristen-Ausstellung in Berlin 1934[117] – aufmerksam und mit gewissen Hoffnungen verfolgt wurde. Im Reich ging es damals noch um den Versuch, den Expressionismus in richtiger Einschätzung gewisser ideologischer Implikate zum adäquaten Ausdruck eines neuen Deutschland zu stilisieren; in Opposition zu Rosenberg hatte sich hierfür zeitweise auch Goebbels engagiert. So ergibt sich die vertrackte Situation, in deutschen Museen Bilder des faschistoiden Futurismus betrachten zu können, einer Bewegung mit eindeutig antibürgerlichen, antiliberalen und antihumanistischen Tendenzen, während die des faschistischen Deutschland als Produkte des Ungeistes abgetan sind. Der Verdacht drängt sich auf, daß hierfür weniger inhaltliche als vielmehr formalgestalterische Momente ausschlaggebend sind. Die Kunst des Nationalsozialismus macht die Abwertung durch ihren trivialen Naturalismus leicht, während der Futurismus produktiv eingebettet ist in die ästhetische Avantgarde des Jahrhunderts und so seine ideologische Brutalität übersehen läßt. Solcherart haben die Futuristen teil an der schöpferischen Entfaltung künstlerischer Phantasie – dies verbindet sie mit den inhaltlich vielfach regressiven oder reaktionären Expressionisten, anders jedoch als diese polemisch eine Offenheit für die Erscheinungen ihrer Gegenwart proklamierend, die der Bildenden Kunst des Expressionismus in weiten Bereichen fremd ist. Dennoch, der Widerspruch löst sich nicht auf, er kennzeichnet die Problematik unserer Rezeptionsmuster. Es bleibt die „prinzipielle Frage, ob man von einer Bewegung, die den Fortschritt von der Kultur zur Barabarei advozierte und vollzog, die authentischen Kunstwerke, die sie hinterlassen hat, so übrigbehalten kann, wie man von den organisierten Infamien vorvergangener Zeiten, von der antiken Sklavenwirtschaft, dem mittelalterlichen Feudalismus, dem inquisitorischen Christentum oder dem Ancien Régime die Kunstwerke übrigbehalten hat, indem man sie vom Grauen ihrer realen Zusammenhänge gleichsam subtrahierte. Es geht vor allem um die radikalen Malereien Boccionis, Carras, Ballas, Severinis, Sofficis, a la rigueur selbst Russolos, die sich eine Kraft der Negation des Affirmativen, der Kündigung des Einverständnisses mit dem Bestehenden, das nach einem Wort Adornos nur, wenn es veränderbar ist, nicht alles ist, dergestalt bewahrt haben, daß sie noch heute nicht zum pikturalen Patrimonium, sondern zum pikturalen Potential zählen“[118].

**Caspar David Friedrich: Frau am Fenster**
**1822 – Öl/Leinwand 44x37 cm**
**Berlin, Nationalgalerie der Staatlichen Museen**
**Preußischer Kulturbesitz**

Das Bild wurde erstmals im Herbst 1822 auf der Dresdner Kunstausstellung gezeigt; der Katalog nennt es im Nachtrag unter dem Titel „Des Künstlers Atelier, nach der Natur gemalt von Friedrich, Mitglied der Akademie“[119]. Aus dem Nachtrag hat man geschlossen, daß das Bild gerade vollendet und verspätet zu der am 3. August eröffneten Ausstellung eingeliefert worden war. Die im Bild Dargestellte ist Friedrichs Frau Christiane Caroline, geb. Bommer, die er 1818 geheiratet hatte. Seit 1820 bewohnten beide das Haus ‚An der Elbe 33‘ in Dresden; das Fenster ist das des Ateliers in diesem Haus.

Friedrich malte seine Frau, wie sie in einer Fensternische stehend aus dem geöffneten Fenster hinaus auf die Elbe sieht. Die Atmosphäre des Bildes ist von großer Ruhe, die Haltung der Frau deutet auf das unbeschwerte Erleben eines schönen Sommertages hin. Vom Innenraum ist nur die Fensternische sichtbar, links und rechts von den Vertikalen der Wandleibungen gefaßt. Das hochrechteckige Bildfor-

Abb.95

mat zeigt bildflächenparallel und axialsymmetrisch die Nische in einer streng gegliederten, dominant vertikalen Ordnung, sie ist von den Bodendielen an fast in voller Höhe zu sehen – der obere Bildrand überschneidet das Fenster jedoch, so daß sie unabgeschlossen noch höher erscheint. Der Standort des Betrachters ist aus der Mittelachse etwas nach links verschoben, um der Komposition eine leichte Spannung zu geben. Die Reduktion des Raumes auf die farbig dunkle Nischenarchitektur gibt dem relativ kleinen Bild eine gewichtige Wirkung; dem Architektonischen entspricht eine Plastizität, die von der linken und rechten Seite zur Bildmitte hin sich reliefartig in abgestuften Schichten verfeinert, um in der zentralen Fensteröffnung eine neue Dimension des Raumerlebens zu ermöglichen. Ebenfalls zur Mitte hin differenziert sich die Vertikal-Horizontalgliederung, die der Komposition eine einprägsam klare und feste Ordnung gibt. Die vom unteren Bildrand ins Bild hineinlaufenden Dielen schaffen einen schmalen Reliefraum für die Rückenfigur der Frau und betonen nochmals mit dem nach oben unabgeschlossenen Fenster die Vertikaltendenz der Komposition.

In der Nische ist das Fenster relativ hoch eingesetzt und oberhalb der Kopfhöhe zweigeteilt; in einem unteren Feld sind die Scheiben durch dunkle Tafeln ersetzt, während das größere obere Feld voll verglast ist und ein auffallend dünnes Fensterkreuz hat. Um überhaupt hinausschauen zu können, muß man, wie Friedrichs Frau, den Mittelflügel des unteren Fensterfeldes öffnen. Die Fensterkonstruktion entspricht den Arbeitsbedürfnissen Friedrichs in seinem Atelier: sie verhindert ungünstigen Lichteinfall und war entsprechend auch im Atelier der früheren Wohnung vorhanden; die beiden von G.F. Kersting 1811 und 1819 gemalten Interieurs, die Friedrich im Atelier darstellen (Kunsthalle Hamburg bzw. Nationalgalerie Berlin), zeigen die gleiche Fensterform. – Das Bild zeigt Friedrichs Frau als Rückenfigur in der Fensternische, mit leichter Verschiebung des Oberkörpers in die vertikale Mittelachse eingeordnet, so daß sie in ihrer ruhenden Haltung einen dennoch lebhaften Kontrast zur Architektur bildet. Diese gleicht einem rahmenden Gehäuse für die schmale Gestalt, die vor der aufsteigenden Fensterform noch zierlicher erscheint. Mit allen kompositorischen Mitteln ist auf sie hingearbeitet: von den Bildseiten führen die Stufungen des Nischenreliefs zu ihr, von unten die Dielen – eine Bewegung, die die Falten des Gewandes aufnehmen und zum Oberkörper weiterleiten –, von oben schließlich die keilförmige Lichtbahn der Fenster. Das helle Bildfeld des geöffneten Fensters mit dem Oberkörper der Frau ist das eigentliche, das optische – wenn auch nicht geometrische – Bildzentrum. Der beschriebenen Hinführung zur Mitte entspricht ein von außen nach innen fortschreitendes System von Rahmungen, bis schließlich ein zentrales Moment erfaßt ist: im Rahmen des Bildes befindet sich die architektonische Rahmung der Gestalt, und innerhalb dieses Rahmens ein weiterer, der in betonter Helligkeit Kopf und Oberkörper einfaßt. Im geöffneten Fenster als dem innersten Rahmen begegnen sich Innenwelt und Außenwelt, der Bewegung nach draußen antwortet kompositorisch der nach innen stehende Fensterflügel. In dem selbstvergessenen und hingegebenen Sehen der Frau wird der Austausch beider Sphären konsequent angelegt und in seiner Konzentration exemplarisch. Dabei entweicht der Blick des Betrachters *nicht* nach draußen und verliert sich – dem Interesse der Frau folgend – in ihrem Gesichtsfeld. Die Außenwelt wird nur angedeutet: ein schmaler Streifen des Flusses mit einer lichtgrünen Pappelreihe am gegenüberliegenden Ufer, die Masten zweier Schiffe auf dem Wasser – der eine sehr nah vor dem Fenster, der andere weiter entfernt; im oberen Fenster sind noch einige weiße Wolken am blauen Himmel zu sehen. Das draußen Sichtbare hat für den Betrachter des Bildes geringe Bedeutung, sein Blick nach draußen ist in die betrachtende Gestalt

Abb.96

der Frau zurückgenommen; nur sie nimmt die Außenwelt auf und holt sie über ihre Person nach innen.

Der auf die Fensternische hin verdichtete Bildausschnitt gliedert die Gestalt der Frau in dieses Gefüge ein und zeigt sie als dem Innenraum fest verbunden; gleichzeitig ist die Architektur auf diesen Menschen bezogen und erhält erst durch ihn einen belebten Sinn als Interieurform. Das Fenster in diesem Bild benennt das Verhältnis von Innenraum und Außenwelt als ausgrenzendes und verbindendes Moment, im Öffnen des Fensters verbinden sich die beiden Bereiche in einer Grenzzone, um im Akt des Sehens eine besondere Aktualität zu gewinnen. Das geöffnete Fenster wird zur Metapher der bereitwilligen Öffnung des Individuums in seiner Privatsphäre zur Umwelt hin, die sich im ruhig-selbstverständlichen Schauen vollzieht. In diesem Vorgang verbinden sich Körper und Interieur, die Öffnung des Individuums im Schauen hat ihre metaphorische Analogie in der Öffnung des Interieurs, wo sich das Individuum als privates entfaltet. Entsprechend gilt die Metapher vom Auge als dem Fenster zur Seele, die sich erweitern läßt in dem Sinne, daß hier das Fenster zum „Auge" der Privatheit wird. Die Frau belebt die Privatheit des Interieurs und gibt dieser durch ihre Rolle als Ehefrau einen spezifischen Stellenwert. Im Versuch einer Identifizierung mit der Rückenfigur erfährt man erst eigentlich die wohltuende Häuslichkeit und zwar gerade am Arbeitsplatz des Hausherrn, wo sonst diese konkret lebendige Öffnung nach draußen aus den Bedürfnissen der Arbeit verschlossen ist – ersetzt durch eine geistige Verbindung, die in Bildern Gestalt findet und abgelöst von unmittelbarer Erfahrung das draußen Sichtbare übersteigt. Vielleicht ist es ein Moment leiser Ironie, daß die Frau in ihrer geliebten Unschuld ausgerechnet den Platz zum Ausschauen wählt, der sonst der ernsten Arbeit dient. In diesem Sinne ist das Bild das verständnisvoller Liebe und zärtlicher Zuneigung zum Ehegatten, der das

Haus mit seinem „Wesen“ erfüllt, selbst noch den kargen Arbeitsplatz menschlich macht und in die Privatsphäre einschließt. Dies erklärt, warum dem Betrachter das durchs Fenster Sichtbare belanglos bleibt, ihm nicht wirklich gezeigt wird. Es ist bedeutungsvoll nur in dem Sinne, daß die Frau am Fenster Bekanntes und Vertrautes sieht, dem sie sich zuwendet. Aus dem Vertrauten hinausschauend begegnet sie Vertrautem; Vertrautheit verbindet Innen- mit Außenwelt und bedeutet eine Harmonie, die für die junge Frau zum offensichtlich erfüllenden Glückserlebnis wird.

Unter solchen Überlegungen verbietet sich eine Interpretation des Bildes wie die von Börsch-Supan: „Der dunkle Innenraum steht für die Enge der irdischen Welt, die ihr Licht nur durch das Fenster als Öffnung zum Überirdischen erhält. Die Frau beugt sich aus dem Fenster und schaut über den Fluß zum gegenüberliegenden Ufer, das das Jenseits im religiösen Sinne bedeutet. Der Fluß, auf dem Bild nicht dargestellt, ist der Tod. Als Hinweis auf den Fluß sieht man den Mast eines Schiffes, das am diesseitigen Ufer festgemacht hat, im Fensterausschnitt emporragen, und da ein gleichartiger Mast von einem anderen, am jenseitigen Ufer liegenden Schiff links daneben erscheint, stellt sich die Vorstellung von einer Überfahrt ein. Das antike Motiv des Flusses der Unterwelt, den Charon auf seinem Nachen überquert, wird im christlichen Sinne umgedeutet. Die Pappeln sind wegen ihres geraden, schlanken Wuchses nach oben Sinnbild der Todessehnsucht. In diesem Zusammenhang wird auch das dünne Fensterkreuz, dessen senkrechte Linie auf den Mast des Schiffes im Hintergrund zielt, symbolisch zu verstehen sein ... Daß Friedrich seinem Atelier, seiner alltäglichen Umgebung, diesen Sinn unterlegt, verdeutlicht seine Vertrautheit und den ständigen Umgang mit dem Gedanken des Todes“ [120]. Diese Interpretation ist tatsächlich unbelegt und in ihrer apodiktischen Form grotesk. Börsch-Supan neigt dazu, Friedrichs Bilder einheitlich einer privatistischen Todessymbolik zu unterwerfen und verkennt gerade bei diesem Bild dessen einzigartige und fortschrittliche Bedeutung für die Entwicklung bürgerlichen Selbstverständnisses in einem „neuen“ Bildthema. Vor allem: Das im Fenster Sichtbare steht in keinem Verhältnis zur vorgeschlagenen Bedeutung. Berücksichtigt man jedoch die dunkle Bodenfläche der Dielen und den lichten Raum des Himmels in dem nach oben unabgeschlossenen Fenster, die auffällig aufeinander bezogen sind, so ergibt sich eine eigentümliche Dialektik: die zwischen umgrenzter Diesseitigkeit und Nähe zu grenzenloser Jenseitigkeit und Ferne. Dem häuslich-privaten Diesseits ist die Frau fest eingeordnet, ganz befangen im Betrachten einer ebenso diesseitigen Umwelt. Am gleichen Ort aber transzendiert der Künsttler in seiner Arbeit solche Diesseitigkeit; die beiden Atelierbilder Kerstings können das deutlich machen. In Friedrichs Bild seiner jungen Frau ist mit unterschiedlichen Formen der Wahrnehmung auch das Verhältnis zur Welt thematisiert: der Künstler und Mann hat ein geistiges, die Frau ein materiell-irdisches – das könnte erklären, warum Friedrich seine Frau ausgerechnet am Atelierfenster malt, dem von ihr Gesehenen dabei so wenig Bedeutung zumißt. Das sie erfüllende Glückserlebnis der jungen Frau wird in dem des hinter ihr stehenden Gatten aufgehoben, die Befangenheit im Irdischen ist alleine durch ihn und seine Kunst aufzulösen.

Bewußtsein privaten Glücks ist zum Zeitpunkt der Entstehung dieses Bildes nicht auszuschließen. Nachdem Friedrich 1816 mit 150 Talern zum Mitglied der Dresdener Akademie ernannt wurde und ihm damit eine sichere Existenzgrundlage gegeben war, konnte er 1818 heiraten. Die Briefe dieser Jahre machen ein Wohlbefinden im privaten Rahmen seiner Familie deutlich, zumal 1819 seine erste Tochter Emma geboren wurde. Das Bewußtsein bürgerlichen Wohlbefindens kennzeichnet auch der Umzug in das größere, gerade neuerbaute Haus ‚An der Elbe 33‘ im Jahre 1820.

Möglich ist allerdings, daß diese Besinnung auf die Privatsphäre Reflex einer Resignation vor den immer deutlicheren Tendenzen der Restauration war, die einen Patrioten wie Friedrich treffen mußten.

Dem besprochenen Bild kommt im Oeuvre Friedrichs ein besonderer Stellenwert zu. Friedrich ist „Landschafter", Interieurs sind selten; dabei ist die Betonung des „Fenstermotivs" auffällig, welches auch vielfach Landschaftsdarstellungen strukturiert [121]. Reine Fensterbilder ohne Personen sind die beiden Sepiazeichnungen des linken und rechten Atelierfensters von 1805 und die Sepiazeichnung „Fensterausblick mit Parkpartie" (um 1835/37). Darstellungen wie die letztgenannte zeigen die natürliche Umwelt vom Interieur her als diesem zugehörig, als natürliches und belebendes Bild im Raum. Dahinter steht der Wunsch nach harmonischer Verbindung von Interieur und Natur, dialektisch die Ahnung einer Entfremdung des bürgerlich-städtischen Individuums von der Natur. Das reine Fensterbild ist der Versuch, Natur verdinglicht als Wandschmuck zum Gegenstand der häuslichen Ausstattung zu machen, Natur ins Interieur bildhaft hereinzuziehen; gleichzeitig soll das Bild mit dem Fensterrahmen als zweitem Rahmen illusionsartig den Raum zur Natur hin als „zusätzliches" Fenster durchbrechen. Schmoll verweist mit Recht darauf, daß die Fensterbilder Friedrichs im Gegensatz zu solchen von Zeitgenossen keine Folgen in seiner Malerei als direktes Bildmotiv hatten, sondern nur in der strukturellen Umsetzung als „Ausblickmotiv" – z.B. im „Kreidefelsen auf Rügen" (1818) oder im „Gedächtnisbild für Johann Emanuel Bremer" (1817). Hierbei wäre allerdings zu diskutieren, in welcher Weise die Fensterbilder Friedrichs ein „Konzentrat" darstellen, das die mit dem Fenstermotiv vollzogene bürgerliche Naturaneignung auf ihr privates Wesen

Ab.97 M.v.Schwind, „Morgenstunde"

zurückführt. Das Bild „Frau am Fenster" schließt zwar direkt an die Zeichnung des rechten Atelierfensters von 1805 an, entspricht dieser prinzipiell im Aufbau und verwendet auch gleiche Details (z.B. der große Schiffsmast); gleichzeitig wird aber der große Unterschied deutlich, der aus einem grundsätzlich anderen Interesse herrühren muß: die Zeichnung zeigt eine Landschaft im oben beschriebenen Sinne, das Gemälde dagegen ist wesentlich ein Figurenbild, das um einer Person willen gemalt ist, und in dem Landschaft nur angedeutete Folie, Gegenüber und Begrenzung des Blickfeldes ist. Das Interesse Friedrichs hier gilt der in seiner Frau sich erfüllenden Privatheit. Die einzigartige Bildlösung wird im Vergleich zu zeitgenössischen wie auch späteren Bildern gleichen Themas deutlich, etwa zu Schwinds „Morgenstunde" von 1858: hier geht mit freundlicher Behäbigkeit der Blick des Betrachters diagonal durch den Innenraum zum gerade geöffneten Fenster, erfaßt den Raum in seiner Vielfalt und geht über das Mädchen am Fenster hinaus in die morgendliche Berglandschaft.

**Georg Friedrich Kersting: Paar am Fenster**
**1817 – Öl/Holz, 47 x 36,5 cm**
**Sammlung Schäfer, Schweinfurt**

Im Unterschied zu C. D. Friedrich galt das Interesse des mit ihm befreundeten Georg Friedrich Kersting schwerpunktmäßig dem Interieur; auf seine beiden Darstellungen Friedrichs im Atelier wurde oben kurz verwiesen, das Bild der Malerin Louise Seidler am Fenster („Die Stickerin", 1812) wäre ein dankbarer Vergleich zu dem besprochenen Bild Friedrichs. Hier soll jedoch auf ein anderes Bild Kerstings eingegangen werden, das die Umwelterfahrung des bürgerlichen Individuums aus dem Interieur heraus um einen wichtigen Aspekt erweitert. In dem Bild „Paar am Fenster" (1817, Öl/Holz, 47 x 36,5 cm – Sammlung Schäfer, Schweinfurt) stellt Kersting einen jungen Mann und eine Frau dar, die zum Ausgehen bereit am Fenster eines Wohnraumes stehen und hinaus auf eine sonnige Flußlandschaft mit Berg und Burgruine sehen – Schmoll vermutet eine Elbelandschaft bei Meißen[122]. Vom Interieur zeigt das Bild eine größere Raumecke mit einer angeschnittenen Tür links und dem großen Fenster, das wieder stark zentriert erscheint; der Raum wirkt in der Ausstattung einfach, aber nobel. Vom unteren Bildrand führen von links diagonal breite Holzdielen zum Fenster hin. In blauer und weißer Gewandung, zurückhaltend akzentuiert vor roten Polstern und lindgrünen Wänden mit grauen Sockeln, steht das Paar an der hellsten Stelle des Raumes und des Bildes. Durch das halbgeöffnete Fenster dringen Sonnenlicht und – vorstellbar – frische Sommerluft in den Raum, die Schatten der beiden Personen beantworten gegenläufig die hinführende Laufrichtung der Dielen. Unterhalb einer in den Plafond überleitenden strukturierten Hohlkehle verdeckt ein klassizistisch über vergoldetem Speer drapierter weißer Vorhang die oberen Fensterflügel, die Faltenzüge des gerafften Stoffes weisen bogenförmig nach unten auf das Paar. Der Mann im blauen Mantel und mit Spazierstock lehnt seitlich in der Fensternische und schaut, auf die Fensterbank gestützt, aus dem geöffneten Fenster; in der gegenüberliegenden Ecke steht sein steifer Hut. Die Frau tritt von rechts aus dem Raum kommend auf das Fenster zu, eine schlanke Gestalt in schlichtem weißem Gewand, ausgehbereit mit Körbchen und Hut. Er hat auf sie gewartet, nun fordert sie ihn hinzutretend zum Ausgehen auf – eine ungemein einfache Situation, die aber in der „schlichten" Besonderheit des bevorstehenden Spaziergangs mit Vorfreuden und Erwartungen eine volle Menschlichkeit entfaltet. Der Zusammenhang scheint eindeutig, obwohl zwischen beiden keine durch Gesten oder Blicke sichtbar gemachte

Abb.98

kommunikative Verbindung besteht. Vor dem Fenster als der Kernzone des Bildes ergibt sich so ein fein differenziertes räumliches und inhaltliches Gefüge, die Wahrnehmung des Betrachters wird subtil eingesponnen: geleitet von den Dielen trifft der Blick auf das Paar, von der Gestalt der Frau wird er zu der des Mannes geführt, über diesen nach außen in die Landschaft mit Berg und Ruine und von dort zurück auf die Frau, damit auf die erwartungsvolle Bereitschaft zum Gehen. Solcherart ist das Bild inhaltlich auf die Beziehung der beiden Personen zueinander und zur Naturlandschaft draußen konzentriert.

In dieses Verhältnis ist ein anderes wichtiges Bildelement einbezogen – der große Spiegel rechts neben dem Fenster, der , ebenfalls vom Bildrand überschnitten, mit der Tür links korrespondiert. Er verstärkt in dem, was er spiegelt – die dem Fenster gegenüberliegende Raumecke – die Ausschnitthaftigkeit der Darstellung. Der Spiegel zeigt ein rotgepolstertes Sofa mit hochgeschwungenen Wangen und davor eine Harfe. Das Spiegelbild faßt räumlich das Paar ein und benennt gleichzeitig Züge individueller Privatheit: es ist offensichtlich die der Frau, wenn man berücksichtigt, daß entsprechend dem Zeitgeschmack die Harfe als zartschwingendes Saiteninstrument dem Musizieren der Frau vorbehalten war. Der Spiegel direkt neben dem Fenster – in der Fläche fast größer – steht zu diesem in bedeutungsvoller Beziehung. Führt das Fenster den Blick nach außen und zeigt die Umwelt, so führt der Spiegel den Blick nach innen und zeigt den Raum. Im Sichtbaren steht jeweils ein Ausschnitt für ein Ganzes, der eine unmittelbar neben dem anderen, das Spiegelbild der oben beschriebenen Diagonalbewegung entgegen. Das zwischen Tür und Spiegel am Fenster eingeordnete Paar wird auch zwischen Fenster und gegenüberliegender Raumseite eingschlossen; dadurch wird die Öffnung des Fensters und die Bereitschaft, den Raum zu verlassen, aktualisiert. Das Fenster stellt sichtbar die Verbindung zur Außenwelt her und konstituiert die Erwartungshaltung des Paares als Spaziergänger, die aus dem Innenraum hinaustretend, die Natur sich erschließen. In der Situation zwischen Warten und Aufbruch umspielen verlockend Licht und Luft die beiden Menschen durchs geöffnete Fenster, während der Spiegel den Bereich zeigt, den sie verlassen. Die unmittelbare Nachbarschaft von Fensterbild und Spiegelbild stellt aber nicht nur Außenwelt und Innenraum nebeneinander, verbunden im Vorhaben des Paares, sondern erweitert die im Innenraum sich entfaltende, im Spiegelbild konkretisierte Privatheit, indem die durchs Fenster sichtbare Außenwelt selbst Teil dieser Privatheit ist, die als angeeignete Natur dem Interieur korrespondiert. Aus dem primären Lebensraum seiner Behausung hervortretend, begegnet der Bürger sich selbst, begegnet den Gestaltungen der Natur wie im Interieur dem Möbel und weiß sich eins mit diesen. Sein Bewußtsein umfassender Privatheit trübt nichts Fremdes oder Bedrohliches, kein Antagonismus erscheint, vor dem es sich ängstlich zu verschließen gelte – freundlich erkennt er die Welt als sein eigen. Bezeichnend ist, daß man den Vorhang nicht verschließen kann – er ist reine Draperie und es besteht keine Notwendigkeit, sich von der Außenwelt selbst nur bei Nacht durch Verhängen der Fenster abzuschließen.

**Eduardo Tofano: Finalmente soli (Endlich allein)**
**etwa 1877/78 (Maße unbekannt)**
**Mailand, Sammlung Malinverni**

**James Tissot: Erste Wolken**
**1881 – 76 x 100 cm**
**Beaverbrook Art Gallery, Fredericton**

Eduardo Tofano wurde 1838 in Neapel geboren und starb 1920 in Rom. Sein Bild „Finalmente soli" – 1878 erstmals im Salon in Paris ausgestellt – dokumentiert, rund sechzig Jahre nach den besprochenen Bildern Friedrichs und Kerstings entstanden, nicht nur einen gewandelten offiziellen Kunstgeschmack, sondern vermittelt im Vergleich zu Kerstings „Paar am Fenster" eine grundsätzliche Veränderung im Verständnis bürgerlicher Privatheit und Intimität.

Das Bild zeigt den Ausschnitt eines prächtig ausgestatteten Boudoirs. Im Zentrum des hochrechteckigen Formats fällt der Blick auf ein Brautpaar, das engumschlungen dasteht. Titel und Stimmung des Bildes lassen vermuten, daß die beiden nach Beendigung der Hochzeitszeremonien, der Festlichkeiten und dem Weggang der Gäste „endlich alleine" sind, erstmals „nur noch sich selbst" gehören. Den Trubel eines zweifellos glanzvollen gesellschaftlichen Ereignisses, dessen unmittelbarer Anlaß ihre öffentlich rechtliche und kirchliche Verbindung war, hinter sich lassend, begründen sie nun in der Intimität ihrer Beziehungen ihre Privatheit. Dabei steht der Betrachter gleich einem Journalisten neben ihnen und dokumentiert durch seine Intimität recht eindrucksvoll die Unsinnigkeit dieses Rückzuges – ein Widerspruch, den die Humanität der früheren bürgerlichen Bilder ausschließen konnte. Das prachtvolle Interieur kennzeichnet den Mann als dem Großbürgertum zugehörig und in den besten Verhältnissen lebend, er kann seiner jungen Frau einen ihrer und seiner ökonomischen und gesellschaftlichen Situation entsprechenden Lebensrahmen bieten. Erschöpft, aber glücklich, sinkt sie ihrem Gatten an die Brust, ein zartes Weib, das umfangen und beschützt sein will – er umarmt sie fest und aufrecht stehend, hat sie gewonnen fürs Leben als seinen Besitz. Den Gestus des Aufnehmens wiederholen die Wände, vor denen er steht, sie signalisieren männliche Festigkeit und ökonomische Potenz. Schön ist der Vorgang des Hineinsinkens und Aufnehmens in der Blickführung vermittelt: in einem diagonalen Schwenk von links sinkt der Betrachter gleichsam mit der Braut an die Brust des Mannes und an die Wände des hinterfangenden Interieurs – wiederum kann der eigentlich Ausgeschlossene teilhaben am intimen Leben jener aus den „ersten Kreisen", gleichzeitig voller Neugier die Umgebung taxierend. Ist die Frau ein Geschöpf, das sich aus weißer Stofflichkeit nach oben körperhaft entwickelt ohne wirklich selbst zu stehen, so ist der Mann ein schlanker Pfeiler, dessen Gestalt mit den Pilasterordnungen an Kamin und Wand ebenso korrespondiert wie mit der mächtig sich ausbreitenden und schirmenden Palme, die die ganze Raumhöhe einnimmt.

Der Raum, in dem sich das Paar vor der „Gesellschaft", aber dennoch unter ihren Augen, zurückgezogen hat, ist eine durchgestaltete Dekorationseinheit, kein Quadratzentimeter ist vom gestalterischen Zugriff ausgespart. Felle, Stoffe, Pflanzen, Marmor, Ornamente erzeugen in diffuser Beleuchtung eine üppige Sinnlichkeit und verschwenderische Pracht, die das Auge betören und verführen. Dem vielfältigen Reichtum entspricht die sinnliche Pracht der malerischen Gestaltung. In der Fülle differenzierter und sich verschmelzender Stofflichkeiten taumelt das Auge zu immer neuen Sensationen: das pelzige Tigerfell am Boden verschmilzt mit einem flauschigen Orientteppich, dem der glatte und brilliant-farbige Brokat der Sessel folgt; auf den festen Polstern liegen weiche Daunenkissen, gewebte und gestickte Blumen gehen über in große Gebinde am linken Bildrand; der harte kühle Marmor des Kamins ist mit Bronzegeschirr bereichert und von einem üppig-vegetativen Rosenstrauß bekrönt, dessen offene Blüten reinen Duft zu verströmem scheinen. Das Ganze überfängt ein aufwendig strukturierter und vergoldeter Plafond. Die Farbigkeit vermeidet mit Ausnahme des sich „vermählenden" Weiß und Schwarz im Zentrum des Bildes auffällige Kontraste und zieht alles einheitlich in golden und rötlich schimmernden Brauntönen mit wenigen akzentuierenden Farbwerten zusammen. Die Helligkeit ist am Boden links und am Gewand der Frau am stärksten und verliert sich gleitend in wohligem Halbdunkel. Die Lichtquelle bleibt verborgen, das Fenster hinter der Palme scheint selbst eher illuminiert – durch die geschlossenen doppelten Vorhänge dringt nur ein warmgoldener Lichtschimmer in den Raum; von der Außenwelt wird durchs Fenster nichts sichtbar. Das Fenster wirkt wie eine Lichtwand, deren „diaphane" Struktur von den Fächern der Palme nochmals malerisch erweitert wird. In die Gesamtdekoration des Interieurs ist auch das Paar dekorativ integriert: in der hinsinkenden Anlehnung ist das aufwendige Brautkleid angemessen hingebreitet, der Schleier über Felle, Teppich, Polster geschmackvoll und raumgreifend arrangiert. So wird auch die anmutige Hingebung kunstvolle Gebärde, als sei sie für den Fotografen bestimmt. In dieser Künstlichkeit ist die Intimität des „endlich allein" offiziöse Schaustellung, für die die Dekoration des Interieurs die wirkungsvolle Kulisse abgibt. Das Ganze vermittelt die Lebensart derer als vorbildlich, die wie jene im Bild durch ihr Vermögen den „ersten Kreisen" zugehören – der Großbourgeoisie. In aristokratischer Manier macht sie in der Zurschaustellung ehemals bürgerlicher Intimität deren Humanität zum Theater.

Die Dialektik einer öffentlich gemachten Intimität läßt die im Bild hergestellte hermetische Geschlossenheit des Interieurs programmatisch werden. Sie ist in der Totalität der alles wie in einem „horror vacui" überziehenden Dekoration erreicht, in der Qualität perfekter Künstlichkeit, und findet ihren Höhepunkt in dem abgedichteten Fenster, das von der Außenwelt gerade noch einen Schimmer natürlichen Lichtes durchläßt. Auch die Natur ist ins Interieur hereingeholt, in der stellvertretenden Palme exotisch überhöht, um sich von der ordinären Natürlichkeit draußen frei zu machen. Die Verbindung nach draußen ist nicht nur ob der scheinbar intimen Situation unterbrochen, sondern prinzipiell unterbunden oder doch zumindest rigide eingeschränkt. Die Kunstwelt des Interieurs stellt sich als ein im Ästhetischen autonomer Bereich dar, der seine Einwohner nicht nur umschließt wie der Gatte seine Frau, sondern der gleichzeitig ihre Ablösung als Mitglieder einer neuen Oberschicht von der Gesamtheit einer bürgerlichen Klasse spiegelt. Ernst Bloch charakterisierte die ästhetische Selbstdarstellung der Großbourgeoisie – die sich ins „Adelsbett" legte – als großangelegte Maskerade. „Eine immer wieder erstaunliche Lust kam auf, gar Kein-Sein in Scheinen zu verwandeln, die alltägliche Wohnung unter anderer Flagge segeln zu lassen. Reise-Ersatz, ja Reise-Überbietung in den eigenen vier Wänden wurde die Parole, teils als historische, teils als exotische. Von daher die Stoff-Drapiersucht der Gründerjahre, die Versammlung von Nippes, neureichem Protzenstil, Samt und Atlas durcheinander. Von daher Buffetts als Ritterburgen, die Helebarden und der Haremsprunk, die Moscheelampen und die Stierhörner – eine ganz rätselhafte Montage. Und sie lag in schummerigem Licht, durch vielfache Draperien des Fensters fallend, durch tunlichst pseudo-orientalische Vorhänge, um die Straße fernzuhalten, um dem Ensemble seine Maskerade zu hüten"[123]. Die hermetische Verschlossenheit des Interieurs, seine Ablösung von Außenwelt und Straße, vermitteln den Wunsch, hinter geschlossenen Gardinen im Glanz einer Kunstwelt

Abb.99

nicht nur mit der bürgerlichen Vergangenheit und deren Verpflichtungen zu brechen, sondern auch die Möglichkeit einer Gefährdung des eigenen Herrschaftsanspruches durch Mächte zu verdrängen, die sich der Entwicklung der kapitalistischen Produktivkräfte verdanken – der Bedrohung durch eine anwachsende und sich formierende Arbeiterklasse. In parvenuehafter Üppigkeit vermittelt sich mit dem Bewußtsein neuer Macht auch das der Bedrohung von außen. In Toffanos Bild ist exemplarisch die atmende Offenheit des bürgerlichen Individuums am Fenster seines Interieurs aufgehoben und mit der Negation einer freien Beziehung nach draußen ein wesentlicher Hinweis auf die Menschlichkeit seiner Verhältnisse.

Weniger großbürgerlich, aber beklemmend desillusionierend ist die Darstellung eines Bildes von James Tissot, „Erste Wolken" (1881 – 76x100 cm, Beaverbrook Art Gallery, Fredericton). Tissot, 1836 in Nantes geboren und Schüler der Pariser Akademie, siedelte 1871 nach London über, wo er bis 1884 lebte. In dieser Zeit des Londoner Aufenthaltes entstanden viele Darstellungen des englischen, besonders des bürgerlichen Lebens, die sich durch eine differenzierte Realitätsnähe auszeichnen. Schon 1866 erhielt Tissot in Paris eine Medaille des Salon und wurde nochmals 1889 mit der Goldmedaille der Pariser Weltausstellung ausgezeichnet.

Aus einem Innenraum wird der Blick des Betrachters in direkter, knapper Bewegung von links unten durch eine breite, geöffnete Verandatür im Bildzentrum hinaus auf eine weite Küstenlandschaft mit Schiffen, Molen, Deichen unter einem von der See her sich zuziehenden Himmel geführt. Die Verandatür ist Mittelteil einer dreiteiligen Fensterfront, die mit einem aufgezogenen Vorhang rechts die ganze Breite des Querformats im Mittelgrund einnimmt. In der rechten Bildhälfte, hart im Vordergrund, liegt im Raum ausgestreckt auf einer Chaiselongue eine junge Frau. Mit einem eleganten hell-weißen Hauskleid bekleidet hat sie Oberkörper und Kopf dem Betrachter zugewendet; ohne ihn anzuschauen starrt sie grübelnd ins Leere. Mit ihrem Kopf liegt sie unterhalb des rechten Fensters. Von ihr geht in einer dissonanten und unterbrochenen Gegenbewegung zur obengenannten Bildführung der Blick über einen zierlichen Tisch mit Teegeschirr zu einem jungen Mann, der außerhalb des Raumes auf der Veranda hinter dem linken Fenster steht. Mit dem Rücken an das Geländer gelehnt, die Hände in den Hosentaschen und mit Strohhut ausgehbereit, schaut er mißmutig und verdrossen nach links aus dem Bild. Die Einordnung der beiden Personen in die Kompositionsstruktur des Bildes bzw. in die Architekturgliederung des Raumes verdeutlicht die gemeinte Situation: ein zerstrittenes junges Paar. Das gemeinsame Vorhaben – ein Spaziergang nach dem Tee – scheitert an der verdüsterten Stimmung. Jeder von beiden ist vom anderen isoliert, ohne Kommunikationsbereitschaft und -fähigkeit in eine andere Raum- bzw. Bildzone verwiesen und auf sich selbst zurückgeworfen. Beide haben sich in subjektiven Stimmungen verfangen, sinnieren getrennt vor sich hin. Gleichzeitig ist in der Dissonanz die Verbindung noch sichtbar, die gewollte Abkehr voneinander macht die Zwanghaftigkeit ihrer Zusammengehörigkeit deutlich, welche die Gliederung des Raumes und ihre Gebundenheit an diesen betont. Metaphorisch sind die Masten eines Schiffes zu verstehen, die jeweils hinter einer der beiden Personen sichtbar werden und durch die Takellage vielfältig verbunden sind. Vorstellbar und vom Bildtitel nahegelegt ist, daß beide ein jungverheiratetes Paar sind, das auf der Hochzeitsreise in einem Seebad im Hotel wohnt; zwischen den Ornamenten des Verandagitters sind weitere Personen zu sehen, die in Sommerkleidung auf der Promenade flanieren. Die emotionale Leere zwischen den beiden Menschen konkretisiert Tissot mit einem eindrucksvollen Kunstgriff, indem er wie oben beschrieben den Betrachter gleich zu Beginn zwischen bei-

Abb.100

den hindurch unvermittelt nach draußen blicken läßt. Was er im Mittelfenster sieht, ist belanglos, flach, grau und unwirtlich. Die Leere des verselbständigten Fensterbildes wirkt auf das Interieur zurück und bestimmt dessen Atmosphäre. Der direkten Blickrichtung nach draußen begegnet aus der Bildtiefe das bedrohlich aufziehende Unwetter, dessen dunkle Wolken ins offene Interieur hineinzuziehen scheinen. In die gleiche Bewegung auf den Betrachter zu, an ihm aber links und rechts vorbei gerichtet, sind die Personen eingeordnet. Mit dieser Wendung gegen den Betrachter im Zuge des Wetters überträgt sich die spannungsgeladene Leere auch auf ihn, bezieht ihn in die Situation ein, ohne ihn gebrauchen zu können. Sein Verhältnis zu den Dargestellten ist ebenso hilflos wie das der beiden untereinander. Die einheitlich reduzierte und in der Wertigkeit sehr differenzierte Farbigkeit des Bildes verstärkt die Stimmung einer abgeflachten oder unterbrochenen Emotionalität. Die Farbskala, die reine Werte konsequent vermeidet, verdichtet die triste Stimmung geminderter Gefühle und der Langeweile, auf die auch die zerlesenen Zeitungen auf der Kommode rechts hindeuten. Die Analogie der verdüsterten Stimmung zu dem aufziehenden Unwetter macht die Veränderung der Zweierbeziehung zu einem Naturereignis, das so selbstverständlich scheint wie die graue Einsamkeit im Eheverhältnis selbst. Die Leere, in die die Dargestellten ebenso wie der Betrachter – der sie aus eigener privater Erfahrung mitvollzieht – direkt und unvorbereitet hineinfallen, ist deshalb so erschreckend, weil sie dem Höhepunkt des „endlich allein“ quasi „natürlich“ folgt und darüberhinaus realistisch die erkalteten Versprechen der bürgerlichen Liebesgemeinschaft als unabweisbare Perspektive schildert. Was Tissot faßt – den Zusammenbruch der intim-emotionalen Beziehung im Zustand des „endlich allein“ in der gemieteten Privatheit des Hotels – ist Naturereignis allerdings nur dann, wenn man diesen zwischenmenschlichen Vorgang nicht als gesellschaftlichen begreifen kann. Durch die bis zur Identität vorgetriebene Analogie des Naturgeschehens mit dem menschlichen verfällt die Darstellung der gleichen Ideologie, die sie in der Erscheinung von Wirkungen aufspießt. Tatsächlich ist im ehelichen Bereich das Aufziehen erster Wolken – denen weitere dann ebenso folgen wie Regen, Sturm und Sonnenschein – kein Naturgeschehen, sondern der Prozeß der bürgerlichen Ehe. Der Sehnsucht nach dem Alleinsein in der Liebesgemeinschaft korreliert die physische und psychische Verkrüppelung der zu lebenslangem Alleinsein in der Ehegemeinschaft verurteilten Individuen. Die Leere ist der Zustand der Entfremdung in privaten Verhältnissen, die aus ökonomischen und rechtlichen Interessen geschaffen vom bürgerlichen Individuum übernommen wurden, das sie in einzigartiger Weise ideologisch überhöht verinnerlichte. In der Struktur nicht mehr durchschaubar und verselbständigt begreift der Bürger sie als Natur und Naturgewalten, die sich gegen ihn wenden. Solcherart verbindet Tissot die gebrochene Geborgenheit des Interieurs mit der unwirtlich gewordenen Natur zu einer der zwischenmenschlichen Intimität feindlichen Macht. Dem Zwang der Ereignisse verfallen, verfängt sich die Abwehr der Individuen in Groll, Resignation, Einsamkeit – allenfalls wie Frösche im Glas auf Wetterbesserung reagierend.

# III-6 Der bürgerliche Rückzug in eine absolute Privatheit

## Jules Verne und Arnold Böcklin

### Jules Verne: 20000 Meilen unter dem Meer

In den Jahren 1869/70 erschien in Frankreich – kurz vor Ausbruch des deutsch-französischen Krieges und in der Zeit einer sich zuspitzenden Krise des Bonapartismus – in zwei Bänden der Roman „Vingt Mille Lieues Sous Les Mers" (20000 Meilen unter dem Meer) von Jules Verne mit vielen Holzstichillustrationen von De Neuville und Rion [124]. In Form eines technisch-utopischen Abenteuerromans für Erwachsene schildert Jules Verne das außergewöhnliche Leben eines von der Gesellschaft enttäuschten Mannes. Der Roman hat eine exemplarische Bedeutung für unseren Zusammenhang, weil unter der Oberfläche des Abenteuers sein eigentliches Thema der Rückzug des bürgerlichen Individuums in eine künstliche und absolute Privatheit ist – vor einer gesellschaftlichen Entwicklung, die sich in ihrer Dynamik und ihren Widersprüchen mehr und mehr seiner Kontrolle und Mitgestaltung entzieht. Bürgerliche Hoffnung auf eine mit Vernunft und naturwissenschaftlich-technischem Fortschritt gestaltete Welt verbindet sich in der Person des Kapitäns Nemo mit bitterer Enttäuschung und Resignation vor immer schärferer privatwirtschaftlicher Ausbeutung, Unterdrückung und Gewalt. Dabei scheint dieser Mensch ganz als Kompensation unerfüllter mittelständisch-bildungsbürgerlicher Hoffnungen und Wünsche geraten und in seiner Ausstattung ambivalent: Nemo ist sowohl das mönchisch-asketische Genie, das alles Wissen der Zeit in sich aufnimmt, wie auch der aristokratische Übermensch, der in selbstgewählter Einsamkeit mit wenigen unbedingt Ergebenen die Weiten der Meere entdeckt, in Besitz nimmt und auswertet; er ist sowohl das Vorbild des aufgeklärten, wissenschaftlich gebildeten und fortschrittlichen Bürgers wie auch das Zerrbild imperialistischer Herrenmenschenideologie. Zurückgekehrt in den mütterlichen Schoß des Meeres, aus dem vor Urzeiten alles Leben entstanden ist, gibt ihm sein Schiff „Nautilus" Freiheit und Macht. Der Nautilus ist ein Mikrokosmos der bürgerlichen Welt, Gehäuse einer innerhalb der menschlichen Gesellschaft nicht mehr möglich scheinenden Privatheit, in deren unermeßlichem Radius im lebenserneuernden Meer das Gesetz des Besitzers utopisch verwirklicht ist. Roland Barthes bezeichnet im Zusammenhang mit Jules Verne das Schiff als „Symbol des Aufbruchs" und als „Chiffre der Einschließung" [125]. „Sinn für das Schiff ist immer die Freude, sich vollkommen einzuschließen, die größtmögliche Zahl von Objekten zur Verfügung zu haben, über einen absolut begrenzten Raum zu verfügen. Schiffe lieben heißt zunächst ein superlativisches Haus lieben, eines, das unwiderruflich abgeschlossen ist, und heißt durchaus nicht die unbestimmten großen Aufbrüche lieben. Das Schiff ist eine Wohnung, ehe es Transportmittel ist. Alle Schiffe von Jules Verne sind vollkommene ‚häusliche Herde', und die Weite ihrer Reisen steigert noch das Glück ihrer Abgeschlossenheit und die Vollkommenheit ihrer Bewohner. Der Nautilus ist die ideale Höhle, und das Genießen der Abgeschlossenheit erreicht dann seinen Paroxismus, wenn es möglich ist, aus dem Schoß dieses nahtlosen Innern durch eine große Scheibe das unbestimmte Außen des Wassers zu sehen und damit durch ein und dieselbe Bewegung das Innere durch sein Gegenteil zu bestimmen" [126].

„20 000 Meilen unter dem Meer" ist der fiktive Bericht über die unfreiwillige Reise des französischen Naturforschers und Professors am Museum zu Paris, Aronnax, seines Dieners Conseil und des kanadischen Harpuniers Ned Land an Bord des riesigen Unterseebootes Nautilus. Diese Fahrt beginnt 1867. Aronnax und seine Begleiter gehörten zunächst zur Besatzung der amerikanischen Fregatte „Abraham Lincoln", die den Auftrag hatte, ein rätselhaftes Seeungeheuer aufzuspüren und unschädlich zu machen, das seit Jahren die Weltmeere unsicher machte, Schiffe rammte oder auch versenkte. Bei einem Zusammenstoß des Kriegsschiffes mit diesem Wesen werden die drei Personen über Bord geschleudert, um schließlich von dem Nautilus aufgenommen zu werden, der eben dieses rätselhafte Ungeheuer ist. Hier müssen sie nun als Gefangene des Kapitän Nemo dessen ausgedehnte Fahrten mitmachen, bis sie nach zehn Monaten fliehen können. Die Geschichte dieser Reise ist gleichzeitig die des wunderbaren Schiffes und seines rätselhaften Kapitäns.

Der Nautilus hat „die Form eines langgestreckten Zylinders mit konischen Enden und ähnelt deutlich einer Zigarre, einer Londres ... Von Spitze zu Spitze mißt die Länge des Zylinders genau siebzig Meter. Die größte Breite beträgt acht Meter ... Die Oberfläche beträgt 1011,45 Quadratmeter, der Rauminhalt 1500,2 Kubikmeter; das heißt, völlig aufgetaucht, verdrängt das Boot 1500 Kubikmeter, respektive Tonnen"[127]. Von der Mitte aus ist der vordere Teil des Bootes wie folgt eingeteilt, wobei die in der Abfolge liegenden Räume durch hermetische Schotte getrennt sind: Speisesaal (Länge 5 m), Bibliothek (Länge 5 m), Hauptsalon (Länge 10 m), Zimmer des Kapitäns (Länge 5 m), Zimmer von Professor Aronnax (Länge 2,5 m), Luftreservoir (Länge 7,5 m). Im Mittelteil des Schiffes ist ein Schacht, durch den man nach oben in ein Beiboot umsteigen kann. Vom Mittelschacht zum Heck folgen die Kabinen für Conseil und Ned Land, die Küche zwischen geräumigen Vorratskammern, die Mannschaftsunterkunft und der Maschinenraum (Länge 20 m). Hier sollen zunächst die Räume im vorderen Schiffsteil interessieren, Professor Aronnax beschreibt sie ausführlich und voller Staunen und Begeisterung. „Ich betrat einen Speisesaal,

Abb.101

*Hohe eichene Anrichten zeigten reiche Intarsien; darin standen prächtige Geschirre, Fayencen, Porzellan und Glas von unschätzbarem Wert. Das Tafelsilber glänzte im Licht der Deckenbeleuchtung.*

Abb.102

der in strengem Stil ausgeschmückt und möbliert war. An beiden Seitenwänden standen hohe Anrichten aus Eichenholz, ausgelegt mit schwarzem Ebenholz, und auf den Fächern mit gewellter Kante prangten Steingut, Porzellan und Gläser von unschätzbarem Wert. Das Tafelgeschirr spiegelte die Strahlen wider, die von der erleuchteten Decke herabfielen, wo feine Gemälde den Glanz milderten und dämpften"[128]. Eine Doppeltür öffnet den Speisesaal zur Bibliothek. „Hohe, mit Kupfer ausgelegte Gestelle von schwarzem Palisander trugen lange Reihen gleichförmig eingebundener Bücher. Die Gestelle liefen rings um die Wand. Das unterste Fach lag auf der Höhe eines geräumigen Diwans, der mit braunem Leder bezogen das bequemste Polster bot. Leichte, bewegliche Pulte, die man nach Belieben heranziehen oder abrücken konnte, dienten beim Lesen zum Auflegen der Bücher. In der Mitte des Raumes stand ein großer Tisch, der mit Broschüren bedeckt war, darunter einige schon alte Blätter. Elektrisches Licht fiel aus vier mattgeschliffenen Kugeln, die zur Hälfte in die Voluten der Decke eingelassen waren, und bestrahlte das harmonische Ganze"[129] – es ist eine Bibliothek, „die einem Palast auf der Erde Ehre machen würde" und die zwölftausend Bände umfaßt. Die Sammlung ist vollständig bis zu dem Tag, an dem der Nautilus zum erstenmal untertauchte: seitdem lebt Nemo in der Vorstellung, „die Menschheit habe nichts weiter gedacht und geschrieben"[130]. Aronanax findet wohlgeordnete Titel aus Wissenschaft, Sittenlehre und Literatur in allen Sprachen und aus allen Zeiten einschließlich seiner eigenen Publikationen, was ihm nicht wenig schmeichelt. Der an die Bibliothek anschließende Hauptsalon ist 10m lang, 6m breit und 5m hoch. „Eine erleuchtete und mit anmutigen Arabesken verzierte Decke warf ein helles und mildes Licht über alle Wunder dieses Museums. Denn es war tatsächlich ein Museum, in dem mit ebenso begabter wie verschwende-

Abb.103

Abb.104

rischer Hand alle Schätze der Natur und der Kunst zusammengetragen worden waren, in jenem gekonnten Nebeneinander, wie man es im Atelier eines Malers antrifft"[131]. Hier sieht Aronnax an Kunstschätzen alles, was in der europäischen Kunstgeschichte in Malerei, Plastik und Kunsthandwerk Rang und Namen hat. Die Aufzählung der Kostbarkeiten und der vertretenen Meister erstreckt sich über viele Seiten und liest sich wie Inventarlisten. An der Stirnseite des Salons steht ein stattliches Harmonium, auf dem Partituren berühmter Meister liegen. Die Kunstsammlung wird von einer Raritätensammlung aus dem Reich der Natur ergänzt, „hauptsächlich Pflanzen, Muscheln und andere Gebilde des Ozeans, die zweifellos der Kapitän persönlich gesammelt hat" – Aronnax sieht Vitrinen, „in denen geordnet und etikettiert die wertvollsten Meeresfunde lagen, die je einem Professor für Naturgeschichte vor Augen gekommen sind"[132]. Während dann der Raum für Aronnax „nicht eine Kabine, sondern ein elegantes Zimmer" ist, macht das Zimmer des Kapitäns „einen strengen, fast mönchischen Eindruck"[133].

Die Devise des Kapitäns Nemo ist „MOBILIS IN MOBILI" – „Beweglich im Beweglichen". Das Leben an Bord des Nautilus ist völlig vom Festland losgelöst, die Resourcen zur Erhaltung des Lebens und die Mittel zur Fortbewegung entstammen ausnahmslos dem unerschöpflichen Reichtum des Meeres. Der Erfindungsgabe Nemos ist es gelungen, komfortable Menus dem tierischen und pflanzlichen Leben im Meer abzugewinnen und so zu verfeinern, daß ihre Ausgangsmaterialien kaum noch spürbar sind. „Meine Herden weiden, gleich denen des alten Hirten Neptun, ohne Furcht auf dem unermeßlichen Wiesengrund des Ozeans. Mein Besitztum ist weit, ich habe es mir selber erschlossen und nutzbar gemacht, und die Hand des Schöpfers aller Dinge besät es immer wieder"[134]. Nemo gewinnt Milch aus der Brust des Wals, Zucker aus Tangfeldern, Konfekt aus Seeannemonen; Parfüm, Tabak, Kleidung, Bettzeug – alles bis hin zu Tinte und Papier entstammt dem Meer und ist in der Qualität mit entsprechenden Festlandprodukten nicht nur konkurrenzfähig, sondern diesen vielfach überlegen. Entscheidend jedoch zur Erfüllung der Devise ist die Gewinnung von Energie. „Es gibt ein starkes, folgsames, reißendes und williges, ein königliches Agens an Bord, das allen Aufgaben gerecht wird, alles leistet. Es leuchtet, wärmt und ist die Seele meiner mechanischen Apparate. Dieses Agens ist die Elektrizität"[135]. Die Ausnutzung dieser Energiequelle ist auf dem Nautilus ungleich entwickelter als in ähnlichen Versuchen auf dem Festland; die notwendigen Mittel zur Energiegewinnung, insbesondere Kohle und Natrium, entstammen wiederum dem Meer. Fortschrittlich verwendet Nemo die Bunsenschen, nicht die Rühmkorffschen Elemente, die zu schwach wärmen, und kann so mit seinem Schiff die für damalige Verhältnisse unvorstellbare Geschwindigkeit von fünfzig Meilen in der Stunde erreichen. „Vergessen Sie nie: Dem Meer verdanke ich alles; es sorgt für Elektrizität, und die Elektrizität verhilft dem Nautilus zu Wärme, Licht, Bewegung, kurz: zu seinem Leben"[136].

Nemo ist nicht nur Besitzer und Kapitän des Nautilus, sondern auch dessen Erfinder und Konstrukteur. Er ist Ingenieur und hatte in seiner Jugend in London, Paris und New York studiert. Unter äußerster Geheimhaltung bestellte er einzelne Bauteile für sein Schiff bei den für jeweilige Produktionen technologisch fortgeschrittensten Industriestätten und ließ sie auf einer einsamen Insel von Vertrauten montieren. „Jedes einzelne Teil habe ich von einem anderen Punkt der Erde und unter irreführender Angabe der Bestimmung bezogen. Sein Kiel wurde in Creusot geschmiedet, die Welle seiner Schraube bei Pen & Co. in London, die Eisenplatten für den Rumpf bei Leard in Liverpool, die Schraube bei Scott in Glasgow. Seine Behälter wurden von Cail & Cie in Paris hergestellt, die Maschine von Krupp in

Preußen, sein Schnabel in den Fabriken von Montala in Schweden, die Präzisionsinstrumente bei den Brüdern Hart in New York etc. Jeder der Lieferanten erhielt meine Pläne unter einem anderen Namen"[137]. Der Nautilus ist also ein Schiff, das die konkurrierende Produktion westlicher Industrienationen in einer genialen Ingenieurleistung integriert. Der Bau dieses Schiffes hatte unermeßlichen Reichtum zur Voraussetzung und verschlang Unsummen: „Herr Aronnax, ein eisernes Schiff kostet 1125 Francs pro Tonne. Der Nautilus hat 1500 Tonnen Gewicht. Der Preis beläuft sich also auf 1.687.000 Francs. Zwei Millionen für die Ausstattung kommen hinzu, und mit seinen Kunstwerken und Sammlungen stellt das Boot einen Wert von vier bis fünf Millionen dar"; auf die Frage, wie reich er ist, antwortet Nemo: „Unermeßlich reich, mein Herr, und ich könnte, ohne mich einzuschränken, die zehn Milliarden Staatsschulden Frankreichs übernehmen"[138].

Nemo ist eine in jeder Hinsicht auffallende Persönlichkeit, die Aronnax ausführlich charakterisiert. Unbestimmbar im Alter ist er von hohem Wuchs und edlem Aussehen; seine Stimme ist harmonisch, in seinem Körper wohnt eine leidenschaftliche Seele. Die hervorstechenden Eigenschaften seines Charakters enthüllen sich auf den ersten Blick: Selbstvertrauen, Gelassenheit, Energie, Mut, vitale Offenherzigkeit. Bemerkenswert sind Augen und Blick: „Welch ein Blick! Wie vermochte er durch Entfernung verkleinerte Gegenstände vergrößert zu sehen! Wie tief drang dieser Blick in die Seele! Klar durchschaute er die für uns undurchsichtigen Gewässer und bohrte sich bis auf den Grund des Meeres"[139]. In seinem Verhältnis zu anderen ist er höflich, distanziert bis abweisend, oftmals unberechenbar – mit sozialen Kategorien nicht mehr meßbar, „ . . . ich gehöre nicht zu jenen, die Sie zivilisiert nennen. Ich habe mit der ganzen Gesellschaft gebrochen, aus Gründen, über die allein ich Rechenschaft abzulegen weiß und vor niemandem Rechenschaft abzulegen habe als vor mir selber. Ich richte mich also nicht nach den Regeln der Gesellschaft und fordere Sie auf, sich bei mir nie auf diese zu berufen"[140]. Nemo ist ein Mann einsamer Entschlüsse, duldet keinen Widerspruch, bleibt für Tage oder Wochen in seinem Zimmer verschwunden, spielt einsam für sich auf der Orgel im Salon und ist das unbedingte Gesetz an Bord. Seine Gründe, das Festland zu verlassen, müssen schwerwiegend gewesen sein, bleiben aber im Dunkel; im Gedanken an das Leben auf der Erde ist er jedoch von glühendem Haß erfüllt, der sich insbesondere gegen jede Form von Unterdrückung richtet; ihm ist das Meer das Reich völliger Freiheit: „Das Meer ist außerhalb der Macht der Tyrannen. An seiner Oberfläche, da können sie noch auf ihr unbilliges Recht pochen, sich bekämpfen, sich vernichten, alle Schrecken verüben. Aber dreißig Fuß tiefer endet ihre Willkür, gilt ihr Wort nichts, ist ihre Macht nichtig. Ach mein Herr, leben Sie, leben Sie auf im Schoß des Meeres! Hier allein ist Unabhängigkeit! Hier beugt mich kein Regiment! Hier bin ich frei!"[141].

Während der langen Fahrt kommt es wiederholt zu widersprüchlichen Situationen. Nemo rettet Hilflose oder läßt Freiheitskämpfern finanzielle Unterstützung zukommen; kreuzt ein fremdes Schiff seinen Weg oder wagt es gar, ihn anzugreifen, ist er zur brutalen und massenhaften Vernichtung von Menschenleben bereit. Nemo genießt solche Taten in wahnhafter Rache für ein unerklärtes persönliches Leid: „Ich wandte mich Kapitän Nemo zu. Dieser furchtbare Rächer, ein wahrer Erzengel des Hasses, blickte immer noch starr durch das Fenster" – hinaus auf ein versinkendes Schiff, dessen Masten und Rahen sich unter dem Gewicht von Menschentrauben beugten[142], – oder aber es heißt, „... er war vor allem Mensch geblieben! Sein Herz litt mit unter den Leiden der Menschheit, und seine grenzenlose Mildtätigkeit galt unterjochten Rassen ebensogut wie Individuen!"[143].

Während Nemos Schicksal in diesem Roman im Dunkeln bleibt und er mit Schiff

und Mannschaft nach der Flucht der drei Leidensgenossen vermeintlich im Malstrom versinkt, wird das Rätsel dieses Mannes in dem späteren Roman „Die geheimnisvolle Insel“ (1874/75) gelüftet: Nemo war ein indischer Prinz mit Namen Dakkar, der als glühender Freiheitskämpfer im blutigen Aufstand von 1857 gegen die englische Kolonialmacht Frau, Kinder und Land verlor. Seitdem ist sein Name Omen: das Wort ‚Nemo‘ ist ein Wortspiel, rückwärts gelesen ergibt es ‚omen‘; übersetzt heißt Nemo ‚Niemand‘. Von der Gesellschaft ausgestoßen, lebt Nemo als Niemand rastlos in der ewigen Bewegung des Meeres. Die Initiale des Namens, der Buchstabe N als Zeichen auf allen Gegenständen stellt die Verbindung zum Schiffsnamen Nautilus her.

Diese Auflösung bleibt Aronnax, Conseil und Ned Land verborgen. Deren Persönlichkeitsstruktur ist klassenmäßig differenziert und von den gesellschaftlichen Funktionen, welche die drei Personen erfüllen, bestimmt. Professor Aronnax ist der lerneifrige Gelehrte, der der faszinierenden Welt des Nautilus und seines genialen Kapitäns weitgehend verfällt: er ist der vom Führerglanz korrumpierte Intellektuelle und genußfähige Ästhet, der unfähig zu einer konsequenten parteilichen Haltung sich in den Widersprüchen des Gesehenen und Erlebten verstrickt. Diese Lähmung ist in seiner positivistischen Haltung begründet: „... ich stelle die Resultate fest und versuche nicht, sie zu erklären“ [144]. Aronnax ersehnt nichts mehr, als die sich ihm und seinen wissenschaftlichen Interessen auf dem Nautilus bietende Gelegenheit optimal für sich zu nutzen; von sich aus würde er nie fliehen. Sein Diener Conseil ist ihm absolut ergeben und ohne eigenen Willen, dabei ein von formalem Wissen voll-

Abb.105 (S. 192): Musiksalon auf dem Hapag-Dampfer „Columbia" (1889)
Abb.106: Speisesaal auf dem Schnelldampfer „Deutschland" (1900)

gestopfter Mensch mit einer gewissen lexikalischen Funktion für seinen Herrn. Ned Land dagegen – von einfacher Herkunft – ist der immer mißtrauische Geselle, der nur an Freiheit, Flucht und Fleisch denkt. Er haßt Nemo als einen willkürlichen Tyrannen und wird von diesem selbst als ordinärer Materialist verachtet. Ned Land ist am Ende des Romans der Anstifter und Organisator der glücklichen Flucht. Die Persönlichkeit der drei Menschen charakterisiert die Art, wie sie die Wasserwelt beobachten: „Unsere Bewunderung wollte nicht nachlassen. Entzückte Ausrufe rissen nicht ab. Ned kannte die Namen der Fische, Conseil klassifizierte sie, ich meinerseits begeisterte mich an der Lebhaftigkeit ihrer Bewegungen und der Schönheit ihrer Formen. Noch niemals war mir der Genuß zuteil geworden, diese Tiere lebendig und frei in ihrem natürlichen Element zu beobachten"[145]. Für Aronnax ist der Nautilus die ideale Gelehrtenstube, in der der Wissenschaftler unberührt vom störenden Alltag seinen Forschungen nachgehen kann, die zum „Besten des Menschengeschlechts" nutzbar gemacht werden sollen. Er bedauert das losgelöste Interesse Nemos, dessen Gelehrtengeheimnisse aus der Welt des Nautilus nicht auf die Erde gelangen. Nemo bekräftigt ausdrücklich diese Haltung: Der Nautilus „ist eine Welt für sich, der Erde so fremd wie die Planeten, die den Globus bei seinem Lauf um die Sonne begleiten, und man wird niemals erfahren, welche Arbeiten die Gelehrten des Saturn und des Jupiter geleistet haben"[146].

Der Nautilus ist ebenso Produkt euphorischen Fortschrittdenkens in Naturwissenschaft und Technik wie das tiefster Resignation im Anblick nicht mehr lösbarer gesellschaftlicher Widersprüche. Außerhalb der Gesellschaft gestellt ist er perspektivlose Utopie, deren Vollkommenheit sich ästhetisch als irdisches Paradies vermittelt. Der Nautilus ist das vollendete, autonome Kunstwerk eines ebenso begnadeten wie einsamen, an der Welt verzweifelten Künstlers, der sich nur Gleichgesinnten mitteilt. Den fortgeschrittenen Stand der Produktivkräfte charakterisiert, daß dieser Künstler nicht Bildhauer oder Maler, sonder *Ingenieur* ist, die Realisation seiner Ideen ein *technisches* Wunderwerk. Gleichwohl schließt die ästhetische Struktur dieser Schöpfung das Interieur als Hülle bürgerlicher Privatheit ein, die ganz nach den ästhetischen Vorstellungen und Normen der „höheren Schichten“ in der zweiten Hälfte des 19. Jahrhunderts ausgestattet und durchgestaltet ist. Neben den ausführlichen Beschreibungen vermitteln auch die illlustrierenden Holzstiche einen nachhaltigen Eindruck vom großbürgerlich-vorbildhaften Geschmack in den Einrichtungen des zu einem Gesamtkunstwerk erhobenen Schiffes. Die ungebrochene Übertragung großstädtisch repräsentativer Privatheit auf das Meeresfahrzeug, das von dieser her gedacht und entwickelt ist, verdichtet die Intention, Privatheit aus ihrem gesellschaftlichen Rahmen herauszulösen und in der grenzenlosen Weite des Meeres zu verselbständigen. Die Ausstattung des Nautilus hat ihre reale Parallele in der von Luxusdampfern dieser Zeit. Auch die Abtrennung des großbürgerlichen Lebensbereiches von dem niederer Klassen, von Dienerschaft und Arbeitern, ist im Nautilus im Sinne bestehender gesellschaftlicher Ordnung reproduziert: die luxuriösen Räume im vorderen Schiffsteil dienen dem Komfort und der geistigen Tätigkeit des Kapitäns und seines gesellschaftlich arrivierten Gastes; ab der Schiffsmitte im hinteren Teil sind die Funktionsräume wie Küche, Vorratskammern und der Maschinensaal untergebracht einschließlich der Räume des Personals. Hier leben auch – getrennt vom Professor – mit den zumeist unsichtbaren Seeleuten seine getreuen Reisegefährten.Während Bibliothek und Salon dem Professor jederzeit zur Verfügung stehen, sind Conseil und Ned Land hier nur geduldet; Nemo speist entweder allein oder mit Aronnax.

Reichtum, Geschmack und Bildung Nemos kulminieren in den Einrichtungen und Sammlungen des Salons. In der hergestellten Gleichwertigkeit der unterschiedlichsten hier versammelten künstlichen und natürlichen Objekte behauptet Nemo, sich aus der Zeit herauslösen zu können, indem er sie verdinglicht um sich ordnet. In der Besonderheit des Ästhetischen werden insbesondere die Schöpfungen von Natur und Menschheit gleich-wertig; in diesem Zustand ist die Entfremdung des Menschen von der Natur aufgehoben, der Mensch lebt erlöst in paradiesischer Zeitlosigkeit außerhalb geschichtlicher Vergesellschaftung. Damit gewinnt die Devise „Mobilis in Mobili“ eine weitere Dimension: die geschichtliche Zeit zerfließt zu einem Zustand gleitender Schwebe in der Bewegung des räumlich und zeitlich endlosen Meeres. Nemo verdeutlicht dies am Beispiel seiner Kunstwerke: „In meinem Kopf verschmilzt das Schaffen aller. Meister haben kein Alter“ [147]. Der deutliche Totalitätsanspruch in Umfang und Vollständigkeit der Sammlungen – von allem das entscheidende, repräsentative, beste Stück! – entspricht en miniature bürgerlicher Museumskultur; es spiegelt sowohl das empirisch-positivistische Inbesitznehmen und Privatisieren aller Wirklichkeit und Geschichte wie auch ihrer Umfunktionalisierung und Ästhetisierung für einen klassenspezifischen Gebrauch. Die geschichtliche Welt wird in ihrer ganzen Vielfalt in den Nautilus hereingeholt und in einer neuen ästhetischen Struktur zum Geschichte transzendierenden Interieur. Solch endzeitliche Privatheit hat im Nautilus entgegen bürgerlich idealistischer Geschichtsphilosophie eine tragische Dimension: das bürgerliche Individuum scheitert an seiner Welt und negiert den Prozeß ihrer weiteren Entwicklung – es schließt sich ein. Folgerichtig nimmt Nemo die wissenschaftliche, technische und künstlerische Entwicklung der

Abb.107 Markarts Atelier in Wien

Erde vom Tag seines ersten Untertauchens an nicht mehr zur Kenntnis. Bedeutsam ist die Feststellung von Aronnax, das gekonnte, kunstvoll-absichtlose Nebeneinander aller Dinge im Salon erinnere an das Atelier eines Malers. Tatsächlich ist der Salon des Nautilus nach dem stilbildenden Vorbild repräsentativer Ateliers gezeichnet, wie sie von angesehenen Künstlern der Zeit zum Teil auf Staatskosten unterhalten wurden [148]. So richtete sich ab 1872 Hans Makart in Wien ein Atelier ein, das sehr bald als besondere Sehenswürdigkeit gefeiert wurde; die Einrichtung dieses Prunkraumes soll 127.000 Gulden gekostet haben und war täglich von 16-17 Uhr zu besichtigen. „Makart errichtete sich hier eine ästhetische Welt der Kostbarkeiten, in der sich vor Gobelin- und Samtwänden die ‚Versatzstücke' der Geschichte und der Erdteile zu optischer Harmonie verbanden. Es war ein Atelier-Arkadien, ständige Inspiration für die Malerei – eine Welt der Phantasie, fern der Wirklichkeit, die den Eintretenden in den magischen Kreis eines totalen Sensualismus zog" [149].

Entscheidend für das Funktionieren der zum Gesamtkunstwerk stilisierten Privatheit des Nautilus ist neben radikaler Isoliertheit der hermetische Abschluß nach außen. Bezeichnend ist, daß das Schiff fast fensterlos nicht nur durch die gerade erfundene – aber von Nemo perfektionierte – elektrische Beleuchtung von Tageslicht oder dürftigem Ersatz unabhängig seine eigene „Sonne" hat, sondern sich auch durch künstliche Systeme sehr lange von natürlicher Luftzufuhr lösen kann. Dennoch ist im Nautilus in der Hermetik seines Interieurs ein zentrales Motiv bürgerlicher Privatheit aufgenommen: hinter beweglichen Eisenplatten verborgen befinden sich im Salon zu beiden Seiten Fenster, die – unterstützt von starken elektrischen Lichtkegeln – nach Wunsch den Blick in die dunklen Weiten der Tiefsee freigeben. In den weichen Polstern des Innenraumes sitzend betrachtet der Eingeschlossene neugierig und staunend die Welt außerhalb seiner warmen Geborgenheit, das Sichtbare wird Objekt seiner Studien, seines Genusses und seines Grauens – letzteres im Anblick von Riesenkraken und sinkenden Schiffen, die Nemo kurz zuvor zerstört hat. Die Außenwelt löst sich auf in „lebenden Bildern"; nah und fern dringt sie so in die sichere Innenwelt ein, wenn man sich ihr durch Betätigen eines Mechanismus öffnen möchte[150].

Im Nautilus sind auch Wissenschaft und Technik, denen er seine besondere Privatheit verdankt, aus ihrem gesellschaftlichen Kontext herausgelöst. Dies ist bedeutsam, weil die Entwicklung der modernen Naturwissenschaften und Technik aufs engste mit jener der bürgerlichen Gesellschaft verbunden ist. Mit der Konstruktion des Nautilus kommt diese Entwicklung zu einem Ende. Über das hinaus, was Nemo auf der Basis eines vorhandenen allgemeinen Wissens ausschließlich für seine Interessen erforscht und konstruiert, ist dem Professor ein weiterer Fortschritt nicht vorstellbar; Nemos Wissen bleibt ohnehin dessen Geheimnis, was ihm einen gewaltigen Vorsprung vor allen Gelehrten und Ingenieuren seiner Zeit sichert. Dieses Motiv des Romans ist nicht nur ein Reflex auf die Wissenschaftsgläubigkeit dieser Zeit – die sich sowohl im Genre selbst als auch in langen Passagen, die aus Konversationslexika oder naturkundlichen Schriften übernommen sein könnten, vermittelt –, sondern tiefergehend, Signal derReprivatisierung wissenschaftlichen Denkens als Produkt der Hirntätigkeit des bürgerlichen Individuums. Der Versuch der Reprivatisierung dessen, was der Bürger als Privatmann und Forscher an geistigem Vermögen erarbeitet hat, geschieht, weil dieses geistige Vermögen von anderen angeeignet und in ihren Interessen der Profitmaximierung ausgebeutet wird; das reprivatisierte geistige Vermögen konstituiert ein Bewußtsein von Macht, die die reale politische und ökonomische Machtlosigkeit kompensieren soll. (In der Trivialliteratur taucht dieses Motiv in vielfältiger Weise auf in der Gestalt des machtbesessenen und dem Wahnsinn verfallenen Wissenschaftlers, der mit seinen Forschungen die ganze Welt erobern und vernichten will.) Zerstören ist ja auch der Wunsch Nemos. Reprivatisierung von Wissenschaft und technologischem Fortschritt läßt sich an zwei Motiven des Romans erläutern. Seit dem 18. Jahrhundert haben sich in wachsendem Maße Privatgelehrte mit der Erforschung des Magnetismus und der Elektrizität beschäftigt; in den dreißiger Jahren des 19. Jahrhunderts lagen wesentliche experimentelle Ergebnisse und theoretische Erkenntnisse vor, die zu einer Nutzanwendung der Elektrizität drängten[151]. Voraussetzung war die Entwicklung von Maschinen zur Erzeugung und Verwendung elektrischer Energie. Die Erfindung des Dynamo (Werner von Siemens 1866), auf der Basis der 1831 von Faraday entdeckten Induktionserscheinungen, und des Elektromotors machten es möglich, mechanische in elektrische Energie zu verwandeln bzw. diese in mechanische Arbeitsleistung umzusetzen. Die Bedeutung der Elektrizität für alle Bereiche des öffentlichen und privaten Lebens braucht an dieser Stelle nicht näher erläutert werden. Im Nautilus hingegen wird diese Energiequelle in klarer Einschätzung ihrer Bedeutung insofern aus einem möglichen gesellschaftlichen Verwertungszusammenhang herausgehalten, als Nemos geniale Erfindungen zur Verwendung von Elektrizität für friedliche und kriegerische Zwecke im Schiff als Geheimnisse verschlossen bleiben, von denen die Menschheit nie erfahren soll. Nemo benutzt die fortschrittlichste Energiequelle ohne Gedanken an private Bereicherung oder Machtsteigerung lediglich, um seine außergewöhnliche Privatheit herstellen und schützen zu können. Ohne Elektrizität für Antrieb und Versorgung ist der Nautilus nicht vorstellbar, eine Dampfmaschine etwa müßte auch in ei-

Abb. 108

nem utopischen Roman ein Tauchboot zu einem Monstrum mit eng begrenzten Möglichkeiten machen. Ein anderes Motiv der Reprivatisierung technischen Fortschritts ist die Entwicklung des Tauchbootes. Die Entwürfe für Tauchboote, zumeist als Rudermaschinen, und die experimentelle Erprobung einzelner Konstruktionen seit dem 15. Jahrhundert, zunehmend seit dem 17. Jahrhundert[152], zeigen mit wenigen, letztlich unbefriedigenden Erfolgen (z.B. Fulton 1792, Bauer 1849 ff.), wie sehr die Entwicklung des Tauchbootes erst auf einer bestimmten Stufe der Technologie möglich war; 1898 gelang dem Iren J.P. Holland – aufbauend auf den Versuchen des Schweden Thorsten Nordenfeldt (1882) – die Konstruktion eines brauchbaren U-Bootes, das die Verwendung von Eisen für den Bau des Schiffskörpers ebenso voraussetzte wie die von Elektrizität für den Antrieb und die Versorgung unter Wasser. Zu einem Zeitpunkt imperialistischen Wettrüstens war die Konstruktion eines U-Bootes eine rein waffentechnische Entwicklung – wie auch die geschichtlichen Versuche vorwiegend kriegerische Ziele hatten. Der Roman nimmt diese vorhersehbaren Tendenzen vorweg, indem die Funktion des U-Bootes für die utopischen Ziele Nemos privatisiert werden, ohne auf die kriegerische Verwertung verzichten zu wollen. Nemo „usurpiert" den Fortschritt als Privatmann für seinen persönlichen Rückzug aus der Gesellschaft.

Nemo beansprucht im privaten Gebrauch von Wissenschaft und Technik eine tragisch umwitterte, heroische Unbedingtheit; er wird zum Paradigma des betrogenen Bourgeois, der nur noch in der Privatheit seines Interieurs Verfügungsgewalt hat und sich hier als Herr fühlt. Von tatsächlicher ökonomischer und politischer Gewalt ist er längst getrennt im Zuge der Fortentwicklung der Produktivkräfte und der Konzentration des Kapitals. Die aus Verwertungszwängen herausgelöste „reine" Wissenschaft und Kunst ist der tröstende Traum jener, die als Forscher und Ingenieure Voraussetzungen für den gesellschaftlichen Fortschritt schaffen, dessen Ergebnisse aber sich andere privat aneignen. Das hermetisch geschlossene Interieur scheint der Ort, wo sich dieser Traum ungestört träumen läßt[153]. Zum totalen Rückzug aus der Welt des sich formierenden Großkapitals entwickelt Jules Verne in dem Roman „Die geheimnisvolle Insel" (L'Ile mysthērieuse) eine optmistischere Variante: Eine zusammengewürfelte Gemeinschaft von Geflohenen beginnt fern jeder Zivilisation auf einer Insel die Entwicklung einer bürgerlich-vernünftigen Gesellschaft nochmals von vorn. Die schichtenmäßig differenzierte Keimzelle aus ordentlichen, in ihren Fähigkeiten sich notwendig ergänzenden Menschen richtet sich in der Wildnis ein – baut ein bürgerliches „Haus" unter bewußter und kontrollierter Ausnutzung der Kräfte und Gesetze der Natur. Modellhaft zeigt diese Menschengruppe, wie Wissenschaft im Interesse aller gemeinnützig zu einem besseren Leben verhelfen kann – obwohl Nemo vom Innern der Insel her wie ein diesseitiger „Gott" den einen oder anderen Schicksalsfaden knüpft.

In dem gleichen – 1874/75 erschienenen – Roman schildert Jules Verne auch den Tod Nemos. Er ist der letzte Überlebende seiner Mannschaft und stirbt als einsamer alter Mann. Im Nautilus eingeschlossen versinkt Nemo mit seinem Schiff im Innern eines für erloschen gehaltenen Vulkanes im Meer; ein Neuausbruch des Vulkans zerstört die ganze Insel. In einer ungeheuerlichen, von elementaren Naturgewalten bereiteten Totenfeier geht das tragische Genie mit seinem der Natur abgetrotzten technischen Wunderwerk wieder in die Natur ein, aufgelöst in Atome. Gleichzeitig nimmt Nemo all das mit, was er an natürlichen und künstlichen Schätzen, insbesondere an Großleistungen des menschlichen Geistes im Nautilus versammelt hatte. War der Nautilus zum Zeitpunkt des Rückzuges Nemos aus der Gesellschaft so etwas wie eine neue Arche Noah, so macht diese Assoziation und der schließliche Untergang des Nautilus die Verkehrung des alten Mythos deutlich. Der Nautilus realisierte den privaten Entschluß eines durch seine Genialität ausgezeichneten Individuums, mit einer niedergehenden Gesellschaft zu brechen; das Motiv, Tierpaare gegen geschichtliche Leistungen der Menschheit zu vertauschen, der Verzicht auf Frauen und damit auf Liebe und Fortpflanzung signalisieren ein vor der Zukunft resigniertes Bewußtsein. Im finalen Untergang des neuzeitlichen Noah in seiner Arche wird die Aussichtlosigkeit bürgerlicher Existenz, gemessen an ihrem geschichtlich-heroischen Anspruch, in einer letzten großen Geste zelebriert.

Jules Verne wurde 1828 in Nantes geboren und starb 1905 in Amiens. Die Eltern stammten von angesehenen Bürgerfamilien in Nantes – der Vater war Rechtsanwalt, die Familie der Mutter hatte im 18. Jahrhundert im Kolonialhandel Reichtum erworben. Nachdem Jules Verne in Paris zunächst ohne Erfolg einige Semester Jura studierte, sich gleichzeitig mit größerem Eifer als Verfasser von Liedern, Theaterstücken u.ä. versuchte, heiratete er 1857 eine reiche Witwe aus Amiens – Honorine Morel, geb. Du Fraysne de Viane. In Paris gründete er als Börsenmakler eine konventionell bürgerliche Existenz, die sich nach der Bekanntschaft mit dem Verleger Hetzel und unterstützt durch das Geld seiner Frau in eine erfolgreiche Schriftstellerkarriere verwandelte. Vertraglich an Hetzel gebunden, mußte Jules Verne ihn jährlich mit Romanen beliefern. Zwischen 1863 und 1910 (seit 1905 aus dem Nachlaß) erschien regelmäßig pro Jahr mindestens ein Roman. Der eigentliche Stellenwert der Erzählungen zwischen naturwissenschaftlicher Information, bildender Aufbereitung realen technischen Fortschritts, utopischen Vorstellungen und erregenden Abenteuern mit vielfach aktuellen politischen Bezügen führte zur begeisterten Resonanz in breiten Schichten eines Bürgertums, das sich in der hier vorgeführten Welt genüßlich spiegeln konnte. Jules Verne erwarb sich als Schriftsteller schnell Ansehen und erheblichen Reichtum; im Rahmen seiner Familie verbrachte er ein gesichertes Dasein. Die äußerlich wohlgeordnete Bürgerlichkeit des eigenen Lebens mit ihren moralischen und politischen Wertvorstellungen formte die Gestalten seiner Romane in Denken und Handeln; als fortschrittliche Menschen oder Helden trugen sie diese Konventionen bestätigend und stabilisierend in das bürgerliche Lesepublikum zurück. Dabei sind diese Vorstellungen in sich widersprüchlich, Veränderungen in der Entwicklung des Gesamtwerks deutlich.

Jules Vernes erste wirtschaftliche Erfolge als Börsenmakler und die 1863 schnell beginnende literarische Karriere fallen in einen Zeitraum, in dem nach bedeutenden außenpolitischen Erfolgen 1859/60 das zweite Kaiserreich Napoleons III. nach einer Phase des „autoritären Kaisertums“ (1852 - 1859) sich schrittweise zu liberalisieren beginnt. In der 1852 veröffentlichten Analyse „Der achtzehnte Brumaire des Louis Bonaparte“ [154] hat Karl Marx herausgearbeitet, in welcher Weise die Bourgeoisie in den Junitagen 1848 unter Anspannung aller Kräfte zunächst das revolutionäre Proletariat besiegte, um dann in den folgenden Jahren bis 1851 aus Angst vor Anarchie und Sozialismus fortschreitend auf die eigene politische Macht zu verzichten. In der republikanischen Phase werden die Auseinandersetzungen zwischen Parlament und Präsident von der breiten Bourgeoisiemasse, insbesondere der Bank- und Industriebourgeoisie, als störende Querelen empfunden, zumal dann, als sich 1851 eine Wirtschaftskrise abzeichnete. Die „außerparlamentarische Masse der Bourgeoisie“ (Marx) forderte durch ihre Servilität gegen den Präsidenten diesen heraus, ihre eigenen Institutionen zu zerstören, um ihren Privatgeschäften nachgehen zu können. Die Bourgeoisie bewies, „daß der Kampf um die Behauptung ihres öffentlichen Interesses, ihres eigenen Klasseninteresses, ihrer politischen Macht sie als Störung des Privatgeschäfts nur belästige und verstimme [155]. Als verselbständigte Macht der Exekutivgewalt fühlte Bonaparte sich berufen, die „bürgerliche Ordnung“ sicherzustellen [156]. Als Kaiser bot Napoleon III. dem Industriebürger Wohlstand und Wirtschaftswachstum, der breiten Masse der Parzellenbauern Garantie ihres Besitzstandes, der Arbeiterklasse durch geschickte materielle und soziale Zugeständnisse eine spürbare Minderung ihrer unmittelbaren Armut; unter den genannten Voraussetzungen galt er als ein sozialen und wirtschaftlichen Problemen von Gegenwart und Zukunft aufgeschlossener, an modernen Vorstellungen gebildeter Staatsmann. In einer programmatischen Rede in Bordeaux bekundete er seinen Willen, eine Industriekultur zu schaffen, um den materiellen Fortschritt auszubreiten und die Arbeiterfrage zu lösen [157]. In diesem Sinne verbindet sich sein Denken mit dem von Saint-Simon und dessen Ideen einer klassenlosen Industriegesellschaft als Gemeinschaft von Produzenten. In der Absicht, Frankreich politisch und wirtschaftlich wieder zu einer führenden Nation an der Spitze der europäischen Staaten zu machen, wollte der Kaiser die angelegten Tendenzen der neuen industriellen Gesellschaft mit allen verfügbaren Talenten und gesteigerter Leistungsfähigkeit entfalten. Diese Vorstellungen widersprechen nicht einer autoritären Regierungsform. Schon Saint-Simon hatte die Erbmonarchie nicht antasten wollen, verzichtete später selbst auf die Forderung nach parlamentarischer Vertretung: „Sein industrielles System bedarf der Republik oder gar der Demokratie nicht. Auch ist jegliche Aufrührung der Volksmassen zu vermeiden"[158]. Saint-Simons Schüler Enfantin forderte um die Jahrhundertmitte gar eine theokratische Gesellschaftsordnung, in der im Sinne einer „Diesseitsreligion" die Lehren Saint-Simons neben denen von Moses und Christus die Grundlagen bilden. Ein wesentliches Moment, das Marx in seiner Analyse herausstellte, bleibt nach 1852 bestehen: die Mittelklasse als Stütze der bürgerlichen Ordnung, und Napoleon weiß sich als Repräsentant der Mittelklasse. „Er ist jedoch nur dadurch etwas, daß er die politische Macht dieser Mittelklasse gebrochen hat und täglich von neuem bricht. Er weiß sich daher als Gegner der politischen und literarischen Macht der Mittelklasse. Aber indem er ihre materielle Macht beschützt, erzeugt er von neuem ihre politische Macht. Die Ursache muß daher am Leben erhalten, aber die Wirkung, wo sie sich zeigt, aus der Welt geschafft werden"[159].

Wie fügt sich Jules Verne in diese politisch-soziale Landschaft ein, in welcher Weise spiegeln Romanfiguren wir Kapitän Nemo und Professor Aronnax typische Momente geschichtlicher Realität dieser Zeit? Jean Chesneaux, auf dessen Arbeiten sich die folgenden Ausführungen stützen[160], kennzeichnet Jules Verne als mittelständischen Bourgeois par excellence. Das von ihm repräsentierte Typische besteht bei genauerem Hinsehen in der Widersprüchlichkeit seines Denkens und mithin seiner bürgerlichen Existenz. In einer Vielzahl von Romanen – so auch in „20.000 Meilen unter dem Meer" – vertritt Jules Verne mehr oder weniger direkt politische und soziale Vorstellungen, die die Widersprüchlichkeit manifestieren und in eigentümlicher Weise die mittelständische Klassensituation des Autors wie seines breiten Publikums charakterisieren.

In seinen Untersuchungen entwickelt Jean Chesneaux die Hypothese, daß vor allem drei Quellen das politische Denken Jules Vernes bestimmt haben könnten: 1. Die Tradition von 1848; 2. Der utopische Sozialismus von Saint-Simon; 3. Ein vor-anarchischer, grenzenloser Individualismus. Gerade in dem hier besprochenen Roman verbinden sich diese drei Dimensionen in augenfälliger Weise. Die Tradition von 1848 – zu verstehen als das Bemühen um die Herstellung einer bürgerlich-republikanischen Gesellschaftsordnung – wird vor allem in der Portraitsammlung in Nemos Kabine faßbar. Aronnax beschreibt die strenge, klösterliche Atmosphäre dieses Raumes: „In diesem Augenblick fiel mein Blick auf einige Radierungen, die an der Wand hingen und die ich bei meinem ersten Besuch nicht bemerkt hatte. Es waren Portraits, Bilder großer Männer der Geschichte, die sich ihr Leben lang einer großen humanen Idee widmeten: Koscinsko, der Held, der zum Ruf ‚finis Poloniae!' gefallen war, Botzaris, der Leonidas des modernen Griechenlands, O'Connell, der Verteidiger Irlands, Washington, der Gründer der amerikanischen Union, Manin, der italienische Patriot, Lincoln, der unter der Kugel eines Anhängers der Sklaverei fiel, und schließlich der Märtyrer für die Befreiung der schwarzen Rasse, John Brown, am Galgen hängend, wie ihn der Stift von Victor Hugo so entsetzlich gezeichnet hat"[161]. Nemos Unterstützung des kretischen Befreiungskampfes wie auch seine – allerdings erst in dem späteren Roman berichtete – Teilnahme am indischen Aufstand gegen die Engländer bestätigen diese Richtung. Obwohl die genannten Personen und Ereignisse keineswegs mit dem Jahr 1848 zusammenhängen, verschmelzen sie doch zu einem republikanischen Mythos von Freiheit und Gleichheit der Völker und Rassen. Dabei bleiben konkret politische Beweggründe unreflektiert; der Mythos stellt eine abgehobene, idealistisch-humanistische Verpflichtung dar, die in der literarischen Aufbereitung keine konkreten Ziele verfolgt. Die Tradition von 1848 nimmt gleichzeitig die angstvolle Ablehnung der proletarisch-revolutionären Massen in sich auf, wie dies Briefe über die Kommune deutlich machen[162]. In der oben beschriebenen hierarchischen Gesellschaftsstruktur an Bord des Nautilus, insbesondere im Verhältnis von Aronnax zu seinen Gefährten Conseil und Ned Land, vermittelt sich ein anderer Aspekt der republikanischen Tradition von 1848: der blutigen Selbstbehauptung der bürgerlichen Klasse durch die Niederwerfung der Arbeitermassen in der „Junischlacht". Dabei bleibt das Verhältnis zu dem proletarischen Ned Land ambivalent: er ist es, der durch seine Initiativen dem Bourgeois Aronnax am Ende zur Freiheit verhilft. Auch dies ist noch ein Reflex real-geschichtlicher Prozesse. 1830, wie vor allem im Februar 1848, waren es die Arbeitermassen, mit deren Hilfe die Bouregoisie sich ihre Freiheit und Macht erkämpfte.

Der anarchische Individualismus kommt in der Person Nemos zum Ausdruck, in seiner radikalen Absage an gesellschaftliche Verpflichtungen, seinem Kampf gegen Tyrannenherrschaft und im Rückzug in die absolute Freiheit des Meeres. Chesneaux hat diesem Aspekt im Werk Jules Vernes besondere Aufmerksamkeit zuteil werden lassen, ich halte ihn jedoch eher im Hinblick auf den republikanischen Mythos für bedeutsam. Denn gerade hier bricht der Widerspruch bürgerlicher Existenz vehement auf – im Eingeständnis des Scheiterns republikanischer Ideale vor der gesellschaftlichen Realität. Der heroische Individualismus eines Nemo ist nichts als der Reflex bürgerlicher Frustration, in der totalen Verweigerung nochmals zu einem mythisch verklärten Anspruch zurückzufinden; die Bewegungsgesetze der bürgerlichen Gesellschaft widersprechen dem abgehobenen humanistischen Ideal. Der ungeheure Reichtum Nemos veranlaßt ihn nicht, sein Kapital gewinnbringend zu investieren; in seiner Bibliothek sind jegliche Werke der Volkswirtschaftslehre – wie Aronnax erstaunt feststellt – verbannt. Der gesellschaftliche Widerspruch ist im Roman zusätzlich auf Nemo und Aronnax verteilt; repräsentiert der erste noch im Untergang resignativ den verpflichtenden Mythos, so der andere eine angepaßte Fortschrittlichkeit, die sich unpolitisch und akklamativ im Positivismus von Naturwissenschaft und Technik erschöpft. Gegen solch obsiegende Affirmation an die Verhältnisse gleicht Nemo einem Fossil heroisch-bürgerlicher Individualität. Er birgt zwar allen Fortschritt in sich, nutzt ihn aus begründeter Angst vor Mißbrauch aber nur als Privatmann und für persönliche Bedürfnisse. Damit ist Nemo zugleich das Wunschbild eines vom politisch-gesellschaftlichen Leben freigesetzten mittelständischen Rentiers. Seine Gestalt wird dämonisch in der Verbindung mit omnipotenter Gewalt, die als Wunschvorstellung die reale politische Entmachtung breiter bürgerlicher Massen kompensiert. Aronnax dagegen möchte naiv die Errungenschaften des Nautilus der Menschheit zu ihrem ferneren Glück vermitteln, ohne Verwertungsbedingungen und konkrete Machtinteressen – die Nemo fürchtet – erkennen zu können, woran ihn sein „reines", positivistisches Wissenschaftsverständnis hindert.

Von besonderem Interesse ist schließlich Jules Vernes Beziehung zum utopischen Sozialismus Saint-Simons, ergibt sich doch damit eine Brücke zu Momenten offiziöser Staatsideologie des zweiten Kaiserreiches. Jean Chesneaux hat an eine Vielzahl von Belegen insbesondere aus den frühen und mittleren Romanen die Einflüsse durch Lehren Saint-Simons nachgewiesen. Diese wurden von Jules Verne nicht systematisch aufgenommen oder gar philosophisch reflektiert, er bereitet simonistisches Gedankengut vielmehr in populärer Weise als modisch-fortschrittliche Richtung bürgerlichen Bewußtseins auf. Saint-Simons Fortschrittsidee, seine Vorstellungen von einer künftigen Gesellschaft und der planvollen Beherrschung der Natur zum Glück einer befriedeten, klassenlosen Weltgemeinschaft auf der Grundlage der Industrie lassen sich in vielfältigen Brechungen in Jules Vernes Romanen aufweisen, am eindrucksvollsten in dem Roman „Die geheimnisvolle Insel" (1874/75). Den schöpferischen Leistungen, genialen technischen Großtaten, der planvollen Naturaneignung in kolonialer Expansion durch Wissenschaftler, Ingenieure, Kolonisten oder auch nur wagemutige Reisende in den Erzählungen Jules Vernes entspricht die Bedeutung, die Saint-Simon in einer Parabel Gelehrten, Künstlern und gewerblich Tätigen im Unterschied zu Aristokraten, Höflingen, Marschällen oder Kardinälen für den gesellschaftlichen Fortschritt zubilligt[163]. Im Sinne Saint-Simons ist der elektrisch betriebene Nautilus, der als weitgehend geschlossenes technisches System einem Mikrokosmos gleicht, das Beispiel schlechthin für eine zukunftweisende Ausnutzung der Naturkräfte. Aber hier bricht der Widerspruch abermals auf. Jules Vernes Maschinen fördern Bequemlichkeit, menschliches Glück, Fortschritt allgemein, aber sie sind – wie Chesneaux treffend feststellt – nicht Mehrwert schaffend und damit aus dem gesellschaftlichen Verwertungsprozeß, dem sie sich grundsätzlich verdanken, herausgehalten. Sie erhalten den Stellenwert von Idolen, die eine schlechte Realität überspringen helfen – deshalb ist die Privatheit des Nautilus so umfassend, der Blick aus seinem großen Fenster so angenehm erregend. Der in der Vorstellung einer solchen Maschine vermittelte Bruch mit der Realität läßt ihre Privatisierung und den Rückzug aus einer von Maschinen bestimmten Gesellschaft zu. Der Widerspruch bürgerlicher Existenz erfährt hier seinen Paroxismus in Verbindung der Vorstellung schöpferischer Allmacht mit der Realität politischer Ohnmacht im gesellschaftlichen Lebensprozeß. In Nemos Schiff könnte sein Zeichen, das auf allen Gegenständen und seiner Fahne zu finden ist, den beschriebenen Zusammenhang unter einem politischen Aspekt konkretisieren; es ist eine hypothetische Überlegung, in der Literatur finden sich keine entsprechenden Hinweise. Nemos Zeichen ist ein großes N, umgeben von seinem Motto „Mobilis in Mobili". Das Initial gleicht formal dem Napoleons III, der es mit geringfügiger Veränderung selbst wieder von Napoleon I. übernommen hat. Die Verwendung des Zeichens für Nemo signalisiert die Korrumption des republikanischen Mythos in der servilen Annäherung an die reale Macht, was möglich ist durch die ideologische Klammer, „gemeinsam" für den Fortschritt einzutreten. In solcher Weise verschafft sich der Bourgeois die Vorstellung, selbst am Geschichtsprozeß teilzunehmen.

Jules Verne liebt Gesellschaften, die von Gelehrten und Ingenieuren geleitet werden; seine sozialen Harmonien halten sich im Zustand bestehender Klassenantagonismen auf, ohne sie überschreiten zu wollen. Beruhen Jules Vernes Utopien in den frühen Romanen auf einem gläubigen Wissenschaftsoptimismus, so verändert sich auch diese Einstellung in den achtziger Jahren – bei Nemo und seinem Nautilus schon deutlich vorweggenommen; die Möglichkeiten der Wissenschaft werden pessimistischer eingeschätzt, die Wissenschaftler selbst erhalten exzentrische und dämonische Züge. Chesneaux wies darauf hin[164], daß diese Veränderungen exakt mit der Entwicklung zum Imperialismus und Monopolkapitalismus, mit Wirtschaftskrisen und verstärkten innenpolitischen Repressionen im Zusammenhang erstarkender Klassenauseinandersetzungen korrelieren.

**Arnold Böcklin: Die Toteninsel**

Die großartigen ‚pompes funèbres', die dem toten Nemo zuteil werden und nichts Geringeres darstellen als eine im Tod zu letzter Schönheit gesteigerte Privatheit, verweisen auf ein nur wenig späteres, jedoch ungleich anspruchsvolleres Werk der Kunstgeschichte: die „Toteninsel" von Arnold Böcklin (1880 – Tempera/Lw, 111 x 155 cm – Kunstmuseum Basel). Von diesem Bild fertigte Böcklin in den Jahren zwischen 1880 und 1886 insgesamt fünf Fassungen, von denen zwei verschollen sind; außer

Abb.109

in Basel befindet sich je eine Version im Metropolitan Museum New York und im Museum der Bildenden Künste Leipzig (1880 bzw. 1885/86). Die verschiedenen Fassungen, die in ihrer Zahl einen Hinweis auf die schnelle Popularität des Bildes gestatten, unterscheiden sich nicht in der Grundkonzeption, wohl aber in den Formaten, in der Behandlung von Details, der Strukturierung von Massen, schließlich auch in der Stimmungslage (z.B. durch Aufhellung und Dramatisierung des Himmels in der Leipziger Fassung). Im engeren zeitlichen Umkreis der „Toteninsel" entstand eine Reihe von Bildern mit düster-sehnsuchtsvollen und mythischen Inhalten, z.B. „Sturm am Meer" (1880 – Darmstadt), „Ruine am Meer" (1880 – Aarau), „Die Gefilde der Seligen" (1878 – Berlin), „Odysseus und Kalypso" (1881 – Basel), „Der Abenteurer" (1882 – Bremen), „Prometheus" (1882 – privat), „Der heilige Hain" (1883 – Basel). Böcklin sah in der „Toteninsel" „ein Bild zum Träumen", den Titel selbst erfand der Kunsthändler Fritz Gurlitt; als landschaftliches Naturvorbild nannte Carlo Böcklin 1910 das Castell des Alfonso von Aragonien auf Ischia, was jedoch für das Verständnis des Bildes von geringer Bedeutung ist[165].

Im Bild ist eine Felseninsel dargestellt, die auf allen Seiten vom tiefblauen und spiegelglatten Meer umgeben ist. Der Himmel ist schon nachtblau, das Licht der wohl untergehenden Sonne trifft auf einige Klippen und Architekturen. Im Zentrum der Insel bilden hochragende Zypressen eine dunkle geschlossene Gruppe. Die Horizontlinie des Meeres ist tief herabgezogen, so daß der Eindruck großer, ja endloser Weite entsteht, die Felsen dagegen um so stärker hinausragen, was durch leichte Untersicht verstärkt wird. In mächtigen rohen Massiven steigt die Insel schroff empor.

Rötlich gebrochene braune Farbwerte konturieren den Felsen gegen den schon nächtlichen Grund, heller aufleuchtendes Gestein, dunkles Grün und breite Schatten formen seine massig plastische Gestalt. Die magisch wirkende Lichtsituation ist wohl nur bedingt aus natürlichen Verhältnissen erklärbar, und dient eher der Steigerung einer Stimmung, die nicht – wie sie vorgibt – einer Natursituation wesentlich ist, sondern dem künstlerischen Empfinden entstammend jener appliziert scheint.

Die Felswände bilden einen Ring um eine Bucht, die zum Betrachter hin offen ist. Die Insel ist in der Bildfläche zentriert, die Bucht der eigentliche Bildmittelpunkt; die geschlossene, nach innen orientierte Gesamtform füllt weitgehend die Bildfläche, der Abstand zu den Bildrändern ist gering und auf beiden Seiten gleich. Die schon erwähnte Zypressengruppe verstärkt als dunkle Bildfigur die zentralisierte Komposition und gibt dem lagernden Felsenring aus seinem Innersten heraus einen vertikal ragenden Kontrapunkt. Zur Bucht hin fallen die Wände steil ab. Schmale hohe Öffnungen mit gemeißelten Rahmenprofilen bilden in gleichförmiger Anordnung Zugänge zu Kammern, die in den Felsen getrieben sind. Kubische Architekturformen sind stellenweise dem Fels verbunden und kontrastieren in ihren hellen strengen Formen auffällig zu dem gewachsenen Gestein. Aus der Richtung des einfallenden Lichtes nähert sich der Bucht ein Kahn; vor dem Ruderer steht hochaufgerichtet und mit verschränkten Armen eine schlanke, hell umhüllte Gestalt. Der Insel zugewendet verharrt sie in statuarischer Ruhe. Vorn im Boot steht quer ein verhängter Sarg. Der Kahn bringt einen Toten zur Insel, der wohl in einer der Kammern bestattet werden soll.

Die zentralisierte Komposition des Bildes, die ringförmige, nach außen weitgehend verschlossene Gestalt der Insel, der Kontrast des in sich bergenden Massivs zur umgebenden unbestimmten Weite und die in tiefem, ruhigem Blau verlöschende Farbigkeit geben dem Bild eine ebenso suggestive wie unbedingte Wirkung. Hier scheinen Worte überflüssig, nur Gesten vorstellbar und Handlungen als feierlich gemessene Riten. „Es soll so still werden, daß man erschrickt, wenn an die Tür gepocht wird" (Böcklin über sein Bild). Die synästhetische Vorstellung vom leisen Geräusch der eintauchenden Ruderblätter läßt die Stille des Bildes bezwingend erscheinen. Die Einordnung der Insel in die Bildfläche bedrängt den Betrachter durch unmittelbare Nähe, obwohl sie – insbesondere durch die Größenverhältnisse des Bootes – entfernt ist. Sich ihm öffnend, entführt ihn die Insel in Träume, die ihr Ziel in ihrem Innersten haben. Diese Bewegung des Betrachters in die Insel hinein – zumindest in den Wünschen einer suggestiv erregten Sehnsucht – wird durch das Boot in Diagonalrichtung von links unten zur Mitte und die Vorstellung seiner ruhigen Fahrt betont. Die Rückenfigur im Boot verhilft zu Identifikation und Nachfolge. Trotz monumentalischer Ruhe ist die Gesamtform der Insel nicht starr zentriert, sondern in ihrer Binnenstruktur in subtiler Weise kontrapunktisch gewichtet; dadurch ergeben sich feinsinnige Spannungsverhältnisse, die sich dem Betrachter in intensivem Schauen mitteilen und damit gerade seine Träume beleben.

Die Reduktion in Form und Inhalt bewirkt eine genau kalkulierte, ungewöhnliche Steigerung der wenigen eingesetzten Mittel; es gelingt Böcklin, „mit einem Mindestmaß an Mitteln ein Höchstmaß an Wirkung" zu erzielen (Wölfflin[166]): In überwältigender Schlichtheit öffnet sich dem Betrachter die Unbedingtheit des Todes, der ihn unwiderruflich und ohne Schrecken in einer denkmalhaften Natur zu bergen verspricht. Kein sensenschwingender Knochenmann feixt im Nachen, keine novembrisch-trübe Allerseelenstimmung stört den Traum. Der Tod ist lustvoll und süß, erhaben in der Schönheit der ästhetischen Gestalt in antikisch-mythischer Größe, die aber selbst nicht geschichtlich ist, sondern ästhetische Vorstellung. Deshalb kennt dieser Tod weder das freudlose Schattendasein der Alten noch den „Makel" der Auferstehung. Das Erhabene des Todes ist seine Unbedingtheit. Nur die vollendete Schönheit des Kunstwerks kann dies in vermeintlich schlichter Gebärde vermitteln, der tiefen Imagination des Genies entstammend, das einen neuen Mythos setzt. Antikisch-mythische Größe ist mit wenigen mediterranen Zeichen nachhaltig bestimmt: der Togagestalt im Nachen, den Zypressen als klassischen Trauerbäumen, den ägyptisch anmutenden Toren zu den Felsenkammern wie auch den geometrischen Architekturen. Aber die Insel mit der Bucht ist nicht der Eingang zum Tartaros, das Meer nicht der Styx und der Fährmann nicht Charon. Die mediterranen Zeichen signalisieren nur allgemein südliche Schönheit, deren strenge Würde antikischen Geist assoziiert. Das geschlossene Felsenmonument ist von Geschichte „durchwirkt", die gleichsam in Zypressen und Grüften flüstert, die aber in Ereignissen nicht faßbar die Insel zur Metapher unbestimmter, entrückter Vergangenheit verklärt und somit unverbindlich bleibt. In solches Vermächtnis träumt sich der Kenner hinein mit dem Wunsch, selbst im Tode in diese bergende Vergangenheit zurückzusinken. Ruhe und Schweigen im Mythos der Geschichte ist die Form von Privatheit, welche die „Toteninsel" verheißt. Der Mythos findet Gestalt in einer zum Interieur verdichteten, gleichwohl von Menschenhand geprägten Natur. Das Durchdrungensein dieser Natur vom Tode, die Gestaltwerdung des Unbedingten in dieser scheinbar so nahen entrückten Form, gibt ihrer Schönheit kosmische Ordnung. Hier läßt sich's einrichten und wohl sein, ausruhen von gesellschaftlichen Unbilden im üppig-herben Pfuhl eines Mythos, der in geschichtsmächtiger Gestalt keiner Überprüfung durch Geschichte sich zu stellen braucht.

Die „Toteninsel" ist in einem Zeitraum entstanden, in dem sich Böcklin wachsender künstlerischer Anerkennung im Deutschen Reich und damit auch materiellen Wohlergehens erfreute. Seiner Bekanntheit kam zugute, daß seine Bilder auf Ausstellungen ebenso heftig kritisiert wie gelobt wurden; seit 1877 setzte sich außerdem in Berlin der Galerist Fritz Gurlitt nachhaltig für ihn ein. Böcklin war zwar 1874 mit seiner Familie nach Florenz übergesiedelt (bis 1885), unternahm aber jährliche Reisen nach Berlin und anderen Städten des Reichs, bedingt durch öffentliche Aufträge und Ausstellungen. Wie schon oben angedeutet, erregte die „Toteninsel" Aufsehen und wurde neben anderen Bildern dieser Jahre in Reproduktionen weit verbreitet. „Zwischen 1885 und 1900 durften in keinem guten Bürgerhaus die Reproduktionen Böcklinscher Bilder, die Toteninsel, Das Schloß am Meer, Der Frühlingstag ... fehlen" heißt es bei Max Halbe, der den Erfolg der Kunst Böcklins beim Bürgertum beschreibt [167]. In dieser Zeit wurde auch Böcklins Einfluß auf Bildende Kunst und Literatur in Deutschland immer deutlicher [168]. Offensichtlich entsprach die Ideenwelt Böcklins und ihre spezifisch malerische Gestaltung einem breiten Bedürfnis bürgerlicher Kreise und stimulierte selbst in der Ablehnung öffentliches Interesse und Diskussion [169].

Das Bürgertum in Deutschland war zu diesem Zeitpunkt keine durch Bildung, Besitz und liberale Gesinnung geeinte homogene Klasse mehr; die Entwicklung des Kapitals in den einzelnen Phasen der Industrialisierung seit 1848 hatte dieses Bürgertum nach 1870 immer stärker in einzelne Schichten zerfallen lassen, die von unterschiedlichen wirtschaftlichen und politischen Interessen bestimmt waren. Im Prozeß der wirtschaftlichen Entwicklung der siebziger Jahre entstand im mittleren Bürgertum ein Bewußtsein, nicht nur ökonomisch, sondern auch politisch ohne Einfluß und bestimmende Mitsprache angesichts eines allgemein obsiegenden Materialismus und der Machtkonzentration in den Händen einer neuen Großbourgeoisie zu sein; Folgen waren ein immer schärferer Konservatismus und der verstärkte

Rückzug in eine reine geistige Welt, zumal auf der Gegenseite ein klassenbewußtes und sozialrevolutionäres Proletariat sich heranbildete und organisierte. An Bildungswerten orientiertes Traditions- und Sendungsbewußtsein, das nicht hinterfragbare Positionen als Legitimationsbasis ausspielte, versuchte die Realitätsverluste zu überdecken. Die Denunziation eines materialistischen gegenüber einem geistigen Dasein bestimmte die Abgrenzung nach oben gegen die neue Herrschaftsklasse des mit Teilen des Adels verbundenen Großkapitals; die Angst vor den halbgebildeten Kleinbürgern und dem Proletariat – vor einem den Überbau gefährdenden „Umsturz" – die Abgrenzung nach unten. Diese Angst teilte aus unmittelbaren wirtschaftlichen Gründen das Kleinbürgertum selbst, eine von Mommsen als „Mittelstand im engeren Sinne" bezeichnete Gruppe des Bürgertums [170]: „Der optimistische Fortschrittsglaube, der die Aufstiegsphase des Bürgertums gekennzeichnet hatte, wich einem tiefen Pessimismus, der sowohl die Einschätzung der menschlichen Natur als auch die Bewältigung der politischen, sozialen und moralischen Probleme der modernen Welt betrifft. Während Aufklärung und klassischer Liberalismus auf die Macht der Vernunft gebaut hatten, nach deren Prinzipien Natur und Gesellschaft gestaltet werden sollten, begann nun der Irrationalismus in seinen vielfältigen Erscheinungsformen zu dominieren. In dieser Wandlung des bürgerlichen Geistes kommt das Bewußtsein einer Klasse zum Ausdruck, die nicht nur den Glauben an die Zukunft, sondern auch den Glauben an die Legitimität ihrer eigenen Herrschaft verloren hat und ihren eigenen politischen und moralischen Niedergang nur als Zusammenbruch der gesellschaftlichen und moralischen Ordnung überhaupt, als reines Chaos zu begreifen vermag" [171]

Aus dieser Bewußtseinslage entstanden und auf diese sie zu gestalten und zu bestätigen zielten Bilder wie die Böcklins. Die „Toteninsel" ist eine ‚regressive' Utopie, deren Geborgenheit außerhalb der Bedrohungen des konkret geschichtlichen Lebens gestellt ist. Indem dieses Bild die oben umrissene Stufe bürgerlich-gesellschaftlicher Entwicklung spiegelt, benennt es den scharfen Gegensatz zu einer idealen Landschaft wie der in J.A. Kochs Bild „Heroische Landschaft mit Regenbogen" (1815 – Neue Pinakothek München) [172], einer Utopie des aufgeklärten und liberalen Bürgertums. Auch dieses Bild ist im Prinzip ein „Interieur"; durch eine kunstvoll konstruierte Rahmenform schaut der Betrachter, aus der Wildnis des Waldes kommend, hinein in eine idealisch entfaltete landschaftliche Ordnung als eines zu verwirklichenden Kulturzustandes. Hier ist die gesellschaftliche Funktion des Kunstschönen die Antzipation einer Gesellschaft, das zum Vorschein kommen lassen des *eigentlich* Wirklichen. „Die ästhetische Ordnung des Kunstschönen ist begriffen als Modell und Antizipation einer freien, vernünftig geordneten bürgerlichen Gesellschaft, in der das bürgerliche Individuum aus seinen Widersprüchen und Partikularitäten heraustritt und in deren Aufhebung eine neue Selbständigkeit gewinnt" [173]. Auffällig ist die Affinität dieser Landschaft zu einem Interieur: Innerhalb des begrenzenden Raumes ist alles wohlgeordnet, „aufgeräumt", nichts verliert sich in fernen Tiefen, sondern alles ist an seinem Ort in gleichwertiger Präsenz wie im Mikrokosmos eines bürgerlichen Haushalts, der sich dem Herantretenden als ein Bild des Wohlstands darstellt. Dieser gesellschaftliche Zustand ist nach dem Modell bürgerlicher Privatheit geformt, sie gestaltend nimmt er sie gleichzeitig in sich auf.

Die Mythen Böcklins dagegen vermögen nicht mehr, gesellschaftliche Realität antizipierend zu gestalten, sondern regenerieren zu Fixpunkten des Rückzugs. Die eigene Klassenlage und materielle Situation ebenso wie frühe Erfahrungen mögen bei ihm zur Ausformung dieser Bewußtseinsinhalte beigetragen haben. Lange mußte Böcklin als Künstler in bescheidenen Verhältnissen leben, während um ihn herum „materialistische Gesinnung" allgemeine Prosperität brachte, an der er nur langsam partizipieren konnte. Andere Erfahrungen könnten dies verstärkt haben: 1841 verlor sein Vater – ein Kaufmann – durch Bauspekulationen sein Vermögen, was Böcklins künstlerische Ausbildung gefährdete; 1848 erlebte er in Paris die revolutionären Ereignisse im Zusammenhang persönlicher wirtschaftlicher Not, was ihn zeitlebens wie ein böser Traum verfolgte und mit Abscheu erfüllte[174]. Dennoch ist Böcklins Position ambivalent. Einerseits Resignation, Rückzug, Pessimismus und ästhetisch stilisierte Trauer – andererseits bracchialischer Aufbruch urhafter Naturkräfte oder heroischer Manneskraft, was den politisch-ökonomischen und schließlich imperialistischen Aufschwung nach 1871 spiegelt. Hamann/Hermand verweisen in diesem Zusammenhang auf Nietzsches Naturgefühl und dessen Verständnis vom Übermenschen als deutlicher Parallele zu Böcklins Gestaltungen – etwa des Kentaurenkampfes[175]. Die Ausführungen der Verfasser zu Nietzsche lassen sich – seine Klassenlage kennzeichnend – auf bestimmte Darstellungen Böcklins übertragen: es handelt sich nicht darum, „Macht zu haben, sondern Macht zu erleben, Rang zu fühlen oder überhaupt etwas zu erleben, einen Zustand, in dem sich der Mensch erhoben, geschwollen fühlt, seine Kräfte wachsen, sein Lebensgefühl gesteigert sieht. Und zwar all das ohne einen bestimmten Zweck, ohne sinnvolle Tätigkeit oder Richtung in einen größeren Zusammenhang"[176]. Mit dem Wunsche jedoch, Macht zu erleben, verbindet sich die Erfahrung von Ohnmacht, die – wie in der „Toteninsel" – ästhetisch aufgelöst, einen besonderen Genuß bereitet.

## III-7 Schlußbemerkung – und nochmals Privatheit: Lienhard von Monkiewitsch

Stellt man abschließend die Frage, welcher Erkenntniswert der Thematisierung des Privaten in der Kunst und ihrer kritisch-hermeneutischen Rezeption zukommt, so läßt sich zusammenfassend folgende Antwort formulieren: In der Interpretation von Werken zeitgenössischer Kunst wird – bezogen auf den Komplex bürgerlicher Privatheit – in den vielfältigen Erscheinungsformen als Wesentliches ein Widerspruch erfahrbar, der das bürgerliche Individuum heute im Gegensatz zur politischen und sozialen Verfaßtheit der Gesellschaft sehen läßt. Dieser Widerspruch wird seit dem neunzehnten Jahrhundert in der Kunst fortschreitend und mit zunehmender Schärfe als individuelles und gesellschaftliches Problem vielgestaltig artikuliert; er ist in der Kunst des vergangenen Jahrhunderts oftmals nur indirekt oder verschleiert faßbar, in der zeitgenössischen Kunst dagegen unverdeckt und im einzelnen Werk in der Regel unversöhnt. Die Konfrontation von Kunst und Produktwerbung macht im gleichen thematischen Zusammenhang fundamental divergierende Positionen deutlich, die den benannten Widerspruch nochmals als gesellschaftlichen akzentuieren und in wichtigen Bereichen künstlerischer Produktion dieser nachgerade den Stellenwert einer „subversiven Gegenkultur“ (Habermas) zuweisen. Im hartnäckigen Insistieren auf ihrem Prinzip Wahrheit gegen die rigiden Intentionen systemkonformer Verwertung und gegen die Versuche, sie in die Unverbindlichkeit zu verdrängen, besteht die objektive Bedeutung von Kunst und ihrer Erkenntnisfunktion offensichtlich gerade darin, daß sie unter mannigfaltigen Aspekten immer neu den Widerspruch zwischen den residualen Bedürfnissen des Individuums nach einer humanen Lebenswelt und der technokratischen Verwaltung dieser Bedürfnisse herstellt und verschärft. Darin ist die spezifische „Praxis-Formation“ von Kunst in der spätbürgerlichen Gesellschaft zu erkennen, daß sie diesen Widerspruch weder ästhetisch löst ( – es sei denn durch bloße Affirmation) oder überhaupt als in dieser Gesellschaft lösbar darstellt. Der Bezug dieser Situation auf die Geschichte macht den gegenwärtigen Zustand als selbst geschichtlichen begreifbar, wie umgekehrt eine auf die Gegenwart bezogene Geschichte zur Klärung dieser Gegenwart unabdinglich ist.

Die zahlreichen Formen einer Auflösung oder Zerstörung bürgerlicher Privatheit sind Spiegelungen eines Prozesses, den Habermas als Zerstörung wesentlicher „Motivationsmuster“, die für den Bestand des politisch-ökonomischen Systems notwendig sind, beschrieben hat [177]. Habermas sieht diese Motivationsmuster in den beiden Syndromen eines staatsbürgerlichen und eines familial-beruflichen Privatismus. Staatsbürgerlicher Privatismus entspricht den Strukturen einer entpolitisierten Öffentlichkeit, der diesem komplementäre familial-berufliche Privatismus „besteht in einer Familienorientierung mit ausgebildeten Konsum- und Freizeitinteressen einerseits und einer dem Statuswettbewerb angemessenen Karriereorientierung andererseits“[178].

Beide Motivationsmuster verlieren – wie Habermas im einzelnen nachweist – durch die fortschreitende Erosion bürgerlicher Ideologie und eingreifenden sozialen Wandel krisenhaft ihre Basis und signalisieren „Legitimationsnöte“ des spätbürgerlichen Staates. Das Legitimationsproblem des Staates besteht heute darin, „die Leistungen der kapitalistischen Wirtschaft als die im Systemvergleich bestmögliche Erfüllung verallgemeinerbarer Interessen darzustellen, oder wenigstens zu *unter*stellen, wobei der Staat sich programmatisch verpflichtet, die dysfunktionalen Nebenwirkungen in akzeptablen Grenzen zu halten"[179]. Hierzu führt Habermas an anderer Stelle aus: „Mit den Funktionsschwächen des Marktes und den dysfunktionalen Nebenfolgen des Marktmechanismus bricht auch die bürgerliche Basisideologie des gerechten Tausches zusammen. Andererseits entsteht ein verstärkter Legitimationsbedarf: der Staatsapparat, der jetzt nicht mehr nur Bestandsvoraussetzungen des Produktionsprozesses sichert, sondern initiativ in diesen eingeschaltet wird, muß in den wachsenden Bereichen staatlicher Intervention legitimiert werden, ohne daß jetzt die Möglichkeit bestünde, auf die im Konkurrenzkapitalismus untergrabenen und verbrauchten Traditionsbestände zurückzugreifen"[180]. In diesem Argumentationsrahmen wird deutlich, welche Bedeutung gerade im Bereich der Privatheit einer sinnlich voll entfalteten Werbung – die zudem vorgibt, beste Traditionen bürgerlicher Kunst fortzuführen – zukommt, um die familial-berufliche Motivationskrise mit immer größerem Aufwand latent zu halten und verdecken zu helfen. Zum anderen aber wird die Bedeutung einer Kunst sichtbar, die sich im Insistieren auf ihrem traditionellen Wahrheitsanspruch solchen Anforderungen sperrt und sie unterläuft. Dies geschieht gerade in Bereichen einer avantgardistischen Kunst, die dem Bürger als „feindliche Macht" (Habermas) entgegentritt, sofern er im Kunstschönen die „wie immer fiktive Einlösung des im Alltag bloß suspendierten Glücksversprechen erfahren" möchte.[181] Habermas sieht in einer Überspitzung des Autonomismus der Kunst seit dem 19. Jahrhundert jene Wahrheit zum Vorschein kommen, „daß in der bürgerlichen Gesellschaft Kunst nicht die Verheißungen, sondern die unwiederbringlichen Opfer der bürgerlichen Rationalisierung zur Sprache bringt – die schlechthin inkompatiblen Erfahrungen und nicht die esoterische Erfüllung vorenthaltener, aber eben bloß aufgeschobener Gratifikationen"[182]; in einer radikalisierten Kunst ist eher die Negation gesellschaftlicher Praxis als ihre Ergänzung zu erkennen[183]. Besondere Gestaltungsformen avantgardistischer Kunst – und dies scheint in diesem Zusammenhang von einiger Bedeutung – verstärken „die Divergenz zwischen den vom soziokulturellen System angebotenen und den vom politischen und ökonomischen System beanspruchten Werten"[184]. Damit eignet solcher Kunst eine subversive, dem System dysfunktionale Potenz, die in kritisch-reflektierendem Umgang zu erschließen und gegen systemkonforme Verwertung und affirmativen Gebrauch in privatistischem Genuß oder professionellem Interesse zu bewahren ist.

Greifen wir nun den in der Einleitung zu dieser Arbeit abgebrochenen Vergleich des Werbebildes für die Zigarette „Astor mild" mit dem Interieur von Lienhard von Monkiewitsch noch einmal auf. Auffällig bei dem Werbebild war, wie sehr es den Betrachter einspannt und fesselt, in seiner Fülle aufeinander verweisender und redundanter Elemente keinen Raum läßt für Assoziationen, Vorstellungen und Wünsche, die über den Rahmen des hier Sichtbaren hinausgehen; das Bild läßt Wünsche nur in dem visuell programmierten Kanal zu – die allenfalls auf enge Nachbarzonen ausgedehnt werden können. Phantasie ist ohne Spielraum verwaltet und in der sinnlichen Dichte des schönen Scheins gefangen.

Wie ist es mit der „bizarren Eigentümlichkeit" des anderen Bildes und seiner abweisenden Wirkung? Bei genauerem Hinsehen dechiffriert sich die Bildfigur als Raumausschnitt – ein spiegelglatter Fußboden, der das Auge in benachbarte Räume unbestimmter Größe führt, von Fußleisten und Wandkanten begrenzt oder überschnitten. Die verschiedenartigen spitzen und stumpfen Winkel der Bildfigur, die Schrägen und angedeuteten Vertikalen vermitteln dem Betrachter topographische Anhaltspunkte, die Form in der genannten Weise als Raumausschnitte in einer bestimmten Zuordnung begreifen zu können: der Betrachter blickt in einen Raum, der sich nach links und rechts teilt; der linke Raum scheint wesentlich heller zu sein als der rechte, das Licht flutet dem Betrachter entgegen. Diese so dechiffrierte Positivform, die zunächst als abstrakte Bildfigur verselbständigt nur eigenen formalen Bedingungen zu gehorchen schien, strahlt mit ihren topographischen Daten auf die sonst leere Bildfläche aus und zwingt diese mit solcher Intensität in eine vorstellbare Gestalt, daß der Eindruck entsteht, sie sei das eigentlich Gemeinte. Zwischen dem Gegebenen und Nicht-Gegebenen besteht eine dialektische Beziehung wechselseitiger Ausformung und Präzisierung. Dabei wird die Aufmerksamkeit wieder auf die sinnliche Qualität der Zeichnung gelenkt. Deren akribische Exaktheit in der Realitätserfahrung konkretisiert das Ausgesparte, obwohl auch die sichtbaren Raumausschnitte völlig leer sind. Die virtuose Zeichnung konzentriert sich auf Lichtwirkungen und Spiegelungen; beides akzentuiert die festgestellte Leere, differenziert gleichzeitig die Form, beschreibt Raum und vermittelt Stofflichkeiten. Die Raumbeschreibung zieht den Betrachter ebenso an wie ihn die nüchterne Leere und kalte Bestimmtheit abschrecken; die Räume wirken in ihrer unfertigen Ausgestaltung unwirtlich. Das magisch Anziehende der Räumlichkeiten ergibt sich wesentlich auch durch dominante Schrägen von links unten nach rechts, die überlicherweise in dieser Führung ein Bild kompositorisch erschließen. Die Offenheit des vorgestellten Raumes zwingt zum Begehen und sofort zur Entscheidung nach links oder rechts; der hellere Raum verführt nach links, verstärkt durch die Lichtschwelle, die den dunkleren Raum abgrenzt. Dieser „Einstieg“ von links und die vorstellbare Richtungsänderung im Bild nach links ist charakteristisch auch für andere Arbeiten Monkiewitschs. Was sich hinter den Wänden tut, ist ungewiß, die unbekannte Offenheit in der spezifischen Vermittlung erweckt jedoch den zwingenden Wunsch, den Raum sich begehend anzueignen. Dabei ergibt sich der eigentümliche Widerspruch, daß die Füße verleitet sind, diesem Wunsch zu folgen, der Kopf aber gewissermaßen vor einer „Wand“ steht, die immer wieder in Rückkoppelung an die vorgegebenen Daten in Raum verwandelt werden muß. Der Betrachter ist aufgefordert, noch nicht Vorhandenes herzustellen, was jedoch nur gelingen kann, wenn sein Vorstellungsvermögen stimuliert auf selbst Erfahrenes zurückgreift. Mobilisierte Erinnerungen befähigen ihn, sich den Raum privat anzueignen, ihn zu füllen und sich solchermaßen darin einzurichten. Der Ansatz, mit einer Vorgabe die ästhetische Gestaltwerdung eines Bildes beim Rezipienten einzuleiten – die Aussparung ebenso wie die konkrete Leere für einen verlagerten Gestaltungsprozeß bereitzustellen –, entspricht jenem, den Betrachter provokativ zu sich selbst zu führen. Damit ist dieses Bild eine Absage an das, was sich in dem beschriebenen Werbebild spiegelt. Hier sind Offenheit gegen sinnliche Inbesitznahme und Verplanung gesetzt, Freiraum gegen „horror vacui“. Unwirtlichkeit und Kälte in Monkiewitschs Bild erweisen sich bei genauerem Hinsehen als Aufforderung zu Mit- und Selbstgestaltung, zur Projektion verdrängter Sinnlichkeit; die warme, bergende Gemütsseligkeit im Werbebild ist nur Befriedigung bequemer Lüste im Konsum einer faszinierenden Scheinwelt, die dem provozierten Konsum des Produktes vorausgeht. Hiergegen sperrt sich Monkiewitsch, indem er den Schein negiert, der jenes ausmacht – die sinnliche Erfüllung in der Erscheinung. Dies ist eine entschiedene Aussage zu unserer Thematik: Hier vermittelt sich ein Bewußtsein von dem nicht mehr Möglichen einer Privatheit, wie sie das andere Bild in Form und Inhalt und unter Auswertung bürgerlicher Traditionen für eindeutige Interessen als Realität vorgibt. Es ist die Verweigerung eines schönen Scheins, der den Betrachter in die Harmonie eines Bildes bergend aufnimmt – es ist die Aufhebung der Geborgenheit im Schönen, verbunden mit der Aufforderung, das Schöne in eigener Phantasie wieder herzustellen.

Abb.110

## ANHANG

## Henriette Davidis „Die Hausfrau – Praktische Anleitung zur selbständigen und sparsamen Führung von Stadt- und Landhaushaltungen"

Bürgerliche Privatheit ist ein Bereich, der im Haushalt institutionalisiert von der Hausfrau – notwendig verbunden mit einer angemessenen Bewußtseinshaltung – umfangreiche Kenntnisse, Fähigkeiten und Fertigkeiten zu seiner ordnungsgemäßen Pflege und verantwortlichen Bewahrung verlangte. In unterschiedlicher Weise konnte von jeher die bürgerliche Hausfrau das „Hauswesen" erlernen. Neben anderem hatten Bücher über Haushaltsführung einen besonderen Stellenwert. Auf eines der beliebtesten im 19. Jahrhundert sei nachfolgend kurz eingegangen.

Friedrich Engels' Schrift „Der Ursprung der Familie, des Privateigentums und des Staats" erschien 1884 in der 1. Auflage; im gleichen Jahr erschien in der 12. Auflage und einer erreichten Auflagenhöhe von 45 000 Exemplaren das Buch „Die Hausfrau – Praktische Anleitung zur selbständigen und sparsamen Führung von Stadt- und Landhaushaltungen. Eine Mitgabe für angehende Hausfrauen" von Henriette Davidis (1. Auflage 1860). Die Parallelität der Erscheinungsdaten beider Bücher ist allerdings nur amüsanter Zufall. Aber das Buch der H. Davidis kennzeichnet in der langen Tradition der Haushaltsbücher exemplarisch den Stellen- und Funktionswert der Frau und ihrer Arbeit in der Privatheit des bürgerlichen Hauses und formuliert zutiefst bejahend das, was Engels als Haussklaverei bezeichnet. Preußisches Pflichtbewußtsein und christliche Ethik sind das ideologische Gerüst der Davidis, mit dem sie die bürgerliche Hausfrau zu einer dienenden Herrscherin in ihrem Reich stilisiert. Henriette Davidis macht folgerichtig im Sinne eines rekonstruierten „aufgeklärten" Absolutismus dieser Jahre die bürgerliche Familie und ihren Haushalt als Organisationseinheit zur Keimzelle des Staates, zumal dann, wenn sie sich mit ihrem ideologischen Gerüst zunächst immer an die Hausfrau in besseren Verhältnissen wendet, wo die Ehepartner aus „guten" Familien stammen, wo Besitz und geregeltes Einkommen vorhanden sind und der Hausfrau Dienstboten zur Verfügung stehen; allein die umfassenden Tätigkeiten im Haushalt, über die sie der Stadt- und Landfrau Kenntnisse vermitteln will – selbst nur, „um nöthigenfalls der Dienerschaft Anleitung geben zu können, nicht von dieser lernen zu müssen, was stets auf Kosten der Autorität geschieht"[1] – setzen einen entsprechenden Besitzstand voraus.

Das Buch enthält in seiner 12. Auflage auf 487 Seiten 51 Kapitel zu ca. 540 Einzeltätigkeiten mit Anweisungen für alle nur denkbaren Arbeitsvorgänge, die in einem Stadt- oder Landhaushalt dieser Zeit anfallen können. Das Inhaltsverzeichnis alleine umfaßt 8 Seiten und weist ein Spektrum von Ratschlägen auf, das von solchen über „Das Verhältnis zu den Schwiegereltern" bis zu denen über das „Einpökeln des Fleisches" reicht. Im Inhaltsverzeichnis ist ein System von persönlichen, wirtschaftlichen und arbeitstechnischen Fragen entfaltet, das in seiner Komplexität der sinnlichen Vielfalt und den Funktionen eines großen Puppenhauses entspricht und wie dieses den Lebens- und Arbeitsbereich der Frau umfaßt. In einem Gedicht der Verfasserin sind ihre Leitgedanken als „Zueignung" dem Buche vorangestellt:

*„Daß Dir ziehe Glück in's Haus:*
*Schaue nicht zu weit hinaus!*
*Früh zur Arbeit, früh zur Ruh'.*
*Nicht am Tag die Augen zu*
*Handle wahr, regiere klar,*
*Lebe mäßig, zahle baar!*
*Halt' den Frieden ja recht neu,*
*Bleibe Deiner Liebe treu!*
*Oeffne gern Dein Herz der Noth,*
*Wo es fehlt an täglich Brod!*
*Lade nicht der Gäste viel,*
*Die da suchen Wein und Spiel;*
*Doch willkommen sei der Freund,*
*Der es treu und redlich meint!*
*Nun noch eins: den Herrn zum Heil,*
*So hast Du den besten Theil!*
*Und das Glück – es kehret ein,*
*Wär' die Hütte noch so klein".*[2]

Grundlagen einer richtigen Haushaltsführung vermittelt H. Davidis in einem umfangreichen einführenden Kapitel „Ein Wort an junge Frauen". Das Fundament häuslichen Glücks ist ein eheliches Leben in Liebe und christlicher Demut. Im Sinne „großer Männer", die die Ehe die „Schule aller Schulen" nannten, „in welcher die Frau durch den Mann, der Mann durch die Frau geläutert werden kann", sieht H. Davidis ein ideales Verhältnis der Ehepartner dort verwirklicht, wo „ein Geist, ein Streben auf immer sie verbindet"[3]. „Der Weg dahin ist Gottesfurcht – das Leben in der allgewaltigen und beseeligenden Kraft des dreieinigen Gottes, das nicht in krankhaft exaltierten Gefühlen, sondern in Liebe und wahrer Herzensdemuth, in Menschenfreundlichkeit und pflichtgetreuem Handeln sich offenbart"[4]. Hierin haben alle für ein häusliches Glück notwendigen christlichen Eigenschaften ihren Ursprung, der Segen des Hausfriedens stellt sich ein und breitet sich auf alle Hausgenossen aus bis hin zu Knechten und Mägden, wo er sich in treuem Dienen kund tut. „Friede mit sich selbst – Friede unter den Ehegenossen – Friede mit Gott – das ist ein Wort wie Geisteswehen, auf dessen Flügeln der höhere Segen sich in das häusliche Leben hernieder senkt"[5]. Wo die Ehegatten sich von Gottesdienst und Abendmahl lossagen, ist häusliches Glück gefährdet. Gerade „heutigen Tages" beobachtet H. Davidis mit Erschrecken eine Abkehr von kirchlichem Leben, verbunden mit mangelnder Erziehung der jungen Töchter zu ihrem künftigen Berufe der Hausfrau; zu häufig ist die Erziehung junger Mädchen gerade der höheren Stände auf ein „verflachendes Weltleben, auf äußeren Glanz und Schein gerichtet"[6]! Sie empfiehlt daher noch ein anderes, von ihr verfaßtes Werk als Vorschule zu diesem: „Beruf der Jungfrau" – mit einem Anhange: Albumblätter für stille Stunden, eine Mitgabe für Töchter bei ihrem Eintritt ins Leben" (8. Auflage Leipzig 1880).

Christliche Demut bestimmt das Verhältnis der Frau zu ihrem Manne als der unmittelbaren Obrigkeit in Gestalt des Haushaltsvorstandes und Ernährers; diese Obrigkeit ist natur- und gottgewollt. Demut, Liebe und Pflichterfüllung garantieren die Zuneigung des Ehemannes und ihre Dauer. Als moralische Grundkategorien verweisen sie über die Familie hinaus auf die autoritäre Obrigkeit des Staates und bestimmen die bürgerliche Familie als staatstragende Zelle. Die geforderte Demut, verbunden mit unbedingter Offenheit und Wahrheitsliebe, zielt zunächst auf die ökonomische Seite der Haushaltsführung. Der Frau obliegt es, in richtiger Einschätzung der Vermögensverhältnisse das vom Mann Erwirtschaftete zu bewahren und nicht durch Verirrungen und Sorglosigkeit den Haushalt zu gefährden. Hier verweist H. Davidis auf grundsätzliche Schwächen gerade junger Frauen, die leicht zur „Überschätzung der Glücksgüter bei Vergnügungssucht und zu großem Hange zum Glänzen" führen, und die starke Hand des Mannes erfordern. „Sei es, daß solchem Überschreiten eine gewisse Eitelkeit zu Grund liege, die fast allen jungen Frauen mehr oder weniger eigen ist und die sich in verschiedener Weise äußert, z.B. in luxuriöser Einrichtung des Hauses, zu großer Dienerschaft, verschwenderischer Zubereitung der Speisen, Sucht zum Putz und Gesellschaftsleben, Reisen, Theater u.s.w., oder daß edlere Motive, Andere zu erfreuen, zu übertriebenen Ausgaben veranlassen" [7]. Um sich unzählige böse Worte, ungerechte Vorwürfe und Kränkungen zu ersparen, lehren vielfache Erfahrungen die junge Hausfrau, sich den Verhältnissen gemäß einzurichten. Hierzu ist „ganz besonders den Frauen zu rathen, ihre Männer zu veranlassen, ihnen monatlich, bei Beamten, sobald sie ihr Gehalt empfangen, ein Gewisses, was mit Vermögen, Gehalt oder Gewinn, auch nicht zu vergessen, mit den Ansprüchen des Mannes, im richtigen Verhältniß steht, zum Haushalt zu bestimmen, sowie auch monatlich ein bestimmtes Kleidergeld für sich, wenn Kinder da sind, auch für diese, einzeln berechnet, sich vom Manne zu erbitten" [8]. Selbstverständlich muß die Frau über alle Ausgaben genau und wahrheitsgemäß Buch führen und vor dem Manne abrechnen. Auch ist zu einem guten Fortkommen „das baare Bezahlen sämmtlicher Lebensbedürfnisse ganz unerläßlich; Borgen macht Sorgen und führt häufig in's Elend" [9].

Neben ökonomischen Verirrungen kennt H. Davidis auch andere gefährliche Klippen für das häusliche Glück. So hat für lebensfrohe junge Frauen der Hang zum Gesellschaftsleben viel Verlockendes, zumal dann, „wenn des Mannes Eitelkeit in einem glänzenden Auftreten seiner schönen Gattin sich gefällt" [10]. Solches wie auch getrennte Vergnügungen außer Hause wie allabendliche Unterhaltungen in „Theegesellschaften" halten sie von ihrem Berufe ab. Desgleichen gilt für die „zeitraubende Lesesucht"; bei den oft unangenehmen Vorfällen des Tages hält die beflissene Hausfrau einen „kernigen Spruch oder auch ein kurzes erhebendes Gedicht für hinreichend" [11]. Stundenlanges Lesen hingegen verführt die Gedanken zum Umherschweifen. Wenn überhaupt, wählt sie „sittlich rein gehaltene Schriften" guter Schriftsteller mit „sittlich-religiöser Richtung"; „jedes anstößige Buch, und wäre es noch so geistreich geschrieben, wird sie gänzlich verbannen" [12]. Hierbei ist „unsittlich" oder „anstößig" in umfassenderem Sinne zu verstehen als heute, nicht eingeschränkt auf erotische Bereiche. Grundsätzlich dient Lesen im Leben der Hausfrau nicht der Bildung, sondern der Erbauung; es darf insbesondere nicht zur Überheblichkeit gegenüber dem Manne verführen. Im Verhältnis zu ihm ist Nachgiebigkeit eine der schönsten weiblichen Tugenden. „Niemals darf das Benehmen der Frau weder dem Manne gegenüber, noch in Gegenwart von Anderen den Schein von Herrschsucht annehmen, und darf sie nur würdige Mittel anwenden" [13]. Herrschsucht entwürdigt die

Frau und verfehlt jeden guten Zweck. Auch Launen und Schmollen gefährden nicht nur die guten häuslichen Verhältnisse, sondern widerstreben wahrer Weiblichkeit; vor den Schatten übler Launen schwinden „alle Reize der Liebenswürdigkeit und Schönheit eines weiblichen Wesens“ [14]. Vor allem im Streite hat sie Nachgiebigkeit zu üben: „Das Wort der Gattin sei ruhig und würdig. Niemals auch darf sie in einem aufgeregten Zustand des Mannes die Sache, welche ihn reizte, vertheidigen, und hätte er das größte Unrecht“ [15]. Die wahrhaft liebende, verständige Gattin beweist dem Manne ihre Liebe im Kleinen wie im Großen in der Tat. „Dem Hause würdig vorzustehen, dasselbe nach Möglichkeit zum angenehmsten Aufenthalte des Mannes zu machen, nur ihm gefallen zu wollen, auf alle seine Wünsche, insofern sie zum wahren häuslichen Glück dienen, die größte Rücksicht zu nehmen, möglichst zu vermeiden suchen, was Sorgen nach sich ziehen könnte, nie zu vergessen, daß der Mann der Versorger der Familie ist – dies sei und bleibe die schönste Aufgabe des weiblichen Berufs. Sirach sagt 26, V. 21: ‚Wie die Sonne, wenn sie aufgegangen, an dem hohen Himmel des Herrn eine Zierde ist, also ein tugendsames Weib eine Zierde in ihrem Hause‘ “ [16].

Weil nun im Ehestande Frau und Mann in ihrer eigentlichen Gestalt erscheinen, „erlaubt“ sich H. Davidis – „freilich etwas kühn, doch da es friedlich gemeint ist, sei es im Interesse des häuslichen Glückes frisch und frei ausgesprochen und in wahrer Theilnahme zur Prüfung ihm an's Herz gelegt“ [17] – auch den jungen Ehemann beratend anzusprechen. Er muß das häusliche Glück schaffen helfen, nicht nur Gatte und Vater sein, sondern hiermit auch die „ehrenhafte Stellung als Haus- und Familienvater“ verbinden, die sehr umfassend und in dieser Zeit nicht leicht ist. Seine Aufgaben können ihm nicht gelingen, wenn er nicht Herr seiner selbst und so Vorbild für Gattin und Kinder, insbesondere die Söhne ist. Ihm obliegt es, seine junge Gattin anzuleiten, zu führen und ihre Entwicklung zu fördern. Mancher Mann glaubt, „daß es auf die geistige Ausbildung der Frau gar nicht sehr ankomme, und daß dieselbe ruhig auf dem Standpunkt stehen bleiben könne, wo sie steht; es ist ihm zu mühsam, die Frau zu belehren und sie zu sich empor zu ziehen“ [18]. Aber damit schadet er sich letztlich selbst, seinem häuslichen Glück und seinem Ansehen. H. Davidis verweist die Männer mit Nachdruck auf den schweren und verantwortungsvollen Beruf der Hausfrau: „Die Achtung und Ehre, welche die Gattin genießt, sei ein Ehrenpunkt des Mannes“ [19].

Wird in all diesen Aussagen wie auch im ganzen Buch deutlich, daß die Tätigkeit der Hausfrau ein „Beruf“ ist, der umfangreiches Sachwissen erfordert, so andererseits, wie sehr dieser Beruf auf den Mann bezogen ist und in ökonomischer, rechtlicher und geistiger Abhängigkeit von ihm gesehen werden muß. Im Hause ist die auf Sachwissen gegründete Autorität der Hausfrau ein gewisses Äquivalent zu seiner beruflichen Tätigkeit außer Hause und Voraussetzung, um vom Ehemann über den Liebesfrühling hinaus als gleichwertiger Mensch geachtet zu werden; aber ihre Autorität ist „belehnte“ Autorität, wird als solche legitimiert, verwaltet und an Kinder und Dienstboten weitergegeben. Gerade gegen letztere muß sie wiederum durch umfassendes Wissen begründet und immer neu hergestellt werden. Den Aufgaben der Dienstboten und ihrer Behandlung durch die Herrschaft widmet H. Davidis vier Kapitel ihres Buches, in denen nicht nur Abhängigkeitsverhältnisse, sondern auch die Klassenschranken im bürgerlichen Haushalt deutlich werden, auch hierin erweist sich das bürgerliche Haus als „Mikrokosmos“ der bürgerlichen Gesellschaft.

„Durch nichts kann so sehr die häusliche Zufriedenheit gestört und der Hausfrau das Leben schwer gemacht werden, als durch Dienstboten“ [20]. In aller Regel gehen solche Mißstimmigkeiten von den Dienstboten aus, bisweilen aber auch vom unklugen Regiment der Hausfrau. Deren Herrschaft im Hause folgt dem Modell des absoluten, aber aufgeklärten und gerechten Fürsten, der das Gemeinwesen in Fürsorge für die Untertanen und in Verantwortung vor Gott regiert; das Regiment der Hausfrau geschieht ebenfalls in Verantwortung vor Gott und vor dem Ehegatten. Den Dienstboten ist die Hausfrau unbedingtes Vorbild. „Was die Stellung der Hausfrau den Dienstboten gegenüber betrifft, so ist diese von ganz entschiedenem Einflusse auf das häusliche Regiment. Aus ihrem ganzen Thun und Lassen leuchte ein unverkennbares Wohlwollen, ein menschenfreundliches Interesse für dieselben hervor; aber sie hüte sich, daß ihre Untergebenen durch ihr Benehmen zu irgend einer Art von Vertraulichkeit veranlaßt werden könnten. Darum lasse sie sich nicht mit ihnen in Plaudereien und Mittheilungen von Neuigkeiten ein, nichts verletzt so sehr die Autorität“ [21]. Beim „Miethen der Dienstboten“ muß die Hausfrau auf gute Herkunft, sittliche Erziehung und gute Zeugnisse achten und sie „freundlich, doch mit der nöthigen Gesetztheit“ auf Pflichterfüllung, Treue, Reinlichkeit und Sittlichkeit verweisen; vor zu großer Nachsicht soll sich die Hausfrau hüten. Anweisungen gebe sie knapp und bündig: „Sich auf Ueberlegung mit den Dienstboten einzulassen und auf Einwendungen derselben zu hören, taugt in der Regel nicht“ [22]. Die Arbeit der Dienstboten ist von der Hausfrau ständig zu kontrollieren – und dies kann eben nur dann qualifiziert geschehen, wenn die Hausfrau selbst über alle Tätigkeiten im Hause Bescheid weiß; nichts ist gefährlicher für ihre Stellung, als wenn Dienstboten über bessere Kenntnisse in Haushaltsführung oder der Verrichtung einzelner Tätigkeiten verfügen. Herrschaft ist neben der gottgewollten Setzung des einen über andere in der Überlegenheit des Wissens begründet.

Pflichterfüllung ist jedoch nur dann mit Recht zu erwarten, wenn sich die Herrschaft der aus ihrem Stande resultierenden Verantwortung bewußt ist und ihren Pflichten gegenüber den Untergebenen nachkommt. Dienstboten sind ja „vor Gott nichts weniger als wir, die uns das Geschick über sie gestellt hat“ [23]. Pflicht der Hausfrau ist es, für das Beste ihrer Untergebenen zu sorgen, besonders für deren „christlich-moralisches Leben“. Die Hausfrau halte ihre Dienstboten „ernstlich zu allem Guten an, suche vor allem ihnen die Lügen verhaßt und die Wahrheit lieb zu machen, sorge, daß ihnen ein Sonntag werde, beschäftige sie an demselben nicht ohne Noth mit Alltagsarbeiten und halte sie fleißig zur Kirche an, . . . Auch versäume sie nicht, auf's Gebet hinzuwirken und die gute alte Sitte, beim Essen zu danken, bei ihnen einzuführen. Das Gebet hat unendlichen Werth; der regelmäßige Hinblick auf den Geber aller Gaben, das mit ihm an die Arbeitgehen bewahrt das Herz vor manchem Unrecht und wird treuere Gesinnung wecken“ [24]. Auch das leibliche Wohl der Dienstboten ist mit Sorgfalt zu beachten, sie sollten saubere Schlafkammern, reinliche Kleidung und einfaches, aber gutes Essen erhalten, denn nur von gesunden, körperlich kräftigen und zufriedenen Dienstboten kann die Hausfrau ordentliche Arbeit erwarten. Dienstboten erhalten ihr Essen in einem gesonderten Raum, nicht zu heiß, damit sie nicht trödeln; Männer brauchen größere Portionen als Frauen. Grundsätzlich gilt: „Die arbeitende Klasse kann überhaupt keinen Anspruch machen auf einen Tisch, wie die Herrschaft ihn führt; sie bedarf ganz anderer Portionen, auch verträgt sie bei stärkerer Bewegung manches sehr wohl, was wir zu vermeiden genöthigt sind. Aber es werde ihr Tisch mit derselben Gewissenhaftigkeit wie der herrschaftliche behandelt; also reinliche und nur gesunde, hinreichende Lebensmittel gebraucht“ [25]
Für die Dienstboten verfaßt H. Davidis schließlich einen umfangreichen Katalog von Regeln und Geboten, der ihr Verhältnis zur jeweiligen Herrschaft klären kann; die Autorin faßt ihn folgendermaßen zusammen: „Kurz, redliche Dienstboten streben für das Wohl der Herrschaft mit Leib und Leben und denken, während ich meiner

Herrschaft treu diene, diene ich meinem Herrn im Himmel"; hieraus folgt: sie sind „zufrieden mit ihrer Lage und richten nicht ihre Augen auf solche, die ein besseres Los empfangen haben; sie wissen, es ist Gottes Werk, daß Reiche und Arme unter einander wohnen, wodurch einzig und allein die Weltordnung bestehen kann, sie wissen, daß der höhere Stand seine Freuden und Vorzüge, aber sie wissen es zu wenig, daß er auch sein Ungemach hat, und daß mitunter Solche am allerwenigsten zu beneiden sind, deren Reichthum den Genuß aller irdischen Freuden gewährt. Das Glück liegt nicht im Besitze von Glücksgütern, es liegt im Menschen selbst, es liegt in der Zufriedenheit mit seinem Stande und Loose, in treuer Pflichterfüllung, im festen Vertrauen auf des Herrn Weisheit und Gnade, in der Zuversicht auf den großen Weltvater, der nicht weniger ihr Vater ist. Ein solch' treues Dienen gereicht nicht nur zum Vortheile der Herrschaft, der größte Gewinn geht für die Dienstboten selbst daraus hervor"[26].

# Anmerkungen

## Einführung

1 Werbeanzeige Möbelmarkt braunschweig, Braunschweiger Zeitung 1976
2 J. Habermas:Strukturwandel der Öffentlichkeit. Untersuchungen zu einer Kategorie der bürgerlichen Gesellschaft. Neuwied/Berlin 1968, 3 (1962, 1)
vgl. hierzu: Negt/Kluge: Öffentlichkeit und Erfahrung. Zur Organisationsanalyse von bürgerlicher und proletarischer Öffentlichkeit. Frankfurt 1972
3 Habermas o.c. S. 38
4 ebenda S. 41
5 ebenda S. 60
6 ebenda S. 40
7 ebenda S. 158
8 ebenda S. 171
9 ebenda S. 176 (vgl. hierzu Anmerkung)
10 J. Rüsen: Kunst und Geschichte. Theoretische Überlegungen zur Präsentation menschlicher Vergangenheit. In: Spickernagel/Walbe (Hrsg.): Das Museum. Lernort contra Musentempel. Gießen 1976, S. 14. Vgl. hierzu: O.K. Werckmeister: Ideologie und Kunst bei Marx u.a. Essays. Frankfurt 1974
ders. Ende der Ästhetik, Frankfurt 1971 (hier besonders: Von der Ästhetik zur Ideologiekritik, S. 57ff.)
Rüsen: Ästhetik und Geschichte. Geschichtstheoretische Untersuchungen zum Begründungszusammenhang von Kunst, Gesellschaft und Wissenschaft, Stuttgart 1976
11 Th. Metscher: Ästhetik als Abbildtheorie, in: Das Argument 77. Dezember 1972, Heft 11/12, S. 929
vergl. hierzu Diskussion in den Heften Argument 81, 85, 90, 92, 99 (bes. Nr. 90)
ders.: Kunst und sozialer Prozeß. Studien zu einer Theorie der ästhetischen Erkenntnis, Köln 1977
12 Metscher: Ästhetik o.c. S. 961
13 ebenda S. 942
14 P. Bürger, zitiert nach Metscher o.c. S. 953

## Kapitel I

1 J. Lassaigne, R.L. Delevoy: Die flämische Malerei. Gent 1958, S. 71
2 ebenda
3 A. Hauser. Sozialgeschichte der Kunst und Literatur Bd. 1. München 1953, 2 S. 499
4 Habermas. Strukturwandel o.c. S. 60
5 ebenda S. 59
6 ebenda S. 61
7 vgl. Hauser o.c. S. 500ff.
8 ebenda S. 500
9 J. Huizinga: Holländische Kultur des siebzehnten Jahrhunderts, Jena 1933, S. 59. Neuausgabe Frankfurt 1977
10 Hauser o.c. S. 501

## Kapitel II

1 H. Abromeit: Das Politische in der Werbung. Opladen 1972
vgl. hierzu: E. Henning: Die Abhängigkeit der Massenmedien von den Werbeinnahmen und dem Anzeigenteil, sowie
K. Korn: Zur individuellen Bedeutung und gesellschaftlichen Funktion von Werbeinhalten. In: Kritik 4. Manipulation der Meinungsbildung. Opladen 1971, S. 27-67 und 201-241
hierzu D. Michel: Manipulationstheorien und Massenfeindlichkeit. In: Kunst und Gesellschaft 18/19, 1973, S. 141-184
R. Lindner: Das Gefühl von Freiheit und Abenteuer: Ideologie und Praxis der Werbung. Frankfurt 1977
2 Habermas o.c. S. 172
3 W.F. Haug: Kritik der Warenästhetik. Frankfurt 1971, S. 29
vgl. hierzu: W.F. Haug (Hrsg.): Warenästhetik. Beiträge zur Diskussion, Weiterentwicklung und Vermittlung ihrer Kritik. Frankfurt 1975
4 Haug: Kritik o.c. S. 55
5 ebenda S. 55
6 Vgl. hierzu u.a.: D. Haensch: Repressive Familienpolitik. Reinbek (Hamburg) 1969 – Institut für Sozialforschung: Soziologische Exkurse. Frankfurt 1956, bes. S. 116-132 – P. Milhoffer. Familie und Klasse. Frankfurt 1973 – I. Weber-Kellermann: Die deutsche Familie. Frankfurt 1974 – H. Rosenbaum: Seminar: Familie und Gesellschaftsstruktur. Frankfurt 1978
H. Pross, K.W. Boetticher: Manager des Kapitalismus. Frankfurt 1971
H. Steiner. Soziale Strukturveränderungen im modernen Kapitalismus. Berlin (DDR) 1967
S. Kracauer: Die Angestellten. Frankfurt 1971 (1929)
7 Jung, Kievenheim, Tjaden-Steinhauer, Tjaden: Klassen- und Sozialstruktur der BRD 1950-1970, bes. Teil I: Klassenstruktur und Klassentheorie. Frankfurt 1973
H. Jung: Zur Diskussion um den Inhalt des Begriffs „Arbeiterklasse" und zur Strukturveränderung der westdeutschen Arbeiterklasse. In: Das Argument 61 (1970)
8 Verläßliche Informationen lagen damals kaum vor; zwei eher informelle seien zitiert:
Die exklusive SEN Möbel GmbH richtet sich an Kunden, „die sich bereits im Leben bewährt haben, und deshalb einen entsprechenden finanziellen Status erreicht haben" (Briefinformation vom 18. 10. 72); 39% der interlübke-Kunden sind 25-34 Jahre alt, 30% 35-44 Jahre alt (nur 13% 45-54 Jahre, 10% 55 Jahre und älter) – 69% also in den beiden am stärksten leistungsmotivierten Jahrzehnten; 40% der interlübke-Kunden haben eine abgeschlossene Hochschulausbildung, weitere 13% Abitur (dazu 15% Fachschule, 20% Mittelschule, 12% Volksschule). „Bei der Auswertung der interlübke-Kunden nach Berufen liegen die technischen und kaufmännischen Angestellten mit 28% an erster Stelle. An zweiter Stelle folgen die freien Berufe wie Arzt, Rechtsanwalt, Architekt usw. mit 17%. Leitende Angestellte liegen mit 16% an dritter Stelle und an vierter Stelle folgen die leitenden Beamten mit 13%" (Information vom 10. 10. 72 - Ergebnis einer vorläufigen Auszählung von 100 Fragebogen).
9 H. Sedlmayr: Verlust der Mitte. Frankfurt 1956, S. 17f.
10 Internationales Design Zentrum e.V. (Hrsg.): Mode – das inszenierte Leben (=IDZ 4). Berlin o.J., S. 49
11 ebenda S. 50f.
12 ebenda S. 45
13 Die Grundlagenstudie verwertet ca. 5.000 Interviews mit dem Ziel einer Bestandsaufnahme der Wohnsituation in der BRD und West-Berlin; ein Nebenziel war, die Verantwortung sichtbar zu machen, die speziell Wohnzeitschriften übernommen haben (vgl. Vorwort). Die Untersuchung basiert auf der Befragung einer repräsentativen Stichprobe von 4.776 Haushaltsrepräsentanten (aus einer Gesamtheit von 22,55 Mill. Haushalten in der BRD), die sich aufteilen in 2.206 Haushaltsvorstände und 2.570 haushaltsführende Personen. Zur Nutzung der Zeitschrift SW einige Daten: von 2206 befragten Haushaltsvorständen sind 9% Leser einer durchschnittlichen Nummer („Zuhause" 3%), davon sind 26% bis 39 Jahre alt, 9% männlich und 8% weiblich, 3% haben Volksschule ohne Lehre, 8% Volksschule mit Lehre, 16% Mittlere Reife, 16% Abitur und Hochschulabschluß; 23% der Fallzahl lesen mindestens 1 von 12

Heften von SW und bilden den weitesten Leserkreis („Zuhause“ 9%), hiervon sind 65% bis 39 Jahre alt, 23% männlich und 22% weiblich, 13% haben VS ohne Lehre, 22% VS mit Lehre, 32% Mittlere Reife, 36% Abitur. 5,19 Mill. Haushaltsvorstände gehören zum weitesten Leserkreis von SW in der Gesamtstichprobe durch 508 Fälle vertreten; hiervon haben 8% SW im Haushalt abonniert, 22% das zuletzt gelesene Heft selbst gekauft, 27% haben es von Bekannten bekommen, 17% als Lektüre beim Arzt, Friseur oder im Café gelesen; 31% dieser Haushaltsvorstände lesen jede oder fast jede Seite, 25% die meisten Seiten (von den 31% sind 29% männlich, 36% weiblich; von den 25% sind 25% männlich, 27% weiblich), von den 31% haben 38% Mittlere Reife und 33% Abitur, 14% der Haushaltsvorstände sammeln das Heft generell (davon 25% Mittlere Reife, 13% Abitur), 13% sammeln nur interessante Hefte (davon 13% Mittlere Reife, 23% Abitur); 35% der befragten Haushaltsvorstände halten die Eigenschaften der Darstellung in SW für vorbildlich, 68% für modern, 43% für elegant, 37% für harmonisch, 42% für phantasievoll, 41% für praktisch – 9% dagegen für unrealistisch, 7% für steril und kalt, 9% für unpersönlich. Die Zeitschrift fungiert vor allem als direkter und indirekter Werbeträger. Die Mai-Nummer 1972 z.B. umfaßte 328 Seiten und enthielt die Anzeigen von 229 Firmen sowie 7 Werbebeilagen; von den 328 Seiten waren rd. 155 Seiten voll mit Anzeigen besetzt, davon rd. 110 mit ganz- und mehrseitigen Anzeigen; der verbleibende redaktionelle Teil von 173 Seiten war zu rd. 50% mit Bildberichten gefüllt, die eigentlich Vorstellungen von Angeboten verschiedener Einrichtungsbranchen waren: perfekte Einrichtungsarrangements, die entweder mit Produkten eigens gestellt wurden oder als fertig angelieferte Werbebilder in den redaktionellen Teil integriert wurden. So war z.B. die schwarz/weiß Bildanzeige für ein Herrenzimmer („Die dezente Avantgarde“) mit dem Markennamen „Butler“ der Firma Pötter oHG, Herzebrock (ganzseitig, S. 111) als 1 1/2-seitiges Farbbild in einer „Dokumentation“ über „Die private Bibliothek“ schon in Heft 10/71 (S. 88/89) verwertet worden. Die Einrichtungsarrangements für vorbildliches Wohnen, die vielen Einkaufstips zur harmonischen, stilgerechten Ergänzung etc. waren mit den Anschriften der jeweiligen Firmen und Verkaufsstellen, oftmals auch mit Preisen versehen, so daß dieser Komplex von rd. 85 Seiten dem Werbeteil zuzurechnen ist, der somit 240 Seiten – d.h. rd. 3/4 des Gesamtumfanges des Heftes – umfaßte. Ohne unmittelbare Verkaufshinweise, als relativ „reine“ Berichterstattung, verblieben rd. 90 Seiten des Heftes. Diese Aufgliederung wiederholt sich in jeder beliebigen Nummer.

## Kapitel III

1 L. Alloway: Die Entwicklung von Pop in England, in: L.R. Lippard: Pop Art. München/Zürich 1968 (London 1966), S. 32
2 ebenda S. 39f.
3 ebenda S. 40
4 Vgl. z.B.: Marxismus und Kulturgeschichte. Ästhetik und Kommunikation 21/1975
5 Alloway in Lippard o.c. S. 41
6 ebenda S. 41
7 Hamilton zitiert nach J. Claus: Kunst heute. Hamburg (Reinbek) 1965, S. 217f.
8 Banham zitiert nach Claus o.c. S. 218 Anm. 8 – vgl. hierzu Katalog R. Hamilton. München 1974
9 Personen von links nach rechts: Marianne Begas, geb. 1793, unverh. gest. 1867; Susanna Henriethe Begasse geb. Hoffstadt, geb. 1769, gest. 1851; Helene Begas, geb. 1804, später Frau des Bürgermeisters Doeling in Warnlo, gest. 1875; mit dem Hund spielend Louis Begas, später Arzt in Neiße, gest. 1856; über den Tisch gelehnt Josef Begas, gest. 1855; Franz Anton Begasse, 1764-1842, Landgerichtspräsident in Köln; Therese Begas, 1808-1890, später Frau Adolf Busch; mit der Laute Gertrud Begas, später Frau Professor Brand, gest. 1844; ganz rechts Carl Begas mit einem Skizzenbuch.
Durch das Fenster rechts ein Ausblick auf den Torso des Domes und den Chor von St. Andreas in Köln.
Katalog der Gemälde des 19. Jahrhunderts im Wallraf-Richartz-Museum, bearbeitet von Rolf Andree. Köln 1964
10 Habermas o.c. S. 59

11 F.W. Fischer: Max Beckmann, Symbol und Weltbild. München 1972, S. 36ff.
12 ebenda
13 Vergl. Fischer o.c. u.a. S. 71, 73, 84ff., 118, 120f.,
14 ebenda S. 36ff., 162
15 ebenda S. 27
16 ebenda S. 83f., sowie Anmerkungen 274-280 und S. 121ff.
17 Zur Sexualsymbolik Beckmanns vgl. Fischer o.c. S. 85
18 Katalog: Zeugnisse der Angst in der Modernen Kunst. Darmstadt 1963, S. 70
19 Vgl. H.H. Hofstätter: Malerei und Graphik der Gegenwart. Baden-Baden 1969, S. 96
20 ebenda S. 96
21 M. Beckmann: Über meine Malerei, in: P. Beckmann (Hrsg.): Max Beckmann. Sichtbares und Unsichtbares. Stuttgart, S. 30
22 M. Beckmann:
23 Fischer o.c. S. 19
24 ebenda S. 50
25 M. Beckmann zitiert nach Katalog Zeugnisse der Angst o.c. S. 70
26 M. Beckmann: Über meine Malerei, in: P. Beckmann o.c. S. 22
27 ebenda S. 20
28 R. Kühnl: Formen bürgerlicher Herrschaft. Liberalismus – Faschismus. Hamburg (Reinbek) 1971
29 M. Beckmann: Über meine Malerei, in: P. Beckmann o.c. S. 27
30 ebenda S. 28f.
31 M. Beckmann: Tagebuch, in: P. Beckmann o.c. S. 70
32 Vgl. Interview von A.R. Schreiber mit H. Duwe in: Katalog Harald Duwe, Kunsthalle Kiel 1974/75
33 Vgl. J. Weber-Kellermann: Die Familie. Frankfurt 1974 und 1976 (Bildband)
34 Wuermeling in Haensch o.c. S. 76
35 Katalog: Aspekte der engagierten Kunst. Hamburg/Tübingen 1974, S. 16
vgl. Katalog: D-Realismus. Realistische Kunst in der Bundesrepublik Deutschland. Kassel 1977
36 Vgl. J. Held: Visualisierter Agnostizismus. Zum amerikanischen Fotorealismus der Gegenwart in: Kritische Berichte 1975, Heft 5/6, S. 63-78 (bes. S. 69f.)
37 J. Claus: Kunst heute. Hamburg (Reinbek) 1965, S. 152f.
38 C.C. Moore zitiert nach Katalog. Edward Kienholz, 11x11 Tableaux Stockholm 1970, S. 45
39 C. Oldenbourg zitiert nach Katalog: Sammlung Karl Ströher. Bildnerische Ausdrucksformen 1960-1970. Darmstadt 1970, S. 302
40 ebenda S. 302
41 ebenda S. 304
42 ebenda S. 304f.
43 ebenda S. 305
44 ebenda S. 305
45 ebenda S. 302
46 ebenda S. 302
47 W.F. Haug: Kritik der Warenästhetik. Frankfurt 1971, S. 17
48 O. Fahlström zitiert nach Katalog Claes Oldenbourg. Düsseldorf 1970, S. 6
49 Haug o.c. S. 64
50 Vgl. etwa das Interview in R.G. Dienst: Pop Art. Wiesbaden 1965, S. 131ff.
51 Alle Angaben: Reihe Film 1 – François Truffaut. München 1974 bes. S. 148f.
52 U. Gregor: Wirklichkeit und Fantasie. Oder: die Entfaltung der Widersprüche. In: Reihe Film 1 o.c. S. 30
53 Filmprotokoll
54 H.K. Jungheinrich in Frankfurter Rundschau 24. 5. 1971
55 Filmprotokoll
56 J.J. Rousseau: Emile oder Über die Erziehung. Herausgegeben und eingeleitet von M. Rang. Stuttgart 1970. Über den wissenschaftlichen Stellenwert von Dr. Itards „Mémoire sur les

premiers dévéloppemens du sauvage de l'Aveyron" vgl. S. Moravia: Beobachtende Vernunft. Philosophie und Anthropologie in der Aufklärung. Frankfurt/M., Berlin, Wien 1977 (München 1973, Bari 1970), bes. S. 92-119. Eine deutsche Übersetzung der Memoires in: L. Malson, Die wilden Kinder, Frankfurt 1972.

57 Rousseau o.c. S. 107

58 ebenda S. 109

59 ebenda S. 116

60 ebenda S. 113

61 ebenda S. 197

62 M. Rang, Einleitung zu J.J. Rousseau o.c. S. 72

63 ebenda S. 72

64 I. Fetscher: Rousseaus politische Philosophie. Zur Geschichte des demokratischen Freiheitsbegriffs. Frankfurt 1975, 3, S. 32ff.

65 Reihe Film 1 o.c. S. 67

66 ebenda S. 71

67 Jungheinrich o.c.

68 Gespräch Saura – Ungureit: Der Zwang zu geistigen Balance-Akten, Frankfurter Rundschau 22. 7. 1972

69 W. Donner: Dynamit in Seidenpapier. Die Zeit 19, 14. 5. 73

70 W. Schütte: Appetitus interruptus. Frankfurter Rundschau 27. 4. 1973

71 ebenda

72 B. Bernauer: Bürgerliche Alptraumwelt. Frankfurter Rundschau 7. 9. 71

73 W. Schobert: Analyse spanischen Großbürgertums. Frankfurter Rundschau 21. 1. 74

74 U. Timm: Wie treiben Filmkritiker Sozialkritik ab? in: Film 69, Heft 2, S. 718

75 R. Hamilton zitiert nach Katalog Richard Hamilton. München 1974, S. 24

76 Atlas der gerichtlichen Medizin. Mit annähernd 2.000 Abbildungen. VEB-Verlag Volk und Gesundheit. Berlin 1963, S. 772

77 J.K. Schmidt: Katalog Malte Sartorius. Ulm 1974

78 ebenda

79 Atlas o.c. S. 254

80 M. Sartorius zitiert nach P. Sager: Neue Formen des Realismus. Kunst zwischen Illusion und Wirklichkeit. Köln 1974, S. 247

81 Vgl. Pressebericht Frankfurter Rundschau 23. 8. 74

82 I. Bloth: Die Darstellung der Familie in der Malerei des Nationalsozialismus. (unveröffentlichtes Mansukript, SHFBK Braunschweig, 1975)

83 ebenda

84 H. Becker zitiert nach I. Bloth o.c. S. 79

85 zitiert nach J. Wulf: Presse und Funk im Dritten Reich. Gütersloh 1964, S. 317

86 I. Bloth o.c. S. 116

87 Kölnische Zeitung 1. 12. 35 zitiert nach Wulf o.c. S. 291

88 Goebbels 1933 zitiert nach Wulf o.c. S. 287

89 E. Hadamovsky zitiert nach Wulf o.c. S. 318

90 Vgl. Wulf o.c. S. 324

91 H. Pohle: Der Rundfunk als Instrument der Politik. Hamburg 1955, S. 256f.

92 ebenda S. 249

93 Mitteilung der Reichs Rundfunk Gesellschaft RRG Nr. 384 v. 19. 10. 1933 zitiert nach Pohle o.c. S. 263

94 Neuer Funk-Bote 1937, Heft 20, S. 21

95 I. Bloth o.c. S. 117

96 Vgl. U. Silva. Kunst und Ideologie des Faschismus. Frankfurt 1975, Abb. Nr. 5 und 6

97 B. Hinz: Die Malerei im deutschen Faschismus. Kunst und Konterrevolution. München 1974, S. 132

98 R. Müller-Mehlis: Die Kunst im Dritten Reich. München 1976

99 Bericht Frankfurter Rundschau 26. 5. 77

100 Guttuso zitiert nach Katalog R.G. o.c. S. 75

101 Vgl. hierzu bes. R. Kühnl: Formen bürgerlicher Herrschaft o.c. und K. Priester: Der italienische Faschismus. Ökonomische und ideologische Grundlagen. Köln 1972
102 J.A. Schmoll gen. Eisenwerth: Fensterbilder. Motivketten in der europäischen Malerei. In: Beiträge zur Motivkunde des 19. Jahrhunderts. Studien zur Kunst des 19. Jahrhunderts Bd. 6. Forschungsunternehmen der Fritz Thyssen Stiftung – Arbeitskreis Kunstgeschichte. München 1970, S. 13-165
vgl. Schmoll gen. E.: Der Blick durch das offene Fenster. In: Der frühe Realismus in Deutschland (1800-1850), Katalog Sammlung Schäfer. Nürnberg 1967, S. 132-144
J.A. Schmoll gen. E.: Fensterbilder. In: Katalog Einblicke – Ausblicke. Fensterbilder von der Romantik bis heute. Recklinghausen 1976, S. 3-7
103 ders.: Fensterbilder. Motivketten in der europäischen Malerei o.c. S. 152
104 dtv-Lexikon (Brockhaus) München 1967, Bd. 12
105 Vgl. hierzu insb. zum Verhältnis Melancholie – Herrschaft W. Lepenies: Melancholie und Gesellschaft. Frankfurt 1972 (1969)
106 zitiert nach Lepenies o.c. S. 225
107 ebenda S. 90
108 ebenda S. 83
109 ebenda S. 97
110 Marinetti, Settimelli, Carli: Futurismus Grundkenntnisse, zitiert nach: Ch. Baumgarth: Geschichte des Futurismus. Hamburg (Reinbek) 1966, S. 155
111 Vgl. Ch. Baumgarth o.c.
Boccioni: „Wenn man eine Person auf dem Balkon (Innenansicht) malt, so begrenzen wir nicht die Szene auf das, was uns das schmale Fensterviereck zu sehen erlaubt, sondern wir bemühen uns, die Empfindungen des Auges der auf dem Balkon befindlichen Personen in ihrer Gesamtheit zu geben: das sonnendurchflimmerte Gesumm der Straße, die beiden Häuserreihen, die sich zu seiner Rechten und Linken entlangziehen, die blumengeschmückten Balkons; das heißt: Gleichzeitigkeit der Atmosphäre, folglich Ortsveränderung und Zergliederung der Gegenstände, Zerstreuung und Ineinanderübergehen der Einzelheiten, die von der laufenden Logik befreit, eine von der anderen unabhängig sind.
Um den Betrachter nach unserem Manifest in der Mitte des Bildes leben zu lassen, muß das Bild die Zusammenstellung dessen sein, an das wir uns erinnern und dessen, was wir sehen." schreibt U. Boccioni zu seinem Bild in: Der Sturm, Wochenschrift für Kultur und die Künste. Hrsg. H. Walden. 2. Ausstellung Die Futuristen, Berlin 1912, S. 13f. und S. 23f. zitiert nach: H. Deiler (Hrsg.): Die Gemälde des neunzehnten und zwanzigsten Jahrhunderts in der niedersächsischen Landesgalerie Hannover. Textband, München 1973, S. 41
112 Baumgarth o.c. S. 49
113 zitiert nach Baumgarth o.c. S. 50
114 Baumgarth o.c. S. 118
115 Marinetti 1919 zitiert nach Baumgarth o.c. S. 119
116 Vgl. Baumgarth o.c. S. 117
117 H. Brenner: Die Kunstpolitik des Nationalsozialismus. Hamburg (Reinbek) 1963, bes. S. 74ff
118 H.K. Metzger: Kultur und Barbarei. Zur Dialektik des Fortschritts im italienischen Futurismus. In: R. Riehn (Hrsg.): H.K. Metzger: Musik wozu. Literatur zu Noten. Frankfurt 1980, S. 208-219, hier S. 217f.
119 Vgl. Katalog: Caspar David Friedrich. Hamburg 1974, Nr. 161, S. 250
120 H. Börsch-Supan: Caspar David Friedrich. München 1973, S. 128
121 Katalog C.D. Friedrich o.c. S. 301
122 Schmoll gen. Eisenwerth: Fensterbilder. Motivketten etc. o.c. S. 77
123 E. Bloch: Das Prinzip Hoffnung Bd. 1. Frankfurt 1967 (1959), S. 438f.
vgl. hierzu: D. Sternberger: Panorama oder Ansichten vom 19. Jahrhundert. Frankfurt 1974 (Hamburg 1938), bes. S. 156ff. (Das störende Fenster, S. 162ff. (Der innere Orient), S. 166ff. (Horror vacui)
124 Hier benutzte deutsche Ausgabe in der Übersetzung von P. Laneus (Band 1) und P.G. Hubler (Band 2), Zürich 1966.
125 R. Barthes: Mythen des Alltags. Frankfurt 1964, S. 41

126 ebenda S. 41
127 Jules Verne: 20.000 Meilen o.c. Bd. 1 S. 170
128 ebenda S. 136ff.
129 ebenda S. 142f.
130 ebenda S. 144
131 ebenda S. 147f.
132 ebenda S. 151
133 ebenda S. 157
134 ebenda S. 139
135 ebenda S. 159
136 ebenda S. 162
137 ebenda S. 180
138 ebenda S. 182
139 ebenda S. 104
140 ebenda S. 130
141 ebenda S. 141
142 ebenda Bd. 2, S. 409
143 ebenda Bd. 2, S. 161f.
144 ebenda Bd. 1, S. 169
145 ebenda S. 203
146 ebenda S. 342
147 ebenda S. 150
148 Vgl. die Atelierbeschreibung im Katalog: Le Salon Imaginaire, Berlin 1968 – sowie die Beschreibung von Makarts Atelier im Katalog: Hans Makart. Triumpf einer schönen Epoche. Baden-Baden 1972
149 Katalog H. Makart o.c. S. 206
150 Vgl. hierzu – gewissermaßen als Umkehrung der von J. Verne beschriebenen Situation – Abbildungen von der Weltausstellung Paris 1867 (Das Aquarium). Abgebildet in W. Hofmann: Das irdische Paradies. Motive und Ideen des 19. Jahrhunderts. München 1974, S. 89, Abb. 93 und 94
151 Vgl. hierzu H.J. Störig: Kleine Weltgeschichte der Wissenschaft, 2 Bde. Frankfurt, Bd. II 1970
152 F.M. Feldhaus: Die Technik der Vorzeit, der geschichtlichen Zeit und der Naturvölker. Ein Lexikon. München 1965,2 (1914) Stichwort Tauchboot, Spalte 1121f.
153 K. Marx: Der achtzehnte Brumaire des Louis Bonaparte (New York 1852) Marx-Engels Studienausgabe IV. Frankfurt 1966, S. 34-121
155 ebenda S. 99
156 ebenda S. 119
157 G. Palmade (Hrsg.): Das bürgerliche Zeitalter. Fischer Weltgeschichte Bd. 27, Frankfurt 1974, S. 252
158 W. Hofmann: Ideengeschichte der sozialen Bewegung des 19. und 20. Jahrhunderts. Berlin 1970, 3, S. 52
159 Marx o.c. S. 119
160 J. Chesneaux: The Political and Social Ideas of Jules Verne (= Une Lecture politique de Jules Verne). London 1972 (Paris 1971)
ders.: La Pensée Politique de Jules Verne. In: Les cahiers rationalistes. Novembre 1967, Nr. 250, S. 274-304
161 J. Verne o.c. Bd. 2, S. 150
162 Chesneaux: The Political ... o.c. S. 48
163 ders.: La Pensée ... o.c. S. 282
vergl. W. Hofmann: Ideengeschichte o.c. S. 181
164 Chesneaux: The Political ... o.c. S. 181
165 Katalog Arnold Böcklin. Düsseldorf 1974. Anm. zu Katalognummer 46, S. 60
Vgl. hierzu Katalog Arnold Böcklin, Basel 1977, Nr. 154, S. 201. Danach bestellte im April 1880 die jungverwitwete Frau Maria Berna bei Böcklin „ein Bild zum Träumen". Bei Ab-

lieferung des Bildes schrieb Böcklin in einem Brief vom 29. 4. 1880 an Frau Berna, die spätere Gattin des Grafen Waldemar von Oriola in Büdesheim: „... Sie werden sich hineinträumen können in die dunkle Welt der Schatten, bis Sie den leisen lauen Hauch zu fühlen glauben, der das Meer kräuselt, bis Sie Scheu haben, die feierliche Stille durch ein lautes Wort zu stören ..." Böcklin nannte das Bild ursprünglich „ein stiller Ort", „ein stilles Eiland", später auch „Gräberinsel". (Katalog Basel o.c. S. 201)

166 Katalog A.B. Düsseldorf o.c. S. 60

167 ebenda S. 28

168 J. Wißmann: Zum Nachleben der Malerei Arnold Böcklins, in: Katalog Düsseldorf o.c. S. 28ff.

169 Vgl. hierzu: W. Ranke: Böcklin-Mythen, in: R. Andree: Arnold Böcklin, Die Gemälde. Basel/München 1977

170 W.J. Mommsen: Das Zeitalter des Imperialismus. Fischer Weltgeschichte Bd. 28, Frankfurt 1969, S. 79.

171 R. Kühnl: Formen bürgerlicher Herrschaft. Liberalismus, Faschismus. Hamburg (Reinbek) 1971, S. 55

172 Vgl. S.K. Lang, H.R. Möller: Zur Problematik klassisch-bürgerlicher Naturaneignung in Malerei und Dichtkunst. In: Möller, Lang (Hrsg.): Werkstatt Kunstpädagogik, Übungen zur Bildbetrachtung. Ravensburg 1976, S. 40-71 (hier ausführliche Interpretation des Bildes)

173 ebenda S. 50

174 Vgl. A. Frey: Arnold Böcklin. Nach den Erinnerungen seiner Züricher Freunde. Stuttgart/Berlin 1903
A. Fleiner: Mit Arnold Böcklin. Frauenfeld 1915

175 R. Hamann, J. Hermand: Gründerzeit. Epochen deutscher Kultur von 1870 bis zur Gegenwart. Bd. 1 München 1971 (Berlin DDR 1965)
vgl. Ranke, Böcklin-Mythen o.c.

176 Hamann, Hermand o.c. S. 180

177 J. Habermas: Legitimationsprobleme im Spätkapitalismus. Frankfurt 1973
ders.: Zur Rekonstruktion des Historischen Materialismus. Frankfurt 1976

178 Habermas: Zur Rekonstruktion o.c. S. 322

179 ebenda S. 289f.

180 ebenda S. 308f.

181 Habermas: Legitimationsprobleme o.c. S. 119

182 ebenda S. 119

183 ebenda S. 119

184 ebenda S. 120

## Anhang

1 H. Davidis: Die Hausfrau. Praktische Anleitung zur selbständigen und sparsamen Führung von Stadt- und Landhaushaltungen. Eine Mitgabe für angehende Hausfrauen. Leipzig 1884, 12 (1860)

2 ebenda

3 ebenda S. 1

4 ebenda S. 1

5 ebenda S. 2

6 ebenda S. 4

7 ebenda S. 5

8 ebenda S. 6

9 ebenda S. 8

10 ebenda S. 8

11 ebenda S. 25

12 ebenda S. 25

13 ebenda S. 19

14 ebenda S. 19

15 ebenda S. 26

16 ebenda S. 10

17 ebenda S. 10

18 ebenda S. 13

19 ebenda S. 13

20 ebenda S. 58

21 ebenda S. 59

22 ebenda S. 61

23 ebenda S. 69

24 ebenda S. 63

25 ebenda S. 260

26 ebenda S. 70

## Bildnachweise

Abb.Nr.

1, 8–21, 27–50, 56–58, 75, 78–80 vgl. jeweils die Angaben im Text
2, 110 L.v.Monkiewitsch
3 Propyläen Kunstgeschichte Bd.8 (Berlin 1970)
4 ebenda Bd. 7 (Berlin 1972)
6 ebenda Bd. 9 (Berlin 1970)
5, 7, 60, 64, 70–74, 93–96 Kataloge bzw. Einzelreproduktionen der jeweiligen Galerien und Sammlungen; vgl. Angaben im Text
22, 23, 52 Schöner Wohnen
24–26, 53, 105, 106 Stern
54 Twen
55 Zeit
59 vgl. Anm. III 75
61, 63 G.Schmidt: Die Malerei in Deutschland 1918–1955, Königstein 1960
62 vgl. Anm. III 11
65 H.R. Möller
66 vgl. Anm. III 80 (P.Sager)
67–69 Katalog E.Kienholz, Moderna Museet Stockholm 1970
76, 77 M.Sartorius
81 83 vgl. Anm. III 97
84, 85 vgl. Anm. III 96
86–88 Katalog E.Kienholz: Volksempfängers, Nationalgalerie Berlin 1977.
89 E.Bertonati: Die neue Sachlichkeit in Deutschland, München 1974
90 vgl. Anm. III 100
91, 92 H.J.Dow: The Art of Alex Colville, Toronto 1972
97 W.Hofmann: Das irolische Paradies, München $1974^2$
98 Katalog Klassizismus und Romantik in Deutschland, Germanisches Nationalmuseum Nürnberg 1966
99, 100 DU–Kulturelle Monatsschrift, Zürich, November 1970
101–104, 108 vgl. Anm. III 124
107 vgl. Anm. III 148, Katalog Berlin
109 vgl. Anm. III 165, Katalog Basel

**Bio- bibliographische Notiz**

Heino R. Möller, geboren 1936, Studium der Kunstgeschichte, Geschichte, Archäologie und der Kunstpädagogik in Frankfurt, Saarbrücken und Mainz. Studienrat in Frankfurt am Main. Seit 1970 Dozent, seit 1971 Professor für Kunstpädagogik an der Hochschule für Bildende Künste Braunschweig.
Neben Aufsätzen in Fachzeitschriften und Sammelbänden hat Heino R. Möller zwei Bücher publiziert: Gegen den Kunstunterricht (1971) und – gemeinsam mit S.K. Lang als Herausgeber und Autor: Werkstatt Kunstpädagogik (1976).